国家出版基金项目
NATIONAL PUBLICATION FOUNDATION

“海上丝绸之路断代史研究”丛书

王元林　王美怡　主编

广州市社会科学院　组编

精装版

明代海上丝绸之路史

HISTORY OF THE MARITIME SILK ROAD

衷海燕◎著

世界图书出版公司
广州·上海·西安·北京

图书在版编目（CIP）数据

明代海上丝绸之路史 / 袁海燕著. —广州：世界图书出版广东有限公司，2020.7（2022.9重印）
ISBN 978-7-5192-7648-5

Ⅰ. ①明… Ⅱ. ①袁… Ⅲ. ①海上运输—丝绸之路—历史—研究—中国—明代 Ⅳ. ①K248.07

中国版本图书馆CIP数据核字（2020）第115107号

书　　名	**明代海上丝绸之路史 精装版** (MINGDAI HAISHANG SICHOUZHILISHI JINGZHUANGBAN)
著　　者	袁海燕
责任编辑	韩海霞
装帧设计	王　勇
责任技编	刘上锦
出版发行	世界图书出版有限公司　世界图书出版广东有限公司
地　　址	广州市海珠区新港西路大江冲25号
邮　　编	510300
电　　话	(020) 84451013
网　　址	http://www.gdst.com.cn/
邮　　箱	wpc_gdst@163.com
经　　销	新华书店
印　　刷	广东虎彩云印刷有限公司
开　　本	787mm × 1092mm　1/16
印　　张	25
字　　数	430千字
版　　次	2020年7月第1版　2022年9月第2次印刷
国际书号	ISBN 978-7-5192-7648-5
定　　价	98.00元

总 序

“丝绸之路”是人类文明的共同财产。“丝绸之路”是古代东西方之间人员往来、物流运输、文化交流、宗教传播的通道，是中华文明与世界文明之间交流互鉴的重要桥梁和纽带。通过“丝绸之路”，世界文明古国相互联系、交流，文明不断汇聚、碰撞、吸收、作用，形成“人类命运共同体”的历史不断发展、演进。“丝绸之路”对人类文明与社会发展功莫大焉。中国不仅是这一条桥梁联系的重要一端，是“丝绸之路”的开拓者与参与者，而且是这一纽带的重要维护者、奉献者。“丝绸之路”历史延续不断，中国为人类文明的不断发展贡献着聪明才智与力量源泉。2013年秋，习近平总书记提出共建“丝绸之路经济带”和“21世纪海上丝绸之路”的“一带一路”倡议，越来越多的国家积极响应，共建“一带一路”正在成为我国参与全球开放合作、改善全球经济治理体系、促进全球共同发展繁荣、推动构建“人类命运共同体”的中国方案。回顾历史，温故而知新，“一带一路”是联通世界的政治互信、经济互融、人文互通的桥梁，大有可为，大有前途。

一、历史上“丝绸之路”“海上丝绸之路”并驾齐驱，联通中外

我国是世界上最早养蚕织绸的国家。传说远古先祖螺祖就“养蚕取丝”。距今近7000年浙江余姚河姆渡遗址，曾在出土的牙雕盅上发现刻划蚕纹四条；河北省正定县南杨庄新石器时代遗址出土过两件距今5400年前的陶塑蚕蛹；山西夏县西阴村距今约5000年新石器时代遗址中就出土半个刀切过的蚕茧；浙江湖州钱山漾遗址也出土了距今4700多年前的家蚕丝带、丝线和绢片。可见至少在距今5000年前，我国原始先民已经掌握了养蚕缫丝技术，这是纺织史上的一个重大成就，说明黄帝“淳化鸟兽虫蛾”的传说并非毫无根据。在殷代的甲骨文中，已有“蚕”“桑”“丝”“帛”等字，其中一片甲骨文上还刻有“用三头牛祭蚕神”的内容。这些考古与文献资料足以证明养蚕织绸起源于中国。

公元前4世纪，希腊人克泰夏斯（Ctesias）在其著作中记录有“赛里斯国”与“丝路”。由希腊语和拉丁语演化出来的“赛里斯”即丝绸的意思，来源于中国“丝”字的谐音。印度孔雀王朝考底利耶（Kautilya）的《政事论》（Arthashastra）也提到“产生在Cina（支那）的成捆的丝”到达印度。1世纪，罗马博物学家老普林尼在其《博物志》中提到“赛里斯国”产丝，但提到“林中产丝，闻名世界。丝生于树上”，认识并不准确。但不可否认，先秦时期，连接东西方交流的通道已经存在。

丝绸正式西传始于西汉张骞通西域，故官方一般认为汉武帝时期，联通东西方的贸易道路已经十分清楚，即从长安经河西走廊到达阳关、玉门关以西的西域地区。传统的丝绸之路，起自中国古代都城长安，经河西走廊、中国新疆、中亚国家、阿富汗、伊朗、伊拉克、叙利亚等而达地中海，以罗马为终点，全长1万多里。这条路被认为是联结亚欧大陆的古代东西方文明的交汇之路，而丝绸则是最具代表性的货物。数千年来，游牧部落或民族、商人、教徒、外交家、士兵和冒险家等沿着丝绸之路相互交流，相互影响。

19世纪末，德国地质地理学家李希霍芬（Fendinand Von Richthofen，1833—1925年）在《中国》一书中，把“从前114年至127年，中国与中亚、中国与印度间以丝绸贸易为媒介的这条西域交通道路”命名为“丝绸之路”，这一名词很快被学术界和大众所接受，并正式运用。其后，德国历史学家赫尔曼在20世纪初出版的《中国与叙利亚之间的古代丝绸之路》一书中，根据新发现的文物考古资料，进一步把丝绸之路延伸到地中海西岸和小亚细亚，确定了丝绸之路的基本内涵，即它是中国古代经过中亚通往南亚、西亚以及欧洲、北非的陆上贸易交往的通道。因此，按照所经地区与方向的不同，有西汉张骞开通西域的官方通道“西北丝绸之路”；有北向蒙古高原，再西行天山北麓进入中亚的“草原丝绸之路”；有长安到成都再到印度的山道崎岖的“西南丝绸之路”；有从广州、泉州、杭州、扬州等沿海城市出发，从南洋到阿拉伯海，甚至远达非洲东海岸的海上贸易的“海上丝绸之路”等。海上丝路萌芽于商周，发展于春秋战国，形成于秦汉，兴于唐宋，转变于明清，是已知最为古老的海上航线。中国海上丝路分为东海航线和南海航线两条线路，其中主要以南海为重心。

同样，“海上丝绸之路”雏形可能早在先秦时期已经存在，距今5000至3000年，岭南东江北岸近百千米的惠阳平原，已经形成以陶瓷为纽带的贸易交往圈，并通过水路将其影响扩大到沿海和海外岛屿。通过对海船和出土陶器，以及有肩有段石器、铜鼓和铜钺的分布区域的研究得知，先秦时期的岭南先民已经穿梭于南中国海乃至南太平洋沿岸及其岛屿，其文化间接影响到印度洋沿岸及其岛屿。与此同时，东海丝绸之路也在这一时期萌芽并得以发展。春秋战国时期，齐国在胶东半岛开辟了“循海岸水行”直通辽东半岛、朝鲜半岛、日本列岛的海上通道。越国、吴国也有类似的航线形成。这条由中国向东到达朝鲜半岛和日本列岛的东海航线，在海上丝绸之路中占次要的地位。秦始皇二十八年（前219年），秦始皇为求长生不老药，曾遣方士徐福率童男童女和百工等数千，于琅琊郡古朐港东渡日本，这是有文字记载的中国人首次航海。

官方海上丝绸之路形成于汉武帝之时。从中国出发，向南、向西航行的南海航线，是海上丝绸之路的主线。关于汉代丝绸之路的南海航线，《汉书·地理志》记载汉武帝派遣的使者和应募的商人出海贸易的航程曰：自日南（今越南中部）或徐闻（今属广东）、合浦（今属广西）乘船出海，顺中南半岛东岸南行，经五个月抵达湄公河三角洲的都元（今越南南部的迪石）。复沿中南半岛的西岸北行，经四个月航抵湄南河口的邑卢（今泰国之佛统）。自此南下沿马来半岛东岸，经二十余日驶抵湛离（今泰国之巴蜀），在此弃船登岸，横越地峡，步行十余日，抵达夫首都卢（今缅甸之丹那沙林）。再登船向西航行于印度洋，经两个多月到达黄支国（今印度东南海岸之康契普腊姆）。回国时，由黄支南下至已不程国（今斯里兰卡），然后向东直航，经八个月驶抵马六甲海峡，泊于皮宗（今新加坡西面之皮散岛），最后再航行两个多月，由皮宗驶达日南郡的象林县境（治所在今越南维川县南的茶荞）。

法国著名汉学家沙畹（Edouard Chavannes，1865—1918年）在其《西突厥史料》中言“丝路有陆、海二道，北道出康居，南道为通印度诸港之海道”提出陆、海“丝绸之路”。1936年，瑞典人斯文·赫定编著《丝绸之路》一书出版，除陆上丝绸之路外，他指出：“在楼兰废弃之前，大部分丝绸贸易已开始从海路运往印度、阿拉伯、埃及和地中海沿岸城镇。”1963年，法国学者布尔努瓦夫人（Llice Roulnois）出版专著《丝绸之路》，指出海上丝绸之路“从中国广州湾的南海岸出发，绕过印度支那半岛，穿过马六甲海峡，再逆流而上，直至恒河河口……商品一直运输到西海岸的海港、波斯和阿拉伯地区，后来也运销于欧洲”。1967年日本学者三杉隆敏出版专论“海上丝绸之路”的专著《探索海上的丝绸之路》。随着时代发展，陆海丝绸之路成为古代中国与西方所有政治经济文化往来通道的统称。而海上丝绸之路在唐代后期开始，成为中外贸易交流的主要通道。中国的丝绸制品、瓷器、铁器、蚕丝、茶叶、冶铁术、金银器制作术及其他工艺品，通过波斯、大食等国源源不断地传到西亚及欧洲国家；而西方国家的商品、技术和文化，通过陆海丝绸之路又传入东方的中国，把欧亚大陆联系在一起，极大地促进了文明的交流与发展。

二、我国历代领导人十分重视“丝绸之路”

中国是丝绸之路、海上丝绸之路的发祥地，我国历代领导人十分重视丝绸之路、海上丝绸之路。

1956年毛泽东在修改的《党的八大报告》就明确指出，建设一个独立的、完整的工业体系，“对外也可以满足社会主义阵营各国之间充分有效的国际合作，并且只要有可能，就发展同世界上任何愿意和我们往来的国家的通商贸易关系”。（《建国以来毛泽东文稿》第6册，中央文献出版社，1992，第151页）虽然，当时没有使用“丝绸之路”这一概念，但与“发展同世界上任何愿意和我们往来的国家的通商贸易关系”无疑就是利用丝绸之路发展与各国关系。

改革开放，党的第二代领导集体确定以广东为实验地发展对外贸易。早在1978年10月日本NHK记者铃木肇拿着他起草的拍摄《丝绸之路》的计划书，请时任国务院副总理的邓小平审阅，邓小平在拍摄《丝绸之路》计划书上签下自己的名字，随后，中日双方联合拍摄《丝绸之路》并在1980年播出，1983年《丝绸之路》第二部播出，1988年《海上丝绸之路》播出，其间邓小平的高瞻远瞩与所起的作用不言而喻。1984年10月20日，邓小平在中央顾问委员会第三次全体会议上的讲话中说：“现在任何国家要发达起来，闭关自守都不可能。我们吃过这个苦头。我们的老祖宗吃过这个苦头，恐怕明朝明成祖时候，郑和下西洋还算是开放的。”（《邓小平文集》第3卷，人民出版社，1993，第90页）以邓小平同志为核心的第二代领导人改革开放，为中国经济带来了飞跃发展。

1991年5月21日，江泽民在访问苏联前夕接受苏联记者的采访提到“中国对外交往可以追溯到公元前2世纪的‘丝绸之路’和公元15世纪的郑和下西洋，这些给我留下了深刻印象。这说明，中华民族在历史上就致力于同各国人民的友好往来，进行文化和经济交流，共同创造美好的未来。”（《人民日报》1991年5月21日），随后他在1994年11月13日在会晤马来西亚元首时说：“早在明朝时候，中国伟大的航海家郑和七下西洋，其中5次驻跸马六甲，与当地人民结下深厚友谊，构筑了中国向东南亚的‘海上丝绸之路’，中马之间这种友好关系一直延续至今。”（《人民日报》1994年11月13日）1999年11月2日，在访问沙特阿拉伯时，对社会各界人士演讲中说：“中国人民与阿拉伯人民长久以来相互学习，双方的友好关系源远流长。古老的丝绸之路作为友谊的纽带把我们连结在一起。早在一千多年前，中国的商船就曾抵达吉达港，还到了美加。”（《人民日报》1999年11月2日）2000年4月19日，时任国家主席江泽民会见土耳其总统德米雷尔时说：“中土友谊源远流长，举世闻名的‘丝绸之路’架起了我们两个民族友好交往的桥梁。”（《人民日报》2000年4月19日）2001年5月25日，江泽民在第三届亚欧外长会议开幕式致辞说：“古代的‘丝绸之路’，曾经是亚欧文明交流的重要通道，为东西文明的交流发挥了独特作用。”（《人民日报》2001年5月26日）2002年4月18日，江泽民会见伊朗宗教领袖哈梅内伊说：“中伊两国人民的友谊源远流长，古老的丝绸之路是中伊两个古老而伟大的民族友好交往的历史见证。”（《人民日报》2002年4月18日）

2001年1月6日，时任国家副主席胡锦涛对伊朗进行友好访问。在与伊朗第一副总统哈比比会见时说：“中伊经贸交往历史悠久，2000多年前，两国人民就沿着闻名于世的丝绸之路开展了贸易往来。”（《人民日报》2001年1月6日）2006年4月20日，时任国家主席胡锦涛访问美国，出席美国总统小布什举行的欢迎仪式致辞：“中国人民对美国人民一向怀有深厚感情。1784年，美国商船‘中国皇后号’跨过海洋，首航中国（广州）打开了两国人民友好交往的序幕。”（《人民日报》2006年4月21日）陆海丝绸之路成为中外联系的历史见证。

2013年秋，中国国家主席习近平分别在哈萨克斯坦、印度尼西亚，先后提出建设“丝绸之路经济带”和“21世纪海上丝绸之路”重大倡议。2013年11月，中国共产党的十八届三中全会审议通过了《中共中央关于全面深化改革若干重大问题的决定》，提出加快沿边开放步伐，加快同周边国家和区域基础设施互联互通建设，推进丝绸之路经济带、海上丝绸之路建设，形成全方位开放新格局。2014年11月8日，习近平主席在亚太经合组织领导人北京会议召开前夕，宣布中国出资400亿美元成立丝路基金，为“一带一路”项目建设提供投融资支持；2015年3月28日，中国对外发布《推动共建丝绸之路经济带和21世纪海上丝绸之路的愿景与行动》；2017年5月14日至15日，首届“一带一路”国际合作高峰论坛在北京举行，包括29个国家的元首和政府首脑在内，140多个国家、80多个国际组织的1600多名代表从世界各地来到北京与会，高峰论坛发布圆桌峰会联合公报，达成270多项成果，形成了各国共建“一带一路”的国际共识；2017年10月24日，中共十九大通过关于《中国共产党章程（修正案）》的决议，推进“一带一路”建设等正式写入党章；2018年8月27日中共中央总书记、国家主席习近平在北京人民大会堂出席推进“一带一路”建设工作5周年座谈会并发表重要讲话强调，共建“一带一路”顺应了全球治理体系变革的内在要求，彰显了同舟共济、权责共担的命运共同体意识，为完善全球治理体系变革提供了新思路新方案。我们要坚持对话协商、共建共享、合作共赢、交流互鉴，同沿线国家谋求合作的最大公约数，推动各国加强政治互信、经济互融、人文互通，一步一个脚印推进实施，一点一滴抓出成果，推动共建“一带一路”走深走实，造福沿线国家人民，推动构建人类命运共同体。

三、中国学者重视“丝绸之路”研究

不仅国家高层重视“丝绸之路”的研究，学者也参与了这一重要领域的研究。早在20世纪，向达先生出版《唐代长安与西域文明》，对丝绸之路有深入研究。1955年，季羡林先生在《中国蚕丝输入印度问题的初步研究》一文中，指出中国蚕丝输入印度有“南海道、西域道、西藏道、缅甸道、安南道”等5条道路，并论证自西汉时中国蚕丝即从南海道的雷州半岛发船输入印度，历魏晋南北朝、隋、唐、宋、元、明等朝代而不衰。1974年，著名学者饶宗颐发表长篇论文《蜀布与Cinapatta——论早期中、印、缅之交通》，其中《海道之丝路与昆仑舶》一节指出：“海道的丝路是以广州为转口中心。近可至交州，远则及印度。南路的合浦，亦是一重要据点……广州自来为众舶所凑。”“北季南饶”相关论述，极大地促进了中国陆、海丝绸之路的研究。

改革开放之后，中国大陆有关陆、海丝绸之路的研究与考察出现热潮，成果不断涌现。1981年7月，由北京大学等16所高校和科研机构组成的24人“丝

绸之路考察队”，以宁可、胡守为分别为正副队长，宿白、王永兴教授为顾问，对陆上丝绸之路进行了长达55天的考察，历经陕西、内蒙古、甘肃、青海、新疆，行程为8000公里，后由考察专家汇编成《丝路访古》。1985年北京大学陈炎教授出版《陆上和海上丝绸之路》《海上丝绸之路与中外文化交流》两本专著。1987年，季羡林先生又发表《中印智慧的汇流》论文。1991年陈高华、吴泰等编写的《海上丝绸之路》，1994年姜伯勤《敦煌吐鲁番文书与丝绸之路》等，陆、海丝绸之路研究日趋活跃。

作为海上丝绸之路发祥地，并一直保持中外贸易繁荣的广东，广东的地方专家也当仁不让，积极开展海上丝绸之路的研究。1990年联合国教科文组织发起“海上丝绸之路”综合考察，1991年2月在广州举行“广州与海上丝绸之路”学术座谈会，出版《广州与海上丝绸之路》论文集和《南海丝绸之路文物图集》。1998年，汕头大学出版了《海上丝绸之路与潮汕文化》；2000年出版《海上丝绸之路与中国南方港论文集》；2003年，黄启臣主编的《广东海上丝绸之路史》由广东经济出版社出版。此后，黄启臣著《海上丝路与广东古港》、李庆新著《中国丝绸之路》、冼庆彬主编《广州海上丝绸之路》、顾涧清等著《广东海上丝绸之路研究》等，以及文物出版社出版《海上丝绸之路——广州文化遗产》等。2007年，以“南海一号”南宋沉船为主体的“广东海上丝绸之路博物馆”建立；2010年开始，在汕头南澳岛发掘“南澳一号”明代古沉船，拟建“南海二号”古沉船博物馆。近年来，有关海上丝绸之路的学术研究更加蓬勃发展。2012年拙著《内联外接的商贸经济：岭南港口与腹地、海外交通关系研究》由中国社会科学出版社出版，2017年由本人主编的《广东海上丝绸之路史料汇编（1—4册）》，由广东经济出版社出版，这些都大大促进了海上丝绸之路研究的开展与深入研究。当然，福建、浙江、江苏、山东等也有一定的海上丝绸之路研究著作出现，诸如张殿臣、白化文、顾涧清主编《连云港与海上丝绸之路》（1990年），廖大珂著《福建海外交通史》（2002年），宁波“海上丝绸之路”申报世界文化遗产办公室等编《宁波与海上丝绸之路》（2006年），耿升、刘凤鸣、张守禄主编《登州与海上丝绸之路》（2009年），徐晓望《中国福建海上丝绸之路发展史》（2017年）等。在目前全国沿海各地都在展开海上丝绸之路研究的大背景下，广东学者再次发声，这部中国“海上丝绸之路断代史研究”丛书（5卷）也正是广东史界学相关学者多年研究的结晶。

四、“海上丝绸之路”通达天下，前景广阔

早在秦汉时期，广州已成为海上丝绸之路重要的节点，在中外交通、贸易中发挥着重要作用。《史记·货殖列传》云:“番禺，亦其一都会也。珠玑、犀、玳瑁、果、布之凑。”上述《汉书·地理志》详细地记载了从自日南障塞、徐闻、合浦港口出发到东南亚、南亚的海上航线。东汉时南海航线不断发展，出现了与罗马帝国第一次的往来，中国商人运送丝绸、瓷器经海路由马六甲经苏门答腊来到印度，并且采购香料、染料运回中国，印度商人再把丝绸、瓷器经过红海运往埃及的开罗港或经波斯湾进入两河流域到达安条克，再由希腊、罗马商人从埃及的亚历山大、加沙等港口经地中海海运运往希腊、罗马两大帝国的大小城邦。西晋太康二年（281年），大秦国使臣经广东前来朝贡，“众宝既丽，火布尤奇”。伴随海上丝绸之路的畅通，除商贸繁荣外，中外僧人往来期间，促进了佛教等中外文化交流。西晋时，天竺僧耆域、迦摩罗先后至广州，建有三归寺、王仁寺。东晋时，罽宾僧人昙摩耶舍至广州建造王园寺（即今光孝寺）。梁普通七年（526年），高僧菩提达摩在广州登陆。中国高僧法显游历天竺，循海经广州回国。而东海丝绸之路也不断发展，六朝政权建立了与朝鲜半岛、日本列岛国家的友好往来，形成了以建康（今南京）为起点的东海航线，这为拓展和加强中国与东亚国家之间的文化交流。六朝政权与东亚、东南亚、西亚等外国交往主要通过海路进行，建康都城成为各国文化交流方面的主要城市。佛教经义乃至佛寺建筑就是在此时从建康传入百济（韩国）和倭国（日本）。

隋唐五代时期，中国海上丝绸之路呈现繁盛的局面。隋唐王朝保持开放心态，奉行积极发展海外贸易的政策，其主旨在于：一是通过海外贸易活动加强中外政治经济联系，维护隋唐王朝的国际威望；二是通过海外贸易进口各种海外奇珍异物以满足上层社会的奢侈性需求；三是通过发展海外贸易增加政府的财政收入。据《新唐书·地理志》引贾耽《古今郡国县道四夷述》所载“广州通海夷道”“登州海行入高丽、渤海道”两条对外最重要交通海路。后者为山东半岛登州（今山东蓬莱）与朝鲜半岛高丽、百济、新罗三国以及日本和渤海国的主要交往通道。大批遣唐使在此登岸。另外，扬州、明州（今宁波）也是东海丝绸之路前往日本、朝鲜的重要港口。唐宋时，在登州设立“新罗馆”“高丽馆”专门接待水路来朝的使节。日本遣唐使先后四次在明州登陆入唐，越窑青瓷远销世界各地。而“广州通海夷道”（南海丝路）自广州出发沿着传统南海海路，穿越南海、马六甲海峡，进入印度洋、波斯湾，至乌剌国，沿波斯湾西海岸航行，出霍尔木

兹海峡后，进入阿曼湾、亚丁湾和东非海岸。这是当时世界最长的远洋航线，也是唐朝重要的海上交通线，途经100多个国家和地区，成为中国与外国贸易往来和文化交流的海上大通道，并推动了沿线各国的共同发展。唐代“海外诸国，日以通商。齿革羽毛之殷，鱼盐蜃蛤之利，上足以备府库之用，下足以赡江淮之求”。黄巢起义后，人称“南海市舶利不赀，贼得益富，而国用屈”。南海贸易利润十分可观。唐代在广州首设专门管理南海邦交贸易的专职使职“市舶使”，成立“市舶使院”，这是中国现代海关的雏形，在唐代对外关系史中占有重要的地位。唐代广州港成为“海上丝绸之路”东方首港，其重要的地位一直延续。南汉高度重视海上贸易，采取一系列促进海上贸易政策，如废除“市舶制”，实行自由贸易；大力“招徕海中蛮夷商贾”，“经营海上通商事业，增辟良港”。

宋元时期，中国海上丝绸之路持续繁荣。造船技术和航海技术均有显著进步。广船一般用铁栗木制造，闽船则用松木或杉木。海船一般分割成10多个船舱，各船舱之间互相密隔，即便个别船舱漏水也不至于全船沉没。船员水手熟练掌握海洋季风，借以出海或返航。熟练的舟师能通过观测天象辨别方向，而指南针等被普遍用于航海。造船技术和航海技术的发展，直接推动海上丝绸之路航线的扩大。中国沿海贸易港口广州、泉州、明州、杭州、福州、潮州、雷州等都是重要的贸易港口。元朝通过发展海外贸易“以损中国无用之货，易远方难致之物”，从而达到“天子不自有，凡诸蕃辅之”的目的。元人陈大震在《大德南海志》云：“山海为天地之宝藏，珍货从出，有中国之所无。风化既通，梯航交集；以此之有，易彼之无。古人贸易之良法也。”广州海外贸易发展的繁盛图景，在元人笔下多有记载：“岭南诸郡近南海，海外真腊、占城、流求诸国蕃舶岁至，象犀、珠玑、金贝、名香、宝布，诸凡瑰奇珍异之物宝于中州者，咸萃于是。”泉州，西方称之为“刺桐”（zaitun），在海上丝绸之路的高峰期（12—14世纪），也是古代中国在中外贸易中居主导地位的时期，作为东西洋间国际贸易网的东方支撑点，占有重要独特的历史地位。《马可波罗游记》把泉州港誉为东方第一大港，今天留存大量的有关各种伊斯兰、基督教、摩尼教、佛教、道教等宗教石刻印记与陵墓石刻。

明清时期，从广州以及其他港口起航的“海上丝绸之路”，发展到商品贸易全球化阶段，标志着“海上丝绸之路”到了极盛时代。从明初洪武时期到郑和七次下西洋，海上丝绸之路的新旧航线，使得广东与东南亚、非洲、欧洲和拉丁美洲的许多国家和地区进行广泛的贸易活动。到隆庆时期（1567—1572年），广州“几垄断西南海之航线，西洋海舶常泊广州”。清代鸦片战争之前，清代海外贸易政策大体经历了禁海（1656—1682年）—开放（1683—1756年）—关闭（1757—1842年）的过程。在康熙二十四年（1685年）确定以广州、漳州、宁波、云台山为对外贸易港口，设置海关，各海关直属户部，不受地方行政管辖、监督，直接向皇帝和户部负责。四个海关中，粤海关最为重要，是清政府管理对外贸易的重要机构。自乾隆二十二年（1757年），停止厦门、宁波、定海等港口的贸易，限制外国来华商船在广州一口贸易，并规定外商不准和官府直接交往，由公行（十三行）办理一切有关外商的交涉事宜。直到1842年签订《南京条约》，被迫开放五口通商。清王朝海外贸易的政策，不论是开海时期，还是一口通商时期，广州在对外贸易中的地位都是举足轻重的。

现今，中国的“一带一路”倡议得到了世界各国人民的积极支持与参与。2018年8月27日在推进“一带一路”建设工作5周年座谈会上，习近平提出，共建“一带一路”正在成为我国参与全球开放合作、改善全球经济治理体系、促进全球共同发展繁荣、推动构建人类命运共同体的中国方案。5年来，共建“一带一路”大幅提升了我国贸易投资自由化便利化水平，推动我国开放空间从沿海、沿江向内陆、沿边延伸，形成陆海内外联动、东西双向互济的开放新格局；我们同“一带一路”相关国家的货物贸易额累计超过5万亿美元，对外直接投资超过600亿美元，为当地创造了20多万个就业岗位，我国对外投资成为拉动全球对外直接投资增长的重要引擎。接下来我们要继续推动教育、科技、文化、体育、旅游、卫生、考古等领域交流蓬勃开展，努力推进“一带一路”建设工作。

希望这部中国“海上丝绸之路史断代研究”丛书为“一带一路”建设工作做好历史阐释、注脚，以达到“以史为鉴”“经世致用”的目的。

需要说明的是，由于每册作者研究水平和学术观点不一，文责自负。其中可能存在的谬误、错漏之处，请大家不吝指正。

王元林

二〇二〇年三月

（作者：王元林，广州大学人文学院历史系暨广州十三行研究中心教授，中国海外交通史研究会副会长，广东省人民政府参事室特约研究员，博士生导师）

序

中国历史地理学家、广州大学广州十三行研究中心主任王元林教授和广州市社会科学院历史研究所所长王美怡副研究员共同主编了一套中国“海上丝绸之路断代史研究”（5卷）的洋洋160万字左右巨著。现在书稿杀青即将付梓之际，二王教授要我为本书撰写总序言。恭敬不如从命。我不揣谫陋，欣然应允。

本人有幸于1992年2月9日出席外交部与广东省人民政府联合举办的迎接联合国教科文组织实施“1987—1997年丝绸之路：对话之路综合考察”（*Integral Study of the Silk Roads: Roads of Dialogue*）的“广州与海上丝绸之路”学术座谈会，开始涉足“海上丝绸之路史”研究。28年来发表了《阿拉伯沉船的唐代商货文物实证海上丝路繁盛发展》《明代海上丝绸之路的高度发展》和《清代海上丝绸之路的中美贸易》等论文20多篇；主编和撰写出版了《广东海上丝绸之路史》（广东经济出版社2003年），2014年修订再版。因此，对海上丝绸之路的历史有所了解。现将自己的认识整理撰写成文，滥充二王教授主编的中国“海上丝绸之路断代史研究”丛书总序。

恕我孤陋寡闻，就我看到的中外古代典籍，未见有“海上丝绸之路”的名词记录。应该说此名是“舶来语”。它是德国地质地理学家费尔特南·宛·李希霍芬（Fauldnand. Von. Richthofen）于1876年提出命名、创立的一个近代学术名词。

李希霍芬于1856年在柏林大学毕业，后获得1868至1872年加利福亚银行和上海外商会的资助，来中国的华东、华北、华中、东北、西南和西北的陕西省等地进行了7次考察，于1872年回国，1875年出任波恩大学地质学教授，把对中国7次考察的资料，撰写成5卷本的著作，名曰《中国——根据自己的亲身旅行和在此基础上进行研究的结果》（*China: Ergebnisse eigener Reisen and darauf gerundeter studien*，5Vol，1887—1912），简称《中国》。1877年在柏林出版第1卷，全卷共758页。内容分为2编，第1编《中国和中亚》，叙述中亚地区与中国在自然地理学的关系；第2编《有关中国的知识之发展》。在第1编的第10章，专论中国与南方民族以及来自中国的西方民族之间的交通往来之发展。此章是第1卷的重点，共380页，占全卷书篇幅超过一半，叙述古代至1877年的中西交通史，主要是参考玉尔（Yule）著《中国和通往中国之路》，同时论述了2世纪腓尼基地理学家托密勒（Claudius ptolemaeus）和马利努斯（Marinus）提出的"赛里斯路"。在目录和469页处，两次提出了"丝绸之路"，而且把德文的"丝绸"（seiden）和"道路"（strasse）合并成一个新名词"丝绸之路"（seidenstrasse）。同时，在该书的第500—501页夹印李氏于1876年绘制的一幅中亚地图，并在地图说明中提出"海上丝绸之路"名称，只是未加详细论说。《中国》第2、第4卷分别于1882、1883年出版；第5、第3卷分别于1911、1912年出版。1883年，李希霍芬编写的与《中国》一书相配套的两卷本的《中国地图集：山岳形态学和地质学地图》亦于1885年在柏林出版。因为两部巨著的出版，李希霍芬获英国皇家地理学会授予最高金质奖章创建者奖章的奖励，从而成为19世纪西方最伟大的中国地理学专家而倍受称赞，饮誉全球。

此后，欧洲国家有更多的地理学家和历史学家关注和研究"海上丝绸之路"。19世纪末，法国著名汉学家沙畹（Edouard Chavarmos）出版了《西突厥史料》（*Documents Chinois sur les Tures Occiden taur*），书中提出世界有陆、海两条"丝绸之路"，云：

> 丝路有陆、海两道，北道出康居，南道为通印度诸港之海道，以婆庐羯泚（Broach）为要港。又称罗马Julstin Ⅱ，谋与印度诸港通市，而不经由波斯，由于五三一年遣使至阿拉伯西南yemen与Himyarites人约，命其往印度购丝，而转售于罗马人，缘其地常有舟航至印度。[①]

1933年10月21日，李希霍芬于1888—1892年在柏林大学任教时指导的博士研究生、瑞典人斯文·赫定（Sven Anders Hedin）以国民党南京政府铁道部

①沙畹：《西突厥史料》，冯承钧译，中华书局，2004，第167页。

顾问兼西北公路查勘队队长的名义，率领一个考察队从北平出发，向西南下西安，经河西走廊，然后沿着罗布泊北岸和孔雀河直至库尔勒，再北上乌鲁木齐回北平，进行了三年（1933—1935年）的查勘，最后编著了3本探险性著作：《大马的逃亡》《丝绸之路》和《游移的湖》，称为有关“战争”“道路”和“湖泊”三部曲，共70多万字。其中《丝绸之路》一书于1936年在瑞典斯德哥尔摩出瑞典文版；在德国莱比锡出德文版；1938年在美国纽约出英文版；1939年在日本出日文版，向全世界介绍了“海上丝绸之路”：

> 在楼兰被废弃之前，大部分丝绸贸易已开始从海路运往印度、阿拉伯、埃及和地中海沿岸城镇。①

1945年，法国近代最大的印度学和梵文学家让·菲利奥札（Jean Filliozat，1906—1982）开始致力于“海上丝绸之路”研究，并于1956年出版《印度的对外关系》和1986年出版辑录《从罗马看有关印度的古代拉丁文文献》（*Inde Uue de Rome，Les documents Latins Sur Linde*）两本著作，把自己研究陆上和海上丝绸之路的见解和文献介绍和阐述出来。

1963年，法国著名汉学家布尔努瓦夫人（Llice Roulnois）出版了科学专著《丝绸之路》（*La Route de La Soie*，1963）。该书法文版在巴黎重版3次，并被译成德文、英文、西班牙文、波兰文、匈牙利文、日文、中文出版发行。该书将“丝绸之路”的时空扩展了，从古代写到现代，从中国写到全世界。她特别肯定1世纪中国丝绸运入印度至罗马有三条道路：第一条途经中亚，即通过大夏国的道路，“这条道路要翻越喜马拉雅山山脉”；第二条是“缅甸之路”；第三条是海路。

> 它从中国广州湾（今湛江市）的南海岸出发，绕过印度支那半岛，穿过马六甲海峡，再逆流而上，直至恒河河口，这条路似乎仅仅由印度商船通航。商人们再从孟加拉湾海岸出发，沿恒河顶风破浪，一直到达“恒河大门”，然后便停止了海航，商品经陆路一直运输到西海岸

①［瑞典］斯文·赫定：《丝绸之路》，江红、李佩娟译，新疆人民出版社，1996，第212页。

的海港、波斯和阿拉伯地区，后来也运销于欧洲……在1世纪末以前，地中海地区所进口的大部分丝绸似乎都是通过海路而运输的，并不经由穿过波斯的陆路。①

1981年，法国学者雅克·布罗斯（Jacques Brosse）在巴黎出版了《发现中国》(*La decouverte La Chine*，1981)，在第一章第一节《丝绸之路》中，介绍了陆、海“丝绸之路”，云：

1世纪时，中国的丝绸传到了罗马，在贵妇人中风靡一时……

当时存在着两条通商大道。其一为陆路，由骆驼队跋涉，这就是丝绸之路。它从安都（Antioche）起，穿过了整个安息合帝国（L'Empire Parthe），然后在到达中国之前要越过帕米尔和塔里木盆地的绿洲，最后到达了可能为长安城的首都赛拉（Sera Métropolis，丝都）……

另一条路就是海路。它就是未来的“香料之路”，经红海和印度洋而抵达马拉巴尔的印度海岸之谬济里斯（Muziris），或者是科罗曼德尔（Coromandel）河岸的本地治里（Pondichéry，Pondonke），然后再经马六甲海峡和印度支那而沿中国海岸北上，一直到达《厄里特利亚海航行记》(Périple de lamer Erythrée）中所说的“特大城”秦那（Thina）。②

有鉴于国际研究“丝绸之路”热潮，1987年联合国教科文组织决定对“丝绸之路”进行国际性的全面研究，并实施“1987—1997年‘丝绸之路’：对话之路综合考察”十年规划大型项目。在制定这项研究考察规划的时候，对以“丝绸之路”命名曾进行过讨论和争论，有些国家的学者提出，“丝绸之路”贸易的商品不仅有丝绸，而且有大量的香料和瓷器等货物，因此，这条东西方国家之间的商路应称为“瓷器之路”或“香料之路”。但更多国家的学者认为，“丝绸之路”更能代表和表达东方，特别是中国出产的丝绸向西方国家输出和包含东西方文化交流的内涵。1990年10月23日，由联合国教科文组织发起“海上丝绸之路”综

---

①［法］布尔努瓦：《丝绸之路》，耿昇译，山东画报出版社，2001，第45页。

②［法］雅克·布罗斯：《发现中国》，耿昇译，山东画报出版社，2001，第3—5页。

合考察，由30多个国家的50多位科学家和新闻记者组织而成的海上远征队，乘坐由阿曼苏丹提供的“和平方舟号”(Ship of Peace）考察船，从意大利的威尼斯港起航出发，先后经过亚德里亚海、爱琴海、地中海、苏伊士运河、红海、阿拉伯海、印度洋、马六甲海峡、爪哇海、泰国湾、中国南海、东海和朝鲜海峡，途经意大利、希腊、土耳其、埃及、阿曼、巴基斯坦、印度、斯里兰卡、马来西亚、泰国、文莱、菲律宾、印度尼西亚、中国、韩国和日本16个国家的威尼斯（Venice)、雅典（Athens)、库萨达吉（Kusadas)、亚历山大（Alexandria)、塞拉莱（Salalac)、马斯喀特（Muscat)、卡拉奇（Karachiy)、果阿（Goa)、科伦坡（Colombo)、马德拉斯（Madras)、普吉（Phuked)、马六甲（Malacca)、苏腊巴亚（Surabava)、曼谷（Bangkok)、文莱（Brunei)、马尼拉（Manila)、广州（Guangzhou)、泉州（Quanzhou)、釜山（Pusank)、博多（Kyon-gin)、冈山（Hakaka)、大阪（Osaka）22个港口城市进行考察，历时近4个月，行程2.1万公里。考察船于1991年2月9日到达广州，停留3天，与广东学者在东方宾馆举行了“广州与海上丝绸之路”的学术座谈会，出版了论文集《广州与海上丝绸之路》和《南海丝绸之路文物图集》。然后转赴福建泉州，于2月17—20日举行“中国与海上丝绸之路”学术讨论会，后出版了《中国与海上丝绸之路论文集》。

综上所述，可以看出“海上丝绸之路”是由李希霍芬提出命名、创立的，经欧州国家学者不断研究而成为一门显学，其名实实在在是“舶来语”。

20世纪50年代，中国学者对“海上丝绸之路”进行了研究。如1955年，当代国学大师、北京大学教授季羡林发表了《中国蚕丝输入印度问题的初步研究》的5万字长篇论文。1974年，国学大师、香港学者饶宗颐教授发表了《蜀布与Cinapatta——论早期中、印、缅之交通，附论：海道之丝路与昆仑舶》，专论海道作为丝路运输的航线，指出：

> 海道的丝路是以广州为转口中心。近则及印度，南路的合浦，亦是一重要据点……而广州向来为众舶所凑，至德宗贞元间，海舶珍异，始就安南市场。[1]

---

①季文见《历史研究》1955年第4期，饶文见《选堂集文·史林》上册，香港中华书局，1982，第390页。

1978年改革开放以来，中国更多学者研究了“海上丝绸之路”，1978年重版的词典《辞海》、1979出版的郭沫若主编的《中国通史》、1993年出版的《中国大百科全书》、1995年出版的白寿彝主编的《中国通史》等，都添设了“海上丝绸之路”专条、专节或专目进行阐释和论述。其他学者也发表了一些论文和出版了若干专著。

纵观自1876年李希霍芬正式创立“海上丝绸之路”名称至今144年的中外学者研究进程，可以看出这些研究专家都达成共识；自1世纪开始近2000年（实算是1951年）来，全球形成了东西方国家和地区之间的“海上丝绸之路”航线，乘载着全球各国的商品贸易和文化交流。而“海上丝绸之路”的东方始发地是汉武帝平定南越后设置九郡（南海、苍梧、郁林、合浦、交趾、九真、日南、零陵、象）中的北部湾徐闻（今广东徐闻县五里乡二桥村和仕尾村一带）、合浦（今广西合浦县乾江圩三叉港）和日南（汉属中国，今越南中部平治省北部横山一带）；时间是元鼎六年（前111年）。这就是正史《汉书》卷28下《地理志》所记载的海上丝绸之路航线：

> 自日南障塞、徐闻、合浦船行可五月，有都元国；又船行可四月有邑卢没国；又船行可二十余日，有谌离国；步行可十余日，有夫甘都卢国。自夫甘都卢国船行可二月余，有黄支国，民俗略与珠崖相类。其州广大，户口多，多异物，自武帝以来多献见。有译长，属黄门，与应募者俱入海市明珠、壁琉璃，奇石异物，赍黄金杂缯而往。所至国皆禀食为耦，蛮夷贾船，转送致之。亦利交易，剽杀人。又苦逢风波溺死，不者数年来还。大珠至围二寸以下。平帝元始中，王莽辅政，欲耀威德，厚遗黄支王，令遣使献生犀牛。自黄支船行可八月，到皮宗；船行可二月，到日南、象林界云。黄支之南，有已程不国，汉之译使自此还矣。

这条“海上丝绸之路”是一站接一站的陆、河联运航行出海的，即从长安出发南下到汉中的汉水向南流到长江，进入洞庭湖到湘江，经灵渠入漓江到西江，然后逆西江而上到藤县入北流江到达合浦出南海；顺西江下流至德庆入罗定江下鉴江至徐闻出南海，到达东南亚的已程不国（今斯里兰卡），全程3540—5310海里。至唐、宋时期后，广州成为中国对外贸易的第一大港口。贾耽所记的《广州通海夷道》已航达到波斯湾、东非和欧洲的丝绸之路长达14000公里，是16世纪以前世界最长的远洋航线。到了西晋太康二年（281年），大秦（东罗马帝国）使臣经番禺（黄武五年，226年改称广州）北上洛阳朝贡后，一直成为海上丝绸之路的东方第一始发港（1271—1319年次于泉州，屈居第二）。而自明朝永乐三年（1405年）至宣德八年（1433年）郑和七下西洋后，嘉靖元年（1522年）"遂革福建、浙江二市舶司，惟存广东市船司"[①]贸易；嘉靖三十二年（1553年）允准葡萄牙进入和以后租居澳门贸易；以及清康熙二十三年（1684年）实行开海贸易；乾隆二十二年（1757年）撤销闽、浙、江三海关，规定番商"只许在广东收泊交易"的319年（1522—1840年）期间，广州成为中国唯一对外贸易大港，从而开通了广州—澳门—长崎（1554年）、广州—澳门—望加锡—帝汶（旧航线）、广州—澳门—果阿—里斯本—欧洲（1554年）、广州—澳门—马尼拉—墨而哥—秘鲁（1578年）、广州—澳门—费城—纽约—波士顿（1784年）、广州—澳门—温哥华岛（1788年）、广州—澳门—俄罗斯（1803年）、广州—澳门—澳大利亚（1819年）等8条环球海上丝绸之路的网络航线。于是世界五大洲的各个国家和地区的商人都云集广州通过明清政府规定的商人集团"三十六行"和"十三行"同中国各省商人做生意，购买中国价廉物美的商品。顿时广州成为世界贸易的中心市场。城市人口加上佛山共150万人，相当于欧洲城市人口的总和。

但是近年来，国内有被誉为世界新文明史观开拓者的专家推出一种新观点，断定：

> 古代海上丝绸之路源于湖南黔阳，后来其起点转移到广州、泉州等。
>
> 炎黄时期大湘西地区的方雷氏和西陵氏及其后裔……在向西方迁徙中开始将蚕丝制品带到西方，从而开辟了海上丝绸之路。
>
> 今人不应该忘记，黔人和黔阳地区在古希腊和罗马时期开辟海上丝绸之路的历史贡献及其关键作用。[②]

对于此种将"海上丝绸之路"开始时间提前到距今4000年前的"炎黄时

①《明史》卷七十五《职官四》。

② 杜纲建：《文明源头与大同世界》，光明出版社，2017，第455、003、018页。

期”；始发港在“湖南黔阳”的“天在言说”：“其不在于证据，而在于言说本身。即使其言说内容不符合事实，证据无效，并不损害其微言大义的阐发。因为它是一种信仰的表达，一种文化慧命的精神呈现，作为一种希望与理想指向未来，属于信仰史学”[①]的推测，本人不敢苟同。

“海上丝绸之路”的第一要义，是东西方国家之间的商品贸易之路。而我国在汉、唐、宋、元、明至清代前期（前206—1840年）期间，是世界经济最发达的国家，手工业和农业生产长足发展，从而为当时海上丝绸之路向西方国家输出商品提供充足丰富的货源。据统计，宋代已有生产铁年产量60000吨。明嘉靖年间（1552—1566年），中国生铁年产量亦达45000吨，居世界首位；而英国到1740年生铁年生产量只有20000吨。[②]乾隆十五年（1750年）中国工业总产量占世界工业总产量的32%，而欧洲的工业总产量仅占23%。[③]直到1820年，中国的国内生产总值（GDP）仍占世界GDP的32.9%，[④]居世界各国第一位，“占据全球最大商品生产国宝座。”[⑤]乾隆四十一年（1776年），被马克思称为“经济学之父”的英国著名经济学家亚当·斯密（Adam Smith）在出版其影响世界历史进程的名著《国富论》（*the Wealth of Nations*）时，亦论述：

> 中国是比欧洲任何国家都富裕得多的国家。
>
> 在马可·波罗时代（他在1275年去过中国）以前，中国就已经到了充分富裕的程度。
>
> 中国的国内市场从规模上也许不逊于欧洲各国市场的总和。[⑥]

荷兰驻中国台湾第三任长官纳茨（Nuyts）在给其国王的报告也说：

---

①杜纲建：《文明源头与大同世界》，光明出版社，2017，第464页。

②世界银行：《中国：社会主义经济的发展——主要报告》第7页，1981。

③戴逸：《论康雍乾盛世》，2003年2月23日，在北京图书馆举办的“省部级领导干部历史文化讲座”的讲稿。

④Angus Maddison，*Chinese Economic Performance in the long Rum*，960-2030AD.（见［英］安格斯·麦迪森：《中国经济的长期表现：公元960—2030年（修订版）》，伍晓鹰、马德斌译，上海人民出版社，2016，第39页），亦可参考［德］贡德·弗兰克（Andre Gnuder Frank）：《白银资本：重视经济全球化中的东方》（*ReOrient Global Eeonomy in the Asian Age*），刘北成译，四川人民出版社，2018，第1、第4章。

⑤《隔百多年重登宝座：中国超美成最大制造国》，载《明报》2011年3月15日，A16版。

⑥［英］亚当·斯密：《国富论》，唐日松等译，华夏出版社，2005，第145、56、484页。

中国是一个物产丰富的国家，能够把某些商品大量供应全世界。[①]

英国经济史专家研究指出：

中国在（1890年）之前近两千年的时间里，一直是世界上最大的经济体，但是到了19世纪90年代，它的这个位置被美国所取代。[②]

确实如此，据《明会典》和《清朝文献通考》等史书记载，16至19世纪初期，中国向世界各国出口的商品达236种之多，其中，生丝、丝织品、瓷器、漆器、茶叶、砂糖、棉布、中药材等商品的总量是英国的8倍，在国际市场上享有很高的声誉，具有独占鳌头的竞争力。其时，中国在世界经济居主导支配地位。

而在18世纪至19世纪前期，欧洲各国由于"价格革命"的冲击，加上战乱、灾荒和黑死病流行，人口大减，经济日益萧条、衰退；美国刚建国不久，经济尚待发展，1830年仅有1500万人口，多数劳动人口均从事农业生产，各类商品极为匮乏。因此，欧美国家根本拿不出什么民生产品（手工业或农业生产品）打入中国市场，只好携带大量银子来中国购买各种货物回国内倾销，所谓夷船"所载货物无几，大半均属番银"。[③]马克思也在其著作中亦记载：

在1830年以前，当中国人在对外贸易上经常是出超的时候，白银不断地从印度、不列颠和美国向中国输出的。[④]

据统计，仅1700至1835年，西方国家到广州与中国贸易而输入中国的白银达到12亿两以上，[⑤]占美洲所产白银的80%和全球所产白银的50%，中国成为最

---

①厦门大学郑成功历史调查研究组编《郑成功收复台湾史料选编》，福建人民出版社，1989，第119页。

②Angus Maddiso，*Chinses Economic Performance in the long Run*，960-2030AD.（[英] 安格斯·麦迪森：《中国经济的长期表现：公元960—2030年（修订版）》，伍晓鹰、马德斌译，上海人民出版社，2016，第38页）。

③《福建巡抚常赉奏折》，《文献丛辑》第176辑。

④《马克思恩格斯选集》，人民出版社，1975，第2卷第2页。

⑤濑弘：《清代西班牙的流通》，转引自韩毓海：《五百年来谁著史——1500年以来的中国与世界》，中信出版集团，2018，第180页。

大的“秘窖”。因此，当时在海上丝绸之路的贸易商品，中国是遥遥领先于世界各国的。

正是因为上述中国经济发达的优势，所以，在元世祖忽必烈派遣宿卫（皇帝贴身侍卫）亦黑迷失六下西洋（1272—1293年）和明成祖朱棣派遣郑和七下西洋（1405—1433年）拉开了大航海时代序幕之后，西班牙和葡萄牙国王亦派遣船队以寻找经济最发达和商品最多、最好的中国为动力和目标，于1492年8月30日派哥伦布（Cristopher Columbus）从帕罗斯港出发，向西航行去寻找东印度的广州、泉州和杭州。当他于10月12日到达伊斯帕尼奥拉岛（Isponioula，今天的多米尼加）时，就以为此地是亚洲的中国了。于是在此建立一个城堡，留下39名船员驻守。他自己带着其他船员回西班牙向国王报喜。次年（1493年）9月15日，哥伦布又奉国王之命，第二次带领1500名船员乘坐17艘帆船出航，11月3日抵达伊斯帕尼奥拉岛时，发现城堡已荡然无存，留下驻守的39名船员全部死亡了。于是他只好离开此岛，到另外一个名叫伊莎贝拉岛（Isapala，今多米尼加首都圣多明各）另建一个城堡，留他弟弟驻守，自己沿着今古巴方向继续航行，直到今天的牙买加国（Jamaica）国境上岸。本人于2015年3月，携太太庞秀声，儿子海波，儿媳易荣川，孙儿女尧骏、馨仪从美国奥兰度（Orlando）坐邮轮往加勒比海旅游经牙买加上岸游览时，曾在当年哥伦布上岸的口岸参观，并在该口岸拍照留念。（见下图）

（作者摄，下同）

1506年，哥伦布返回圣多明各的城堡与其弟相住，5月20日病逝，享年55岁。其弟将他的遗体安葬在大教堂内。本人于2009年11月携太太及儿子全家从多伦多到多米尼加共和国（Dominican Republic）度假，曾到圣多明各的哥伦布大教堂参观，当地称塞维利亚大教堂（Catedral de Sevilla）。教堂外观巍峨宏伟，规模仅次于梵蒂冈的圣彼得堡和巴西的巴西利大教堂，誉称为“世界第三大教堂”。教堂建筑属哥特式（见下图）。

教堂内前中央处有一副国王为哥伦布铜棺抬棺的雕像（见下图），以表示尊敬哥伦布发现新大陆带来的西班牙海权黄金时代的功勋。

之后我们步出教堂游览哥伦布公园，举目看去是公园中央矗立一座高大的手指新大陆的哥伦布雕像（见下图）。

有鉴于此，1990年，联合国教科文组织将哥伦布葬地大教堂和哥伦布宫等附近的卡拉斯达马斯（Calle Las Damas）街区列为世界文化遗产，供游人参观凭吊，以纪念哥伦布发现新大陆美洲的功绩。所以马克思说："欧洲确实创造了历史，但是，是在他们毫不知情的情况下创造的。"正如西班牙人所说"我们本来打算去中国，结果却到了加利福尼亚"。①

葡萄牙人华士古·达·伽马（Vasco da Gama）于1497年7月8日指挥四艘船队，从退加斯港Tucase起航向东方航行，到达今天印度的卡里库特（Calicut，旧称古里）。但他认为此地并非是到达东印度的中国，于是他向马六甲方向继续航行，后夺取了马六甲再往北航。他发现的东方航线为此后葡萄牙航海家到达中国澳门打下了极好的基础。为纪念伽马发现东方航线500周年，1998年澳葡政府除修饰原来矗立在水坑尾街附近的伽马雕像之外，还发行一枚邮票作为纪念（见下图）。

①韩毓海：《五百年来谁著史——1500年以来的中国与世界》，中信出版集团，2018，第537页。

伽马发现东方航线后，欧洲人就把哥伦布发现的伊斯帕尼奥拉岛的美洲称为西印度，又称“新大陆”；而把伽马发现东方地域称为“东印度”。东、西印度航线的发现和开通，使“海上丝绸之路”扩展全球，成为人类历史最伟大、最重要的事件，影响了近代以来世界经济的迅速发展。

“海上丝绸之路”的第二要义，是东西方国家之间的文化交流之路。伴随着近2000年海上丝绸之路的发展，东方发祥地的中国和西方国家的文化互相碰撞、互相交流、互相渗透、互相容纳、互相促进。由于在近代以前（1840年以前）时期的“所有文明中，没有一个国家的文明比中国的更先进和更优越”。[①]因此，中国的文化（包括科技文化、思想文化、制度文化等）对西方国家近代文化的涵化更广泛、更强烈、更深入。现仅就科技、思想和制度文化各择一二历史事例阐述如下，以见一斑。

第一，中国科技文化促进欧洲国家科技和经济的空前发展。

孙中山说过：

> 外国现在最重要的东西，都是中国从前发明的。

①［英］保罗·肯尼迪：《大国的兴衰》，蒋葆英译，中国经济出版社，1989，第4页。

经济史专家斯蒂芬·戴维思（Stefen Daivais）也说：

> 中国在1260年所达到的技术与经济的水平，欧洲在18—19世纪之交才超过它。①

根据1943年6月英国驻华大使馆战时科学参赞李约瑟（Joseph Needham）来到搬迁至四川南溪县李庄镇的中央研究院动植物研究所担任通信研究员，后来撰著的《中国科学技术史》(*Science and Civilisation in China*）统计，在2至16世纪，有100多项科技发明包括铁犁、太阳黑子、铸铁、炼钢、罗盘、指南针、造纸、印刷术、火药、历法、火枪、火炮、焰火、造船、数学十进制和种人痘防天花病等，“中国占据着一个强大的支配地位”。②这些先进的科技经由海上丝绸之路向欧洲传播后，开拓了欧洲中世纪的科技前景，点燃了欧洲国家文艺复兴和启蒙运动之火，奠定了欧洲国家的农业革命、工业革命、商业革命、科学革命和军事革命等。特别是造纸、印刷、火药和指南针四大发明传入欧洲，发挥的历史性效用，成为欧洲变革之引擎动力。15世纪，正如马克思在《经济学手稿》一书中所说：“火药、罗盘针、印刷术，这是资产阶级社会到来的三大伟大发明。……变成科学复兴的手段、变成精神发展创造必要前提的强大杠杆。”西班牙和葡萄牙吸收了指南针、火药技术，使如前述哥伦布向西航行发现新大陆和伽马由里斯本出发向东行发现东印度中国澳门后，17世纪，英、法、瑞典、丹麦等国家随西、葡两国前往新大陆和东印度。英国先是于1623至1839年前后13次东来中国与葡萄牙争夺澳门被中国政府驱逐后，于1840年发动鸦片战争，1842年割得香港。加上此前于1664年将荷兰人赶出新荷兰（New Netherland）改名为纽约；1756年击败法国人占领13处北美殖民地；1763年又打败法国人占领加拿大；1788年占领澳大利亚；1840年占据新西兰；1858年统治印度；19世纪末打败荷兰人占领南非。从而使英国成为名副其实的日不落帝国。俄国在扩展领

①China’s Forgotten Industrial Revolution，JUNE 01，2003 by STEPHN DAVIES，WWW，feel，org\the freeman\dctail\Chines-forgotten-industial-rrevolution#axzz2jXDT3ess.

②Andre Gunder Frank，*ReOrient Global Economy in the Asian Age*，《白银资本：重视经济全球化中的东方》，刘北成译，四川人民出版社，2018，第197页。

土的掠夺中也不甘示弱，自1689年与清朝签订《中俄尼布楚条约》，确定边界已深入西伯利亚外，又通过1858年签订《中俄瑷珲条约》、1860年签订《中俄北京条约》和1881年签订《中俄伊犁条约》，割占了中国黑龙江以北和外兴安岭以南的60多万平方公里领土、乌苏里江以东的40万平方公里和新疆伊犁以南的7万平方公里，合计达到107万平方公里（相当于当时中国十分之一的领土）。这么一来，自17至19世纪末，西、葡、荷、英、法、俄和中欧的城市国霸占世界五大洲的大多数原著居民国家的领土，榨取美洲的白银；以其只占世界二十分之一人口的欧洲国家，却拥占有世界三分之二的财富，为欧洲国家的工业革命和经济发展提供动力支撑，从而大大促进欧洲国家资本主义生产力的空前高速发展，正如马克思和恩格斯在《共产党宣言》指出：

> 资产阶级在它的不到一百年的阶段统治中所创造的生产力，比过去一切时代创造的全部生产力还要多，还要大。

于是打破了1820年中国GDP居世界第一位的经济格局。进而是英国在北美的13处殖民地于1776年7月4日宣布脱离母国（英国）独立建立美国后，立即仿效走英国老路，大力发展对外贸易，于1784年2月22日，派遣由美国大陆会议最高财政监督官罗伯特·摩里斯（Robert Morris）为首的一群纽约商人合资购买一艘定名为“中国皇后号”（the Empress of China）商船，从纽约启航，沿着早于1578年开通了的广州—澳门—马尼拉—黑西哥—秘鲁的海上丝绸之路前来广州贸易，购买中国的丝绸、瓷器、茶叶等商品回国倾销，获利30721美元。后又于1787年、1789年和1790年，有哥伦比亚·华盛顿女士号等3艘商船从波士顿启航经夏威夷前来广州贸易。之后，费城·沙伦和普淮登斯港口相继派商船到广州贸易，进一步促进美国经济的发展。加上1846年发动对墨西哥战争，占领墨西哥的加利福尼亚、德克萨斯州，和1867年与俄国沙皇签订《转让阿拉斯加条约》以720万美元购得俄国的阿拉斯加150万平方公里领土，终于在1860年夺得世界经济GDP第一位的桂冠，称雄至今。可以说，今天欧美国家的发达经济实是中国古代先进科技文化经由海上丝绸之路向欧美国家传播和促进的结果。

第二，中国儒道哲理促进德国古典哲学和英国古典政治经济学的创立。

1553年，葡萄牙人进入和租居澳门后，以利玛窦为代表的天主教耶稣会士纷纷随商船前来澳门并进入内地传教，回国时带回无数中国古代典籍，如1772年法国会士傅圣泽（Joannes Francicus Foaqct）等回国时就带去3900种书籍。同时，以利玛窦为代表的天主教耶稣会士等在内地传教时也把《老子》《孟子》《大学》《中庸》《论语》《易经》《礼记》等中国典籍翻译为拉丁文寄回欧洲国家出版。比利时会士卫方济（Francicus Noel）还撰写了《中国哲学》、法国会士马若瑟（Joe Maris Premare）著《中国经济学研究导言略论》等在欧洲出版，深受欧洲学者欢迎。正是这些典籍，"对于18世纪欧洲哲学的发展起到了决定性作用"（法国汉学家谢和耐语）。①

德国近代著名哲学家莱布尼兹（Gofuried Wilhelm Leibniz）对儒家文化十分感兴趣。他发愤研读耶稣会士翻译的儒家经籍，于1697年编辑出版了著作《中国近事》（*Novissima Sinica Historiam Temporis Iljus-tratura*），全面向欧洲国家介绍儒家文化，特别赞扬儒家和道家哲学思想，"在实践哲学方面，欧洲人就大不如中国人了"。因此，"我甚至认为，必须请中国派出人员，前来教导我们关于自然神学的目的与实践"。②他特别吸收老子关于"道"的思想精华，创立他的哲学思想中的单子学说（*Monadenlehre*），从而创立德国古典思辨哲学，于1714年发表了《单子论》（*Monadologie*），肯定中国理学的"理"与"单子"是相通的。他把思辨哲学传授给他的学生沃尔夫（Christian Wolff）。沃尔夫经过努力研究后，于1721年在哈勒大学发表标题为《论中国的实践哲学》（*De Sinarum Philosophica Practic*）的演说，把思辨哲学进一步系统化、理论化，首次将哲学分为本体论、宇宙论、心理学、自然神学、伦理学、经济学、政治学等七部分，认为哲学的一切原理均可以用数学或演绎的方法建立起来。沃尔夫又在玛尔堡（Warburg）大学发表标题为《论哲学与治国哲学》的演讲，把中国的实践哲学与德国的思辨哲学联系在一起。他的哲学思想又为其学生康德（I'm manuel Kant）、谢林（Sehelling）、黑格尔（Hegel）等人所批判接受，进而创立近代德国古典哲学。特别是黑格尔利用老子的"道生一，一生二，二生三，三生万物"的"有"和

①张之联主编《中英通史二百年周年学术讨论会论文集》，中国社会科学出版社，1996，第122页。

②［德］利奇温：《十八世纪中国与欧洲文化的接触》，朱杰勤译，商务印书馆，1991，第71页。

“无”概念约100次，撰写其名著《小逻辑》，作为其创立辩证法的支柱。而马克思又在黑格尔辩证法内核的基础之上，颠覆了传统的“形而上学”，建立了一个现实中得以实践的唯物辩证法思想体系。

与此同时，孔子的“天然自由”和司马迁的“自由经济”思想；“天下熙熙，为利而来；天下攘攘，为利而生”的“自利心”动机；“与时俯仰，获其赢利，以末致财，用本守之”的追求利润；“贫富之道，莫之夺争，而巧者有余，拙者不足”的自由竞争和“物盛则衰，物极而转，一质一文，始终之变”的价格波动（价值规律）等思想精华，直接影响了被马克思称为“经济学之父”的英国著名经济学家亚当·斯密（Aclam Smith）所吸收，从而于1776年写成和出版其政治经济学名著《国民财富的性质和原因的研究》(*An Inquiry into the Nature and Causes of the Wealth of Nations*)，简称《国富论》(the Wealth of Nations)，多次提到“天然自由”和“自由经济”等中国资料24次，创立了英国近代古典政治经济学，为欧美近代资本主义经济迅速发展提供理论支撑。同时，他还接受和吸收了孟子的博爱思想，出版了又一名著《道德情操论》(The Theory of Moral Sentiments)，侧重论述和强调人的“利他性”，指出只有把经济学的“利己性”和道德伦理学的“利他性”有机地结合，才是完整的真实人性。因此，亚当·斯密不仅是超分析力深刻的经济学家，而且是一个悲天悯人的伦理道德哲学家，为世人所敬仰。

第三，中国的人文思想和制度文化奠定欧美国家近代民主思想和文官制度的雏形。

中国典籍《大方广佛华严经》提出的“王以人为本，亿兆同一身”和《列子·天瑞》的“天生万物，唯人为贵”；《周礼》的民主政治、公平，以及明代黄宗羲著《明夷待访录》一书提出“君民非主从尊卑，府为民所设，诸侯自主”等接近民主制度主张等思想，经由海上丝绸之路传至西方国家之后，为欧洲国家的近代思想家如卢梭（Jean Jacques Rousseau）、孟德斯鸠（C.L.S.Montoquieu）和伏尔泰（F.de.Voltaire）等所接受，从而衍生出人权观念，奠定自由、平等、博爱、民主、宪政和三权分立的民主雏形。就是说，是中国儒家民主思想促进欧洲国家的民主化，影响法国大革命的《人权宣言》、1776年7月4日美国的《独立宣言》和1787年9月15日制宪会议通过的《联邦宪法》。因为该宪法第1条第9款第八则规定："合众国不得授予贵族爵位。"为了纪念儒家民主思想对美国建国立法的贡献，美国最高法院的楼檐雕塑孔子的浮象。因此美国建国之初，许多哲贤人士高度赞誉：

> 建国奠定宪政，其信仰与作风，直接挹取于欧洲，间接导源于中国……中国文化实为启发西洋民主政治之源泉，亦为创造西洋民主政治之一动力。[①]

与儒道家思想西传欧美国家的同时，儒经《礼记·礼运第九》的"大道之行也，天下为公，选贤与能，讲信修睦""学而优则仕"和"朝为田舍郎，暮登天子堂，将相本无种，男儿当自强"的科举制度文化，也经海上丝绸之路向西方国家传播和发生强烈影响，使欧美国家纷纷仿效而建立文官考试制度。先是嘉靖三十五年（1556年），葡萄牙耶稣会士达·克鲁斯（da Clues）经澳门入广州和内地传教，1569年回葡萄牙，次年写了一本共29章的《中国游记》，向欧洲国家介绍中国的科举制度，说：

> 中国的官员，必须有那项功名或头衔。他们奉行学而优则仕。[②]

该书原以意大利文出版，后由韦尼斯（R. Weinisi）译为英文，改名为《来自中国行省的报告》出版，使英国人于16世纪末得看此书。1596年，英国女皇伊丽莎白写了一封信给万历皇帝朱翊钧，表示对中国的科举考试制有兴趣。1665年，曾在中国传教38年，最后在广州逝世的曾德昭（Alvare de Semedo）所写专著《中国通史》译成英文在伦敦出版，其中第三章专门系统地介绍中国科举制度考试的内容和方法，从而在英、法两国引起强烈和广泛的反响。法国思想家伏尔泰（Voltaire）首先发文赞扬：

①转引陈立夫：《中国文化概论》，台湾正中书局，1987，第112页。

②转引黄启臣：《黄启臣文集》(一)，香港天马图书有限公司，2003，第596页。

在中国的社会制度中，这种在品学兼优的文人中通过科举而选拔官吏的做法，使一种文明——欧洲文明惊得犹如五雷轰顶。①

于是法国先于1791年进行文官考试，可惜好景不长，1801年却中断了。后来派人到德国实行文官考试经验后才恢复。

英国在19世纪末完成了工业革命，成为世界最富的强国后，于1829年先在殖民地印度实行文官考试选拔官员，首次突破原来的"赐官制"。1835年7月又在东印度公司实行考试选拔文职官员。1853年12月23日，政府讨论了由查尔斯·特里维廉和斯坦福·诺斯科特两人提出的《关于建立常任文官制度》调查报告，为英国实行文官考试制度奠定基础。1868年格莱斯顿（Gladstone）出任内阁首相，于1870年6月4日，颁布关于文官制度第二号枢密院命令，规定：

一切文官职位的任命，都必须根据文官制度委员会委员们的规定，通过公开竞争考试，委员会在财政部的监督下，有权独立决定被录用文官必须具备的合格重要条件。②

这就标志了英国近代文官考试制度的最后正式确立。这种文官考试制度就是源于中国的"科举考试，选贤与能"。正如权威性极高的《大不列颠百科全书》解释说：

在历史上，最早的考试制度出现在中国，先用考试来选拔行政官员，并对已经进入仕途的官员实行定期考核的文官制度。

英国经过4年的争论和试验，然后实行的文官考试制度影响欧美各国和地区的文官制度。

美国后来实行的文官考试制度，基本上是照搬英国的。先是经过3年的争论准备，1868年5月波士顿市市长爱默生（Edmoshen）访问同治皇帝穆宗载淳，

①［法］安田朴：《中国文化西传欧洲史》，耿昇译，商务印书馆，2000，第715页。

② D· C· Douglas, *English Historical Documents*, Vol 12, P554, London, 1956.

回去高度赞扬中国科举考试制度：

是的，在杜绝任意用人方面，中国，还有英国，法国，已走在我们前头。在中国的社会生活中，教育获得高度的重视，这是使中国享誉域外的必不可少的保证。[①]

同年10月，北京同文馆总教习博士丁韪良（William Alexander Parsons Martin）出版专著《中国科举制》，又高度赞扬和介绍中国科举制度。1870年，美国《每月杂志》又发表了A.R.麦克多瑙（A.R. Markdonu）呼吁美国学习中国科举制，建立考试选拔文官：

在中国，王位以下的一切政府职位，全部向每一位居民开放……官吏由竞争性考试选拔，其迁谪视忠诚与否而定。[②]

经过一番争论，1883年，美国国会讨论通过调整和改革美国文官制度的法律，即《彭德尔顿法》(*Pendleton Act*)。[③]采纳英国文官考试选拔官员办法，正式确立美国的文官制度。

综上所述，可以看到发源于世界东方中国南端徐闻、合浦和广州港的海上丝绸之路，主宰了东西方国家和地区之间近两千年（前111—1840年）的商品贸易和文化交流的历史事实，充分说明古代中国文明（包括物质文明和非物质文明，用今天的话说是硬实力和软实力）均是超越西方欧美国家和地区的；近代欧美国家和地区的物质文明和非物文明都是源于古代中国文明的。因此，古代中国文明对近代，甚至现代的西方国家文明的促进发展功不可没。而作为沟通中西方国家和地区两大文明载体的海上丝绸之路亦功不可没。

有鉴于古代中国文明的光荣历史传统和发源于中国南海北部湾的海上丝绸之路向西方国家传播两个文明的作用和贡献，1978年改革开放以来，党和国家领导人邓小平、江泽民、胡锦涛和习近平，在不同时期和不同场合均老话重提丝绸

①哈佛《亚洲研究期刊》第7卷。

②哈佛《亚洲研究月刊》第7卷。

③Fredenrick C· Mosher, *Democracy and the Pubile Service*, P68, New york, Oxford University Press, 1982.

之路，[①]作为我国实行对外开放贸易和人文交流的历史借鉴。特别是中共十八大以来，习近平总书记自2013年以来49次论说“丝绸之路”，提出建设“一带一路”倡议，并写入十九大政治报告和党章，以动员全党和全国人民大力实施此倡议，为实现中华民族伟大复兴中国梦和构建人类命运共同体而努力奋斗。这一倡议7年来得到100多个国家和国际组织的积极支持和参与建设，总人口约44亿，占世界总人口的63%；经济总量约21万亿美元，占世界经济总量的29%。同时，2016年11月，第71届联合国大会通过决议，获得193个会员国一致赞同，将“一带一路”建设内容纳入发展纲要；2017年2月，在联合国社会发展委员会第55届会议上，习近平总书记提出的共商、共建、共享，“构建人类命运共同体”理念首次写入联合国决议；2017年5月14至15日，中国在北京举办首届“一带一路”国际合作高峰论坛，有100多个国家元首和国际组织领导人前来出席会议。2019年4月26日，又举行了第二届“一带一路”国际合作高峰论坛，有150多个国家和地区、90多个国际组织近5000名外宾出席论坛。习近平总书记发表主旨演讲，表示愿意同世界各方“共建风清气正丝绸之路、共建数字丝绸之路和创新丝绸之路”。

现在，将要出版的王元林、王美怡教授主编的“海上丝绸之路断代史研究”丛书，包括第一本《秦汉魏晋南北朝海上丝绸之路史》，由周永卫、钟炜教授撰著；第二本《隋唐五代十国海上丝绸之路史》，由孟昭锋、王元林教授撰著；第三本《宋元海上丝绸之路史》，由章深研究员撰著；第四本《明代海上丝绸之路史》，由衷海燕教授撰著；第五本《清代海上丝绸之路史》，由刘正刚教授撰著。他们都是长期在广州各高校和研究机关从事海上丝绸之路研究并出版了有关专著的壮年专家。就我所知，他们编著的5卷本“中国海上丝绸之路断代史研究”丛书是目前国内最系统、最全面、最有分量和高水平的巨著。因此本套书的出版将会助力于我党当下大力实施的“一带一路”倡议，因为“一带一路”与古代丝绸之路有着祖孙基因传承之缘，正如习近平总书记发表重要讲话指出：

> 今天，我们传承古丝绸之路精神，共商“一带一路”建设，是历史潮流的沿续，也是面向未来的正确抉择。

①黄启臣：《邓小平等四代领导人老话重提丝绸之路》，载《岭南文史》2015年第1期。

“一带一路”建设根植于历史，但面向未来。古丝绸之路凝聚了先辈们对美好生活的追求，促进了亚欧大陆各国互联互通，推动了东西方文明交流互鉴，为人类文明发展进步作出了重大贡献。我们完全可以从古丝绸之路中汲取智慧和力量，本着和平合作、开放包容、互学互鉴、互利共赢的丝路精神推进合作，共同开辟更加光明的前景。[①]

谨此是为总序。

黄启臣

二〇二〇年三月

（作者：黄启臣，中山大学历史系教授，广东省政府文史馆馆员，国务院政府特殊津贴专家，曾任中山大学法政学院副院长兼社会学系系主任，广东省文史学会副会长；曾应邀到美国、加拿大和日本讲学和访问；已出版《广东海上丝绸之路史》等共31部书）

①《习近平谈“一带一路”》，中央文献出版社，2018，第190、第193页。

目　录

CONTENTS

绪 论

明代中国“海上丝绸之路”经历了一次大变革。其中既有中国本土贸易政策的变革与调适，亦有世界格局的大变迁。从长时段看，“海上丝绸之路”于明代进入一个承前启后的阶段。中国与世界的贸易开展、文化往来也在明代达到一个新的高点。如万明先生认为：“明代海上事业不仅在五千年中华文明史上空前绝后，在中国乃至世界海洋史上彪炳史册，也成就了明代中国辉煌的国际地位。”①明代“海上丝绸之路”的发展变迁大致有如下几个突出特点：

一、海外贸易政策受世界格局影响而不断变革与调适

明太祖朱元璋推行严厉的“海禁”政策，禁止滨海居民私自出海。同时，商品仅能通过列入朝贡国的外来使团携入，并由官方进行征税，对货物实行给价收买。藉此，海禁政策和朝贡贸易相结合，形成明朝特殊的官方垄断贸易制度。明代“海上丝绸之路”也形成了与前代截然不同的海外贸易形态——“朝贡贸易体制”。朝贡贸易一体化政策不仅影响了宋元以来靠出海贸易为生的沿海人民生活，而且瓦解了此前南海国家的贸易生态。中国与西洋部分国家竟因此而中断贸易往来多年。

至明成祖时代，面对国际形势决心重建东南亚国际海洋秩序。永乐帝一方面重新设立市舶司负责朝贡贸易，另一方面派遣郑和船队下西洋。郑和带领庞大的船队七次下西洋是世界航海史上的壮举，将中外文明交往的重心从亚欧大陆转移至海上。郑和船队远涉重洋、不断地出海巡航，其真实的目的不单是传统上认为的“耀兵异域、宣威海外”，更主要的任务其实是打击海寇，削弱爪哇、暹罗在

①万明：《明代海上力量缘何称雄东方海域》，《人民论坛》，2016年18期，第94页。

南海的扩张及干扰，从而维护马六甲航道的安全畅通，确保朝贡贸易在规范的秩序下进行。由此，明朝的天朝帝国形象才在“厚往薄来”的朝贡贸易利益，以及拥有一支强大的海上船队力量上建构起来。郑和下西洋吸引了众多的国家前来朝贡。中国在东南亚的影响力，至此才真正地得以确立。

明中叶以后，随着国势逐渐衰退，国家无力支持“厚往薄来”的朝贡贸易，朝贡体制走向衰败。此时，与衰败的朝贡贸易相对的，则是民间繁荣的私人海上贸易。为了增加收入，地方政府也转而对私人贸易持默许的态度，并开始对私人市舶贸易征税，抽分制度得以确立。由此意味着朝贡与贸易开始脱勾。

16世纪以后，随着葡萄牙人、西班牙人的东来，东亚区域贸易加入了欧洲因素。明代嘉靖以后顺应时代形势的变化及要求，对海外贸易政策进行了系列调整：官方控制下的澳门成为“海上丝绸之路”的贸易中转站，由此“海上丝绸之路”进入新的发展阶段，开放程度和形式都与前代有所区别。澳门开埠（1553年）后不久，明政府又于福建漳州月港（1567年）实行开海贸易，准许部分中国商人出海通商；另一方面，在政府把控下，于广州实行交易会，交易会期间允许外国商人到广州城交易。由此市舶贸易蓬勃发展，并成为对外贸易的主导形式，“朝贡贸易体制”走向终结。新的贸易框架得以建构，澳门开埠，以集中管理广东沿海的对外贸易；月港开放福建人出海贸易，以舒缓福建沿海人民的生计压力，因禁海而导致沿海一带严重的倭患问题也得以缓解。自此之后，明代海外贸易迎来了繁荣发展时期。

17世纪初叶，荷兰船队首次抵达东亚地区，开始介入中国海外贸易，并冲击了自嘉靖以来构建起来的贸易框架。荷兰人试图以军事力量达成垄断贸易的企图，引发了明代中国与荷兰的激烈冲突。然而事实证明，17世纪，西方势力并没有拥有绝对海上霸权的实力，此一时期仍是中国海上力量称雄于东方海上。值得一提的是，随着私人海上贸易的加速发展，明代民间海商集团迅速成长壮大，以福建郑氏海商集团为典型代表。晚明兴起的郑芝龙海上势力，在接受明廷招抚后，完成了从海寇到明朝官员的身份转换。郑氏海商集团不仅有效遏制了荷兰人的企图，而且帮助明政府成功抗击了其对福建沿海的侵扰。晚明中国在与西方海上势力的博弈中胜出。

由此可见，终明一代，海外贸易体制在不断地变革与调适之中，这既与官方对于海洋生计、国际局势的认知与态度有关，又与“大航海”时代的到来、明代中国卷入世界体系有着密切的关系。明代“海上丝绸之路”策略的坚持与重塑，是特定时期内、外多种因素交织影响下的结果，也由此奠定了明王朝在“海上丝绸之路”上重要的国际地位。

二、“大航海时代”开辟的全球网络推动了明代“白银时代”的到来

十五六世纪，人类航海史面貌焕然一新，由郑和下西洋、新航路的开辟、新大陆的发现等航海活动将人类带入一个新的发展时代。明代“海上丝绸之路”的航线不断拓展，涉及的国家和地区愈增愈多；与此同时，“海上丝绸之路”对明代的经济领域带来了巨大的冲击，直接影响到社会的诸多方面。

“海上丝绸之路”航线的开辟将世界联为一体，不仅以中国为中心的航线不断拓展，世界范围内更是出现多次大规模的洲际航海活动。这些航海活动直接影响到世界历史的进程，使人类的目标由大陆转向海洋，开启了人类通过海洋沟通世界的历史。明代以前，中国的海上贸易主要限于与周边国家和地区的传统贸易。随着“海上丝绸之路”航线的不断拓展，商贸往来不再局限于亚洲，与中国进行海上贸易的国家逐渐扩展到全球。从世界范围来看，随着世界“大航海时代”的到来，以葡萄牙人、西班牙人、英国人、荷兰人为主的欧洲人先后奔赴东方，参与亚洲的丝绸、瓷器、茶叶、香料等物品贸易，以此赚取巨大的经济利润。随着洲际商贸往来的增强，沿“海上丝绸之路”航线的国家和地区也连为整体。

自明初延续而来的自给自足内向型经济模式受到“海上丝绸之路”带来的大量白银的刺激，明代成化、弘治年间，中国社会内部商品化贸易的生产模式进一步发展。明代海外贸易输出的本国商品，其种类之多、数量之大、利润之巨，都是空前的。在商品贸易的刺激之下，商品化贸易的生产水平也在不断提升。在主要供给出口的陶瓷、纺织、矿冶、制糖等领域都有了新的发展，手工业生产的规模、工艺水平、工具等相较前代有着不同程度的提高。在制造技术改良的强力支持下，明代出口的商品成本低、质量高，在世界市场上有着强大的竞争力。随着“海上丝绸之路”的不断扩展，大量外来白银涌入中国，对明代社会产生整体性的冲击。其中，最为突出的就是社会经济层面。随着商品经济的发展和白银的不断流入，使得白银货币化成为可能。白银在流通领域的主币地位，产生了巨大的社会需求，推动中国走向世界。在明万历时期“一条鞭法”等政策的推行下，民间的商业资本趋于活跃。这些资本裹挟着农业、手工业生产，使其商品化程度进

一步加深，并最终对社会各个层面产生影响。在繁荣的商品经济推动下，作为人口、商品、信息、资金集散中心的市镇也随之发展起来。并且，部分以手工业商品生产为中心的特色市镇的兴起更是“海上丝绸之路”影响逐渐加深的体现。在“海上丝绸之路”的不断影响下，明代社会领域发生了翻天覆地的变化。

三、中外文明在碰撞中交流

明代“海上丝绸之路”在宋、元时代的基础上向深度、广度进一步拓展。主要体现在“海上丝绸之路”的影响已经远远超出经济领域，开始向更深层次的社会文化领域进发。其中，又可划分为相邻区域的深度影响和不同文化圈的广度碰撞两个部分。

“相近区域的深度影响”主要指以沿海移民为主体的中国同东南亚、东亚之间的文化交流。中国人移民东南亚从宋代开始就有较明确的记载，至明初，就已有部分商民移居安南、暹罗、吕宋等地，并在这些地区主要从事商贸活动。海外移民或因追求利益，或因避难等，在海外定居下来，成为当地华侨。这些流寓海外的移民在当地以经商为生，也将中国本土的先进技术、风俗习惯带去他国。并且，随着人口的不断繁衍、聚集，彼此的文化也不断融合、交汇，最终形成兼容双方特色的地方文化。

明中叶以后，随着对外贸易的迅速发展，中国沿海居民大量前往海外经商逐利，并形成几次“出海”高潮。由此，中国海外移民逐渐增多，并在多个国家形成数个大型海外定居点，如日本的长崎、安南的广南、爪哇的万丹、巴达维亚、菲律宾的马尼拉等，这更是前代不曾有过的景象。中国的文化通过移民传播到东南亚、东亚各地，并在当地生根发芽，形成具有独特韵味的技术与风俗，并影响着东南亚传统社会的结构和民族关系的发展。“海上丝绸之路”带来的文化影响较经济影响更为深远，也更为持久。从长远来看，移民传播的“海上丝绸之路”文化影响让东南亚、东亚文化圈连成一个整体。直至今日，这种影响仍然根深蒂固在这些国家和地区的文化基因之中。

“不同文化圈的广度碰撞”则指沿“海上丝绸之路”航线，不同文化圈之间的相互碰撞与融合。明代中叶开始，以葡萄牙人为首的欧洲商人沿“海上丝绸之路”入华，试图赚取商业利润。最初，葡萄牙人与明代中国也曾兵刃相见，这是因彼此文化习惯不同而造成的冲突。但随着中西贸易、交流的增多，双方也在尊重彼此的基础上相互学习。欧洲商人来华贸易，不仅带来中方所需的商品，还通过澳门派出成批的传教士进入中国内地进行访问和学习，试图探索东方古国背后的社会、文化脉络。明政府也藉此机会利用西方来华的人才，积极同传教士接触，吸收西方科学知识，同时适当地容许传教士开展正常的教务活动。在这样的合作下，中西文化因而得以在新的历史背景和新的规模下，相互彼此碰撞、吸收、融合，由此“海上丝绸之路”的内涵愈加深厚。

综上所述，明代在“海上丝绸之路”史上占有极为重要的地位。藉编著此书的机会，笔者试图以丰富的中外历史文献资料，阐述明代“海上丝绸之路”所处的承上启下的历史地位和发展到高点的历史进程。明代“海上丝绸之路”所囊括内容极为丰富，以一书之体量无法尽述，但明代“海上丝绸之路”的重要性和巨大影响力却是毋庸置疑。笔者撰此《明代海上丝绸之路史》一方面试图趁此机会，对前人成果加以梳理；另一方面则希冀利用收集的史料，彰显明代“海上丝绸之路”的光辉。

第一章
明代海禁政策与朝贡贸易体制

明朝建立后，因西北边防压力巨大，故而采取“防备西北，结好东南”的对外政策。为巩固海防，打击私人走私贸易，明太祖改变了唐、宋、元时期积极开放的对外贸易政策，厉行海禁，严禁民间私自出海贸易。为实现对海外贸易的控制，明朝实行“时禁时开，以禁为主”的朝贡贸易政策，仅允许与明朝有朝贡关系的国家前来中国进行朝贡贸易，海外贸易政治色彩浓厚。海禁与朝贡贸易相结合，禁止民间私人出海贸易和外国私人商船前来贸易。

明代朝贡贸易始于洪武朝，为管理朝贡贸易，洪武初年制定了朝贡的贡期、贡道、贡品数、勘合等朝贡贸易制度，初步建立朝贡贸易体制。永乐年间，推行积极的朝贡贸易政策，朝贡贸易空前繁荣，形成外交和贸易相结合的体系。宣德、正统年间，国势衰退，朝贡贸易回落。

明朝前期在广东、福建、浙江三地设市舶司来管理朝贡贸易，其主要职责为“辨勘合、征私货、平交易”。永乐时期，明成祖派遣宦官提督市舶，市舶宦官以皇帝私人代表的身份派驻地方，往往权势较大，凌驾于市舶司之上，形成新的市舶司管理机构。明朝正统以后，宦官势力膨胀，市舶太监常常提督地方军务、海道、珠池、盐政等，权力极大，导致市舶司有职无权，形同虚设，权力被市舶宦官架空。

第一节　明初海禁与“禁海令”颁布

明朝建立初期，沿袭元代传统，实行积极对外开放的政策，并未实行海禁和禁止民间商贸往来。明朝建立的前一年，朱元璋就于太仓设立黄渡市舶司，

《明太祖实录》记载“吴元年十二月，置市舶提举司，以浙东按察使陈宁等为提举”[①]。洪武三年（1370年），明太祖罢黄渡市舶司。随后，又在宁波、泉州、广州设立市舶司，管理海外贸易。明初，沿海地方还有不少商舶往来。据记载，广东“番商私赍货物，入为易市者，舟至水次，悉封籍之，抽其十二，乃听贸易”[②]。这说明明代初年不仅没有海禁，海外贸易中还存在抽分。福建“地濒大海，民物庶富，番舶往来，私交者众”[③]。其中“私交者众”表明贸易形式为民间贸易而非官方朝贡贸易，显示明代初期尚未实行海禁。

洪武四年（1371年），明政权突然开始实行严厉的海禁政策，从此奠定明代对外政策的总基调，一改唐宋元以来的对外开放政策，对中国产生深刻影响。而推行海禁的原因：一是北部边防压力。朱元璋推翻元朝建立明朝后，蒙古人被赶到漠北，但其势力并未灭绝，所谓“引弓之士，不下百万众也”[④]，给明朝边防造成很大压力，因此明朝派重兵守备西北，甚至数次主动出击。二是防范海外逃亡势力。洪武初年，盘踞在海岛上的张士诚、方国珍余部与海盗、倭寇相勾结，侵袭劫掠中国东南沿海地区，给新生的明朝带来很大困扰。史载“初，方国珍、张士诚分据温、台、宁、绍诸郡并濒海。及已降灭，而余党逋海上，辄纠岛倭入寇”[⑤]，纠集在海岛上的倭寇海盗劫掠各地。同时，这些余部还与其他势力相勾结，“负海以为红，东借日本诸岛悍夷以为爪牙，而西南接交趾、占城、阇婆、暹罗逋薮……而又内结山寇，以为腹心之患”[⑥]。三是沿海倭寇猖獗。广东“洪武、永乐间，倭夷入犯广东，屡为所扰”[⑦]，江苏“倭寇出没海岛中，数侵略苏州崇明，杀掠居民，劫夺货财，沿海之地皆患之”[⑧]。对于东南沿海，明政府采取防备守势，“闭关听其自服而不之讨，戒启衅也”[⑨]。

洪武四年（1371年），明太祖朱元璋表示“朕以海道可通外邦，故尝禁其往

①《明太祖实录》卷二八下，吴元年十二月，台北“中央研究院”历史语言研究所，1962年影印本。

②[明]黄佐：嘉靖《广东通志》卷六六《外志·番夷》。

③《明太祖实录》卷四二，洪武二年五月甲午，台北“中央研究院”历史语言研究所，1962年影印本。

④[清]谷应泰：《明史纪事本末》卷十《故元遗兵》，中华书局，1977。

⑤[明]茅瑞征：《皇明象胥录》卷二《日本》，明崇祯间茅氏芝园刻本。

⑥[明]王世贞：《弇州史料后集》卷三十，北京出版社，1997。

⑦[清]顾祖禹：《读史方舆纪要》卷一百《广东一》，中华书局，2005。

⑧[清]谷应泰：《明史纪事本末》卷五五《沿海倭乱》，中华书局，1977。

⑨[明]朱国桢：《皇明大政记》卷六。

来”[①]，并颁布海禁法令，宣布“仍禁滨海民不得私出海，时方国珍余党多入海剽掠也”[②]。开始推行严厉的海禁政策，禁止民间海外贸易，“洪武初，令番商止集舶所，不许入城（广州），通番者有厉禁”[③]之后，朝廷又多次重申海禁，洪武十四年（1381年），“禁濒海民私通海外诸国”[④]；洪武二十三年（1390年），“诏户部申严交通外番之禁。上以中国金银铜钱、段匹、兵器等物，自前代以来不许出番，今两广……愚民无知，往往交通外番，私易货物，故严禁之”[⑤]。对海外朝贡国家进行限制，只允许琉球、真腊、暹罗前来朝贡。洪武二十七年（1394年），“以海外诸夷多诈，绝其往来，惟琉球、真腊、暹罗许入贡[⑥]。洪武三十年（1397年），又重申“申禁人民，无得擅出海与外国互市”[⑦]。洪武三十一年（1398年），皇帝还专门颁布圣旨禁广东通番：“如今广东近海的百姓，内有等不畏公法，专一为非。将带违禁物货，私自下海，潜往外国买卖。那沿海卫所巡守官军，不行用心，设法巡拿，以致诱贼，不时出没，劫掠良民。该府便出榜文，着沿海卫所，今后不问军民，但私自下海的人，问他往何外国买卖，通诱消息，若拿有实迹可验的，就全家解来，赏原拿人大银两个，钞一百锭。若守把官军不肯用心巡拿，与犯人同罪。有能首告，一体给赏。”[⑧]广东海岸线线漫长，百姓下海较难防范，故朝廷特别颁布法令禁广东通番，命令沿海卫所严查私自通番，向海外泄露消息的沿海军民，如有查获则给予奖励，对执行不力者治以重罪。建文帝时，“重申禁夹带番香货卖”[⑨]。

此外，明朝还颁布一系列法令来强化海禁，其主要内容有：

（一）禁止沿海官民擅造二桅以上大船及私自驾船出海通番。

> 奸豪势要军民人等，擅造二桅以上违式大船，将带违禁货物下海前往番国买卖，潜通海贼同谋结聚，及为向导劫掠良民者，正犯比照谋叛已行律处斩，仍枭首示众，全家发边卫充军。[⑩]

---

①《明太祖实录》卷七十，洪武四年十二月庚辰，台北“中央研究院”历史语言研究所，1962年影印本。

②《明太祖实录》卷七十，洪武四年十二月庚辰，台北“中央研究院”历史语言研究所，1962年影印本。

③［清］严如煜：《洋防辑要》卷十五《广东防海略下·杂蛮》，台北学生书局，1984。

④《明太祖实录》卷一三九，洪武十四年十月乙巳，台北“中央研究院”历史语言研究所，1962年影印本。

⑤《明太祖实录》卷二五〇，洪武二十三年乙酉，台北“中央研究院”历史语言研究所，1962年影印本。

⑥［清］梁廷枏：《粤海关志》卷四《前代事实三》，广东人民出版社，2002。

⑦《明太祖实录》卷二五二，洪武三十年四月乙酉，台北“中央研究院”历史语言研究所，1962年影印本。

⑧［明］郭棐：万历《广东通志》卷六《藩省志·事纪五》。

⑨［明］郭棐：万历《广东通志》卷六《藩省志·事纪五》。

⑩［明］熊鸣岐：《昭代王章》卷二《私出外境及违禁下海》，中央图书馆，1981。

明朝海禁政策下只允许领有执照的渔民使用单桅小船于海边捕鱼。因二桅以上大船能够出海远航，明廷担忧沿海居民擅造二桅以上大船下海通番威胁海防，故严行禁止。永乐二年（1404年），更下令让沿海居民将海船全部改为平头船，据《明成祖实录》卷二七记："下令禁民间海船，原有海船者悉改为平头船，所在有司，防其出入"，平头船无法进行远洋航行，以此防止沿海居民出海交通外夷。

（二）禁止民间贩卖和夹带番货。

洪武三十一年（1398年），朝廷颁布法令重申沿海居民不许存留买卖番货，如有存储，限期销毁，史载"沿海军民私自下番，诱引蛮夷为盗，有伤良民。不问官员军民之家，但系番货、番香等物，不许存留贩卖，其有见者，限三个月销毁，三个月外仍前存留贩卖者，处予重罪"①。明建文帝时再次颁布此法令，建文三年十一月，"礼部禁约：沿海军民私自下番诱引蛮夷为盗，有伤良民。不问官员军民之家，但系番货番香等物，不许存留贩卖。其见有者，限三个月销尽；三个月外仍前存留、贩卖者，处以重罪"②。

同时，对于沿海居民勾引番商，藏匿番货逃避抽分进行治罪，如《大明律》记载："凡泛海客商舶船到岸，即将物货尽实报官抽分。若停靠沿港土商牙侩之家，不报者杖一百。虽供报而不尽者，罪亦如之，物货并入官，停藏之人同罪。"③

（三）禁止私运违禁货物出海。

明朝海禁的目的之一就是防止海上倭寇袭扰，因此老百姓将铁器、军器、牛马、铜钱等军需物资带出海外会被处以酷刑。如《大明律》规定：

> 凡将马牛、军需、铁货、铜钱、段匹、绸绢丝绵私出外境货卖及下海者，杖一百。挑担驮载之人，减一等，物货船车并入官。于内以十分为率，三分付告人充赏。若将人口、军器出境及下海者绞。因而走泄事情者斩。其拘该官司及守把之人，通同夹带，或知而故纵者，与犯人同罪。失觉察者，减三等，罪止杖一百，军兵又减一等。④

①［明］郭棐：万历《广东通志》卷六《藩省志·事纪五》。

②［清］阮元：道光《广东通志》卷一八七《前事略·明》。

③［明］舒化辑，《大明律附例》卷八《户律》。

④《大明律》卷一五《兵律三·关津私出外境及违禁下海》，辽沈书社，1990，第117页。

《明实录》对禁止沿海居民私运违禁物品下海也屡有记载：

> 洪武二十三年，诏户部申严交通外番之禁。上以中国金银、铜钱、段匹、兵器等物自前代以来不许出番，今两广……愚民无知，往往交通外番，私易货物，故严禁之。[①]

以铜钱为例，铜钱为中国重要的货币，明朝铜矿资源缺乏，铜钱关乎明朝经济运行，是一种重要的战略物资，所以明廷禁止将铜钱私自带出国外。

此外，明太祖还让沿海卫所严加盘查，以防军器出境流入倭寇手中，据记载："国朝洪武初，广东各府俱设军器局大使一员，副使一员，其后革去，惟令各卫所指挥千百户等带管造作军器，咸有定制，其出境及下海私卖与夷人者治以重罪。"[②]同时，对前来进行朝贡贸易的外国贡使也严加防范，不许其入城，"洪武初，令番商止集舶所，不许入城（广州），通番者有厉禁"[③]。

除上述禁令外，明朝还通过征船户为军来加强海禁。洪武四年（1371年）十二月，"诏靖海侯吴祯籍方国珍所部温、台、庆元三府军士，及兰秀山无田粮之民尝充船户者，凡一十一万一千七百余人，隶各卫为军"[④]。为防止沿海疍民扰乱沿海秩序，洪武十五年（1382年），"命南雄侯赵庸籍广州蛋户万人为水军，时蛋人附海岛，无定居，或为寇盗，故籍而用之"[⑤]。"四澳旧有居民，国初属海阳，与黄隆、海山俱为信宁都地。洪武二十四年（1391年），以居民顽梗，尽发充海门千户所军，因误粮饷，仍发回四澳渔耕"[⑥]。

明廷还在沿海地区建立卫所和设置巡检司来加强海禁，史载："（倭寇）时犯海道，用此于山东、淮浙、闽广沿海要害去处，列置卫所，设总督、把总、巡哨等官，又专设巡视海道副使一员，并都布二司堂上官，亲来督视，所以备御之

①《明太祖实录》卷二五〇，洪武三十年三月甲申，台北"中央研究院"历史语言研究所，1962年影印本。
②[明]郭棐：万历《广东通志》卷八《藩省志·兵防总上·军器》。
③[清]严如煜：《洋防辑要》卷十五《广东防海略下·杂蛮》，台北学生书局，1984。
④[清]谷应泰：《明史纪事本末》卷五五《沿海倭乱》，中华书局，1977。
⑤《明太祖实录》卷一四三，洪武十五年闰二月辛巳，台北"中央研究院"历史语言研究所，1962年影印本。
⑥[明]陈天资：《东里志》卷一《疆域·澳屿》。

术，可谓周且远矣。”[①]洪武二十年（1387年）四月，“命江夏侯周德兴往福建福、兴、漳、泉四郡，视要害筑海上十六城，籍民为兵，以防倭寇。增置巡检司四十有五，分隶诸卫”[②]。

为防止沿海居民私自交通外人，明廷甚至下令迁徙沿海居民。“永乐间，倭夷越海劫掠，难以防御，将吴宗理等九十五户，徙入苏湾、下外二都安插。原田地五十三顷令抛荒，不许人耕，以绝祸根。”[③]永乐间将南澳岛民徙入大陆安插。

永乐帝即位之初，北部边防吃紧，为谋求东南安定，多次颁布海禁法令。永乐元年（1403年），成祖下诏："缘海军民人等，近年以来往往私自下番，交通外国，今后不许。”[④]永乐五年（1407年），明廷平定安南后，成祖申明“不许军民人等私通外境，私自下海贩鬻番货，违者依律治罪”[⑤]。

永乐五年之后，永乐朝关于海禁的法令不见史载。如《天下郡国利病书》记载："永乐间，以渔人引倭为患，禁片帆寸板不许下海。后以小民衣食所赖，遂稍宽禁。”[⑥]同时，永乐帝逐渐改变洪武朝确立的守备为上的外交策略，推行积极的对外交往政策，如派郑和出使西洋、派兵征安南、亲征漠北、对瓦剌用兵等。在明成祖积极的对外政策影响下，海禁政策似乎有所松动。

明仁宗、明宣宗在位时期，谨遵洪武祖制，推行“驭夷之道，守备为上”的政策，海禁政策重新得到强化。据载，宣德六年（1431年），“上闻并海居民有私下番贸易及出境与夷人交通者，命行在都察院揭榜禁戢。”[⑦]宣德八年（1433年），朝廷颁布法令严私通番国之禁，如“近岁官员军民不知遵守，往往私造海舟，假朝廷干办为名，擅自下海，扰害外夷或引诱为寇，比者已有擒获，格之重罪。尔宜申明前禁，榜谕缘海军民，有犯者许诸人首告，得实者给犯人家赀之半，知而不告及军卫有司纵之弗禁者，一体治罪。”[⑧]

①［明］朱吾弼：《皇明留台奏议》卷一五《参粤珰匀夷疏》，江苏广陵古籍刻印社，1987。

②［清］谷应泰：《明史纪事本末》卷五五《沿海倭乱》，中华书局，1977。

③［明］陈天资：《东里志》卷一《疆域·澳屿》。

④《明成祖实录》卷十，洪武三十五年秋，台北“中央研究院”历史语言研究所，1962年影印本。

⑤《明成祖实录》卷六八，永乐五年六月癸未，台北“中央研究院”历史语言研究所，1962年影印本。

⑥［清］顾炎武：《天下郡国利病书·浙江下》，上海古籍出版社，2012。

⑦《明宣宗实录》卷七八，宣德六年夏四月乙未，台北“中央研究院”历史语言研究所，1962年影印本。

⑧《明宣宗实录》卷一零三，宣德八年六月壬午，台北“中央研究院”历史语言研究所，1962年影印本。

明朝实行的海禁政策在加强海防、维护政权等方面起过积极作用。但是，禁止私人擅自出海贸易则严重影响了沿海人民生计。如福建向有八山一水一分田之说，居民多以海为生，“闽地斥卤硗埆，田不供食，以海为生，以津泊为家者，十而九也”①。迫于生计，沿海人民只能违反海禁政策，私自下海，“耕者无所望岁，只有视渊若陵，久成习惯……一旦戒严不得下水，断其生路，若辈悉健有力，势不肯缚手困穷，于是所在连结为寇，溃裂以出”②。

在严厉的海禁政策下，朝贡贸易成为海外贸易唯一的合法形式，压缩了私人海外贸易发展空间，阻碍民间对外交往和商贸往来。但是，有限的朝贡贸易远远不能满足民间对海外产品的需求，走私贸易成为满足这种需求的另一种途径。

海禁是禁止私人擅自出海贸易的，但即使在海禁严厉的洪武朝，沿海人民仍大量从事走私贸易，“蹈利如鹜，其于凌风破浪，直偃息视之”③。据《明实录》记载：“（洪武二十三年）今两广、浙江、福建愚民无知，往往交通外番，私易货物。”④再如，“（洪武二十七年）而缘海之人，往往私下诸番贸易香货，因诱蛮夷为盗。”⑤沿海一带的任职官员也往往利用职权之便从事走私贸易，史载：“何淑川，洪武癸酉，以人材知钦州，守御百户胡全纵子仆私贩夷椒并诸不法。”⑥

永乐时期，沿海军民“往往私造海舟，假朝廷干办之名，擅自下番”⑦。成化、弘治时期，私人海上贸易更加兴盛，沿海居民出海贸易者尤多。弘治四年（1491年），两广总督都御史闵珪奏称，广东沿海地区私下海外贸易络绎不绝，海防压力较大：“不待比号，先行货卖，备倭官军为张势，越次申报有司，供亿糜费不赀，事宜禁止，况番情谲诈，恐有意外之虞。”⑧

沿海地区海寇与私商混杂，平时为民，入海为寇，难以打击，以致“海滨人人皆然，有诛之不可胜诛者，是则闽、浙及广之所同也”⑨。有人甚至认为，海寇

①［清］顾炎武：《天下郡国利病书》，《福建备录·洋税考》，上海古籍出版社，2012。

②［明］张燮：《东西洋考》卷七《饷税考》，中华书局，1981。

③［清］顾炎武：《天下郡国利病书》，《福建备录·洋税考》，上海古籍出版社，2012。

④《明太祖实录》卷二百五，洪武二十三年十月，台北“中央研究院”历史语言研究所，1962年影印本。

⑤《明太祖实录》卷二三一，洪武二十七年正月甲寅，台北“中央研究院”历史语言研究所，1962年影印本。

⑥［明］郭棐：万历《广东通志》卷五四《郡县志·廉州府名宦》。

⑦《明宣宗实录》卷一三〇，宣德八年六月壬午，台北“中央研究院”历史语言研究所，1962年影印本。

⑧［明］林光俞：《礼部志稿》卷九十《议处番船违碍》。

⑨［明］谢杰：《虔台倭纂》卷上《倭原》，上海古籍出版社，1995。

屡剿不绝就是因为海禁政策下商路不通，如“商货之不通者，海寇之所以不息也。……货贩无路，终岁海中为寇……设若攻破之，旧寇既破，新寇必生”[①]。部分沿海商民出海后甚至借机叛附外国，如正统年间，“广东潮州府民滨海者纠诱傍郡亡赖五十五人，私下海，通货爪哇国，因而叛附爪哇者二十二人，其余俱归复，具舟将发，知府王源获其四人”[②]。

海禁政策使明朝失去广阔的海外市场，不利于海洋经济发展。同时，洪武时期推行的海禁还奠定明代对外政策的总基调，明代中后期虽屡有松动或者局部开海贸易，但终明之世，朝廷都未放弃海禁这一基本政策。

第二节　朝贡贸易体制

一、明前期的朝贡贸易

明代朝贡贸易和海禁政策相结合，形成明朝特殊的官方垄断贸易制度——朝贡贸易。禁止商民私自出海贸易，为官方朝贡贸易提供保护。

明廷朝贡贸易的原则：“凡外夷贡者，皆设市舶司领之，许带他物，官设牙行，与民贸易，谓之互市。是有贡舶即有互市，非入贡即不许其互市矣。”[③]朝贡贸易只允许与明朝有朝贡关系的官方船只前来贸易，不允许外国民船私自前来贸易。朝贡贸易也就是明政府控制的官方海外贸易。因此，明代朝贡贸易的实质是具有浓厚政治外交色彩的、官方控制的政府间贸易。

明代朝贡贸易的目的是“怀柔远人”，“固番人心，且以强中国”，希望借助朝贡贸易来达到“万国朝宗”的政治目的。洪武元年（1368年）十二月，即遣使前往高丽、安南，拉开了明朝对外关系的序幕[④]。洪武二年（1369年）正月，又遣使以即位诏谕占城、安南、爪哇、渤泥、三佛齐、真腊等东南亚国家，宣布明朝“正统”，并邀请这些国家遣使来朝贡。二月再次遣使到这些国家，以玺书、织金绮缎、纱罗赐诸国王，敦促其尽快来朝贡贸易[⑤]。为示友好，又把安南、占

①[明] 王世懋：《枢策》卷一，商务印书馆，1936。

②《明英宗实录》卷一一三，正统九年二月辛巳，台北“中央研究院”历史语言研究所，1962年影印本。

③[明] 王圻：《续文献通考》卷二六《市籴考二》，浙江古籍出版社，2000。

④《明太祖实录》卷三七，洪武元年十二月壬辰，台北“中央研究院”历史语言研究所，1962年影印本。

⑤[清] 张廷玉：《明史》卷三二四《外国五》，中华书局，1974。

城、真腊、暹罗、苏门答腊、爪哇、彭亨、三佛齐、渤泥等15国（绝大多数为东南亚国家）列为“不征之国”。然而在朝贡体制下，与明朝建立宗藩关系，直接冲击到满者伯夷在南海的地位。这是明太祖始料未及的。满者伯夷用兵消灭了接受明朝册封的三佛齐，并堵塞马六甲海峡的航道，迫使来自西洋的印度、阿拉伯的海船不敢穿越马六甲海峡东来。国际海域秩序随之发生改变[①]。而至明成祖即位后，极力开通南海朝贡航道。永乐元年，“命福建都司，造海船百三十七。又命江楚、两浙及镇江诸府衙，造海风船。”[②]频繁遣使外出。永乐元年（1403年）八月、九月、十月，3个月间，明成祖连续遣使往安南、爪哇、苏门答腊、暹罗、占城、真腊、满剌加等国，赐诸国王织金文绮、纱罗、彩绢等物，邀其入明朝贡[③]。

永乐时期，推行积极的朝贡贸易政策，对海外诸国的朝贡可以说是来者不拒。明成祖即位后便接受了日本的朝贡，永乐元年（1403年）九月，日本贡使到达宁波，并私以兵器出售，有关官员认为违背禁令，准备“籍封送京师”，受到明成祖的训斥：“岂当一切拘之禁令？……勿拘法禁，以失朝廷宽大之意。”[④]再如当年十月，外国贡使以附载胡椒与百姓互市，“有司请征其税”，明成祖却以为不妥，有失朝廷颜面，“今夷人慕义远来，乃欲侵其利，所得几何？而亏辱大体万万矣！”[⑤]永乐二年（1404年）五月，琉球贡使私自派人往各处采买磁器，“法当逮问”，但明成祖却认为：“远方之人，求利而已，此不足罪。”[⑥]因永乐时期对朝贡贸易的积极态度，外国贡使及随贡使来华的商人便越来越多，贸易量也越来越大。同时，也出现商人冒充外国贡使，借以得到互市的机会。

明成祖为显示中国邦交诚意，宣布恢复市舶司制度，永乐元年（1403年），复设广东、福建、浙江三市舶司，负责接待朝贡使团和管理朝贡贸易。永乐五年（1407年），有9个国家和地区来中国朝贡。至永乐十四年（1416年）冬季，有满

---

①郑永常：《来自海洋的挑战：明代海贸政策演变研究》，台北稻乡出版社，2004。

②[清] 张廷玉：《明史》卷九二《兵志》，中华书局，1974。

③《明成祖实录》卷二二，永乐元年八月己酉；《明成祖实录》卷二三，九月庚寅；《明成祖实录》卷二四，冬十月乙卯，台北“中央研究院”历史语言研究所，1962年影印本。

④《明成祖实录》卷二二，永乐元年九月己亥，台北“中央研究院”历史语言研究所校印，1962年影印本。

⑤《明成祖实录》卷二四，永乐元年十月甲戌，台北“中央研究院”历史语言研究所校印，1962年影印本。

⑥《明成祖实录》卷二九，永乐二年五月甲申条，台北“中央研究院”历史语言研究所校印，1962年影印本。

剌加、古里等19个国家的贡使来到中国。到永乐后期，“受朝命而入贡者殆三十国”[①]。据李庆新先生的研究，永乐一朝，有45个国家和地区238次由海路前来朝贡。渤泥、满剌加、苏禄、古麻剌朗四国的11位国王来过中国，有两位在中国去世，葬在中国[②]。由此，永乐时期朝贡贸易的兴盛可见一斑。

此外，为宣扬国威，加强中外官方交流，确保西洋航道的畅通无阻，推动朝贡贸易发展，自永乐三年（1405年）始，皇帝还派遣郑和下西洋。郑和下西洋是明政府组织的大规模航海活动，其船队规模庞大，第一、第三、第四、第七次下西洋的人数均达到两万多，每次出航时间长达两三年之久，航程远达东南亚、南海、印度洋、波斯湾及非洲东岸，不仅展示明朝雄厚的国力，保障了海路的畅通，奠定了大明帝国的海洋国际地位，有力加强海外交流，推动明代朝贡贸易发展。

郑和下西洋开拓了同海外诸国的交往。郑和下西洋后，海外前来朝贡的国家明显增多。但是，郑和下西洋实质是在海外进行的朝贡贸易，其政治因素压倒经济因素，且进一步强化朝贡贸易体制，并未为明廷带来巨大的商贸利益。永乐时期，由于朝贡贸易和郑和下西洋消耗大量财力，至明仁宗继位后改弦更张，接受夏元吉的建议，下令“下西洋诸番国宝船，悉皆停止”[③]。还禁止沿海居民“私下番贸易及出境与夷人交通”[④]。明宣宗在位期间（1426—1435年），朝贡贸易回落到永乐以前的水平。

对于朝贡贸易，明政府的原则是“厚往薄来”，明政府对前来朝贡的国家赏赐非常丰厚，赏赐物多为金银、玉器、丝织物、铜钱等贵重物，经常以高于贡品几倍价值的货物来“回赐”朝贡国。朝贡贸易的丰厚赏赐，使一些国家期望扩大朝贡贸易来获取高额利润。这些国家往往并不遵守规定的贡期及人员数目，甚至常常提前朝贡并超员朝贡，比如中山王“一岁常再贡、三贡”，暹罗“比年一贡，或一年两贡”。此外，有些商人甚至以（假借）朝贡之名来赚取丰厚赏赐。

明政府以“厚往薄来”的原则开展朝贡贸易，赏赐物的价值远高于贡品，海外诸国频繁的朝贡给明朝带来巨大财政负担；海外各国因在朝贡贸易中获利丰

①［清］张廷玉：《明史·成祖本纪》赞语，中华书局，1974。

②李庆新：《明代海外贸易制度》，社会科学文献出版社，2007，第63页。

③《明仁宗实录》卷一，台北“中央研究院”历史语言研究所，1962年影印本。

④《明仁宗实录》卷一，台北“中央研究院”历史语言研究所，1962年影印本。

厚，往往一年数贡。因此，明朝不得不对朝贡贸易做详细、具体的规定：

1. 规定贡期、贡使人数

明廷在朝贡贸易中秉持“厚往薄来”的原则，海外各国往往找各种借口前来朝贡，以期获得丰厚的赏赐，给明廷带来财政负担。为规范对朝贡贸易的管理，明廷也对朝贡的贡期、船数、人数进行限制。洪武七年（1374年），暹罗国以船被风损坏为由而来到海南，请求朝贡，明太祖认为其无金叶表文，可能是番商假冒贡使前来贸易而拒绝，如史载：“（洪武）七年，（暹罗）使臣沙里拔来贡。言去年舟次乌猪洋，遭风坏舟，飘至海南，赖官司救护，尚存飘余兜罗绵、降香、苏木诸物进献，广东省臣以闻。帝怪其无表，既言舟覆，而方物乃有存者，疑其为番商，命却之。”①随后，明太祖下诏中书及礼部，发牒文要各国减少来贡频次：“古诸侯于天子，比年一小聘，三年一大聘。九州之外，则每世一朝，所贡方物，表诚敬而已。惟高丽颇知礼乐，故令三年一贡。他远国，如占城、安南、西洋琐里、爪哇、浡泥、三佛齐、暹罗斛、真腊诸国，入贡既频，劳费太甚。今不必复尔，其移牒诸国俾知之。”②

明初规定各国朝贡原则上三年一贡，但各国多有不同。与明廷关系最亲密的琉球，规定其贡期为两年一贡；三年一贡者有暹罗、安南、爪哇、占城、高丽；十年一贡者有日本；还有不定期朝贡者，如三佛齐、浡泥、苏禄、吕宋等。朝贡贸易中，明廷往往按朝贡人数进行赏赐，贡使多则会带来巨大财政负担，因此明朝对贡使人数也加以限制。明朝对日本朝贡的贡期与贡使人数所做的限制较为典型。永乐二年（1404年），规定日本10年一贡，船限2艘，人限200人，违例则以寇论，如记：“惟日本叛服不常，故独限其期为十年，人数为二百，舟为二艘，以金叶勘合表文为验，以防诈伪侵轶。后市舶司暂罢，辄复严禁濒海居民及守备将卒私通海外诸国。”③

琉球国面积小，资源少，以海外中转贸易为生，经济上对海外贸易依赖度较高，因此往往违例朝贡，一年两贡甚至三贡，“天朝虽厌其烦，不能却也”。成化十年（1474年），琉球使臣在福建为非作歹，致使明政府限制其两年一贡，入贡人数只能是100，朝贡时只允许带国王正贡物品，不许其携带附贡物，给琉球经

①［清］张廷玉：《明史》卷三二四《外国传五》，中华书局，1974。

②［清］张廷玉：《明史》卷三二四《外国传五》，中华书局，1974。

③［清］张廷玉：《明史》卷八一《食货志五》，中华书局，1974。

济带来重大打击。成化十一年（1475年），琉球使臣请求恢复先前朝贡规定，一年一贡，但并未被批准。其后，琉球多次请求一年一贡，直至正德二年（1507年），朝廷不胜其乞，只好同意恢复一年一贡①。

虽然明廷对朝贡贸易的贡期、人数、船数加以限制，但在巨大利润诱惑下，诸国仍然违例入贡，使这种限制效果甚微。如洪武七年（1374年），暹罗朝贡“来者不止。其世子苏门邦王昭禄群膺亦遣使上笺于皇太子，贡方物”②。无奈之下，朝廷“命引其使朝东宫，宴赉遣之”③。洪武二十三年（1390年），以安南屡次“不从所谕，又复入贡”，朝廷“而却其贡，令遣速还”④。

2. 实行勘合制度

为防止外国海商冒充贡使来华贸易从中谋利，同时对朝贡国频繁来贡进行限制，明朝实行勘合制度。勘合是明王朝赐予海外国家朝贡贸易的凭证，主要是区分官方和民间的贸易，前来朝贡必须带有明王朝发给的勘合，即“夫贡者，夷王之所遣，有定期，有金叶勘合表文为验。使其来也以时，其验也无伪”⑤。

勘合制度始于洪武十六年（1383年），最先发给暹罗，后渐及其他国家，第一批获得勘合的国家有暹罗、日本、占城、爪哇、满剌加、真腊、苏禄国东王、西王、峒王、柯支、浡泥、锡兰山、古里、苏门答腊、古麻剌等15国。据载：“凡勘合号簿，洪武十六年，始给暹罗国，以后渐及诸国。每国勘合二百道，号簿四扇。”⑥海外诸国前来朝贡必须比对勘合，比对无误后方许入贡，以暹罗为例，礼部把暹字号勘合100道及暹罗字号底簿一册存于内府，把罗字号勘合100道及暹罗字号底簿一册赐给暹罗，罗字号底簿一册交广东布政司。暹罗入贡，每艘船需带勘合1道，上面填写朝贡人员名单、贡物、数量等信息，广东布政司核对底簿后，护送到北京，再同礼部保存的勘合及底簿进行比对。如《广东通志》记载：“勘合号簿，洪武十六年始给暹罗，以后渐及诸国。每国勘合二百道，号簿四扇。如暹罗国，‘暹’字号勘合一百道，及暹罗字底簿各一扇，送贮内府；

①《明武宗实录》卷二四，正德十二年五月乙亥，台北“中央研究院”历史语言研究所，1962年影印本。

②［清］张廷玉：《明史》卷三二四《外国传五》，中华书局，1974。

③［清］张廷玉：《明史》卷三二四《外国传五》，中华书局，1974。

④［明］陈仁锡：《皇明世法录》卷三《太祖高皇帝宝训》，《四库禁毁书丛刊》史部第16册影印明崇祯刻本，北京出版社，2000，第401页。

⑤［明］王圻：《续文献通考》卷三一《国用考·漕运》，浙江古籍出版社，2000。

⑥［明］申时行：《明会典》卷一〇八《朝贡四》，中华书局，1989。

‘罗’字勘合一百道，及暹字号簿一扇，发本国收填；‘罗’字号簿一扇，发广东布政司收。比遇朝贡，填写国主、使臣姓名、年月、方物，令使者赍至布政司，先验有无表文，次验簿，比号相同，方许护送至京。每纪元，则更换给。时暹罗、占城、爪哇、真腊、满剌加、锡兰山、苏门答剌，皆以次给付（三佛齐，据《会典》未给簿籍），使回，俱广东布政司管待。”①

明初为保障朝贡贸易，维持沿海治安，勘合制度管理较为严格，对防止番商假冒朝贡、维护沿海秩序确有一定作用。明中叶以后，朝贡贸易衰落，走私贸易兴起，朝贡使团不按贡例，不验勘合，勘合制度形同虚设。成化二十二年（1486年），礼部上奏：“苏门答剌国遣使进贡，广东布政司因无印信勘合，奏准将本国所进表文寄贮广东官库，省令各夷回还。内借拨番人斤荡等三名管送贡物来京，每人量赏生绢一匹、棉布二匹、胖袄及鞋以酬其劳。”②宪宗对广东的做法表示肯定。弘治四年（1491年），两广总督都御史闵珪上奏请求通过比对勘合等方式加强对朝贡贸易管理：“广东沿海地方，多私通番舶，络绎不绝。不待比号，先行货卖，备倭官军为张势，越次申报有司，供亿糜费不赀，事宜禁止，况番情谲诈，恐有意外之虞。宜照原定各番来贡年限事例，揭榜怀远驿，令其依期来贡，凡番舶抵岸，备倭官军押赴布政司，比对勘合相同，贡期不违，方转与呈提督、市舶太监及巡按等官，具奏起送。”③弘治五年十月，“各番进贡年限，乞行广东布政司出给榜文于怀远驿张挂，使各夷依限来贡。如番舶抵岸，先赴布政司比对勘合，字号相同，贡期不违，然后盘验起送，庶沿海人民不得常与外夷交通，以致起衅招寇。”④外国船只到达广东沿海后，不得先行贸易，要先赴广东布政司进行勘合，进行校验后方许入贡。

3. 规定贡道

明朝规定各国前来朝贡的船只必须停泊在指定的港口，按规定的路线运送贡品进京。明朝于广州、泉州、宁波三地设市舶司接待贡使，并规定“宁波通日

①[明]郭棐：万历《广东通志》卷六九《外志·番夷》。

②《明宪宗实录》卷二七九，成化二十二年六月甲戌，台北“中央研究院”历史语言研究所校印，1962年影印本。

③[明]林光俞：《礼部志稿》卷九十《议处番船违碍》，参见《文渊阁四库全书》，台湾商务印书馆，1983年影印版。

④《明孝宗实录》卷六八，弘治五年十月戊戌，台北“中央研究院”历史语言研究所，1962年影印本。

本，泉州通琉球，广州通占城、暹罗、西洋诸国”[①]。

海外国家朝贡船只进入指定的港口后，市舶司官员会查验勘合运载的货物，核验完毕无误后安排使臣至馆驿，即“四夷来朝，必先具咨布政司，乃与比对勘合，查照表文、方物。事理明白，然后遣使驱驿，否即却之”[②]。接待各国贡使的馆驿，“福建曰‘来远’，浙江曰‘安远’，广东曰‘怀远’”[③]。

贡使到达馆驿后，官员会设宴招待，随从人员留在馆驿，正使才有机会入城，如《广东通志》载：“其入贡者，惟正使进城，余皆就驿止宿，遇设宴管待方入，宴毕即出。成化、弘治间犹然。其衣服诡异，至有帽金珠，衣朝霞者。将侍宴，老稚咸竞观之。”[④]招待结束后，市舶司会派人护送朝贡使团到北京。

各国朝贡使团到达广州之前，其船只多停泊在广州外港码头，史载：“布政司查得递年暹罗国并该国管下甘蒲沰、六坤州与满剌加、顺塔、占城各国夷船，或湾泊新宁广海、望垌，或新会奇潭，香山浪白、蠔镜、十字门，或东莞鸡栖、屯门、虎头门等处海澳，湾泊不一。”[⑤]各国贡使从广州至北京的路线也有详细规定。自广州出发，乘船到佛山，然后通过北江，经韶州到南雄，再翻越梅岭，进入江西，接着由水路辗转以抵达北京附近的运河终点，上岸到北京。同时，明朝考虑到南岭交通险阻，还令诸国贡品暂存南雄，史载：“永乐四年（1406年）六月，广东布政司奏，每岁海外番夷入贡方物，水路以舟楫运载，惟南雄至南安，限隔梅岭，舟楫不通，请用民力接运。上曰：‘番贡无定期，而农民少暇日。自今番夷入贡，如值农务之时，其方物并于南雄收贮，俟农隙运赴南安。’”[⑥]

宁波至北京的路线是由安远驿乘船溯甬江而上，经余姚、绍兴、萧山等地，渡钱塘江至杭州，然后经京杭大运河到达江苏镇江，横渡长江后进入运河，经扬州、淮安、济宁等地到天津，再溯运河至通州登陆，乘驿马前往北京。

永乐元年（1403年），福建市舶司设于泉州，位于泉州南水仙门内宋市舶务旧址，规定琉球贡船泊于泉州港，由泉州市舶司接待。后因琉球贡船来时多到

①［清］张廷玉：《明史》卷八一《食货志五》，中华书局，1974。
②［明］郑舜功：《日本一鉴·穷河话海》卷七《贡道》。
③［清］张廷玉：《明史》卷八一《食货志五》，中华书局，1974。
④［明］郭棐：万历《广东通志》卷六九《外志·番夷》。
⑤［明］黄佐：嘉靖《广东通志》卷六六《番夷》。
⑥［清］梁廷枏：《粤海关志》卷四《前代事实三》，广东人民出版社，2002，第49页。

福建长乐五虎门，然后到福州河口，返程时也是由福州至长乐，然后出海，因此设在泉州的市舶司作用不大，遂移至福州。从福州至北京的路线为，自来远驿乘船溯闽江，经延平、建宁到崇安，越过武夷山到达浙江，然后沿日本贡道到达北京。

虽有规定贡道，但各国为朝贡方便考虑，往往不循贡道。如朝鲜贡道由鸭绿江经辽阳、广宁，进入山海关后抵达北京。洪武十七年（1384年），朝鲜贡使因不循贡道朝贡，而遭到绝贡的惩罚。

明代，广州市舶司接待朝贡国家较多。《殊域周咨录》记载："本朝永乐十五年（1417年），东国王巴都葛叭答剌、西国王巴都葛叭苏哩、别洞王叭都葛巴剌卜，各率其妻子酋长来朝。贡珍珠、玳瑁诸物。赐国主纱帽、金镶玉带、金蟒衣、衾褥、器皿铺陈，赐王妃冠服、文绮、纱罗等物，王子女姻戚酋长使女给赏有差。诏货物俱给价，免抽分。……贡道由广东。"[①]从洪武十六年（1383年）至正德四年（1509年），贡道经由广州的有占城、暹罗、爪哇、满剌加、真腊、苏禄、渤泥、古里、柯支、苏门答腊、锡兰山、古麻兹等国家。嘉靖二年（1523年），闽、浙市舶司裁撤后，只留广东市舶司为外国入贡口岸。

4. 朝觐与赏赐

贡使到达北京后被安排在会同馆下榻，然后由礼部、文武大臣、内官进行设宴接待。同时，还会派鸿胪寺官员教贡使朝觐相关的礼仪。朝觐之时，使臣着本国服装，行八拜礼，呈上贡品，皇帝给予惠赐。朝觐后，各国使臣会在官员的护送下按照贡道返回。

明代，海外各国进贡方物多为珠宝、香料、珍奇异兽、药材、布料等物。根据《明会典》[②]记载，海外诸国进贡方物可大致分为几类：

（一）香料：胡椒、苏木、乌木、黄花木、降真香、木香、速香、丁香、檀香、黄熟香、熏衣香、安息香、罗斛香、乳香、树香、奇南香、龙涎香、黄蜡、龙脑、米脑、梅花脑、沉速香等。

（二）海外珍奇：玛瑙、水晶、象牙、犀角、孔雀翎、宝石、翠毛、龟筒、珊瑚、鹤顶、玳瑁、珍珠、螺壳、熊皮、珊瑚珠等。

①［明］严从简：《殊域周咨录》卷九《苏禄》，中华书局，1993，第314页。

②［明］申时行：《明会典》卷九七《礼部·朝贡》，中华书局，1989。

（三）珍禽异兽：孔雀、火鸡、鹦鹉、倒挂鸟、莺歌、狮子、象、六足龟、犀、白鹿、红猴、黑熊、白獭、白麂、黄黑虎、马、黑猿、麒麟等。

（四）军用物品：马、盔、铠甲、剑、腰刀、宝铁刀、拂郎双刃刀、枪、弓、马鞍、番锡等。

（五）药材：人参、阿魏、紫梗、藤黄、没药、肉豆蔻、大枫子、丁皮、血竭、毕澄茄、芦荟、闷虫药、紫胶、乌爹泥、藤竭等。

（六）手工业产品：苾布、油红布、白缠头布、红撒哈剌布、红地绞节智布、红杜花头布、红边白暗花布、乍连花布、细棋子花布、织人像花纹打布、西洋布、织花红丝打布、剪绒丝杂色红花被面、织杂丝打布、红花丝手巾、织人像杂色红文丝缦、姜黄布、撒都细布、红八者兰布、红番布、凯木里布、金银八宝器、珠子项串、琉璃器皿、金镶戒指、洒金厨子、描金粉匣、细花席、竹布、番花手巾、金系腰等。

海外诸国进贡物品中还有奴隶，如洪武十一年（1378年），彭亨贡番奴6人[①]；洪武十四年（1381年），爪哇贡黑奴300人[②]。

使团朝觐后，皇帝会对其进行赏赐，赏赐物多为丝织物、玉器、金等。明代永乐时期，对朝贡使团的赏赐格外丰厚。永乐时期的《蛮夷来朝赏例》的赏赐条例规定：三品、四品，钞百五十锭，锦一段，纻丝三表里；五品，钞百二十锭，纻丝三表里；六品，七品，钞九锭，纻丝二表里；八品，九品，钞八十锭，纻丝一表里；未入流，钞六十锭，纻丝一表里。永乐十五年（1417年），苏禄国东王来朝贡，赏赐“人赐金相玉带一，黄金百两，白金二千两，罗锦文绮二百匹，绢三百匹，钞一万锭，钱三千贯，金绣蟒龙衣、麒麟衣各一袭。赐其随从头目文绮、彩绢、钱钞有差”[③]。

明朝对海外诸国的赏赐物中，铜钱也为数不少，因为海外诸国，如琉球、日本、爪哇、三佛齐均通用中国的铜钱。永乐三年（1405年），赏赐日本国王物品中有铜钱150万；永乐四年（1406年），赏赐日本国王铜钱1500万，王妃500万[④]。日本前来朝贡时，有时甚至明确要求明廷赏赐其铜钱。如成化四年（1468

①《明太祖实录》卷一二一，洪武十一年十二月丁未，台北“中央研究院”历史语言研究所，1962年影印本。
②《明太祖实录》卷一三九，洪武十四年十月辛巳，台北“中央研究院”历史语言研究所，1962年影印本。
③《明世祖实录》卷一九二，永乐十五年八月辛卯，台北“中央研究院”历史语言研究所，1962年影印本。
④[明]王世贞：《弇山堂别集》卷一四《皇明异典述九・夷王赏功之优》，中华书局，1985。

年），日本贡使带来的国书称："书籍、铜钱，仰之上国，其来久矣。今求二物，伏希奏达，以满所欲，书目见于左方。永乐间多给铜钱，近无此举，故公库索然，何以利民？钦待周急。"①成化十二年（1476年），日本上书，乞求明廷赐予铜钱："抑敝邑久承焚荡之余，铜钱扫地而尽，官库空虚，何以利民？今差使者入朝，所求在此耳。圣恩广大，愿一十万贯以满其所求，则赐莫大焉。"②

5. 交易管理

朝贡使团携带的物品分为正贡物和附进物，附进物由明朝进行博买，剩余部分允许使团进行贸易。皇帝对使团赏赐后，其附进物允许在会同馆开市5天，开市期间，使团可将所带货物出售并购买回程货物。

为防止外国朝贡使者与中国人随意接触，以致走漏信息，明廷对朝贡使团的交易进行管理和限制。首先，禁止铺行人等与外国人私下交易，违者治以重罪。《明会典》规定："各处地方，如遇夷人入贡经过驿递，即便查照勘合应付，不许容留令买卖，连日支应，违者重罪；若街市铺行人等，私与夷人交通买卖者，货物入官，犯人问罪，枷号一个月发落。"③其次，对相关人员的行为进行限制，如"会同馆夫，五年以上不替役，及近馆军民用强揽当者，会同馆内外四邻人等，代夷收买违禁货物，牙行及棍徒，诓赊货物，年久无还，累死客商，属军卫者。"④

此外，会同馆交易时，禁止外国使团购买书籍、玄黄等物，史载："（永乐）二十一年，又贡。赏赐使臣及通事总管客人蕃伴衣服……许于会同馆开市，除书籍及玄黄、紫皂、大花、西番莲锻并一应违禁之物不许收买，其余听贸易。"⑤官府控制及管理下的会同馆贸易，其出售的货物为博买后剩下的货物。各种交易的限制，使团也难以购买到需要的货物，造成私下买卖现象不断："往往交通馆夫及市人，不待礼部开市之期，预将违禁货物私卖。"⑥

①转引自戴铭礼《中国货币史》，河南人民出版社，2016，第679页。

②［日］吉田茂：《日本史》第2册，陕西师范大学出版社，2010，第116—117页。

③［明］申时行：《明会典》卷一六七《刑部·关津》，中华书局，1989。

④［明］申时行：《明会典》卷一七五《刑部·罪名三》，中华书局，1989。

⑤［明］严从简：《殊域周咨录》卷八《暹罗》，中华书局，1993。

⑥《明孝宗实录》卷三五，弘治三年二月癸未，台北"中央研究院"历史语言研究所校印，1962年影印本。

二、朝贡贸易的调整

明朝朝贡贸易的原则是“厚往薄来”。维持朝贡贸易需要耗费巨大财力。同时，地方政府还要接待贡使、派员护送贡使至北京、运送朝贡货物、修理损坏贡船，给地方政府带来巨大财政压力。明中叶以后，国家财政也较为紧张，明廷对贡使的赏赐也不像永乐皇帝那样出手阔绰，赏赐丰厚了。

同时，明代初期虽然存在抽分制，但皇帝经常减免抽分，抽分制往往成为具文。对博买的货物进行估价时也没有明确的标准，给价常高于市价数倍。明中叶开始，朝廷在进行朝贡贸易时开始考虑经济得失，并对朝贡贸易政策做一些更加细致、具体的规定。弘治年间（1488—1505年），朝廷规定“给赐番夷通例”，包括“番货抽分给价例”“内府估验定价例”“折还物价例”。

明弘治年间，对货物抽分作具体规定，如下：

> 凡番国进贡，内国王、王妃及使臣人等附至货物，以十分为率，五分抽分入官，五分给还价值，必以钱钞相兼。国王、王妃钱六分，钞四分；使臣人等，钱四分，钞六分。又以物折还，如钞一百贯铜钱五串，九十五贯折物，以次加增，皆如其数。如奉旨特免抽分不为例。凡番国进贡船内搜出私货，照例入官，俱不给价。其奉旨给予者不为例。①

这一规定明确抽分和博买货物的比例，而且博买货物时是钱钞相兼。

明代初期，虽然对博买的货物也有估价，但是估价并无细则，且估价往往远高于货物市值，弘治年间，对每一种货物都制定具体定价标准，朝贡贸易管理更加精细化。此外，还制定折还物价例，详细规定主要货物的折价，如各色丝每匹折钞500贯，各色绫每匹300贯，各色纱每匹300贯，各色绢每匹100贯；青绒毯子每匹600贯，驼褐毯子每匹600贯；青花白瓷盘每个500贯，大碗每个300贯，大瓶每个500贯，酒海每个1500贯，豆青瓷盘每个150贯，小碗每个100贯，小瓶每个150贯；麝香每斤1500贯，樟脑每斤100贯，良姜每斤25贯，大黄每斤30贯；铁锅3尺阔面每口150贯②。

①［明］申时行：《明会典》卷一三〇《礼部·给赐》，中华书局，1989。

②［明］申时行：《明会典》卷一三〇《礼部·给赐》，中华书局，1989。

明朝廷虽然在政策上对朝贡贸易有所调整，然而前来朝贡的国家与朝贡次数都较前期减少，朝贡制度已不能适应当时国际、国内形势的转变。朝贡贸易衰落，管理朝贡贸易的市舶司成为清闲衙门，如广东怀远驿："原额馆夫八名，事为安养夷人而设。近年番船俱无进贡，亦无番夷在驿安养。"[①]市舶太监和市舶提举也因朝贡贸易衰落而无所事事。而地方政府由于要承担贡使接待、货物运送、派员护送贡使、修理贡船等任务，给地方财政带来很大负担，自然对朝贡贸易没有兴趣。

三、朝贡贸易的衰落

明代经历"土木之变"后，国势渐衰，统治者无充足的财力去发展朝贡贸易，对海外国家的赏赐也不像永乐时期那么丰厚，海外诸国获利减少，对朝贡贸易也不再那么积极，前来朝贡的国家逐渐减少。同时，明代中期为防止倭寇，对朝贡贸易的管理也更加严格。史载"自弘治元年以来，番舶自广东入贡者，惟占城、暹罗各一次"[②]。据李庆新的研究，正统年间循海路前来朝贡的国家有琉球、占城、暹罗、满剌加、爪哇、榜葛剌等6国，共39次。景泰间，有7国朝贡，次数为15次，天顺以后，朝贡国家不超过6个，次数在11至36次之间[③]。

朝贡贸易的费用主要由地方政府承担，其收入却主要归内府所有。朝贡衰落导致内库收入减少，皇家所用珍贵货物严重不足。天顺三年（1459年），司礼监太监福安奏："永乐间差内官下西洋，并往广东买办采捞珍珠，故国用充足。今久不采，府库空虚。"[④]皇帝于是命监察御史吕洪同内官往广东雷州、廉州二府杨梅等珠池采办。

朝贡国家减少，并且朝贡次数大不如前，朝贡关系也是时断时续，并未严格按照贡期朝贡。如安南久不入贡，嘉靖十五年（1536年），皇帝怒斥安南"不修职贡且二十年"[⑤]，并欲发兵征讨，"安南国……自正德十年进贡以来，迄今二十余

---

①［明］戴璟：嘉靖《广东通志初稿》卷二八《驿传》。

②《明孝宗实录》卷七三，弘治六年三月丙寅，台北"中央研究院"历史语言研究所校印，1962年影印本。

③李庆新：《明代海外贸易制度》，社会科学文献出版社，2007，第167页。

④《明英宗实录》卷三〇〇，天顺三年二月甲寅，台北"中央研究院"历史语言研究所校印，1962年影印本。

⑤《明世宗实录》卷一九三，嘉靖十五年十一月癸丑，台北"中央研究院"历史语言研究所校印，1962年影印本。

年，贡使不至。逮朕登极下诏，道阻而返。叛逆之罪，昭然明著，在法当兴问罪之师。"[①]户部侍郎唐胄上疏极力劝阻，"力陈用兵七不可"，方才作罢。唐胄并指出："安南虽乱，犹频奉表笺，具方物，款关求入。守臣以其姓名不符，拒之。是彼欲贡不得，非负固不贡也。"[②]各国久不入贡，导致皇宫也缺乏香料等物品。龙涎香为明代皇室用香，多产自东南亚，明中期朝贡国家减少，皇家所用龙涎香也不敷使用。至嘉靖帝时，皇宫对龙涎香的需求量增大。嘉靖三十四年（1555年），皇宫生活上需要的龙涎香也求而未得，只好命司礼监差官员前往香山澳访买，"仅得十一两以归"，皇帝大怒，谕户部："龙涎香十余年不进，臣下欺怠甚矣，其备查所产之处，具奏取用。户部覆请差官驰至福建、广东，会同原委官于沿海番舶可通之地，多方寻访，勿惜高价。委官并三司掌印官住俸待罪矣，获真香方许开支。"[③]嘉靖三十五年（1556年）八月"壬子，命于福建、广东番舶购龙涎香"[④]，十一月，"广东布政司进龙涎香一十七两"[⑤]。次年，"（嘉靖三十六年七月）丙子，……广东抚臣进龙涎香十九两有奇"[⑥]。但龙涎香还是不够用，不得不前往澳门采买，"（嘉靖三十六年十二月）乙未，先是遣主事王健等往闽、广采取龙涎香，久之无所得。至是，健言：'宜于海舶入澳之时，酌处抽分事宜。凡有龙涎香投进者，方许交商货买，则价不费而香易获，不必专官守取'。"[⑦]朝贡贸易的衰微由此可窥一斑。

明代后期，朝廷对于朝贡贸易的态度也较为随意，对朝贡贸易重视度较低，朝贡回赐物也不像永乐时期出手阔绰，赏赐丰厚，并且质量堪忧。同样的，朝贡国的进贡品也多数质量低劣，"今诸夷进贡方物，仅有其名耳，大都草率不堪。

①［明］应槚：《苍梧总督军门志》卷二《制敕》，岳麓出版社，2015。

②［清］张廷玉：《明史》卷三二一《安南传》，中华书局，1974。

③《明世宗实录》卷四三八，嘉靖三十五年八月丁亥，台北"中央研究院"历史语言研究所校印，1962年影印本。

④［明］谈迁：《国榷》卷六一《世宗嘉靖三十三年甲寅至三十五年丙辰》，古籍出版社，1958。

⑤《明世宗实录》卷四四一，嘉靖三十五年十一月丙辰，台北"中央研究院"历史语言研究所校印，1962年影印本。

⑥《明世宗实录》卷四四九，嘉靖三十六年七月壬子，台北"中央研究院"历史语言研究所校印，1962年影印本。

⑦《明世宗实录》卷四五四，嘉靖三十六年十二月庚辰，台北"中央研究院"历史语言研究所校印，1962年影印本。

如西域所进祖母绿、血竭、鸦鹘石之类，其真伪好恶皆不可辨识。而朝廷所赐缯帛、靴帽之类，尤极不堪，一着即破碎矣。夫方物不责，所以安小夷之心，存大国之礼，犹之可也。赐物草率充数，将令彼有轻中国之心，而无感恩畏威之意。”[①]各国贡使为追求经济利益，也不依贡道而来，如《广东通志》记载："吕宋国，例由福建贡市。万历二十六年八月初五日，径抵濠镜澳住舶，索请开贡。两台司道咸谓其越境违例，议逐之。诸澳番亦谨守澳门，不得入。九月，移泊虎跳门，言候丈量。越十月，又使人言已至甲子门，舟破趋还，遂就虎跳径结屋，群居不去。海道副使章邦翰饬兵严谕，焚其聚。次年九月，始还东洋。或曰此闽广商诱之使来也。”[②]本应由福建入贡的吕宋，却违例前往澳门请求入贡，其逐利之目的显而易见。

明中叶官方合法的朝贡贸易衰落，但是民间非法的私人贸易却较为兴盛，且能为地方带来收入。因此，地方政府对非法私人贸易持一种默许的态度。正德年间，广东地方官员为增加收入，开始对私人市舶贸易征税，史载：

> 查得正统年间以讫弘治，节年俱无抽分。惟正德四年，该镇巡等官都御史陈金等题，要将暹罗、满剌加并吉阐国夷船货物俱以十分抽三。该户部议，将贵细解京，粗重变卖，留备军饷。至正德五年，巡抚两广都御史林廷选题议各项货物着变卖存留本处，以备军饷之用。正德十二年，巡抚两广都御史陈金会勘副使吴廷举奏，欲或仿宋朝十分抽二，或依近日事例，十分抽三，贵细解京，粗重变卖，收备军饷；题议只许十分抽二。[③]

正德四年（1509年），广东都御史陈金开始对市舶船只征收百分之三十的进口税；正德十二年（1517年），陈金和吴廷举重申抽分制，户部最终批准，将税率定为百分之二十。抽分制的公开实行打破“是有贡舶即有互市，非入贡即不许其互市”的朝贡贸易原则，使贡舶贸易遭到巨大冲击。嘉靖年间，市舶贸易发展

①[明]谢肇淛：《五杂俎》卷四《地部》，上海古籍出版社，1986。
②[明]郭棐：万历《广东通志》卷六九《外志·番夷》。
③[明]黄佐：嘉靖《广东通志》卷六六《外志·番夷》。

成为广东对外贸易的主要形式，朝贡贸易名存实亡。

第三节　市舶司与市舶宦官

一、市舶司的设置

(一)市舶司沿革

明太祖立国，“海外诸国入贡，许附载方物与中国贸易。因设市舶司，置提举官以领之，所以通夷情，抑奸商，俾法禁有所施，因以消其衅隙也”①。于是在1367年于太仓设立黄渡市舶司，史载：“吴元年十二月，置市舶提举司，以浙东按察使陈宁等为提举。”②洪武三年(1370年)，黄渡市舶司罢。

随后，因朝贡国家增多，为加强对朝贡贸易的管理，于是在宁波、泉州、广州设立市舶司。《粤海关志》记载：“明洪武初设市舶司于太仓黄渡，三年二月罢之。凡番舶至太仓者，命军卫有司封籍其数，送赴京师。寻复设市舶司于浙江、福建、广东。浙江通日本，福建通琉球，广东通占城、暹罗、西洋诸国。”③

洪武七年(1374年)九月，明太祖“罢福建泉州、浙江明州、广东广州三市舶司”④。不久，又恢复其设置。据《筹海图编》记载：“七年九月，又罢。未几复设。盖东夷有马市，西夷有茶市，江南海夷有市舶。所以通华夷之情，迁有无之货，收征税之利，减戍守之费；又以禁海贾而抑奸商也，市舶不复，利归豪强，而国家坐受其害。”⑤可见，洪武七年九月，三市舶司被罢之后旋即复设。

明成祖时期，积极推行朝贡贸易政策，遂于永乐元年(1403年)复置市舶司。“(永乐元年八月丁巳)上以海外番国朝贡之使附带物货前来交易者，须有官专主之。遂命吏部依洪武初制于浙江、福建、广东设市舶提举司，隶布政司，每司置提举司一员，从五品；副提举二员，从六品；吏目一员，从九品。”⑥由此可

①[清]张廷玉：《明史》卷八一《食货志五》，中华书局，1974。

②《明太祖实录》卷二八下，吴元年十二月，台北“中央研究院”历史语言研究所，1962年影印本。

③[清]梁廷枏：《粤海关志》卷四《前代事实三》，广东人民出版社，2002，第47—48页。

④《明太祖实录》卷九三，洪武七年九月辛未，台北“中央研究院”历史语言研究所，1962年影印本。

⑤[明]郑若曾：《筹海图编》卷一二《开互市》，中华书局，2007，第854页。

⑥《明太祖实录》卷二二，永乐元年八月丁巳，台北“中央研究院”历史语言研究所，1962年影印本。

见，洪武七年（1374年）三市舶司复设之后又再次被废，至永乐元年复设。永乐三年（1405年），三个市舶司分别建设馆驿，以接待外国贡使往来："以诸番贡使益多，乃置驿于福建、浙江、广东三市舶司以馆之。福建曰来远，浙江曰安远，广东曰怀远。"①此后，永乐六年（1408年），在交趾、云南设立市舶司，置提举、副提举各一员，"寻设交址、云南市舶提举司，接西南诸国朝贡者"②。此后，又设新平、顺化二市舶司。

终明之世，共设立7个市舶司，但市舶司时罢时设，存废无常。7个市舶司中以广东、福建、浙江市舶司为主，其中又以广东市舶司最为稳定。黄渡市舶司、交趾市舶司和云南市舶司存续时间较短，兹不详述。下面仅就粤、闽、浙三省市舶司进行简述。

1. 广东市舶司

广东市舶司设于洪武三年（1370年）。之后，废置不常，永乐元年（1403年）复设。永乐年间，朝贡贸易兴盛，接待朝贡使团的馆驿以至不敷使用，于是在广州设立"怀远驿"接待外国贡使团。史载："永乐间，四夷来王，市舶至用内官监镇，寻置怀远驿于郭西南蚬子步，创屋百二十间，以司馆谷。时内官总货，提举官吏但领簿而已。其入贡者，惟正使进城，余皆就驿止宿，遇设宴管待方入，宴毕即出。成化、弘治间犹然。"③

广东市舶司建在广州原宋代市舶旧址，明代多次修建："广东市舶提举司在府城外西南一里，即宋市舶亭海山楼故址。洪武初开创。永乐元年，提举潘定复重修。正统十四年，毁于兵燹。景泰六年，提举祝应韶重建。正厅三间，匾曰'怀夷堂'；后厅三间，匾曰'天珍堂'；左右厢房各三间，库房一百一十六间，吏目厅三间，三门三间。额设提举一人。嘉靖三十六、七年，提督奏革去副提举、吏目一人。官吏廨舍三十间。廨次有水心亭，前有观澜亭，其上有阁，濒江树坊牌曰'重译'。"④

嘉靖二年（1523年），因争贡之役，福建、浙江市舶司被罢，唯存广东市舶司。

①［清］张廷玉：《明史》卷八一《食货志五》，中华书局，1974。

②［清］张廷玉：《明史》卷八一《食货志五》，中华书局，1974。

③［明］郭棐：万历《广东通志》卷六九《外志·番夷》。

④［明］黄佐：嘉靖《广东通志》卷二八《政事志一》。

2. 浙江市舶司

永乐元年（1403年），浙江市舶司复设于宁波，位于元末方国珍的住宅区。永乐四年（1406年），改为安远驿，而以驿西原方国珍花厅为市舶司，并添置吏目厅于右边，在魏家巷、小梁街、大池头、盐仓门内等地设市舶提举衙门，办理舶务。为接待贡使，市舶司除安远驿外，还设置四明驿、迎宾馆和嘉宾馆。

浙江市舶司主要是管理日本朝贡贸易，而日本贡期为十年一贡，所以其舶务远不如广东市舶司繁忙。嘉靖二年（1523年），"争贡之役"发生，而浙江市舶司又主要是接待日本贡使的，故停罢浙江市舶司。但是，白斌等人的研究认为嘉靖年间浙江市舶司虽屡被停罢，但并未废止①。直到隆庆元年（1567年）才裁革浙江市舶司。

3. 福建市舶司

福建市舶司复设于永乐元年（1403年），位于泉州南水仙门内宋市舶务旧址，"来远驿"设于城南车桥村。福建市舶司专主琉球贡使，后因琉球贡船来时多到福州河口，因此设在泉州的市舶司作用不大，遂移至福州。史载："福建市舶提举司，在布政司西南，侯官县之西，都指挥佥事王胜宅也。旧置司于泉州，后番舶入贡，多抵福州河口。成化五年（1469年），巡抚副都御使张瑄奏请移建于此。"②福建市舶司迁往福州，主要是为方便接待。因为琉球贡使主要由福建布政司、镇巡官及市舶宦官负责接待，这些官员又均驻福州，市舶司设在泉州，不便接待。

使团居住于"来远驿"，永乐三年（1405年）建于泉州府城南，"以馆海外诸国之来贡者"。成化年间，福建市舶司移置福州，来远驿也被废置。福州新建接待贡使的馆驿在进贡厂南面，因只接待琉球贡使，所以又称琉球馆。嘉靖二年（1523年），争贡之役发生后，福建市舶司被停罢。

（二）市舶司官制

市舶司官员设置主要有市舶提举和市舶副提举，《粤海关志》记载，"洪武时已设市舶司，至是乃定为提举一员、副提举二员，吏目一员"③。

---

①白斌、王慕民：《明代浙江市舶司废止考》，《海交史研究》，2008年第1期。

②[明]黄仲昭：弘治《八闽通志》卷四〇《公署》，福建人民出版社，2006，第1148页。

③[清]梁廷枏：《粤海关志》卷四《前代事实三》，广东人民出版社，2002，第48页。

洪武年间，市舶司废置不常。永乐元年，恢复三市舶司以后，市舶司官员的配置也逐步完备，市舶司隶属布政司管辖，每司置提举一员为从五品，副提举二员为从六品，吏目一员为从九品。

明代市舶司官制与宋元时期有很大差别。宋元时期，市舶提举一般为转运使兼任或另设专官，官员品级较高，政府对市舶司官员的配备非常重视。绍兴年间，宋高宗派遣知州李庄提举福建市舶司时，宋王朝重视海外贸易，故遴选市舶官员谨慎，认为“提举市舶官委寄非轻，若用非其人，则措置失当，海商不至矣”[①]。然而，明代市舶提举仅为从五品，相当于散州知州，官职不高，显示明代对市舶司的重视程度较低。市舶司隶属于布政司，对非进贡的外国商船无权过问。此外，为加强对朝贡贸易的控制，永乐帝还派遣市舶宦官提督市舶，攘夺市舶提举的权力。

广东、福建、浙江三市舶司接待贡使国家数目差异较大、管辖范围亦不相同，其政务繁杂程度也相去甚远，所以三市舶司官员配置除市舶提举相同外，其余官员配置略有不同。浙江市舶司主要接待日本贡使，其设提举一人，副提举五人。相较而言，比福建、广东市舶司官员为多。市舶提举司有供其差遣的吏役，浙江市舶提举司属下配有司吏、典吏、弓兵、工脚、库子、秤子、合干人、行人等[②]。福建市舶司只管琉球朝贡，事务相较简单，设有提举、副提举各一人，吏目一员，从九品。司有同吏二人、典吏四人[③]。福建市舶司属役有祗候、弓兵、门子、轿伞夫、探事马夫等，分派于兴化、泉州、漳州三府。广东市舶司设提举一人，副提举两人，属役有直门堂子、轿伞夫、探事马夫、弓兵、库子等。

（三）市舶司职责

明前期市舶司的设立主要是管理朝贡贸易，如“上以海外番国朝贡之使附带货物前来交易者，有官以主之。此置市舶提举之始”[④]。市舶司及市舶提举之设就是为加强海禁的实行，把海外贸易严格控制在官府的垄断之下，完全不同于宋元时期。

①《宋会要辑稿》,《职官四四》，中华书局，1957年影印本。

②［清］徐兆昺：《四明谈助》卷三一，桂心仪等点注，宁波出版社，2003。

③［明］黄仲昭：弘治《八闽通志》卷二七《秩官·职员》，福建人民出版社，2006，第800页。

④［明］郭棐：万历《广东通志》卷六《藩省志·事纪五》。

《明史》记载："海外诸国入贡，许附载方物与中国贸易。因设市舶司，置提举官以领之，所以通夷情，抑奸商，俾法禁有所施，因以消其衅隙也。"[①]《福建市舶提举司志》言市舶司"专管进贡方物，柔待远人"。可见市舶司不仅有接待贡使、管理朝贡贸易的职能，还有加强海禁和海防的需要。

《广东通志》记载，市舶司之责，"掌海外诸番朝贡市易之事，辨其使人表文勘合之真伪，禁通番，征私货，平交易，闲其出入而慎馆谷之"[②]。勘合是明朝发放给海外诸国前来进行朝贡贸易的凭证，主要是为区分官方贸易和民间走私贸易，维持朝贡贸易的正常运作。

明代海外诸国带来的"贡品"主要分为贡品和私货，贡品是朝贡国家送给明朝的礼物，市舶司不征税，私货是指朝贡国家王室及其他私商附于朝贡贸易船舶带来贸易的货物。征私货就是指对朝贡使团所带贡物以外的私货进行抽分。抽分即征税，显示市舶司承担一定的海关职能。但是，明政府为显示其"怀柔远人"的政策，明前期对海外诸国的私货往往给予税收减免甚至是不征税，《广东通志》记载："布政司案查得，正统年间以迄弘治，节年俱无抽分。"[③]直至明正德以后，广东市舶司开始对私货进行抽分。

平交易是指对外国商人与中国商人的贸易活动进行管理，正德四年（1509年）之前，市舶司对朝贡使团带来的私货采取"给价收买"的方式，实行专买。正德四年，实行抽分制，市舶司就不直接参与对外贸易，而是设牙行与民贸易。史载："凡外夷朝贡者，我朝皆设市舶司领之。在广东者，专为占城、暹罗诸番而设……其来也，许带方物，官设牙行与民贸易，谓之互市。"[④]

官设牙行的牙人成为对外贸易的实际管理者，开始取代市舶司而执行对外贸易管理的职责，具体事务有：番船抵达港口后，由牙行进行验货，然后代为报官；市舶司对番货抽分后，由牙行评价并介绍买卖。随着海外贸易的发展，官牙开始替代市舶司执行贸易管理的职责，逐步控制和垄断海外贸易。

①［清］张廷玉：《明史》卷八一《食货志五》，中华书局，1974。

②［清］阮元：道光《广东通志》卷一八《职官表九·明一》。

③［明］黄佐：嘉靖《广东通志》卷六六《外夷三》。

④［明］王圻：《续文献通考》卷三一《市籴考·市舶互市》。

二、市舶司的罢设

嘉靖二年（1523年）四月，日本大内集团派遣宗设谦导率领的3艘船300余人抵达浙江宁波港。数日后，日本细川集团由鸾冈瑞佐、宋素卿率领的日本使团百余人也来到宁波。宗设的船虽然先行到达，但尚未进行检验勘合。等到细川集团的船只到达后，市舶司一道检验。按理先到先验证，但是宋素卿原本是中国人，对中国情况十分熟悉，他向市舶太监赖恩行贿，使得其船先于宗设的船进港验货。等到查验宗设的船只时，市舶司发现有新旧勘合[①]之分，遂故意刁难宗设船队。此后，在安排席位时，市舶司又违反常规将后到的鸾冈瑞佐安排在首席，其席位“坐之宗设上”，此举令宗设不满。双方在席间发生争执。

宴会之后，宗设谦导唆使船队中的海盗，抢出原被收缴的武器，攻击鸾冈瑞佐和宋素卿，烧掉其船舶，追杀被明政府保护的宋素卿至绍兴。宗设追到城下，索要未得，又回到宁波，沿途烧杀抢劫，杀死明备倭指挥刘锦、千户张镗、百户胡源，最后夺船而去。一时“浙中大震”，此一事件被称为“争贡之役”。

事情发生后，明廷大为震动，嘉靖帝下旨，切责巡视、镇巡等官，“先事不能预防，临事不能擒剿，姑夺俸。令镇巡官即督所属，调兵追捕，并按失事情罪以闻”[②]。同时，明廷还命礼部讨论日本朝贡事宜，礼部官员认为二夷相杀，衅起宗设，而宋素卿之党被杀甚众。虽素卿以华从夷，事在幼年，而长知效顺，已蒙武宗宥免，毋容再问。唯令镇巡等官司省谕宋素卿，回国移咨国王，令其查明勘合，自行究治，待当贡之年，奏请议处[③]。礼部根据宁波来的奏报，为宋素卿及太监赖恩开脱。

给事中张翀认为日本贡使杀掠中国百姓，不可放归不治，请“绝约闭关，永断其朝贡之途”[④]。世宗下令收审宋素卿，彻查事情真相。经过半年调查，定宋氏之罪并死于狱中。此后，明廷让琉球贡使转交给日本一道敕谕：“以宋素卿、中林等凶叛就戮，妙贺等无罪，以礼遣返。其元恶宗设及佐谋倡乱数人，亟捕系缚送中国，以听天讨，余并罔治。虏去人民，仍优恤送归。否者，将闭绝贡路，

①即在前一次使团来之后，明政府颁发新勘合百道，于下次贸易时缴回旧勘合。而上一次正德间勘合本是在大内氏手中的，即宗设一行是符合规定的。

②《明世宗实录》卷二八，嘉靖二年六月庚子，台北“中央研究院”历史语言研究所校印，1962年影印本。

③《明世宗实录》卷二八，嘉靖二年六月庚子，台北“中央研究院”历史语言研究所校印，1962年影印本。

④［明］陈子龙：《明经世文编》卷二九二，张翀：《杜狡夷以安中土疏》，中华书局，1962。

徐议征讨。”[①]但结果如何并未可知，明廷对“争贡之役”的处理可以说是形同虚设，不了了之。

因为明代浙江市舶司主要是接待日本贡使的，“争贡之役”后朝廷官员主张罢撤浙江市舶司。福建市舶司也因“争贡之役”被停罢。于是朝廷“遂革福建、浙江二市舶司，惟存广东市舶司”[②]。此后，福建、浙江市舶司时存时废。嘉靖三十九年（1560年），唐顺之提议恢复三市舶司，《明史》记载：“凤阳巡抚唐顺之议复三市舶司，帝议从之。”[③]但遭到浙江巡抚刘畿的反对，户部商议后，决定暂不恢复浙江市舶司。

万历二十七年（1599年），浙江市舶司复置。为增加内府收入，明神宗大榷天下关税，是年派遣内官刘成、高寀、李凤到浙江、福建、广东三市舶司，并委与征收舶税的权利，市舶太监大肆敛财，给地方带来极大危害。万历末年，明神宗在其遗诏中要求停止征收，“一切榷税并新增织造、烧造等项，悉皆停止”[④]。据此，白斌先生等研究推断，浙江市舶司的最终罢设是在万历四十八年（1620年）[⑤]。

福建沿海因倭乱严重，市舶司也是废置不常。嘉靖二年（1523年）“争贡之役”发生后，福建市舶司被停罢。李庆新的研究认为，嘉靖七年至三十年，福建市舶司可考的提举有10位，至少可以说明，福建市舶司在此期间并没有罢撤[⑥]。嘉靖三十九年（1560年），唐顺之提议恢复三市舶司，可知此后福建市舶司被罢撤过。万历八年（1580年），福建市舶司又被裁革，《大明会典》记载“福建等处承宣布政使司，旧有市舶提举司，万历八年裁革”[⑦]。万历二十七年（1599年），明神宗大榷天下关税，福建市舶司得以恢复。此后，福建市舶司存废情况不明。

“争贡之役”后，惟存广东市舶司。嘉靖三十七年（1558年），广东市舶司官制有所调整，革副提举诸吏，史载：

①《明世宗实录》卷五二，嘉靖四年六月己丑，台北“中央研究院”历史语言研究所校印，1962年影印本。

②［清］阮元：道光《广东通志》卷一八〇《经政略》。

③［清］张廷玉：《明史》卷八一《食货志五》，中华书局，1974。

④《明神宗实录》卷五九六，万历四十八年七月癸巳，台北“中央研究院”历史语言研究所校印，1962年影印本。

⑤白斌、王慕民：《明代浙江市舶司废止考》，《海交史研究》，2008年第1期。

⑥李庆新：《明代海外贸易制度》，社会科学文献出版社，2007，第182页。

⑦［明］申时行：《明会典》卷一五《户部・州县》，中华书局，1989。

广东市舶提举司在府城外西南一里，即宋市舶亭海山楼故址。洪武初开创，正厅、后厅、左右厢房、库房、吏目厅，三门，额设提举。嘉靖三十七年，提督奏革去副提举、吏目一。廨次有水心亭，前有观澜亭，其上有阁，濒江上树坊牌，曰重译。前衢树坊牌二，东曰来宾，西曰柔远，今改于承宣街右。①

嘉靖以后，福建、浙江市舶司存废无常，运作不连续，广东就成为对外贸易的唯一港口，各国商船与中国贸易，俱在广州，“近日闽浙有倭寇之扰，海防峻密，凡番夷市易皆趋广州”②，时人霍韬言：“东南夷皆由广入贡，因而贸易互为利市焉，中国不可拒之以自困。惟佛郎机之夷，则贼虏之桀也，不可不拒。因拒佛郎机并拒诸夷，非策也。为今之策，在诸夷之来，则受之；在佛郎机则斥之，否则厉兵以防之。”③广东成为对外贸易的唯一港口，但对海防，尤其是对葡萄牙人的防范仍未放松。不仅海外商人仅限于广东贸易，内地商人也贩货至广东交易，名曰“走广”，史载：

（嘉靖间）连年倭患，皆为私通贸易而起。浙人多诈，窃买丝绵、水银、生铜、药材，一切通番之货，抵广变卖，复易广货归浙。本谓交通，而巧立名曰走广。④

于是，广州港成为第一大港，对外贸易极大促进了广州的繁荣。嘉靖四十四年（1565年），叶权在《游岭南记》中认为广州商业的繁华丝毫不逊色杭州的清河坊：“广城人家大小俱有生意，人柔和，物价平，不但土产如铜锡俱去自外江，制为器，若吴中非倍利不鬻者，广城人得一二分息成市矣。以故商贾骤集，兼有夷市，货物堆积，行人肩相击，虽小巷亦喧阗，因不减吴阊门、杭清河坊一带也。”⑤

①［明］郭棐：万历《广东通志》卷七《藩省志·公署》。
②［明］霍与瑕：《霍勉斋集》卷一二《上潘大巡广州事宜》，广西师范大学出版社，2014。
③［明］霍韬：《霍文敏公全集》卷十《两广事宜》，广西师范大学出版社，2015。
④［明］郑若曾：《筹海图编》卷一二《行保甲》，中华书局，2007。
⑤［明］叶权：《贤博编·游岭南记》，中华书局，1987。

三、市舶宦官权势的消长

明代市舶宦官多以太监充任，也有少监、监丞、奉御等，并无定制。据李庆新的研究，永乐、嘉靖间，粤、闽、浙三省可考的市舶宦官30位，其中太监8人，左、右少监3人，监丞2人，奉御3人，右司副1人，其余13人不详①。此外，明代规定太监为正四品，官阶一般，但是作为皇帝的钦差，权力很大。

明代市舶太监有自己的公署，名为市舶太监府、提督市舶衙门、市舶公馆、市舶公署或市舶府，与市舶提举司不相统属。广东市舶公馆建于永乐元年（1403年），位于广州府城南的江边，史载："市舶公馆，在郡西武安街南，永乐元年建。"②广东市舶公馆成立后，还配置不少吏役供其差遣，如"广东市舶提举司衙门，先于永乐元年八月内，该内官齐喜钦奉太宗皇帝圣旨设立，彼时佥民殷实户四十七名，军殷实户三十七名，在本司用，其他工脚夫并跟拨皂隶等项，又各不等，内臣相承接管，于今七十余年。"③

福建市舶太监府建于明成化年间，相较广东为晚。据《福建市舶提举司志》记载："成化五年（1469年），奏改舶司于福，制曰可，乃建市舶太监府于柏衙，市舶提举司于澳桥，进贡厂、柔远驿于河口，张官置吏，弘规伟瞻，诚足以壮中国而控外夷也"。④柏衙位于福建布政司东南的光泽坊南面。《八闽通志》记载，成化十六年（1480年），福建市舶太监府与织染局交换署衙⑤。浙江市舶太监府则位于杭州城内，原为宋代德寿宫后苑。

（一）市舶宦官权势膨胀期

永乐元年（1403年），为加强对市舶司的控制，掌管朝贡贸易，明成祖派遣宦官齐喜提督广东市舶，是为明代第一位市舶宦官。据载："（永乐元年八月）命由臣齐喜提督广东市舶，置本舶提举司。"⑥其后，福建、浙江市舶司也相继派遣市舶宦官。市舶宦官以皇帝亲信的身份派驻地方，且在地方兼任军政要职，权

---

①李庆新：《明代海外贸易制度》，社会科学出版社，2007，第129页。

②［明］黄佐：嘉靖《广州志》卷二二《公署》。

③［明］彭韶：《彭惠安集》卷一《奏议》，上海古籍出版社，1991。

④［明］高岐：《福建市舶提举司志》，1939年福建铅印本。

⑤［明］黄仲昭：弘治《八闽通志》卷四〇《公署》，福建人民出版社，2006。

⑥［明］郭棐：万历《广东通志》卷六《藩有志·事纪五》。

力极大。随着宦官势力膨胀，市舶太监往往提督地方军务、海道、珠池、盐政等，使市舶司权力被架空。《广东通志》载："永乐间，四夷来王，市舶至内官监镇……时内官总货，提举官吏但领薄而已。"①市舶宦官大肆征税，多为民害，"永乐改元，遣使回出，诏谕诸番贡献毕至，乃命内臣监镇市舶，设公馆于城南水滨，而税珰多纵恣为民害。"②成化年间，浙江市舶太监林槐获提督海道的权力、广东市舶太监韦眷兼任两广镇守。正德年间，福建市舶太监尚春升御马监太监、福建镇守。嘉靖年间，福建市舶太监赵诚升福建镇守。提督浙江市舶太监赖恩"兼提督海道，遇警得调军"③。

市舶宦官往往利用职权，纵容走私贸易从中获利，如韦眷为广东势力最大的市舶太监，不仅掌管市舶贸易，还专擅鱼盐，私下进行海外贸易，累积大量财富，史载："广东市舶太监韦眷，招集无赖驵侩数百十人，分布郡邑，专鱼盐之利，又私与海外诸番相贸易，金缯宝玉，犀象珍玩之积，郿坞不如也。"④市舶宦官为攫取市舶贸易的利润而放纵走私，在明正德间处处可见，据记"旧例，岭南诸番入贡，其所附货物，官税其半，余偿之直。其不以贡来者不许贸易，与之交通者罪至死。后以中人镇守，利其入，稍弛其禁。顷者，权豪贪纵，任其住泊，遂令诸夷交结奸民肆行剽掠，贻患地方。"⑤

市舶宦官甚至与豪民勾结，伪造公牒，横行海上，诬民为盗，设法谋利。市舶宦官还对番商进行克扣敲诈，史载："(成化二十三年三月)丁卯，天方国顺国阿力以其兄纳的游方在中国四十余年，欲至云南访求之，因自备物宝物累万于满剌加国，附行人左辅至京进贡。而为内官韦眷所侵克，奏乞查验。"⑥市舶宦官韦眷侵克贡物，皇帝却认为阿力为奸细而将其驱逐，《明宪宗实录》记载"上曰：阿力实以奸细窃携货物假进贡，索厚利，且在馆悖言肆恶。念其远夷，姑宥不

---

①[明]郭棐：万历《广东通志》卷六九《外志·番夷》。

②[清]阮元：道光《广东通志》卷一八〇《经政略》。

③[明]王世贞：《弇州史料前集》卷一五《中官考》。

④[明]黄瑜：《双槐岁钞》卷九《奖贤文》，中华书局，1999。

⑤《明武宗实录》卷一二三，正德十年夏四月戊子，台北"中央研究院"历史语言研究所校印，1962年影印本。

⑥《明宪宗实录》卷二八八，成化二十三年三月辛丑，台北"中央研究院"历史语言研究所校印，1962年影印本。

问。锦衣卫其速差人押送广东镇巡官收管，遇便遣回。”[①]

市舶太监控制地方盐业、珠池等产业，掌握利源。粤西沿海一带盛产珍珠，明初已有“差内官于广东布政司起取蜑户采珠”[②]的记载。太监利用职权大肆采珠，侵扰地方，“先是海舶中官岁例采珠造柜，并佥大户解纳，侵扣不赀，至是商贾之利复笼取太尽”[③]。明代对珠池设置专官采办，对地方影响极大，太监往往插手地方事务，如嘉靖元年（1522年），户部上奏：“广东看守珠池内臣前已奉诏旨，不许干预廉、琼、高、雷地方。今太监安川乃复夤缘传奉，兼管地方。事属欺罔，乞申前令，管市舶、守珠池者，各专职任，俱不许干预地方事务。”[④]

（二）官僚与市舶宦官的博弈

市舶宦官的权势不断膨胀，对地方干扰日趋严重，引起了诸多地方官员的不满。一些正直的官员屡屡上奏，揭发市舶宦官的罪行。如成化年间担任广东左布政使的彭韶（字凤仪，莆田人，天顺元年进士），即多次向朝廷上报宦官为一己私利，在广东侵扰百姓的行为，据《明史》载：“中官奉使纷遝，镇守顾恒、市舶韦眷、珠池黄福，皆以进奉为名，所至需求，民不胜扰。韶先后论奏。最后，梁芳弟锦衣镇抚德以广东其故乡，归采禽鸟花木，害尤酷。韶抗疏极论，语侵芳。芳怒，构于帝，调之贵州。”[⑤]因得罪大宦官梁芳，最终，彭韶反被调任。

成化年间，广东市舶宦官韦眷暗结中官，权势倾人。他多次私下通番，获取高额收益。成化二十二年（1486年），番禺县民黄肆等勾结韦眷，出海私通。不料被知县高瑶发现，搜没其货物。因没收的番货数量巨多，此举受到广东布政使陈选的嘉奖。陈选并请巡抚都御使宋旻奏报朝廷。但是宋旻畏惧韦眷权势，未敢上奏。韦眷对陈选屡次破坏自己得利的行为极为不满，之前有“番人马力麻者，

①《明宪宗实录》卷二八八，成化二十三年三月辛丑，台北“中央研究院”历史语言研究所校印，1962年影印本。

②［明］戴璟：嘉靖《广东通志初稿》卷二五《民物志六・珠池》。

③［清］阮元：道光《广东通志》卷二四三《宦绩录十三・明二》。

④《明世宗实录》卷一三，嘉靖元年四月丁丑，台北“中央研究院”历史语言研究所校印，1962年影印本。

⑤［清］张廷玉：《明史》卷一八三《列传第七十一》，中华书局，1974。

贸货海口，诡称苏门答剌国贡使”，韦眷“利其珍奇”[①]，本要放行，但被陈选发现，将番商赶走。此次又没收其大量私货，于是韦眷怀恨在心，勾结中官诬陷陈选及高瑶。据史载：

> （成化）二十二年，……广东番禺县民黄肆及王凯父子招集撒马儿罕等国夷商，交结中官韦眷出海通番，怙势杀人，惊扰地方，被本县知县高瑶遣兵壮人等搜没番货巨万，申呈于布政陈选。选行文奖高瑶，仍具奏，下巡抚都御史宋旻勘报。旻畏眷，不敢诘问，姑缓之。眷结中官诬奏选党比高瑶。[②]

皇帝派遣刑部员外郎李行与巡按御史徐同爱进行勘查。两人因惧怕韦眷权势不敢辩驳。韦眷罗织罪名，诬告陈选“矫制发粟，意在侵欺，褒奖属官，志图报谢，论罪当徒”[③]。最后，朝廷派遣锦衣卫张福逮捕陈选，百姓为其鸣不平，“士民数万人号泣遮留”。陈选在被逮捕回京的途中病死，“选至南昌疾作，卒于石亭寺，时年五十八”。为纪念他，多地建祠祭祀陈选，“南畿、河南、广东皆立祠祀之”[④]。

正德年间，韩邦奇弹劾浙江等地的提督市舶太监崔瑶与该地镇守太监王堂、织造太监晁进、督造太监张玉等“四府太监”，扰害地方，民不聊生。韩邦奇上书《苏民困以保安地方事》，指出严州府建德等县、杭州府富阳等县地出产鱼鳔、茶绫等物，四府太监差人催督，扰害地方，导致鸡犬不得安生。他们征收贡物动以万计，使“利归于私家，怨归于朝廷”。而这些地方老百姓本就生活艰难，加上天灾，催收进贡会导致百姓生变：“建、富等县地方地瘠民贫，山枯乏樵猎之饶，江清鲜鱼鰕之利，兼以近年以来水旱相仍，征科肆出，军民困瘁已极，故前岁流民相聚为乱，一呼千百，几生大变。”[⑤]但韩邦奇的弹劾同样遭到

---

①[明] 陈继儒：《见闻录》卷六《陈选》，《四库全书存目丛书》子部第二四四册，齐鲁书社，1995。

②[明] 严从简：《殊域周咨录》卷一五《撒马儿罕》，中华书局，1993，第485页。

③[明] 严从简：《殊域周咨录》卷一五《撒马儿罕》，中华书局，1993，第486页。

④[明] 严从简：《殊域周咨录》卷一五《撒马儿罕》，中华书局，1993，第487页。

⑤[明] 陈子龙：《明经世文编》卷一六〇，韩邦奇：《苑洛集·疏·苏民困以保安地方事》，中华书局，1962。

宦官的报复，《明史》记云："帝怒，逮至京，下诏狱。廷臣论救，皆不听，斥为民。"①

官僚在与市舶宦官的较量中屡次失利，但也偶有成功者。如正德四年（1509年），市舶宦官熊宣拟对风漂进入广东的暹罗船只进行征税，遭到礼部反对，认为"市舶司太监熊宣计得预其事以要利"②。最后皇帝以熊宣"妄揽事柄"将他撤回南京。史载："正德四年，暹罗船有飘至广东者，市舶中官熊宣与守臣议，税其物供军需。事闻，诏斥宣妄揽事柄，撤还南京。"③

（三）明嘉靖间罢撤市舶宦官

明代中期宦官权势熏天，气焰嚣张，扰乱朝纲，嘉靖皇帝即位后，开始限制宦官权利，市舶宦官的裁撤就是其中之一。嘉靖元年（1522年），给事中夏言就上奏，"倭祸起于市舶。礼部遂请罢市舶，而不知所当罢者市舶太监，非市舶也"④。夏言认为，沿海倭乱和市舶太监纵容走私、私自通番有莫大关系，因此，应当罢撤市舶太监。

同年，市舶太监牛荣非法进行走私贸易事发。史载："嘉靖元年，暹罗及占城等夷各海船番货至广东，未行报税。市舶司太监牛荣与家人蒋义山、黄麟等私收买苏木、胡椒并乳香、白腊等货，装至南京。又匿税盘出，送官南京。"⑤牛荣的走私行为遭到刑部尚书赵鉴的查办，"拟问蒋义山等违禁私贩番货例，该入官苏木共三十九万九千五百八十九斤、胡椒一万一千七百四十五斤，可值银三万余两，解内府收贮公用。牛荣寅缘内铛，得旨，这贩卖商货给主。"⑥刑部尚书林俊也上奏皇帝，要求对牛荣严厉处置，"查得见行条例，通番下海买卖劫掠有正犯处死，全家边卫充军之条。买苏木、胡椒千斤以上有边卫充军，货物入官之条。所以严华夷之辨，谨祸乱之萌。今蒋义山等倚恃威权，多买番货，天幸匿税事发，将牛荣等参奏。……伏望大奋乾纲，立断是狱，将代为营救并请讨之人下之

①［清］张廷玉：《明史》卷二〇一《韩邦奇传》，中华书局，1974。

②《明武宗实录》卷四八，正德四年三月癸巳，台北"中央研究院"历史语言研究所校印，1962年影印本。

③［清］张廷玉：《明史》卷三二四《暹罗传》，中华书局，1974。

④［清］梁廷枏：《粤海关志》卷四《前代事实三》，广东人民出版社，2002。

⑤［明］严从简：《殊域周咨录》卷八《暹罗》，中华书局，1993，第283—284页。

⑥［明］严从简：《殊域周咨录》卷八《暹罗》，中华书局，1993，第284页。

法司，明正其罪。”[①]经官员的极力声讨，最后将牛荣走私赃物没收入官。

嘉靖九年（1530年），广东巡抚林富上奏请求革珠池、市舶内臣，其《乞裁革珠池市舶内臣疏》言：

> 臣照得广东滨海与安南、占城等番国相接，先年设有内臣一员，盘验进贡方物；廉州府合浦县杨梅、青莺二池、雷州府海康县乐民一池，俱产珍珠，设有内臣二员，分池看守。……臣窃计各官供应之费，市舶太监额编军民殷实人户各五十名，而珠池役占不减其数，珠池太监额编门子弓兵皂隶等役，而市舶所用亦不为少。……珠池约计十余年一采，而看守太监一年所费不下千金，十年动以万计，割万金之费守二池之珠，于十年之后其所得珍珠几何？……臣故以为市舶、珠池太监，俱不必专设……市舶乞敕巡视海道副使带管，待有番舶至澳，即同备倭提举等官督率各该官军严加巡逻……而外患不生。若欲查照浙江、福建事例，归并总镇太监带管，似亦相应。但两广事情与他省不同，总镇太监住札梧州，若番舶到时前诣广东省城，或致久妨机务，所过地方且多烦扰，引惹番商，因而辄至军门，不无有失大体。故臣愚以为不如命海道副使带管之便也。……[②]

林富认为，花在看守珠池太监身上的费用，远远超过所得之珠的价值；而市舶太监不必专门设置，以免市舶宦官搜刮钱财，贻害地方。对于朝贡贸易要严加管理，有勘合者方许入贡。市舶太监罢设后，其承担的事务由海道副使带管。

同年，给事中王希文上奏认为珠池太监大肆采珠，流毒海滨，应当罢设，史载："（嘉靖九年十月辛酉）给事中王希文言：又雷廉珠池，昔在祖宗虽设监守，不过防民争夺而已。正德年间，逆竖用事，传奉采取，流毒海滨。"[③]随后，朝廷下达撤去珠池太监之令，"罢珠池监守，请以镇守太监兼摄，仍严禁民间，不许

①［明］严从简：《殊域周咨录》卷八《暹罗》，中华书局，1993，第284页。

②［明］欧阳保：万历《雷州府志》卷四《地理志二》。

③《明世宗实录》卷一百十八，嘉靖九年十月丁巳，台北"中央研究院"历史语言研究所校印，1962年影印本。

僭用珠饰。”[①]

嘉靖十年（1531年），朝廷正式革去广东市舶太监，据《广东通志》记载："嘉靖十年，革去市舶内官。其公馆在郡西武安街南宋转运司旧址。”[②]嘉靖十一年（1532年），林富上疏言镇守内臣之害，得到众大臣支持，于是朝廷将镇守太监、珠池太监、市舶太监一并革除，据《粤海关志》记载："嘉靖十一年五月，巡按林有孚疏言镇守内臣之害，兵部尚书李承勋覆议，大学士张孚敬力持之，遂革镇守，并市舶、守珠池内臣皆革之，一时称快。”[③]

（四）市舶宦官卷土重来

万历年间，明神宗大兴土木，耗费巨资。"万历三大征”导致军费繁重，国家财政资金紧缺。于是，明神宗大派矿使、税监尽搜天下财富。万历二十七年（1599年）派遣内官刘成、高寀、李凤到浙江、福建、广东三市舶司[④]，并委与征收船税的权利，市舶宦官势力卷土重来，给粤、闽、浙三省带来巨大危害。李凤到广东后，负责珠池开采与市舶司，"万历二十七年二月戊午，以千户陈保奏，遣内官李凤开采雷州等处珠池，兼征市舶司税课”[⑤]。李凤掌握市舶贸易的征税权，使市舶收入重归内库，闽粤两省也号称"天子南库”。万历年间，广东税收为每年向朝廷上供20万两，税使李凤有征税、催税之责，但他利用职权尽搜刮之能事，大肆谋取私利，为害地方。他到新会县征税时用酷刑催缴，激起民变，"（万历二十八年四月乙未），……市舶税务内臣李凤、差官陈保往新会县拘锁平民，严刑逼勒，以致士民数千鼓噪县堂。税棍林权等率党相持，自午至戌，挤踏死伤于县门者五十余命。窃惟新会迫在海滨，民轻易动，而李凤以垄断之计，开告密之门，无影无踪，忽兴大狱，其甲获罪，则曰某乙、某丙，实指唆之，株连所及，几至竭泽。”[⑥]李凤为敛财，还与海盗、流民勾结，从事海上劫掠，"罗织善良，钳制命吏，

①《明世宗实录》卷一百十八，嘉靖九年十月丁巳，台北"中央研究院”历史语言研究所校印，1962年影印本。

②［明］黄佐：嘉靖《广东通志》卷二八《政事志·公署》。

③［清］梁廷枏：《粤海关志》卷四《前代事实三》，广东人民出版社，2002。

④［清］阮元：道光《广东通志》卷一八八《前事略·明二》。

⑤《明神宗实录》卷三三一，万历二十七年二月辛亥，台北"中央研究院”历史语言研究所校印，1962年影印本。

⑥《明神宗实录》卷三四六，万历二十八年四月甲戌，台北"中央研究院”历史语言研究所校印，1962年影印本。

招集海盗，驾使大船，截海商，登岸劫杀，在在见告，惨于夷寇，波水为红。”[①]

李凤又借进贡之机中饱私囊，敛财肥己。万历三十年（1602年），广东巡按李时华奏，指责李凤用阴阳本记账，上报的都是假账本，以少易多，以贱易贵：

> 税使借名进贡，公私踪迹可疑。谨将节次查核有据底数，另本开坐上闻。伏乞圣明题对李凤原本，以验虚实，以破奸欺事。内言李凤起解方物，用六十舡，当有三千抬。据凤本三次揭，多不过三百抬，不知六十舡所盛，竟归何处？又四十木桶，每桶银八千。此外，仍将银易金，不知已进否？且私蓄数十名姝，通澳夷，放白艚贩米，诈职官，交沐昌祚，种种不法诸状。[②]

面对李凤的种种恶行，众多官员上奏要求对李凤进行制裁。朱吾弼弹劾李凤私藏财宝，贪赃枉法，为祸国家，应该裁撤，“且闻李凤所进正税及孝顺土仪诸物，不过数十万；其所私藏宝玩金银珠币，不下数百万”[③]。万历四十一年（1613年），李凤生病，朝廷派广西内臣阮升接管李凤负责的事务，并让李凤于任上调理身体，给事中郭尚宾上奏请求撤回李凤[④]。

对于李凤的暴行，神宗帝充耳不闻，甚至支持李凤。李凤横征暴敛，激起民变，神宗皇帝竟下旨让李凤对反对者“严拏正法”。如“即命官旗逮击李云易等赴京究问，其余有名渠魁，即付李凤严拏正法”[⑤]。万历四十二年（1614年），李凤死于任上，两广人民“闻命之日，欢声动地”[⑥]。

派往福建的高寀也是肆意搜刮，激起民变。高寀为顺天文安人，年幼时期即侍奉御前，后官至御马监监丞。万历年间，朝廷官员以国帑虚耗为由，请求派中官外出榷税。后燕山卫指挥冯纲、千户胡志请求派高寀赴闽，于是神宗帝于万历

---

①《明神宗实录》卷三四六，万历二十八年四月甲戌，台北“中央研究院”历史语言研究所校印，1962年影印本。

②《明神宗实录》卷三七四，万历三十年七月庚申，台北“中央研究院”历史语言研究所校印，1962年影印本。

③［明］朱吾弼：《皇明留台奏议》卷一四《参粤珰匀夷疏》，上海古籍出版社，2002。

④［清］梁廷枏：《粤海关志》卷四《前代事实三》，广东人民出版社，2002。

⑤《明神宗实录》卷三四六，万历二十八年四月甲戌，台北“中央研究院”历史语言研究所校印，1962年影印本。

⑥［清］梁廷枏：《粤海关志》卷四《前代事实三》，广东人民出版社，2002。

二十七年（1599年）派高寀入闽。高寀入闽，对闽省震动极大，史载："比寀衔命南下，金钲动地、戈旗绛天、在在重足，莫必其生命。而黠吏、逋囚、恶少年、无生计者，率望羶而喜，营充税役，便觉刀刃在手，乡里如几上肉焉。"[①]

高寀入闽期间，朝廷要求福建交纳5万两税银。为此，高寀处处设关征税，极力压榨，民不聊生，"寀在处设关，分遣原奏官及所亲信为政，每于人货凑集，置牌书圣旨其上，舟车无遗，鸡豚悉算，然税额必漳、澄之贾舶为巨。寀躬自巡历，所过长吏望风披靡。……自后每岁辄至，既建委官署于港口，又更设于圭屿；既开税府于邑中，又更建于三都。要以阑出入、广搜捕，稍不如意，并船货没之。"[②]

高寀入闽敲诈勒索，中饱私囊，以上供的名义为自己搜罗宝物，史载："得一异宝，辄携去曰：'吾以上供'。"万历三十年（1602年），商舶外出归港，高寀下令不许上岸，必须完纳税额方可上岸，引起极大民愤。"三十年，贾舶还港，寀下令一人不许上岸，必完饷毕，始听抵家。有私归者逮治之，系者相望于道，诸商嗷嗷。因鼓噪为变，声言欲杀寀，缚其参随，至海中沉之。"[③]

高寀在福建的恶行遭到众多官员的反对，时任湖广道御史周起元上奏高寀戕杀生命，要胁重臣，应对其速行正法，以存国纪，以安地方事[④]。万历四十三年（1615年），由于李凤病逝，明神宗命高寀前往广东就职，"兼督粤税"，没想到遭到广东人的强烈反对，据载"然粤人已歃血订盟，伺寀舟至，必揭竿击之，宁死不听寀入也。"[⑤]明神宗最终只能撤回高寀，由江西潘相兼管广东市舶税务，史载："四十三年六月二十八日，奉圣旨，所奏内官高寀，不谙事体，以致人心不安，激变地方……其原管税课并兼摄广东税务，俱着归并江西。潘相不妨原务兼摄督理。"[⑥]

①［明］张燮：《东西洋考》卷八《税珰考》，中华书局，1981，第155页。
②［明］张燮：《东西洋考》卷八《税珰考》，中华书局，1981，第155—156页。
③［明］张燮：《东西洋考》卷八《税珰考》，中华书局，1981，第156页。
④［明］张燮：《东西洋考》卷八《税珰考》，中华书局，1981，第164页。
⑤［明］张燮：《东西洋考》卷八《税珰考》，中华书局，1981，第158页。
⑥［明］张燮：《东西洋考》卷八《税珰考》，中华书局，1981，第169页。

第二章
明代海上丝绸之路航线的扩展与造船技术

十五六世纪，人类航海史的面貌焕然一新。在这期间，全球范围内出现了四次大规模洲际航海活动。这些航海活动或多或少都对明代中国产生了影响，改变了世界商贸的格局。

据《明史》记载，郑和于1405年（永乐三年）自苏州刘家河起航至福建，复自福建五虎门航行到占城（今越南广治市）、爪哇（今印尼爪哇岛）、旧港（今苏门答腊岛东南）、锡兰山（今斯里兰卡）、古里（今印度科泽科德）等国。在此之后，郑和又进行了六次航海事业，最远曾到达非洲东岸、红海、麦加等地。郑和的航海事业开辟了中国至亚非各地的航线，拓展了海上丝绸之路的深度与广度，加深了中国同海外各国的联系。郑和航海的空前壮举，加深了中国同亚非各国的友谊，对中国和沿路各国的社会经济起了有益的推动作用。

从15世纪起，南欧、地中海沿岸的航海家开始不断地沿非洲西海岸向南航行。1486—1489年，葡萄牙人迪亚士（Bartholmeu Dias）发现并抵达非洲南端的好望角。1498年，葡萄牙人达·伽马（Vasco da Grama）越过非洲好望角到达印度西海岸，次年载着黄金和香料归来，这是航海家第一次成功绕非洲航行到印度，人们称之为“新航路的发现”。

1492年，意大利人哥伦布（Christopher Columbus）奉西班牙国王之命，率领探险队西航，横渡大西洋，到了西印度群岛的圣萨尔瓦多岛、古巴岛、海地岛等。在1493年哥伦布三次西航抵达南美洲大陆，这被人们称之为“新大陆的发现”。

1519年，葡萄牙人麦哲伦（Ferdinand Magellan）率领探险队横渡大西洋，沿南美洲海岸南下，绕过大陆南端与火地岛之间的海峡进入太平洋，经过菲律宾和小巽他群岛后穿行印度洋，最后绕过好望角，沿非洲西岸回到西班牙，完成了人类历史上第一次环球航行。

这四次大规模的洲际航海活动结束了各大陆相互隔绝的局面，将世界联成一个整体。从人类历史进程来看，这四次大规模的洲际航海活动使人类的目标由大陆转向海洋，开始了人类征服海洋的历史。同时，在人类历史上第一次出现了东、西两半球多种文明的汇合与全球一体化的新进程，使世界发展逐渐形成一个全新的格局。

自十五六世纪开始的“地理大发现”时代，从本质上看是新航线开辟带来的一系列连锁反应。因此，对海上丝绸之路航线的探索，不仅对于研究明代中国与海洋的互动关系有着重要意义，而且对于展现明代中国与世界其他国家和地区的互动有着极其重要的历史价值。

第一节　西洋航线

自15世纪始，东、西方开始从亚欧大陆两端进入海洋，开始探索广袤的未知世界。1405年，中国最早开始了“郑和下西洋”，开启了这一“大航海时代”。郑和先后七次航海，最远到达非洲东岸等地。在此之后，欧洲航海家继续了郑和的航海事业，迪亚士、达·伽马、哥伦布等进行开辟新航路时达到高潮。16世纪初，葡萄牙人首次来华，将东、西方在地理上连为一个整体，揭开了人类迈向全球化的第一步。

我们将这条西方航线（中国—欧洲）分为两段，系统地对整个西方航线发展的历史进行探索。一段是以“郑和下西洋”为中心的中国海洋探索阶段，比欧洲航海家的航行早了半个多世纪，是世界航海史上的空前壮举；第二段则是以达·伽马为代表的欧洲海洋探索阶段，这一阶段在郑和的基础上完善并补全了整个西洋航线，并将西洋航线纳入全球大帆船商业、贸易网中，对世界历史和格局影响深远。

一、郑和下西洋时期

从1405年12月，郑和率领的船队初次开洋，到1433年7月最后一次返国为止，前后共计七次下西洋。明初的西洋，有二重含义：一指南海南部以西的海洋；一指位于古里的西洋国。下西洋，即指开航古里。所以郑和自称有七次，而不计1424年到旧港封印的一次。在这期间，中国的航海家驾驶着本国的船队，在东起琉球、菲律宾和马鲁古海，西至莫桑比克海峡和南非沿海的广大海区，定期往返，同亚非两大洲的许多国家和地区建立了友好的外交关系，发展了双方的贸易往来，交流了彼此的文化和技术，沟通了海上航线，促进了海外各地社会经济的发展。在短短的二十八年中，创造了南海和印度洋地区蓬勃发展的政治局面。

（明）茅元仪：《武备志》卷二四〇中所载《郑和航海图》（局部）

郑和、王景弘统率的宝船队，前后七次出航，往返次数、时间，郑和在1431年（宣德六年）分别于太仓刘家港所立《通番事迹记》[①]和福建长乐南山天

①［明］钱谷：《吴都文萃续集》卷二〇《娄东刘家港天妃宫石刻通番事迹记》，杭州出版社，2017。

妃宫的《天妃之神灵应记》[①]予以记述，足以校正《明史》中的错误[②]。

第一次：永乐三年六月至永乐五年九月（1405年7月至1407年10月）。从洪武初曾设置市舶司的江苏太仓刘家港出航，到占城、爪哇、翠蓝屿、锡兰，远至印度西岸的甘巴里。

第二次：永乐五年九月至永乐七年夏（1407年10月至1409年8月）。航程和第一次相同，增加了暹罗港。

第三次：永乐七年九月至永乐九年六月（1409年10月至1411年7月）。航程如前，但由暹罗湾直航旧港（今苏门答腊旧港），然后复航爪哇，由爪哇西航印度，终点是印度西岸的阿默达巴德。

第四次：永乐十一年十一月至永乐十三年七月（1413年12月至1415年8月）。船队出马六甲海峡后，西航印度。船抵印度西岸的古里（今科泽科德）后，复远航至波斯湾的忽鲁谟斯（今伊朗霍尔木兹）。这次下西洋，是郑和船队第一次抵达波斯湾。

第五次：永乐十五年五月至永乐十七年七月（1417年5月到1419年8月）。船队到占城、爪哇、彭亨，过翠蓝屿、锡兰、印度西岸，复西北行抵忽鲁谟斯、阿拉伯半岛的祖法尔（今佐法尔）、阿丹（亚丁）和东北非海岸。

第六次：永乐十九年正月至永乐二十八年八月（1421年春至1422年9月）。船队出马六甲海峡后，经翠蓝屿北上至浙地港（今孟加拉吉大港），再沿印度海岸访问琐里、古里等国，航阿拉伯海再访阿拉伯半岛的祖法尔、阿丹，复沿东非海岸到木骨都束（今索马里首都摩加迪沙）、不剌哇（今索马里布拉瓦）、竹步（今索马里周巴河口）、麻林（今肯尼亚麻林地）。这是郑和船队航程最远的一次。

第七次：宣德五年十二月至宣德八年七月（1431年1月至1433年8月）。航程大致与第五次相似，不同的是船队主力停泊波斯湾的忽鲁漠斯港，派出分队从印度西岸的古里航经阿拉伯海抵阿拉伯半岛的祖法尔、阿丹，直达天方（今沙特阿拉伯的麦加）。

---

①冯承钧：《中国南洋交通史》，上海三联书店，1936，第104—106页；[明]巩珍：《西洋番国志》，中华书局，1982，第53—65页。

②沈福伟：《中西文化交流史》，上海人民出版社，1985，第304页。

（明）茅元仪：《武备志》卷二四〇中所载《郑和航海图》（局部）

二十八年间，郑和船队跋海涉洋，航程万里，与许多亚非国家建立和发展了政治、经济贸易关系。据《明史》载："和经事三朝，先后七奉使，所历占城、爪哇、真腊、旧港、暹罗、古里、满剌加、渤泥、苏门答剌、阿鲁、柯枝、大葛兰、小葛兰、西洋琐里、琐里、加异勒、阿拨把丹、南巫里、甘把里，锡兰山、南渤利、彭亨、急兰丹、忽鲁谟斯、比剌、溜山、孙剌、木骨都束、麻林、剌撒、祖法儿、沙里湾泥、竹步、榜葛剌、天方、黎代、那孤儿，凡三十余国。"[①]在当时的世界历史上，航海贸易规模之大，航程之远，时间之长，是无与伦比的。

①［清］张廷玉：《明史》卷三〇四《列传第一九二・郑和传》，中华书局，1974。

二、大帆船贸易时期

由15世纪初郑和下西洋开启的大航海时代，扩大了世界各地之间的交往和联系。至15世纪末，欧洲航海家也开始不断向东方探索，寻求东方古老的财富与广阔的机遇。

最早开始进行东方新航路探索和势力扩张的是葡萄牙、西班牙两国。在15世纪末，两国已完成了政治上的统一。他们把开辟新航路同开疆拓土、扩张版图结合起来，将航海作为扩大收入来源的良机。葡萄牙、西班牙两国分别从两个不同的方向对东方进行探索，并先后到达东方，形成了两条通往东方的航道。

（一）东方航道的开辟

15世纪末，葡萄牙人在开发大西洋群岛和发展西非贸易网络的活动中占据优势的同时，仍不忘开辟到达东方的新航路的最终目标，继续沿西非沿岸向南探索。1487年8月，巴托罗缪·迪亚士奉诺奥二世（Joǎo Ⅱ）之命，率领船队从里斯本出发。迪亚斯的船队配备了2艘轻快帆船和1艘补给船。当迪亚士的船队越过克罗斯角再继续向南航行中于1488年1月初遭遇连续多天的大风。风暴把两艘轻快帆船吹向西南方的深海，风暴于13天后才停息。迪亚士命令船队向东航行，再掉头向北，终于看见了陆地。登陆之后，迪亚士发现海岸线已经变成东北走向，于是他相信自己已经绕过了非洲大陆的最南端，到达了非洲东海岸，这时已经是1488年2月3日。迪亚士返航时经过一个巨浪翻滚的海角，他将其命名为“风暴角”。1488年12月迪亚士回到里斯本。当他把航行情况向诺奥二世汇报后，诺奥二世改“风暴角”为“好望角”(Cape of Good Hope)，意思是它提供了前往印度的巨大希望。迪亚士的航行为葡萄牙探索了2000多公里未知的西非海岸航线，到达了非洲东海岸，为葡萄牙开辟到达东方的新航路奠定了坚实的基础。

1495年，曼努埃尔一世（Manuel Ⅰ）继位，继续支持航海探险活动。1497年7月8日，瓦斯科·达·伽马奉曼努埃尔一世之命，率领由4艘帆船和168名船员组成的船队从里斯本启航。这支船队是15世纪欧洲装备最好、设计最周密的船队，配备了最新绘制的航海图、星盘和指南针等。达·伽马随身携带了国王曼努埃尔致印度卡利库特国王和传说中的“教士国王约翰”的信件。经过3个多月艰难航行，达·伽马一行到达距离好望角30里格的安哥拉·德·圣海伦娜，与当地黑人发生激烈冲突，达·伽马受伤。经过几天逆风航行后，达·伽马的船队绕过好望角，来到了大鱼河，逗留了2周，与土著发生了争端，被迫继续航行。1498年3月2日，达·伽马船队航行到莫桑比克港，受到衣着华丽的苏丹接见。与以前非洲部落酋长不同，苏丹对达·伽马带来的贸易商品不屑一顾。在被认出是基督徒之后，达·伽马遭到穆斯林的攻击，在当地向导的指引下匆匆北行，于4月7日来到蒙巴萨。当地苏丹认为这批西方人是他们海上贸易的对手，态度极为冷淡。达·伽马继续北上到达马林迪，受到马林迪苏丹的热情接待。马林迪苏丹想与葡萄牙人结盟对付宿敌蒙巴萨，为达·伽马提供了新向导伊本·马季德。在马季德的引领下，葡萄牙船队乘西南季风顺利地横渡印度洋。1498年5月28日，达·伽马航行到达印度的马拉巴尔海岸，在当时印度洋最重要的贸易港口卡利库特停泊。经过3个多月的周旋，达·伽马采购了一些香料，于1498年8月离开卡利库特（Calicut）回国。1499年9月，达·伽马返回里斯本。

达·伽马的远航历时两年零两个月，行程往返3万多公里，发现了从非洲南端到莫桑比克近2000公里海岸线，开辟了从葡萄牙到印度，从西欧经大西洋、印度洋到东方的新航路，是葡萄牙人探索西非以来历时最久、行程最远、意义最为重大的航行。

1502年2月，曼努埃尔国王再次起用达·伽马，率领由15艘装备了大炮的船只组成的船队航向印度。在葡萄牙强大的武力面前，卡利库特的统治者答应建立两国之间的商业联系，但是他拒绝了驱逐穆斯林的要求，坚持卡利库特对所有的商人开放。达·伽马炮轰卡利库特城后，在其南部的科钦建立商业代理处，建立木质城堡，收购香料等商品。达·伽马于1503年10月返回葡萄牙。

葡萄牙闯入印度洋后，不仅凭借军事力量大肆占领和掠夺印度洋重要港口城市，还袭击并掠夺商业对手的船只。葡萄牙人对商业港口的进攻和海上掠夺触犯了印度洋原有贸易参与者的利益。于是，利益受损的埃及马木鲁克王朝苏丹和印度国王以第乌为基地建立联合舰队，力图将葡萄牙人赶出印度洋。1509年2月3日，第乌海战开始。葡萄牙舰队拥有19艘战舰，1800名葡萄牙士兵。联合舰队拥有2000多艘船只和2万多名士兵。经过炮战和肉搏战，葡萄牙取得第乌海战的胜利①。

①李恩杰、刘依尘编著《海战传奇》，山西教育出版社，2014，第54—58页。

1509年第乌海战后，阿尔布魁克（Aforso de Albuquerque）接替阿尔梅达（Francisco de Almeida），担任葡萄牙的印度总督。1510年攻占了位于马拉巴尔海岸中部的果阿（Goa），由于其易守难攻且有许多设施完善的船只停泊点，逐步发展为葡萄牙在印度洋的海军基地，成为其在东方殖民活动的大本营。1511年，阿尔布魁克调集18艘战舰攻占了亚洲香料贸易中心，即通往香料群岛的必经之路马六甲，继而修建了一座大型军事要塞。此后，葡萄牙之前很少涉及的丁香、肉豆蔻和豆蔻皮才出现在其运载的货物中。1515年再度占领霍尔木兹岛。随着葡萄牙在印度洋的军事一贸易链条逐步完成，其链条上的基卢瓦、霍尔木兹、坎那诺尔、马六甲扼守地理要冲，都是阿拉伯航海家伊本·马吉德依据古代航海资料所编写的描述印度洋季风和洋流特征的航海指南中所指出的主要城镇。葡萄牙军事——商业链条的发展，促进了好望角贸易航线的繁荣。

1517年8月（明正德十二年）葡萄牙使节托马斯·皮来资（Thomas Pirez）等自马六甲来到广州屯门，在当地会见中国官员，说明到达中国原因，要求觐见中国皇帝，递交国书。至此，中葡正式交往开始。这也标志着中葡双方直接联系的达成，东方航道正式形成①。

（二）美洲航线的开辟

15世纪末，尚未完全统一的西班牙就企图打通前往东方之路。对于哥伦布远航，1530年殉道士彼得的《新世界》记载说："一位叫克里斯托夫·哥伦布的热那亚人向罗马天主教国王和王后建议，派遣船队从这个国家的最西端出发去探索印度沿岸的群岛。他请求给他提供船只和航海所需的一切，并许诺说，他们此行将不但是去传播天主教教义，而且肯定能带回多得想象不到的珍珠、香料和金子。"②很明显，哥伦布的远航为的是香料、金子和珍珠。另一方面，很大程度上受到葡萄牙海外冒险的刺激。1487年，葡萄牙人已到达好望角，因此，西班牙不得不加快海外探索的步伐。

1492年8月2日，哥伦布率领3艘帆船从帕洛斯（Palos）出发。先向南航行到加那利群岛（Canry Is.）装载补给，然后乘信风转头向西。1492年10月12日，

①赵婧：《葡萄牙帝国与早期近代世界贸易体系》，硕士学位论文，首都师范大学历史系，2009，第15—16页。

②［澳］杰克·特纳著《香料传奇：一部由诱惑衍生的历史》，周子平译，生活·读书·新知三联书店，2007，第19页。

船队到达巴哈尔群岛。哥伦布认为他们已经到达香料群岛，即所谓的“东印度群岛”。此后船队又在加勒比海穿行了近3个月，寻找黄金，有一些收获后，起航回国。哥伦布报告说，船队已到达亚洲海岸的岛屿。当然，正如我们今天所知，这是错误的，但具有讽刺意味的是哥伦布到死都认为他到达了亚洲。不过历史的错误，却给西班牙意外的收获。哥伦布的航行使得东西半球联系起来，为后来欧洲人在美洲的征服、定居及“开发”铺平了道路[①]。16世纪初，西班牙控制了西印度群岛。1518年，西班牙又向墨西哥、秘鲁、智利、佛罗里达（Florida）等地扩张，到中叶，已经取得了中、南美洲的大片土地。西属美洲殖民地由西班牙的印度院管理，其下分为西属美洲和亚洲两部分，分别由墨西哥总督和秘鲁总督管理：墨西哥、北美洲所有殖民地、西印度群岛、委内瑞拉和菲律宾群岛由墨西哥总督负责，秘鲁总督则管辖秘鲁和南美洲其他殖民地。

1513年，巴尔沃亚（Balboa）率领200人穿过巴拿马地峡后，发现美洲的西部还是汪洋大海，所以，新一轮的“远航”不可避免。第二次远航（即麦哲伦远航）的根本目的与哥伦布远航并没有什么区别，西班牙国王与麦哲伦签订的协议中就称：“特责成你们在属于朕的海洋里发现丰富的香料以及朕所需要而且使我国获利的其他东西。”[②]麦哲伦远航想要到达的仍是东方，如盛产香料的马鲁古群岛等。总之，“为西班牙获取香料和东方的商品，激励麦哲伦和其他航海者渡过了太平洋”[③]。

1519年9月，麦哲伦率领着5艘均为100吨的帆船组成的船队离开西班牙，穿过大西洋，到达美洲，然后沿南美洲南行，抵达南端的麦哲伦海峡，从那里向西进入太平洋。在太平洋几经周折后，于1521年3月6日到达关岛；同月，宣布菲律宾归属西班牙。4月，麦哲伦的船队到达宿务，后来与岛上的居民发生冲突，麦哲伦在冲突中受伤身亡。11月，远征队余下的2艘船到达马鲁古群岛。在获得香料后，即决定返航，其中准备从太平洋返航的船只因逆风折回，后被葡萄牙人捕获。另外一艘“维多利亚号”则穿过望加锡海峡，横渡印度洋，绕过好望角，沿非洲西岸北航，终于在1522年9月3日抵达塞维利亚港。据载，该船

①［美］杰里·本特利、赫伯特·齐格勒著《新全球史》(下册)(第3版)，北京大学出版社，2007，第642页。
②周一良、吴于廑主编《世界通史资料选辑》(中古部分)，商务印书馆，1981，第312页。
③E·L Laus，*The Searchfor spice*，*Filipino Heritage*，Vol.3，p. 814—818. 转引自金应熙主编：《菲律宾史》，河南大学出版社，1990，第89页。

运回的香料价值足以支付整个远征队的费用[①]。不过，麦哲伦远航的意义不只在于些许香料，更重要的是它完成了人类历史上第一次环球航行，其历史功绩不可磨灭[②]。

明万历三年（1575年）时，西班牙开辟了以马尼拉为中心的中国—菲律宾—墨西哥贸易航线。西班牙贩运中国出产的丝绸、瓷器、漆器等货物，以马尼拉为中转，运往墨西哥、秘鲁等国，并运回拉丁美洲，用来换取当地的白银。转口贸易在为西班牙海商和王室赚取了大量利润的同时，随着白银的大量流入，也对中国的商品经济发展起到了促进作用。西班牙人在华活动集中在广东、福建、浙江、台湾等地区。由于垂涎于葡萄牙人居留澳门，西班牙人也一直希望能够在中国建立一处基地开展对华贸易，但遭到明朝统治者的拒绝。1626年，西班牙人以武力占领了中国的台湾北部，建立对华贸易的基地，直到1641年被荷兰人驱逐为止[③]。

三、具体航线

15世纪前后，随着世界新航路的开辟，世界历史揭开了新的篇章。西欧国家顺着印度洋、太平洋的广袤海域与东方连接，与中国开展直接或间接的海洋贸易。及至16世纪，最先来到中国的葡萄牙、西班牙人沟通了欧、非、亚、美四洲，世界市场逐渐形成，世界开始连为一个整体。因此，对欧、非、亚、美四洲具体航线路线的考察，有助于构筑明代海上丝绸之路的大体轮廓，对研究明代世界商贸往来有重要意义。

（一）中国——欧洲印度洋航线

广州—澳门—果阿—欧洲航线，是葡萄牙人控制的最重要的贸易线路。自从1514年若尔热·阿尔瓦雷斯（Jorge Alvares）首次到达屯门岛，“发现”中国以后，葡萄牙人就不断通过这条线路进行贸易，并从中获得了非常高的利润。据1515年一位正为葡萄牙人服务的意大利人记载：“中国……盛产各种白色细蚕

---

①［美］斯塔夫里阿诺斯著《全球通史：从史前史到21世纪》，董书慧、王昶、徐正源译，北京大学出版社，2005，下册，第417页。

②［奥］斯蒂芬·茨威格著《麦哲伦的功绩》，俞启骧、王醒译，海洋出版社，1983，第244页。

③霍建国主编，商务部国际贸易经济合作研究院编《中国对外贸易史》，中国商务出版社，2016，上卷，第144页。

丝，每一块塔罗价值三十克罗扎多；十六匹一捆的优质锦缎，每匹价值五百里尔；缎子、花缎……从中国运到此地，这些货物可获利三十倍。”[①]1514至1521年的八年间，“生丝及诸如各色锦缎、各种缎子与织锦等丝织品”一直都是中葡贸易中葡方从中国出口的主要商品[②]。1521至1522年，葡人在屯门和西草湾与明军先后发生了两次军事冲突，明政府因噎废食，下令关闭广州口岸，严禁各国海商到广东通商贸易，葡萄牙商船连同诸国蕃舶遂“皆往福建漳州府海面地方，私自行商”[③]。广东的对外贸易因此一蹶不振，一直到1530年广州重新开放以后，这种情况才略有改观。1547年，葡人在浙江双屿岛上的据点为闽浙巡抚朱纨派遣明军捣毁后，又“把力量从浙江和福建转回他们在广东省的老地方”[④]。当时明政府虽然明令禁止葡人到广东沿海通商贸易，但“其党类更附诸番舶杂至为交易……甚至官军贾客亦与交通”[⑤]，珠江口外的上川岛和距澳门30公里左右的浪白滘都是他们经常出没的地方。1553年，葡萄牙人以浪白滘风高浪大为由，贿赂广东海道副使汪柏，得以入居澳门。葡人获得这里的居留权后，不但可以合法地进入澳门，而且还能到省城广州贸易。据葡人克路士说：“自1554年以来，莱昂尼·德·苏萨任少校，和中国人订立条约说我们要向他们纳税，他们则让我们在他们的港口进行贸易。从此后我们便在中国第一港口广州作贸易。中国人带着丝绸和麝香上那儿去，这是葡人在中国购买的主要货物。”[⑥]1580年（万历八年）以后，明政府每年夏冬两季在广州举行两次定期集市，每次开市二至四个月[⑦]，中国南北商人源源不断地把生丝、绸缎等货物运到这里，使广州成为各色商品的集散市场[⑧]。葡萄牙人在广州不仅能买到数额巨大的生丝，而且还可以根据日本、印度、欧洲市场的需要，向中国商人定制各种花样的丝绸[⑨]。

①张天泽：《中葡早期通商史》，姚楠、钱江译，中华书局，1988，第39—40页。

②张天泽：《中葡早期通商史》，姚楠、钱江译，中华书局，1988，第39—40页。

③［明］严从简：《殊域周咨录》卷九《苏门答剌》，中华书局，1993，第323页。

④［英］C·R·博克舍编注《十六世纪中国南部行纪》导言，何高济译，中华书局，1990，第11页。

⑤［明］严从简：《殊域周咨录》卷九《苏门答剌》，中华书局，1993，第324页。

⑥［英］C·R·博克舍编注《十六世纪中国南部行纪》导言，何高济译，中华书局，1990，第131页。

⑦［意］利玛窦、［比］金尼阁：《利玛窦中国札记》第2卷，何高济、王遵仲、李申译，中华书局，1983，第144页。

⑧《郑成功收复台湾史料选编》，福建人民出版社，1962，第115页；转引自黄启臣：《澳门通史》，广东教育出版社，1999，第36页。

⑨朱鹏：《明代与清代前期广东的海上丝绸贸易》，硕士学位论文，暨南大学历史系，2003，第17—18页。

当葡萄牙人同广东的贸易打开局面之后，葡萄牙人又以明朝皇帝的子民，在服从中国明朝官府管辖的前提下经营海上贸易①，大力开展澳门与印度的果阿（Goa）直到里斯本的贸易。这样一来就开辟了广州—澳门—果阿—里斯本的海上丝绸之路贸易航线。

果阿是印度迪斯瓦迪（Livadi）小岛上的一个市镇，有河道与内陆相通，是16世纪中叶印度西岸仅次于卡里库特（Calicut）的一个商业中心，是波斯和阿拉伯马匹运入印度次大陆的一个枢纽。

自从1510年11月25日葡萄牙占领果阿之后，即成为葡萄牙在东方殖民地的总部，也是葡萄牙东方贸易的重要基地。因此，葡萄牙人进入和租居澳门之后，自然地要开辟澳门与果阿之间的贸易航线，并以果阿作为中转站与里斯本以至欧洲各国进行贸易。这条航线分为两段：

第一段，从广州启航，经澳门出海，西行横过印度西海岸的果阿，然后按唐、宋原来的老航线到波斯湾上岸，再走一段陆路到欧洲。第二段，由果阿启航后，又分为两条航路前往里斯本和欧洲。一条走印度洋的官屿留（今马尔代夫群岛，Male），西航经木骨都束（Mogadishu，今索马里首都摩加迪纱）和莫桑比克海峡，绕好望角（Cape of Good Hope），沿大西洋非洲海岸北航到摩洛哥（Morocco），抵里斯本；一条离果阿后，从克亚丁渡海，绕葛得儿风（今亚丁海东南面索马里的瓜达富伊，Guardfia角）和哈甫泥（今索马里东岸的哈丰角，C.hafun），沿东非海岸下木骨都束、不剌哇（又称卜剌哇，今索马里东岸布腊瓦，Brava）、麻林地（今肯尼亚东岸的马林迪，Malindi）和慢八撒（今肯尼亚南岸的蒙巴萨Mombasa），南至坦桑尼亚、莫桑比克海岸到南非，绕过好望角，沿大西洋非洲海岸北行到摩洛哥巴特港，抵里斯本，转至欧洲各国。这一段是新开辟的航线。这条从广州出发到里斯本以至欧洲各国的海上丝绸之路航线全程长达11890海里②。

（二）中国——欧洲太平洋航线

广州—澳门—马尼拉—拉丁美洲—欧洲航线是十六七世纪世界上最长的贸易航线。这条航线上的重要中转站——吕宋群岛，很早以前就与中国有贸易往来。

①万明：《试论16—17世纪中叶澳门对海上丝绸之路的历史贡献》，《文化杂志》，2002年第43期。

②黄启臣主编《广东海上丝绸之路史》，广东经济出版社，2003，第376页。

明中叶以后，吕宋群岛逐渐沦为西班牙的殖民地，1542年，西班牙人将其改称为菲律宾。1565年，西班牙殖民者占领马尼拉，翌年，即开辟了马尼拉至阿卡普尔科（Acapulco）的新航线[①]。当时的马尼拉是“印度、爪哇、中国、日本、阿拉伯等地商人们前往交易的市场。在那里他们交换许多种产品：以黄金、珍珠、贝壳、精细纤维、珍贵木材、燕窝、鱼翅、槟榔子、烟草、芳香化妆品换取刀剪、日本的漆、印度尼西亚马鲁古群岛的调味香料、中国的丝绸和瓷器、象牙、珠宝、首饰以及印度、泰国和柬埔寨的地毯。”[②]经过多年的经营之后，西班牙人于万历三年（1575年）开辟了自广州起航经澳门出海，到马尼拉中转直至拉丁美洲墨西哥的阿卡普尔科和秘鲁的利马（Lima）航线。《三洲日记》一书记述：

> 查墨（西哥）记载，明万历三年，即西历一千五百七十五年，(墨)曾通中国。岁有飘船数艘，贩运中国丝绸、瓷、漆等物，至太平洋之亚冀巴路商埠（即阿卡普尔科港），分运西班牙各岛（指西属拉丁美洲各殖民地，特别是指加勒比海诸岛）。其时墨隶属西班牙，中国概之名为大西洋。[③]

1581年，葡萄牙与西班牙合并，根据“西葡八项和平条款”的规定，从1583年开始，葡萄牙人获得了澳门至马尼拉的贸易独占权。1594年，新西班牙的国王为了得到葡萄牙人的效忠，特别下令菲律宾群岛与墨西哥的西班牙人不得同中国直接贸易。如此，澳门与马尼拉的贸易就完全控制在葡萄牙人的手中了[④]。这样，一条世界上最长的大三角海上丝绸之路贸易航线得以形成。全程分为两段：第一段，冬季由广州启航，经澳门出海，再经万山群岛向东南行，东航至东沙群岛附近，再折东南方向，循吕宋岛西岸南下，航至菲律宾马尼拉港。第二段，从马尼拉启航，经圣贝纳迪诺海峡，进入太平洋，乘六月中下旬的西南季

①朱鹏：《明代与清代前期广东的海上丝绸贸易》，硕士学位论文，暨南大学历史系，2003，第17—18页。

②［墨］维·罗·加西亚：《马尼拉帆船（1739—1745）》，载《中外关系史译丛》第一辑，上海人民出版社，1984，第157页。

③［清］张荫桓：《三洲日记》卷五，岳麓书社，2016，第12页。

④朱鹏：《明代与清代前期广东的海上丝绸贸易》，硕士学位论文，暨南大学历史系，2003，第17—18页。

风北行，到北纬37°和39°之间的水域之后，借西北风横渡太平洋，其中北太平洋航线一段，向北推移到北纬40°—42°之间的水域（即今美国中部海岸约300—400公里）时，折向南航，以便更好利用日本至美洲间由西南方的海流——“黑潮”，加快帆船航速折向南行驶，再利用盛行于海岸的西北风、北风直达墨西哥西海岸的天然良港阿卡普尔科和秘鲁的利马港①。这条航线的全航程平均需时半年左右，若航行顺利，用时三四个月亦可到达。在整个航程中，可以看到的岛屿有关岛、火山群岛（又名硫磺列岛）、金岛（Rica da Oro）、银岛（Rica da plata）等。在北美海岸，通常最先看到的陆地是谢德罗斯岛（Cedros，位于加利福尼亚海岸北端），继而看到灰岛（Cenizas）、圣鲁卡斯岬角（San lucas，位于加利福尼亚湾口处）、科连第斯岬角（Corrientes）等②。广州—澳门—马尼拉—拉丁美洲新的远洋航线的开辟，是海上丝绸之路的新篇章。从此以后，广东得以与全球各个国家和地区通航往来贸易。当时经这条航线贸易的主要商品是中国的丝货，所以称为“太平洋上的丝绸之路”，又由于行驶于这条航线的多是西班牙的大帆船（Great Ship），故又称“中国—马尼拉—阿卡普尔科大帆船贸易”，简称“马尼拉中国大帆船贸易”。于是开始于汉代的广东海上丝绸之路，经唐、宋、元日趋发达，迄于明代，达到了高峰③。

第二节　东洋航线

从中国历史的发展来看，明代东亚地区的国际秩序被统合在以中国为中心的朝贡体制之下。东亚诸国尊中国为“天朝上国”，定期向中国朝贡觐见，而中国则通过“赏赐”等形式进行商品货物的交换。同时由于二者一衣带水的地理位置，实际上并不是严谨恪守数年一次的朝贡规则。不仅在时间上存在变数，在实际执行上也受到诸多因素的影响。总的来说，东洋航线与朝鲜、日本两国有着分不开的联系。无论是朝鲜、日本、琉球在明前期频繁的朝贡贸易，还是明中期以后逐渐兴盛起来的朝鲜、日本走私贸易，都是值得研究和探索的领域。

---

① William Lytle Schurz：*The Manila Galleon*，New York，1959，p.366.

②［美］艾马·布莱尔、詹姆斯·罗伯特森合著《菲岛史料》第四卷，第21—22页；第十六卷，第200页；第二八卷，第309页。

③黄启臣主编《广东海上丝绸之路史》，广东经济出版社，2003，第377页。

一、朝鲜

明太祖朱元璋即位伊始，便向周边国家诏告明朝的建立，对与中国接壤的朝鲜（高丽）更是礼待有加，把朝鲜列为14个不征国之首。洪武元年（1368年）十二月即派出使臣，要求与高丽恢复传统的宗藩关系。作为大国的明朝，在对外关系上，奉行“朕既为天下之主，华夷无间，姓氏虽异，抚之如一”的宗旨①，招徕四夷朝贡，并将朝贡礼仪作为制度确立下来。

万历《明会典》所记的朝贡国中被列为序首的是朝鲜国，自“永乐以来，每岁圣节、正旦、皇太子千秋节，皆遣使奉来朝贺，贡方物”②。几乎每年都要来明朝朝贡。朝鲜和明朝的海路交通，随着辽东地区政治局势的变化分为三个阶段③：

第一阶段：明初期，元代残余势力割据辽东，通往朝鲜半岛的陆路交通被阻隔，所以不得不利用海上交通。如洪武元年，明朝派遣符宝郎偰斯去高丽，赐其王玺书及纱罗缎匹。明初定都南京，与高丽的往来通过海路。具体是由南京出发，通过长江口渡黄海，航抵朝鲜半岛西海岸中部的礼成江口，然后进入高丽。长江口的太仓港成为重要的港口。明朝初期开科取士，诏准高丽等赴京会试。由于海路曲折艰险，海难事故频发。洪武五年（1372年），高丽派遣150人奔赴南京国子监留学，途中遭遇海难，溺死39人。洪武帝得知后命令：“入学固美事，但涉海远，不欲者勿强。”并嘱咐勿频繁入贡，后规定“三年一聘”④。《明史·朝鲜传》载，洪武七年（1374年），朝鲜使臣要求“每岁一贡，贡道从陆，由定、辽，毋涉海”。明太祖亦准其所请，高丽使团于是取道辽东渡渤海前来朝贡。随着明政府在辽东和辽南地区建立卫所，控制局势以后，高丽使节改走辽东陆路，“十三年，辽东送高丽使谊至京师”⑤。高丽使团以辽东取道登州前往京师。登州港取代原来的太仓港。

第二阶段：永乐定都北京后，辽东局势逐步稳定，中朝往来主要通过陆路交往。其干线继承了由古“渝关”（今山海关）出行的傍海陆路。

---

①《明太祖实录》卷五三，洪武三年六月丁丑，台北“中央研究院”历史语言研究所，1962年影印本。

②[明] 申时行：《明会典》卷一〇五《朝贡一·东南夷》，中华书局，1989，第1585页。

③王绵厚、朴文英：《中国东北与东北亚古代交通史》，辽宁人民出版社，2016，第469—472页。

④[清] 张廷玉：《明史》卷三二〇《朝鲜传》，中华书局，1974，第8280页。

⑤[清] 张廷玉：《明史》卷三二〇《朝鲜传》，中华书局，1974，第8281页；吴晗：《朝鲜李朝实录中的中国史料》第一册《高丽史·辛禑世家》，中华书局，1980，第54页。

第三阶段：万历以后，女真族兴起，势力不断南下，侵扰辽东地区，对明朝和朝鲜的陆路交通路线形成威胁。明朝政府在义州和辽东之间增设驿站，即凤凰城、斜烈站、镇宁（东）堡、宁夷堡（镇夷堡、通远堡），并派遣士兵驻守。后来不仅是辽东，连辽西地区，即辽阳以西的线路也经常受到干扰。朝鲜使臣苏光震于万历十七年（1589年）赴明，记述了这段路程的艰险①。1620年，后金攻陷辽东都司所在地——辽阳，通往朝鲜的陆上交通被阻隔，从此两国不得不改走海路。如记载："我朝自永乐七年（1409年）从陆朝天，至天启元年（1621年），辽沈路梗，复从海路。"②

天启元年八月，明政府将朝鲜朝贡的路线改为"自海至登州，直达京师"③。但是由于航海技术和航线生疏，海难屡屡发生，尤其是朝鲜的船只损失严重。事故多发生在旅顺口附近的铁山④。起初从安州（今朝鲜平安南道清川江下游安州市）乘船出发，沿着海岸线向辽东半岛。此后主要在宣川（今朝鲜平安北道宣川）、铁山（今朝鲜平安北道铁山郡）的宣沙铺乘船。

1627年，后金军入侵朝鲜，"冬至使"宋克请求明朝政府允许从石多山出港："陆路自平壤至石多山则不过一日程，水路由大同江回转于海口，则甚险且远。请依前例，乘船于石多山。"⑤到第二年经过明朝政府的许可，"谢恩使"李恺、"冬至使"安国驰则从石多山出港。

朝鲜人洪翼汉、金湜、金尚宪走这条贡路，并分别写下《花浦航海路》(航行时间19天)、《槎行路》(航行时间29天)、《朝天录》(航行时间12天）的旅行日记。1624年，洪翼汉去北京的海路记载于《花浦先生朝天航海录》。首站从平安北道郭山"旅槎浦"(义州南港口）出发，从海路到达毛文龙驻屯的椵岛，到辽东半岛沿岸的大鹿岛、石城岛、长山岛、黄鹿岛和渤海海峡的庙岛列岛，到山东半岛的登州（今蓬莱）港。再从陆路经过山东、河北进入北京。从平安南道郭山的宣沙铺（旋槎浦)(天启丁卯以后从甑山县石多山出发）出发，60里到达铁山府椵岛（即皮岛)，140里到车牛岛，500里到鹿岛，600里到石城岛，300里到长山

①［朝］苏光震：《朝天日录》,《燕行录全编》第1辑第8册，广西师范大学出版社，2010。

②《通文馆志》卷三《事大》，首尔大学校奎章阁韩国学研究院，2006。

③《明熹宗实录》卷十二，天启元年八月甲午，台北"中央研究院"历史语言研究所校印，1962年影印本。

④《光海君日记》,《十三年十月戊子》《五月庚午》《十四年五月丁酉》《十三年四月甲申》。

⑤《朝鲜仁祖实录》，仁祖六年六月辛亥。

岛，200里到广鹿岛，260里到三山岛，200里到平岛，1000里到皇城岛，200里到鼍矶岛，200里到庙岛，800里到达登州。再从陆路经过山东和河北到达北京。此路水路部分3700里，陆路1900里，与辽东都司贡道相比时间长、道路远、风险大①。

因为季节、天气条件以及人为因素等具体情况的不同，所花费的航行时间也有差别。总之航行时间没有陆路准确稳定。从登州走陆路，经过东莱、青州、济南、德州、景州、河间、涿州到达北京。

崇祯初年，袁崇焕任辽东督师，为了限制毛文龙势力的发展，提出改变贡道。此条线路在平岛（今普兰店皮口镇西南1.7海里处）不南下，而一直向东，经过旅顺口，再沿着海岸线向北经过双岛，向北到南北信口（今大连长兴岛对岸），横穿辽东湾，经过觉华岛（今菊花岛），在宁远卫（今兴城）登陆，再由陆路南下至山海关。

这条路线海路风险大，陆路从宁远卫到北京的路上也经常受到后金军队的袭击②。因此朝鲜屡屡派遣使臣要求恢复登州线路。朝鲜使臣在请求恢复登州旧路的奏文称："臣等一行，乘船五十日，始到觉华岛，得达广宁。海程之险，有难尽陈，自平岛至登州，风便一日程，而至觉华岛，则殆将倍之。"③但是崇祯四年（1631年），孔有德等在登州叛乱，持续一年多，延误了登州线路的恢复。

1627年，皇太极率领大军征服朝鲜，与朝鲜订立城下之盟，约为兄弟之国。但是朝鲜仍与明朝保持交往。1636年，皇太极第二次出征朝鲜，彻底征服朝鲜，朝鲜和明朝的关系从此结束，开始与清朝的朝贡关系。1638年，清朝规定朝鲜朝贡的道路，由凤凰城进入沈阳，并订立互市条约，凤凰城官民每年可以去两次朝鲜鸭绿江边的义州进行贸易，即春秋两季，每次贸易时间为20天，由朝鲜通事官前往监督。

二、日本

明代中后期，随着中国与琉球间航路的发展，开辟了由福建经琉球到日本的新航路，在《顺风相送》、郑若曾《日本图纂》等史籍中，皆记载有由福建经琉

---

①［朝］洪翼汉：《花浦先生朝天航海录》，《燕行录全集》卷十七。

②［朝］金堉：《朝京日录》，《燕行录全编》第一辑第9册，广西师范大学出版社，2010。

③［朝］郑经世：《愚伏先生文集》，景仁文化社，1999。

球往日本的针路。据《顺风相送》记载，这条航路从福建太武山起航，到达琉球国那霸港后，再取南偏西195度的航向，航行240里，从椅山（琉球冲绳群岛中的伊江岛）外边航过，再改取北偏东15度的航向，航行150里，至叶壁山（冲绳群岛中的伊平屋岛）；又保持原航向行驶240里，至流横山（即今奄美群岛中的冲永良部岛）；然后改由北偏东向东北偏北行，航向取22度半，行驶300里，至田家地（亦作田家山，即琉球北奄美大岛中的德之岛）；又保持原航向行驶210里，至万者通七岛山（琉球奄美大岛北的宝七岛）；再改取东北偏东60度的航向，行驶300里，船从野故山（又作野古岛，即奄美大岛北的屋久岛）内边航过；再改取东北45度的航向，行驶150里，至但尔山（又作旦午山），又保持原航向行驶240里，至酉甫山（一作亚甫山，或即日本大隅佐多岬的大泊），再改取东北偏东60度的航向，行驶600里，至哑慈子里美山（或即日本四国东南部的足摺岬）；再由此取东北45度的航向，行驶120里，然后改取东北偏东60度的航向，行驶180里，至沿度奴乌佳眉山（即日本四国东南部的八阪八滨）；再改取北偏东15度的航向，行驶180里，然后又向正北航行60里，至是麻山（即日本纪伊水道西边的伊岛），船从此山南边名为长礁的沉礁的东边航过。船在此地取东北偏北30度的航向，航行60里，是正常的航路。然后再向正北航行240里，至大山门（应为大门山，即今纪伊水道以北的淡路岛），船傍西边门驶过，再取东北偏北30度的航向，行驶180里，便抵达兵库港（今兵库县神户港）[①]。当时从琉球驶往日本的航路，与此大致相同。由于从福建经琉球到日本的航路要经过台湾，于是由台湾到日本的航路就开辟出来。

16世纪以后，中国与日本间的海上交通日益频繁，从福建和浙江两省到日本的航线也随之逐渐增多。除上述由福建泉州、长乐（五虎门）经琉球到日本的航路外，由中国东南沿海港口直航日本的航路主要有下列各线：

1. 浙江诸港

（1）自温州至长崎

温州开船，用单甲五更（取东偏南75度的航向行300里），用甲寅六更（由东偏南向东北偏东行，航向取67度半，航行360里），用单寅二十更（取东北偏东60度的航向行1200里），用艮寅十五更（由东北向东北偏东行，航向取52度半，

①向达校注：《两种海道针经》，甲《顺风相送》福建往琉球、琉球往日本针路，中华书局，1961。

航行900里），取日本山（据针路当是至长崎）[①]。

（2）自凤尾（在浙江定海南，急水门东）至长崎

出港西南风，用甲寅五更（由东偏南向东北偏东行，航向取67度半，航行300里）、单寅六更（取东北偏东60度的航向行360里）、艮寅二更（由东北向东北偏东行，航向取52度半，航行120里）、艮寅十八更（按原航向再行1080里）、单寅八更见里慎马（取东北偏东60度的航向行480里，可见里慎马，即日本长崎港外的女岛），甲寅七更收入港（由东偏南向东北偏东行，航向取67度半，航行420里，抵达长崎港）[②]。

（3）自宁波至长崎

普陀放洋，用单卯十四更（取正东90度的航向行840里），又用单卯十更（仍向正东行600里），又用甲寅八更（又由东偏南向东北偏东行，航向取67度半，航行480里），又用单甲八更见天堂（又取东偏南75度的航向行480里，便可见天堂[即日本天草港，在长崎港南]），收入长岐[③]。

（4）自长崎回宁波

五岛（长崎港外的五岛列岛）开舡，用坤申七更（由西南向西南偏西行，航向取217度半，航行420里），用庚申十五更（由西偏南向西南偏西行，航向取247度半，航行900里），用单庚及庚酉二十五更收入宁波是也（先取西偏南255度的航向，再由西偏南向正西行，航向取262度半，共航行1500里，便抵达宁波）[④]。

（5）自普陀往长岐

放洋南风，用甲寅十更（由东偏南向东北偏东行，航向取67度半，航行600里）、单寅十更（取东北偏东60度的航向行600里）、甲寅三更见里甚马（由东偏南向东北偏东行，航向取67度半，航行180里，便可见里甚马[即里慎马]），艮寅七更收入妙也（由东北向东北偏东行，航向取52度半，航行420里，便到长崎港安泊）[⑤]。

---

①向达校注：《两种海道针经》，乙《指南正法》温州往日本针路，中华书局，1961。

②向达校注：《两种海道针经》，乙《指南正法》凤尾往长崎，中华书局，1961。

③向达校注：《两种海道针经》，乙《指南正法》宁波往日本针，中华书局，1961。

④向达校注：《两种海道针经》，乙《指南正法》日本回宁波针路，中华书局，1961。

⑤向达校注：《两种海道针经》，乙《指南正法》普陀往长岐，中华书局，1961。

（6）自尽山（即嵊泗列岛的陈钱岛）至长崎

开舡北风，用单寅十五更（取东北偏东60度的航向行900里），艮寅九更取五岛。由东北向东北偏东行，航向取52度半，航行540里，便可至五岛（长崎港外的五岛列岛），单寅五更收入港可也（取东北偏东60度的航向行300里，便抵长崎港安泊）[①]。

2. 福建诸港

（1）自厦门至长崎

大担（福建金门岛附近的大担岛）开舡，用甲卯离山（由东偏南向正东行，航向取82度半，驶离大担岛）。用艮寅七更取乌坵，内是湄州妈祖，往祭献（由东北向东北偏东行，航向取52度半，航行420里，至乌坵，即乌坵屿，在福建湄州岛东，那儿湄州岛上有海神妈祖庙，往湄州岛祭献妈祖）。用艮寅及单寅七更取鸡笼头（先保持原航向，然后再取东北偏东60度的航向，共航行420里，至鸡笼头，即今台湾基隆）。用艮寅二十更，取单寅下十五更，单艮上十五更，取天堂（由东北向东北偏东行，航向取52度半，航行1200里；再取东北偏东60度的航向，航行不到900里；然后取东北45度的航向，航行900多里，便可至天堂，即天草港）。用子癸并壬亥收入港（由正北向北偏东行，航向取7度半，又由北偏西向西北偏北行，航向取337度半，船驶入长崎港安泊）[②]。

（2）自沙埕（在今福建福鼎市沙埕港口北）至长崎

开舡南风，用甲寅四更离山（由东偏南向东北偏东行，航向取67度半，航行240里，离开岛屿而行）。单寅七更、艮寅二十二更、单寅八更，见里甚马南过（取东北偏东60度的航向行420里；又由东北向东北偏东行，航向取52度半，航行1320里；再取东北偏东60度的航向行480里，船从里甚马南边航过）。艮寅七更收入，妙也（又由东北向东北偏东行，航向取52度半，航行420里，船驶入长岐港安泊）[③]。

以上由浙江、福建诸港驶往日本长崎港的7条航路，以自尽山至长崎的航路最短，全程29更，计航行1740里，或2昼夜又21个半小时；其次，为自普陀

① 向达校注：《两种海道针经》，乙《指南正法》尽山往长岐，中华书局，1961。
② 向达校注：《两种海道针经》，乙《指南正法》厦门往长岐，中华书局，1961。
③ 向达校注：《两种海道针经》，乙《指南正法》沙埕往长岐，中华书局，1961。

至长崎的航路，全程30更，计航行1800里，或3昼夜；再次，为自宁波至长崎的航路，全程40更，计航行2400里，或4昼夜；再次，为自温州至长崎和自凤尾至长崎的航路，两条航路全程都是40更，计航行2160里，或4昼夜又15小时；再次，为自沙埕至长崎的航路，全程48更，计航行2880里，或4昼夜又20小时。至于自厦门至长崎的航路，因为要经过台湾，路途最远，全程64更，计航行3840里，或9昼夜又10小时，自长崎回宁波的航路，全程47更，计航行2820里，或4昼夜又17个半小时。唐宋以来，中日之间的航路，取道南路，如果较好地利用季候风，一般3昼夜以至6至7昼夜，便能横渡东中国海而达彼岸，而以航行6至7昼夜者居多。上述各条航路，需时一般3昼夜以至4至5昼夜，驶完全程所需时日相对来说是较少的。

另外，明嘉靖年间，郑舜功出使日本，则是从广东出海。郑舜功言："钦奉宣谕日本国，驱驰岭海乘槎出。当时倭寇之乱，淮阳吴越闽海生涂炭，取道岭海而往焉。岭海者广东别号。"[①]他从珠江虎口（今虎门）出海，沿广东、福建海岸东北行，经大鹏、平海、碣石、靖海、南阳、诏安、镇海各地及金门、乌邱等岛屿，航向日本有马岛。郑舜功还写有注文，标明了各地名间的距离与方位，并辑录了从乌坵（邱）往日本有马岛的针路：

> 《航海秘诀》：乃于乌邱取道日本挨里马，即有焉（马）岛，寄音押利迈。若西南风用艮寅缝针，东南风甲卯缝针，西北风正丑针，西南风正艮针，径取有马。[②]

由此，明代中后期，又有广东前往日本的航线。

明代中叶以后，与日本之间航路的发展，是"东洋"航路获得较大发展的重要标志，从一个侧面反映出明清时代海上航路发展的趋势。

三、琉球

明廷与琉球关系一直较为密切，自明洪武初年，双方建立了友好的外交关

①［明］郑舜功：《日本一鉴：桴海图经》卷一。
②［明］郑舜功：《日本一鉴：桴海图经》卷一。

系。琉球王几乎每年遣使来朝贡，有时甚至达四、五次之多。直至明崇祯末年，仍“修贡如仪。后唐王立于福建，犹遣使奉贡”①。另一方面，明王朝也常派遣使臣前往琉球，进行册封中山王等活动。此外，闽浙粤沿海商人至琉球经商者也尤多，“夏来秋去，率以为常”②。频繁地政治交往与经贸发展、文化交流等活动，促使明朝与琉球国之间的海上航路有较大的发展。

明朝对琉球海上航行的主要港口是泉州和福州。至正统以后，福州港地位越来越重要，成为两国官方海舶之主要港口，“琉球入贡驻泊于此。”③据明代出使琉球的陈侃所记“舟先发于甫台南台，距海百余里。”④南台，在福州城南九里，闽江流经于此，亦称南台江⑤。船舶自福州新港出发，入闽江，向东行驶至长乐县，经闽江口南港，至梅花千户所出海后，分成几条航线东赴琉球。

第一条航线是“梅花东外山开船，用单辰针、乙辰针，或用辰巽针，十里船取小琉球。”⑥自小琉球后路线如下：小琉球（台湾北端鸡笼头山）→平嘉山（又名彭加山、彭家山，位台湾基隆港口外东北海上35海里处）→钓鱼屿（即钓鱼台，与黄尾屿、赤屿、飞濑岛、北小岛、南小岛、大北小岛、大南小岛合称钓鱼岛）→黄毛屿（即黄尾屿，与钓鱼台是姊妹岛）→赤屿（又名赤尾礁、赤坎屿）→古米山（即今久米岛）→熟壁山（即今伊平屋岛）→移山岛（又名鸟岛，位于琉球群岛中的硫磺山附近）→那霸港（又名濠灞、豪霸，均为Naba之音译，位于琉球）。

第二条航线是出梅花所后，航向东北，经东涌，再东南航行至小琉球头。

嘉靖四十年（1561年）五月，明朝政府命郭汝霖出使琉球，“二十九日至梅花开洋，幸值西南风大旺，瞬目千里，长史梁炫舟在后不能及，过东涌、小琉球。”⑦《琉球奉使录》中记其至琉球航路为：

长乐（今福建省长乐县）→广石→梅花所→东涌（今东引列岛，位福建闽江

①［明］王圻：《续文献通考》卷二九《土贡》。

②［明］谢肇淛：《五杂俎》卷四，中央书店，1935。

③［明］王应山：《闽都记》卷一三，台北成文出版社，1967。

④［明］陈侃：《使琉球录》，中华书局，1985。

⑤［清］顾祖禹：《读史方舆纪要》卷九六，中华书局，2005。

⑥［明］郑若曾：《郑开阳杂著》卷七《琉球图说·福建使往大琉球针路》。

⑦［明］严从简：《殊域周咨录》卷四《琉球》，中华书局，1993，第156页。

口外，马祖列岛东北海上）→小琉球→黄茅（即黄毛屿）→钓鱼屿→赤屿→姑米山→土纳巳山（今琉球的渡名喜[Tonak]岛）→小古米山（又名奥武岛，为久米岛属岛之一）→那霸港。

第三条航线自梅花所后，也不直驶小琉球头，而是向东航经东沙山，至鸡笼屿，再至小琉球头。

万历三十四年（1606年）五月，夏子阳出使琉球，“自梅花所开洋，过白犬屿，又取东沙，丁风用辰巽针，八更取小琉球”，归国后与副使王士祯撰《奉使琉球录》，记其至琉球航路为：

长乐→广石→梅花所→东沙山（即东沙岛，在闽江口外白犬列岛东南）→鸡笼屿（今台湾基隆岛）→小琉球→平佳山（即平嘉山）→花饼屿（又名花瓶屿、花左石右千屿，位台湾基隆港口外东北海上，与彭加、棉花两屿同为由福建或台湾至琉球的必经之地，自此东航是钓鱼岛，东南为先岛群岛）→钓鱼屿→黄尾屿→古米山→那奇山（又名度那奇山，位古米山附近）→琉球山（指那霸港外40里处之一小岛屿）→那霸港。

明代遣往琉球进行册封的诸位使节，除详述自福建至琉球间的航海日记外，还绘有标注航行针路的《琉球过海图》，现多阙失，仅能看到万历年间肖崇业和夏子阳奉使琉球所绘《琉球过海图》上所标注的航行针路如下：

第一，肖崇业《琉球过海图》针路：

梅花头正南风，东沙山，船用单辰六更。（册封船从闽江口梅花千户所启碇出海，风向正值南风，风顺行速，不久即至东沙山。船继续航行，风向不变，航向取东南偏东120度，行程360里，或航行15时）

船又用辰巽针，二更，船取小琉球头。（船又由东南偏东向东南行，航向取127度半，行程120里，或航行5时，船至小琉球头）

乙卯针，四更，船彭佳山。（船从小琉球头继续前进，由东偏南向正东行，航向取97度半，行程240里，或航行10时，船至彭佳山）

单卯针，十更，船取钓鱼屿。（船从彭佳山继续航行，航向取正东60度，行程600里，或航行1昼夜，船至钓鱼屿）

又用乙卯针，四更，船取黄犀屿。（船从钓鱼屿继续前进，由东偏南向正东行，航向取97度半，行程240里，或航行10时，船至黄犀屿）

又用单卯针，五更，船取赤屿。（船从黄犀屿继续航行，航向取正东90度，

行程300里，或航行12时，船至赤屿）

用单卯针，五更，船取古米山。（船航向不变，从赤屿继续航行300里，或12时，船至古米山）

又乙卯针，六更，船取马齿山，直到琉球大吉。（船从古米山继续前进，由东偏南向正东行，航向取97度半，行程360里，或航行14时半，船至马齿山[即琉球那霸西海上的庆良间群岛]，然后继续航行，即平安抵达琉球国）

第二，夏子阳《琉球过海图》针路：

梅花头开洋，过白犬屿，又取东沙屿。（册封船从闽江口梅花千户所起航出海，经白犬屿，航至东沙屿）

丁上风，用辰巽针，八更，船取小琉球。（船从东沙屿继续航行，时吹南偏西风，船由东南偏东向东南行，航向取127度半，行程480里，或航行19时，船至小琉球）

未上风，乙卯针，二更，船取鸡笼。（船从小琉球继续航行，时吹西南偏南风，船由东偏南向正东行，航向取97度半，行程120里，或航行5时，船至鸡笼山）

申酉上风，用甲卯针，四更，船取彭佳山。（船从鸡笼山继续航行，时风向由西南偏西转为正西风，船由东偏南向正东行，航向取82度半，行程240里，或航行10时，船至彭佳山）

亥上风，用乙卯针，三更船，未上风，用乙卯针，三更，船取花瓶屿。（船从彭佳山继续航行，时吹北偏西风，船由东偏南向正东行，航向取97度半，行程180里，或航行7时半，时风向转为西南偏南，船航向不变，再航行180里，或7时半，船至花瓶屿）

丁未上风，用乙卯针，四更，船取钓鱼屿。（船从花瓶屿继续航行，时风向由南偏西转向西南偏南，船仍由东偏南向正东行，航向取97度半，行程240里，或航行10时，船至钓鱼屿）

丙午上风，用乙卯针，四更，船取黄尾屿。（船从钓鱼屿继续航行，时风向由南偏东转为正南风，船仍由东偏南向正东行，航向取97度半，行程240里，或航行10时，船至黄尾屿）

丙上风，用乙卯针，七更船，丁上风，辰巽针，一更，船取古米山。（船从黄尾屿继续航行，时风向为正南风，船仍由东偏南向正东行，航向取97度半，行程420里，或航行17时半，时吹南偏西风，船改由东南偏东向东南行，航向取127度半，行程60里，或航行2时半，船至古米山）

又辰巽针，六更，船取士那奇、翁居里山。（船从古米山继续航行，航向不变，行程360里，或航行17时，船至士那奇翁居里山）

又辰巽针，一更，船取马齿山，直到琉球那霸港大吉。（船从士那奇翁居里山继续航行，航向不变，行程60里，或航行2时半，船至马齿山，然后直航琉球国，平安抵达那霸港）

福州是明朝、琉球官船的主要进出港，但民间海上贸易往往由漳州、泉州。如记："福建市舶司隶福州，惟琉球入贡，一关白之，而航海商贩，尽由漳、泉。"[①]故从漳州、泉州港往琉球，形成了另外一条航线。《顺风相送·福建往琉球》："太武放洋，用甲寅针，七更船取乌坵。用甲寅并甲卯针正南东墙开洋，用乙辰取小琉球头。"在《顺风相送》和《指南正法》中，还记有自琉球回福建针路如下：

第一，《顺风相送》琉球回福建针路：

港口用坤申，一更半，平古巴山、是麻山。（自琉球港口起航，由西南向西南偏西行，航向取217度半，行程90里，或航行近4时，船傍古巴山［即马齿山］、是麻山［这里"是麻山"应作"麻山"，为与琉球那霸西的庆良间列岛相邻小岛］而过）

用辛酉四更半，用辰戌（按：原本辰戌不合罗经定位之理，照这段航路的情形看，应以"辛戌"为是）十二更、单乾四更、单辛五更、辛酉十六更认是东路山，望下势便是南犯，坤未三更半台山，三更是乌麻山，坤针见官塘。（船由南偏北向正西行，航向取277度半，行程270里，或航行11时多，再改由南偏北向西北偏西［辛戌］行，航向取292度半。行程720里，或航行1天零5时，再改向西北行，航向取315度，行程240里，或航行10时，再改取南偏北285度的航向，行程300里，或航行12时半，再改由南偏北向向正西行，行程960里，或航行40时，以东航海路诸望山认作航行针路指标，若不是在去琉球航路之北航行便是"南犯"；船再改由西南向西南偏西行，航向取217度半，行程210里，或航行近9时，便可抵达台山［在浙江省金乡海上南麂岛之南］；船航向不变，再航

①《明神宗实录》卷八一，万历六年十一月辛亥，台北"中央研究院"历史语言研究所校印，1962年影印本。

行180里，或7时半，便至乌麻山[或即今大嵛山、小嵛山]，再改取西南225度的航向行驶，便可见官塘[今闽江口外马祖列岛]）五更平官塘，取定海千户所前抛为妙。

第二,《指南正法》琉球回福州针路：

琉球问舡，用单申一更取包而是麻山。（船从琉球港口返航，取西南偏西240度的航向，行程60里，或航行2时半，船至包而是麻山[即麻山]）

用辛酉取枯美山。（船再改由南偏北向正西行，航向取277度半，船趋向枯美山[即冲绳群岛中的久米岛]驶去）

用辛酉四更，又用辛戌十五更、单酉十九更，又用辛酉十五更取南杞山。（船航向不变，行驶240里，或10时，再改由南偏北向西北偏西行，航向取292度半，行程900里，或航行1天半；再改取正西270度的航向，行程1140里，或航行l昼夜又21时半；再改由南偏北向正西行，航向取277度半，行程900里，或航行1天半，船可航至南杞山）。

坤未三更取台山，用坤未三更取霜山，用单坤取官塘，收入定海千户所。（船从南麂山继续航行，改由西南向西南偏南行，航向取217度半，行程180里，或航行7时半，船可抵达台山；船航向不变，再航行180里，或7时半，便可到达霜山[又作桑山，有东、西、南、山四霜，并为今图的四霜岛，在福建省霞浦烽火门外，遥对闾峡]；船再改取西南225度的航向趋向官塘驶去，最后在定海千户所安泊）

去琉球乘西南风，自琉球返回福建，则乘冬季东北风航行，所以航路选在赴琉球航路之北，先以浙江温州海岸诸山为望山，然后沿浙、闽海岸南航，以闽江口北岸的定海千户所为航路终点①。船舶借自然风力，只要7昼夜就可以到达。风力不足时，则要十多天。如遇飓风恶浪，不但航期长，且十分危险②。

第三节　南洋航线

明代中国与南洋的交通，主要以广州或泉州为出发点。明代关于“南洋”的

①曲金良主编《中国海洋文化史长编：明清卷》，中国海洋大学出版社，第243—247页。

②王文楚：《明朝与琉球的海上航路》,《史林》1987年第1期。

概念相对模糊，主要使用的是“东洋”“西洋”的概念[①]。明代中后期，其实也出现了“南洋”的概念。据成书于嘉靖年间，由陆楫主编而成的小说集《古今说海》中就已明确提出“南洋”，其所指代的正是今南洋群岛一带海域[②]。至清雍正年间（1723—1735年），清人陈伦炯在其《海国闻见录》中将“东西洋”重申为“东南洋”“南洋”，认为：“东南诸洋，自台湾而南”[③]；并提出“南洋诸国，以中国偏东形势，用针取向，俱在丁、未之间，合天地包含大西洋。按二十四盘分之，即在巽巳矣。”[④]自此之后，学界沿用“南洋”这一区域概念。清末，学者吕调阳再次加以校正讹误，提出：张燮所谓“西洋”者，实为南洋[⑤]。故本书使用“南洋”此一概念，来叙述包括至吕宋、苏禄、占城等地的航线，从而与东、西洋略做区分，以便于探讨明代与此区域之间的交通航线。

一、吕宋

据《明史》记载：“吕宋居南海中，去漳州甚近。”[⑥]由于地理位置上距中国较近，吕宋成为中国通向南洋其他地区的重要中转地。据张燮记载，通往吕宋的航线大致如下：

从太武山（福建省厦门对岸的镇海角）出发，沿辰巽针方向航行七更至澎湖屿，转丙巳针方向航行五更至虎头山（将军澳屿）；至虎头山转丙巳针航行七更至沙马头澳（大屿）；至沙马头澳转辰巽针航行十五更航程至笔架山（今巴布延

①一般来说，今人对明代东西洋分界的认识主要来自明代张燮的《东西洋考》，以文莱（婆罗洲）为东西洋分界处。不过中外学界对东西洋的分界有争议。如宫崎市定：《南洋を东西洋に分つ根据に就いこ》，《东洋史研究》第七卷四号，1942；洪建新：《郑和航海前后东、西洋地域概念考》，《郑和下西洋论文集》第1集，人民交通出版社，1985；沈福伟：《郑和时代的东西洋考》，《郑和下西洋论文集》第2集，南京大学出版社，1985；刘迎胜、陈佳荣：《东洋与西洋的由来》《郑和航行时期的东西洋》，《走向海洋的中国人》，海潮出版社，1996；万明：《释“西洋”——郑和下西洋深远影响的探析》，《南洋问题研究》2004年第4期。等等。万明在研究中指出，明初和明后期虽然都使用东西洋，但地域概念已发生变化。张燮的东西洋划分较明初有变化。但张燮所述的东西洋贸易范围主要是指官方控制的部分，与民间的认识又有不同。（万明：《晚明海洋意识的重构》，《中国高校社会科学》2013年第4期）

②李金生：《一个南洋，各自界说：“南洋”概念的历史转变》，载《亚洲文化》，2006年第30期。

③［清］陈伦炯：《海国闻见录》，《东南洋记》，中华书局，1991。

④［清］陈伦炯：《海国闻见录》，《南洋记》，中华书局，1991。

⑤刘继宣，束世澄：《中华民族拓殖南洋史》，河南人民出版社，2017，第276页。

⑥［清］张廷玉：《明史》卷三二三《吕宋》，中华书局，1974。

群岛中之加拉鄢岛）；在笔架山远望红豆屿（今巴布延群岛中的达卢皮里岛）及浮甲山（今巴布延群岛中的富加岛），进入大港（指今吕宋岛北部阿帕里港）；由此转辛酉针航行三更至哪哦山（今菲律宾吕宋岛西岸顶端的拉奥）；过哪哦山为白土山（今吕宋岛西北岸的巴达）转辛酉针航行十更至密雁港（今吕宋岛西北岸的美岸）；又从密雁港幞头门（今吕宋岛西北岸的维甘港）转丙午、单午针航行十更至六藐山（今吕宋岛西北岸的圣费尔南多港附近）；至此转单巳针航行五更至郎梅屿（今吕宋岛托马斯港）；从郎梅屿用单午针航行四更至麻里荖屿（今吕宋岛西岸仁牙因港西北面的博利瑙角）；在此转用丁未针航行五更到苏安山（博利瑙角西南的苏阿尔）及玳瑁港（今吕宋岛仁牙因港）；玳瑁港以东是傍佳施栏（今吕宋岛班加斯兰），由此用壬子针航行四更后转癸丑针航行五更至表山（今吕宋岛博利瑙角附近）；后转丙午及单午针航行五更至银中邦（今吕宋岛仁牙因）；在此用丙巳针航行五更至头巾礁（今菲律宾三描礼士克雷吉多尔岛）；最后在此转用单午针航行五更即到达吕宋国[①]。

二、猫里务国

《明史》所载："合猫里，海中小国也。土瘠多山，山外大海，饶鱼虫，人知耕稼。永乐三年九月遣使附爪哇使臣朝贡。其国又名猫里务，近吕宋，商舶往来，渐成富壤。华人入其国，不敢欺凌，市法最平，故华人为之语曰：若要富，须往猫里务。"[②]猫里务距吕宋国近，因此航线较短且少。从记载来看，自吕宋国通往猫里务国的航线大致如下：

从吕宋国用丙巳及乙辰针航行十更沿沙塘浅（今吕宋岛西南岸外浅滩群）即可到猫里务国[③]。

三、呐哔啴国、沙瑶国及苏禄国

据《明史》卷三二三《沙瑶》中所载，呐哔啴国、沙瑶国都在吕宋国的附近。其中，呐哔啴国在海边，而沙瑶国则略微接近内陆。

从航行看，这三者处于同一航线上：

①［明］张燮：《东西洋考》卷九《舟师考》，中华书局，1981。

②［清］张廷玉：《明史》卷三二三《外国四・合猫里》，中华书局，1974。

③［明］张燮：《东西洋考》卷九《舟师考》，中华书局，1981。

呐哔啴国、沙瑶国及苏禄国皆在吕宋国南。去向呐哔啴国和沙瑶国的航线是从吕宋始航，经文武楼（今民都洛岛西北部的曼布劳）沿山航行至龙隐大山（今民都洛岛西南伊林岛）；从以宁港（伊林港）用丙巳针取汉泽山（今班乃岛西南）海道转单巽针取海山（今锡利诺岛）海道，再转用单巳针航行五更即可至呐哔啴国。而进入呐哔啴国后即可到沙瑶国。通往苏禄国的航线则较之更南，从泽山（今班乃岛西南）用丙午针航行二十更至交溢（今巴西兰岛）；从交溢西行即可到达犀角屿（今桑格贝岛），犀角屿外有三四块白礁；由此向南沿单坤针航行即可到到达苏禄国[①]。

四、文莱

文莱，又称为婆罗，自唐代就和中国保持着良好的外交关系。明初，成为入贡国。万历年间，被佛郎机人（葡萄牙人）入侵并控制。

从记载上看，吕宋通往文莱的航线大致如下：

从吕宋国沿坤未针航行五更至芒烟山（今卢邦群岛附近）；从芒烟山转丁未针航行十更至磨叶洋，转用单未并丁未针，取小烟山（今卡拉棉群岛）海道；再转丁未针航行五更取七峰山海道；于七峰山用单丁针航行五更至巴荖圆（今巴拉望岛），沿巴荖圆海道用丁未针航行五更到罗卜山（今巴拉巴克岛）；转丁未针航行三更至圣山（今邦吉岛）；圣山海道极为危险；在此转单未及坤未针航行五更取昆仑山（今曼塔纳尼岛北）海道沿坤未针路至长腰屿（今加亚岛）；航经长腰屿后用单午针航行五更可到鲤鱼塘，即文莱港口[②]。

五、占城

《明史》中云："占城居南海中，自琼州航海顺风一昼夜可至，自福州西南行十昼夜可至。"[③]从地理位置上看，占城由于地理位置优越，历来是中国至东南亚海上线路的主要停泊站。《安南志略》中就提道："占城国，立国之海滨，中国商

①［明］张燮：《东西洋考》卷九《舟师考》，中华书局，1981。

②［明］张燮：《东西洋考》卷九《舟师考》，中华书局，1981。

③［清］张廷玉：《明史》卷三二四《外国五·占城》，中华书局，1974。

舟泛海往来外藩者，皆聚于此。”[1]明初，郑和下西洋时也曾多次到达、驻扎在占城地区。

自海南岛航行至占城的航线大致如下：

自七洲洋（今海南岛东北洋面）用坤未针航行三更至铜鼓山（今海南岛东北铜鼓咀）；再继续航行四更至独珠山（今海南岛东大洲岛），再航行十更至交趾洋（今越南东部占婆岛洋面）。沿着同样方向继续航行，经十一更航程至外罗山（越南中部沿海广东群岛）；在此转用丙午针航行三更至马陵桥（今龟屿），沿同样方向航行四更至高杯屿（今三合岬），三更至羊屿（今甘比尔岛），三更至烟筒山（今越南双桥附近），再航行三更至灵山（今华列拉岬）；转用单午针航行二更至伽楠貌（今查库岬）；在此转用坤未针航行五更由圭龙屿（万丰湾）航线至罗湾头，即占城港口[2]。

六、真腊

《明史》中提道：“真腊，在占城南，顺风三昼夜可至。”[3]真腊同样是南洋海上线路的重要港口和途径地。明初，郑和下西洋也多次停驻此地。除此之外，明中期以后，许多来自中国的贩运行商也都迁居于此，在此形成了多个华侨聚居点。

从记载上看，从占城前往真腊的航线大致如下：

自占城罗湾头（今宾童龙岬）沿坤申针航行五更至赤坎山（今越南东南藩切），转单申针航行四更至鹤顶山（今越南南部头顿）。在鹤顶山分路，用单庚针航行四更沿柯任山（今湄公河河口巴知）。驶船沿山而行，用单庚及庚申针顺风而行即可到毛蟹洲（今湄公河茶荣），即到达真腊地界[4]。

第四节　海船与造船技术

船，一直以来都是海上交通的依仗。15世纪全球海船制造技术的进步对这

①［越］黎崱：《安南志略》卷一《边境服役》，武尚清点校，中华书局，1995。

②［明］张燮：《东西洋考》卷九《舟师考》，中华书局，1981。

③［清］张廷玉：《明史》卷三二四《外国五·真腊》，中华书局，1974。

④［明］张燮：《东西洋考》，中华书局，1981。

一时期的海洋贸易和文化交流，特别是跨越洲际、洋际的文明接触，起到了至关重要的作用。船只发展所带来的新航路的开辟，可以说直接影响了世界格局的形成和世界各大洲文明的走向。愈演愈烈的海洋权利的争夺，更是决定着世界霸主的归属和资源的分配。

明代以郑和下西洋为核心的海船研究始终是学界关注的重点。郑和下西洋是明初海船制造与使用的高峰，也是世界航海史上的奇迹。但继郑和下西洋之后，由于明代海禁政策的限制，船只技术革新一度陷入停滞。及至明中后期，闽、粤纷至沓来的流贼、倭寇、佛郎机夷、红毛夷等内外冲击，对于沿海交通工具的需求日益增加，再加上明代对外海洋贸易的重新开展，海船造船技术又逐渐推进。

在亚欧大陆彼岸，东方国家的财富刺激着欧洲各国。欧洲各国的海外殖民与掠夺活动如火如荼，带动世界各洲间商品交换和经济交流日益频繁，催生了世界性贸易网络，并进一步刺激了殖民扩张、地区性的经济开发和世界性的移民热潮。而频繁海外移民与扩张活动的背后，是强大的海船装备。因此，对欧洲海船形态、功用的探索也有其必要之处。

一、中式海船

（一）郑和下西洋的船队

明代永乐三年（1405年）至宣德八年（1443年），郑和受明廷的派遣，率领一支由两三万人和两三百艘海船组成的庞大船队，七下西洋。他们访问了东南亚、印度洋、红海及非洲东海岸的30多个国家和地区，彰显了明代强大的海上实力，也扩大了中外友好关系和经济、文化交流。郑和船队的航程之远、历时之久、船舶数量之多、吨位之大，在当时是空前的，为中外航海史上的壮举。

1. 造船鼎盛时期的结晶——郑和宝船

郑和船队是一支由大小船舶200余艘组成的庞大船队，它集中体现了明初中国远洋海船的建造能力。据有关郑和下西洋的资料综合分析，郑和船队中的船舶大致可以分为如下五个等级。

（1）宝船

宝船是郑和船队中最大的海船，是船队的主力舰和核心。《明史》载宝船“修四十四丈，广十八丈”①，其他文献如《瀛涯胜览》《客座赘语》《三宝太监西洋

①［清］张廷玉：《明史》卷三〇四《列传第一百九十二·宦官一》中华书局，1974。

记》《郑和家谱》等，对郑和宝船的尺寸都有相同的记载。最近在福建发现一把明代的黑漆阻花木尺，每尺长约0.28米。据此推算，郑和宝船的长为124米，宽为50米。

据《明会典》和陈侃《使事纪略》记载："底长六丈，头长一丈一尺，梢长一丈一尺，底梢宽六尺，底头宽七尺五寸。"也就是说，梢占体总长的30%左右。依照这个比例计算，郑和宝船除去头尾虚梢，自舵门（或抛锚梁）下至舵楼（或压舵梁）的实际长度为87米左右。古船的船宽一般指最大横断面处的面梁宽，并算至木结构舷侧纵通材（大槽）的外缘。另外，在纵通材之外通常还要加大槽外的帮槽。大型木帆船的这个纵通材都非常大，两舷加起来比型宽要大许多[①]。

郑和宝船的排水量到底有多少，目前国内外研究者尚未提出令人满意的解答，唐志拔先生认为：宝船甲板以下可能是四至五层舱室，水线以下可能只有两层或两层半舱室，水线以上也只有两层或两层半舱室[②]。据此，宝船的吃水大致为4.4米（龙骨高除外），估算出宝船的排水量可达5000至1万吨左右。这样大的排水量在当时世界上是无与伦比的。正如史籍上形容这种宝船是"体势巍然，巨无与敌"，其"篷、帆、锚、舵，非二、三百人莫能举动。"[③]大型宝船设有9桅、张12帆[④]。1957年5月，在南京下关三叉河附近中保村的明代宝船厂船坞遗址中，出土一根巨型舵杆，全长11.07米，舵叶高度为6.25米左右，由此足见巨型船体一斑。

关于宝船的船型，有学者认为"长宽比上宝船更接近沙船"[⑤]，也有学者从明清所绘图样，认为"宝船艏艉高翘，船舷高，吃水深，符合福船特征"[⑥]。

（2）马船

马船又名马快船，是明初的大型快速水战与运输兼用船，《明会典》上注明：

①唐志拔：《中国舰船史》，海军出版社，1989，第110—116页。

②唐志拔：《中国舰船史》，海军出版社，1989，第110—116页。

③[明]巩珍：《西洋番国志·自序》，中华书局，1982。

④[明]费信：《星槎胜览》，新华书店，1954。

⑤杨槱、杨宗英、黄根余：《略论郑和下西洋的宝船尺度》，《海交史研究》，1981年第3期。

⑥陈振杰：《郑和宝船为福船型的历史文献证据》，《中国远洋航务》，2016年第2期、第3期。

“以备水军进征之用”，“运送郊庙香帛、上供物品、军需器仗”[①]等功能。明人罗懋登著的《三宝太监西洋记》中，称其长为37丈，宽为15丈，有8桅，其体型尺度与《瀛涯胜览》中提到的中型宝船一致，在《续文献通考》中，曾提到“马船”专供送官物。马船在郑和船队中可能是用来运载船员所携带的马匹及大量物品的。

（3）粮船

《三宝太监西洋记》上记载：粮船有七桅，长二十八丈，宽十二丈。粮船主要用来运载船队所需的粮食以及后勤供应物品，供船队航行中和停泊时补给之用。

（4）坐船

据明代船专家沈㟝著的《南船记》上记载：坐船全称“战座船”，其功用是装载水师部队，“大而雄”“坚而利”，“战船曰座，即边营陆寨之帅幕也，号令之所以整齐者是，经略之所以指示者是，……规制其可以简陋乎哉！”[②]《三宝太监西洋记》上说，坐船长24丈，宽9丈4尺，有6桅，是大型战船。

（5）战船

战船，亦称“备倭船”，是明代广泛用于海域作战的船只之一。据《明史》载：“战船，以御倭寇”[③]。《三宝太监西洋记》上说，战船长18丈，宽6丈8尺，有5桅。担任船队航行中的护航。

除上面说的五种主要船型外，在船队中还有一些其他辅助船。如“水船”便是一种十分重要的辅助船。辅助船的船型可能是沙船、广船和福船等，多种多样[④]。

2. 船队的编制

郑和率领的远洋船队，其所以能远涉重洋，除了船舶性能优良以外，还在于有严整健全的组织机构。据明钞本《瀛涯胜览》记载，在永乐十一年（1413年）郑和下西洋时，其船队人员有：官校、旗军、勇士、通事、民梢、买办、书手，通计27670员名。其中官868员，军26800名，指挥93员，都指挥2员，千

①[明] 申时行：万历《明会典》卷一四九《驿传五·马快船》。

②[明] 沈㟝：《南船记》卷一《战巡船图数之二》，王亮功校点，南京出版社，2019。

③[清] 张廷玉：《明史》卷七二《职官志·工部》，中华书局，1974。

④唐志拔：《中国舰船史》，海军出版社，1989，第113—114页。

户140员，百户103员，户部郎中1员，阴阳官1员，教谕1员，舍人2员，医官医士180员名，余丁2名，正使太监7员，监丞5员，少监、内官、内使53员[①]。

3. 船队航行的队形

据《三宝太监西洋记》中记载：

> 每日行船，以四帅字号船为中军帐；以宝船32只为中军营，环绕帐外；以坐船300号，分前后左右四营环绕中军营外，以战船45号为前哨。出前营之前，以马船100号实其后，以战船45号为左哨，列如左，人字一撇撇开去，如鸟舒左翼；以粮船60号，从前哨尾起，斜曳开列到左哨头止；又以马船100号副于中；以战船45号为右哨，列于右，人字一捺捺开去，如鸟舒右翼。以粮船60号从前哨尾起，斜曳开到右哨头止：又以马船120号实于中；以战船45号为后哨，留后分二队，如燕尾形；马船100号当其前；以粮船60号从左哨头起斜曳收到后哨头止，如人左肋；又以马船120号实于中；以粮船60号从右哨头起斜曳收到后哨头止，如人右肋；又以马船120号实于中。[②]

这种船队队形有如下几个优点：由帅字号船组成船队的核心，便于指挥且比较安全；船队的前后左右外缘，都有战船护航，成雁字形、斜梯形或燕尾形，有利于海上作战；载人装货物的船只，都安排在有战船保护的外围之内，以确保安全；当船队遭到袭击时，只要各船原地调头，首雁形分开成燕尾形，后燕尾形合成为雁字形，左右两翼各掠向后方，则能很快使原队形作180度转向。不过，罗懋登著的《三宝太监西洋记》是在戚继光著的《纪效新书》之后问世的，其所述郑和船队队形很可能来源于戚继光的“安摆船式之图”，至于其所述船数，则纯系夸大，不可凭信[③]。

船队的通讯联络，据《西洋记》称：“昼行认旗帜，夜行认灯笼，务在前后

①［明］马欢：《瀛涯胜览》，冯承钧校注，中华书局，1995。

②［明］罗懋登：《三宝太监西洋记》，三秦出版社，1996。

③唐志拔：《中国舰船史》，海军出版社，1989，第110—116页。

相继，左右相挽，不致疏虞”，如遇到雾、雨雪等能见度不良时，则用音响进行联络，如锣、鼓等。

4. 郑和船队与同时期西方船队的比较

1492年，哥伦布向美洲探险的船队只有3条小帆船，90名水手，其中旗舰“圣玛丽亚”号排水量不到100吨；1497年，葡萄牙海军大将达·伽马远航印度的船队，由4艘当时欧洲最精良的海船组成，其旗舰长度不过25米，载重120吨左右，船队共有160人；1519年，麦哲伦环球航行的船队，由5艘船组成，其中两艘130吨级两艘90吨级，一艘60吨级，人员总共256人。当时外国战船的排水量一般为100至300吨。

郑和船队的规模，在我国古代航海史上不见前例，即使在世界古代航海史上也是无可匹敌的[①]。

（二）明代三大主要船型

明代的船型可分为沙船、广船、福船三大船型。之前也有人认为还有一种鸟船。其实，鸟船仅是福船派生的船型，还不能自树一帜。现将中国古代三大类传统的船型分述如下：

1. 沙船

以沙船为代表的平底船型是中国古代使用时间最长、应用范围最广的船型。沙船是发源于长江口及崇明一带的方头方梢平底的浅吃水船型，多桅多帆，长与宽之比较大。因底平不怕沙浅，适用于北方海域，水渠较浅，多暗礁的情况。过去，多在上海附近的太仓浏河等地制造。在历史上以崇明为著。太仓、通州（今江苏南通）、海门、常熟、嘉定、江阴等处均有[②]。

史料对沙船有相关记载。明代茅元仪对沙船的描述：“沙船能调戗使斗风，然惟便于北洋，而不便于南洋，北洋浅南洋深也。沙船底平，不能破深水之大浪也。北洋有滚涂浪，福船、苍山船底尖，最畏此浪，沙船却不畏此。”[③]

①唐志拔：《中国舰船史》，海军出版社，1989，第110—116页。

②席龙飞：《中国造船通史》，海洋出版社，2013，第288—293页。

③[明]茅元仪：《武备志》，卷一一七《军资乘·沙船》。

（明）茅元仪：《武备志》中所载沙船图样

沙船的前身最早可以追溯到春秋时期，但其船型始创于唐代。因为当时长江口多泥沙淤积，于是船匠对船工加以改良，形成了最早的“沙船”。至明代始见于史册，有“防沙平底船”“平底海船”之称。沙船与其他的船型有很大的不同，一般船型都会有尖头、尖底，沙船则完全相反，它方头方尾，重心低，所以航行平稳。为了能够在长江口及沿海行驶，沙船上的建筑较少，所以吃水浅，受到风的阻力较小，能够在淤浅的地方较快地行驶。沙船的船身宽，所以甲板面十分宽敞，采用大梁拱，使甲板能迅速排浪，船上装有多桅多帆，能够快速地航行。结构上，沙船采用平板龙骨，结构强度较大，船上有水密隔舱，抗风浪能力较强，所以沙船得以行驶到非洲。沙船的船舵面积很大，而且能升降，当出海航行时，将船舵降到船底用来增强船的稳定性，当在浅滩行驶时，将舵升起来，保证船只顺利航行。

首先，综合来看沙船有方头、平底、方梢、浅吃水，具有宽、大、扁浅的特点。这种船型既可以在江河湖泊中航行，也可以在沙质海底的海域航行，不怕搁浅。平底、吃水浅能够保证沙船在遇到不同的风向和潮向时，受到的影响大大减小。

其次，沙船的近海航行性能优越。沙船的桅杆高大，大面积的船帆可以很好地利用风向来航行，沙船不仅能顺风航行，而且由于自身的特点，船受到的阻力较小，逆风也能快速行驶，甚至顶风顶水也能破浪前行。即使是遇上七级大风，也能航行无碍，所以沙船的适航性很好①。

宽大的沙船能装载不少货物，有记载说，沙船载重量是二千石到三千石（约合250—400吨），但也有记载认为沙船的载重量更大些，能够装载四千石到六千石（约合500—800吨）的货物。

尽管沙船有着众多的优点，但是正如大多事物都有它的两面性，沙船也有着一些不足。沙船船头为方形，相比尖头船型，受到风的阻力较大；船体宽大平底，受水面积大，所以航行速度相对于其他船型来说较慢。船身中间的两侧装有批水板，在船尾挂太平篮，虽然稳定性增强了，但是也影响了航速。即使如此，沙船还是常常与众多船型一起进行远洋航行，郑和下西洋时，沙船也是船队的重要船型之一。

2. 福船

福船，是福建、浙江沿海一带尖底海船的统称，其所包含的是福建、浙江沿海一带尖底古海船的统称，其船上平如衡，下侧如刀，底尖上阔，首尖尾宽两头翘，这一船舶结构是中国在造船方面的一大发明，它提高船舶的抗沉性能，增加了远航的安全性能。

其实福船在宋朝就出现了，宋人说："海舟以福建为上。"福建地处东南沿海，物产丰富，气候宜人，盛产的杉、松、樟木等是很好的造船木料。同时，福

①陶红亮主编,《海船》，海洋出版社，2017，第25—28页。

建邻近南北急流的黑水洋，自古常有突发性狂风恶浪，这也使闽越先民具备丰富的航海经验，早在先秦时期，那里的古人便制成了首尾尖高的独木舟。到宋朝时，福建已经是全国著名的造船中心。这时的福船为尖底造型，首尾高昂、多水密隔舱为主要特点，船体宽大结实，所以能装载更多的货物；其结构坚固，稳定性好，吃水深，能够承受海上的大风大浪，适合于远洋贸易。经过宋元至明前叶的逐步发展，福船成为我国古代商人航行于“海上丝绸之路”的主要帆船。

（明）茅元仪：《武备志》中所载福船图样

明代是我国造船的一段高峰时期，很多史书都记载了明政府为了充实军备而建造战船。明朝实施海禁政策以后，与周边的国家建立了朝贡关系，再加上倭寇不断骚扰沿海地区，明政府对船只的需求增加，开始建造大量商船、战船。除了前代楼船、艨艟、海鹘、走舸等外，还有九江式哨船、划船等。当时战舰有20多种，其中著名的战舰多为福船和广船。

福船船体高大，如记："福船高大如楼，耐风涛，且御火，可容百人。"[①]甲板宽敞，为船员以及装备的放置提供了很大的空间，宽敞的甲板还是欣赏海上风景的好去处。连续的舱口依次整齐地排列在甲板上。船首两侧还有一对船眼，寓意破开迷雾、掌握航向。作为战船的福船十分高大，共有四层，最底下的一层里面装有土石，为压舱、增强福船的稳定性，就像盖房子一样，建有基石，以稳固房屋。二层主要是居住舱室，士兵、船员都住这里。三层是作战场所，作战时士兵居高临下，射以弓箭、火炮，投以戈、矛、石器。其得天独厚的位置往往能够取得战场中的优势，所以胜率比较高。

对于福船，《明史》记载：

> （大福船）能容百人。底尖上阔，首昂尾高，柁楼三重，帆桅二，傍护以板，上设木女墙及炮床；中为四层，最下实土石，次寝息所，次左右六门，中置水柜，扬帆炊爨皆在是。最上如露台，穴梯而登，傍设翼板，可凭以战。矢石火器皆俯发，可顺风行。[②]

福船首部尖锐、高昂、结实，装有撞击装置，再加上庞大的船体、巨大的吨位，在作战时能够对敌舰进行强有力的撞击。其船尾较宽，与船首呼应，首尾高昂，为了防止敌舰从侧面撞击，福船两侧装有护板。所以对敌舰来说，撞击首尾不是一个很好的选择，侧面撞击是最佳方式，当然前提是能抵住那弹如雨下、威力强大的炮火[③]。

抗倭名将戚继光在浙江抗倭时，建造了大量战船，其中福船就是主要的战船之一。戚继光建造的福船战力强大，配有五甲：第一甲为佛郎机甲，可以发射弓箭，当敌船接近时，可投掷火砖、烟罐等火器；第二甲是鸟铳甲，施放鸟铳；第

①［明］王圻：《续文献通考》卷一三二《兵考·舟师水战》，浙江古籍出版社，2000。

②［清］张廷玉：《明史》卷九二《兵志四》，中华书局，1974。

③陶红亮主编《海船》，海洋出版社，2017，第20—21页。

三、四甲为标枪杂艺甲，当敌人接近时使用刀枪、打石，倾防火药；第五甲火弩甲，专射火箭。戚继光曾这样评价福船："福船高大如城，非人力可驱，全仗风势，倭船自来矮小如我小苍船，故福船乘风下压，如车碾螳螂。斗船力而不在斗人力。"[①]

据《武备志》所述，开浪船即鸟船，以其头尖故名。在福船船型系列中，以苍山船为最小。若敌船进入内海，因大福船、海沧船皆不能入，必用小苍船以追之，用之冲敌颇便而健，温州人呼之为苍山铁，也有铁头船之名。如《武备志》载："戚继光云：近者改苍山船为艟艄船，比苍山船尚大，比海沧船更小而无立壁（侧壁不披茅竹），最为得其中制。遇倭舟或小或少，皆可施功。"[②]由此可见，鸟船只是福船的一种小型者，自然不能成为独立的船型[③]。

3. 广船

广船与福船都是南洋深水航线的著名尖底船。广船产于广东。广船起源于春秋时期或更早，在唐宋时期得到发展，及至元明开始自成一派，成为我国著名的船型之一。

广船是广东各地大型木帆船的总称。广东与福建临近，所以广船与福船在很多地方都很相似。首先从船型上来看，两者都是上面宽下面窄，有着尖尖的船底。其次在大小上也很接近，远洋船一般都长约30米，宽约10米。明代东南沿海倭寇猖獗，明政府在抵抗倭寇时，广船和福船都是重要的战船。其中东莞的"乌艚"和新会的"横江"成了广船中著名的战舰[④]。

广船的基本特点是头尖体长，线型瘦尖底，梁拱小，甲板脊弧不高。船体的横向结构用紧密的肋骨与隔舱板构成，纵向强度依靠龙骨和大櫼维持。结构坚固，在海上摇摆较快，但不易翻沉，有较好的适航性能和续航能力。广船另一显著特点为其帆面积是当时世界上最大的，比船只宽度更宽阔，表明其更适合于远航[⑤]。

①陶红亮主编《海船》，海洋出版社，2017，第19—21页。

②［明］茅元仪：《武备志》卷一百十七《军资乘·战船》，解放军出版社，1988。

③席龙飞：《中国造船通史》，海洋出版社，2013，第288—293页。

④陶红亮主编《海船》，海洋出版社，2017，第19—21页。

⑤《中国古代著名的海船船型：广船》，《西部交通科技》，2015年第6期，第116页。

（明）茅元仪：《武备志》所载广船图样

广船一般采用“多孔舵”，面积大，舵向好，舵叶上的孔为菱形，在帆船遇到急流时，通过舵孔排水，菱形的小孔可把水流通过舵叶小孔时的涡流对船舶引起的阻力减到最小，因而使船只回转性好，操纵方便灵活，此为广船的一大特点。这种广式“多孔舵”原理，在17世纪引起了欧洲工程师的惊叹和模仿。此外广船为“水密隔舱”，一艘远航船有多个“水密隔舱”，这些舱既可用来放货物，又能提高船只的安全性能，当其中一个舱进水时，由于其他舱位密封，所以船只不会下沉。而广船最大的进步则是从基本的方形帆发展成使用斜桁四角帆的纵向帆装。中国在2世纪时就开始普及这种帆装，而船桅的数量也不是单一的，是3到4根的多桅船式。多桅帆加上四角帆可以令船在航行时不避强风激浪，这样就可以获得更高的航速。广船所采用的“水密隔舱”原理、斜桁四角帆等原理一直沿用至现代造船业[①]。

广船用材也特别珍贵，多为热带硬木，船的主梁、横梁等均采用东南亚珍贵木材，如铁力木等，在海浪中强度大，不易折断。屈大均记："（广船）盖下海风涛多险，其船厚重，多以铁力木为之。船底以一木以为梁，而舱艎横数木以为担，有梁担则骨干坚强，食水可深，风涛不能掀簸，任载重大，故曰铁船。"[②]《海防纂要》记载："广船视福船尤大，其坚致亦远过之，盖广船乃铁力木所造，福船不过松杉之类而已，二船在海若相冲击，福船即碎，不能当铁力之坚也。倭夷造船，亦用松杉之类，不敢与广船相冲。但广船难调，不如调福船为便易，广船若坏，须用铁力木修理，难乎其继，且其制下窄上宽，状若两翼，在里海则稳，在外洋则动摇。……广船造船之费倍于福船，而其耐久亦过之，盖福船俱松杉木，蛛虫易食，常要烧洗，过八九汛后难堪风涛矣，广船铁力木坚，蛛虫纵食之亦难坏也。"[③]此广船之利弊也。

二、西式海船

（一）卡瑞克帆船

卡瑞克帆船（Carrack，又译卡拉克帆船、克拉克帆船）是15世纪盛行于地中海海域的一种船首高大、尾部成弧形的三桅或四桅的大型帆船，是欧洲史上第一款用于远洋航行的船型。15至16世纪，西班牙和葡萄牙即是使用这种帆船来进行远洋探险，在非、亚各地开展商贸及掠夺活动。如哥伦布探索美洲新大陆使用的"圣玛利亚"号即是卡瑞克帆船。另外，麦哲伦率领的"维多利亚"号也是卡瑞克帆船，是史上第一艘完成环球航行的船只。卡瑞克帆船的应用让西班牙、葡萄牙成为地理大发现与全球贸易的先驱，直到之后的改良船型盖伦帆船出现才取而代之。卡瑞克帆船拘于其笨重、不稳定的特点，逐渐从海洋争夺中退出，这两个国家的海上霸权也随之衰落。

①《中国古代著名的海船船型：广船》，《西部交通科技》，2015年第6期，第116页。

②［清］屈大均：《广东新语》卷十八《舟语》。

③［清］阮元：道光《广东通志》卷一二四《海防略二》。

卡瑞克帆船[①]

卡瑞克帆船一般装有3—4支桅杆，其船只吨位约200—600吨左右。其船型的主要特征是其巨大的弧形船尾，以及船首的巨大斜桅。这种帆船的船尾是圆形的，用厚木板弯成，使得船的侧面到舵轴成为一个弧线。前船楼直接位于船首上方，船首斜桅位于其上。巨大的上层建筑影响了船帆的操作，使得船只的航行相当有特点：高耸的船楼限制了帆可以使用的区域，同时使得船头很重，在强风中船很容易前倾在航行过程中，船楼过高使得风拖着船走，而下层的帆——主帆和前帆——受风面积减小[②]。

①［英］山姆·威利斯（Sam Willis）：《战舰图文史》第一册《从古代到1750年》，朱鸿飞等译，金城出版社，2017，第106页。

② 陶红亮：《远洋第一帆：卡瑞克帆船》，《海洋世界》，2017年第11期。

卡瑞克帆船高大的艏楼、艉楼和较大的干舷便于装载更多物资，加上帆船上装有多层甲板，可以安放多具重型火炮，不仅利于在海上劈波斩浪，一般海盗也不敢靠近。舯部主桅挂横帆，艏艉挂三角帆，整体构型上显得稳重且极具威慑力。但过高的艏艉楼也使得帆船稳性下降，行动笨拙[①]。不过由于其庞大的装载量和优秀的火力，这种船型成为欧洲商人远洋贸易的首选。随着葡萄牙人进入东方，这种船只也随之被带到东亚海域。1543年，当葡萄牙人的卡瑞克船到达日本时，由于船体漆黑，也被日本人称为“黑船”。直到现今，许多16世纪日本绘画作品里还有着这种“黑船”的图样。

卡瑞克帆船的重要意义在于促进了欧亚之间的交流，同时改变了海洋战争的面貌，至此海战从以弓弩为主的冷兵器时代进化到以火炮为主的热兵器时代。这种战争、战术思路的转变，为之后欧洲开辟亚、非殖民地提供了基础，开启了人类征服海洋的篇章。

（二）卡拉维尔帆船

卡拉维尔帆船（Caravel，又译卡拉维拉帆船），同样是盛行在15世纪的三桅帆船。卡拉维尔帆船更多是为了弥补卡瑞克帆船的不足而出现的。由于海上航行条件复杂，因此不能仅凭一种船只就航行无忌。卡瑞克帆船具有船体大，风帆多的特点，虽然这种特点能够支持远洋航行。但是如果遇到浅滩或者无风的情况，卡瑞克帆船就很容易搁浅或者失去动力，更有触礁的危险。

为此，卡拉维尔帆船就应运而生。这种船约重一百吨，吃水线较浅，适合于沿岸及河川的贩运，降低大船在浅海地区的风险。同时，在船帆方面，卡拉维尔帆船使用三角帆（又称拉丁帆），让转舵性能变得更高，船帆更易鼓起，速度亦大幅增加。卡拉维尔帆船满足了当时冒险家要求的经济性、普遍性、操舵性及速度，成为当时欧洲最盛行的帆船。

在不断发展的过程中，卡拉维尔帆船逐渐定型，发展成2桅到3桅的小船。其有一小而低的尾楼而无首楼，长宽比为5：1或4：1，与大部分船的3：1的长宽比有所区别。虽然它并无一标准尺寸，但一般长为15—20米，宽6米左右。到了15世纪末，横帆在顺风航行时的特殊优点被再度肯定，因此在卡拉维尔船的基础上又创制了横帆与三角帆并用的新型轻快帆船，后来发展为仅后桅用三角

① 徐青：《舰船构型设计》，北京：国防工业出版社，2016，第25页。

帆，其余桅均用横帆。

利萨·冯·吕贝克号，按15世纪复原的汉萨卡拉维尔帆船现停留在吕贝克博物馆港口

卡拉维尔船航速较快，可作为战船，用作巡逻和护航。15世纪中、后期，卡拉维尔船得以普及，这是因为当时欧洲经济在战后趋于萧条，不造大船。但是由于其长宽比大，载货量少，到16世纪就为灵活的大船所替代[①]。16世纪之后，卡拉维尔帆船的功用逐渐转变为渔船、领航、测绘等，不再担任商贸往来的可用船只。

（三）盖伦帆船

16世纪时西班牙开始称霸世界，开始在先前海船的基础上建造了新的海船，并命名为"盖伦船"。盖伦船尾部较高，甲板有数层，一般有4根桅杆，前面2根桅杆挂方帆，后2根挂三角帆。最大的盖伦船尾甲板有7层，有较好的续航能力，是当时世界上的大船之一。

16世纪中叶，英国开始发展轻型盖伦船，改善了它的操作性能，他们把船首部的上层建筑降低，使其适合远距离航行，这类新型盖伦船的速度、操纵性要优于西班牙的盖伦船。

盖伦帆船较之前船只的最大不同就是其整体外观上的变化，它的船首降低后，使得前舷的风阻降低，航速得以提高，船的操控性更好。船尾采用方形尾楼

①辛元欧：《中外船史图说》，上海书店出版社，2009，第104—106页。

来取代之前船只的弧形尾楼，稳定性大大增强，适合远洋航行。盖伦帆船的船身变得狭窄而修长，重量上较卡瑞克帆船更轻，因此速度更快。此外，盖伦帆船拥有十分坚固的船身，所以更适合远洋贸易、探险，甚至海战。

盖伦帆船

一般的盖伦帆船使用橡木作为龙骨，用松木作为桅杆，以及一些硬木作为船身及甲板。虽然盖伦船的体积较之前的众多战船小了许多，但是制造一艘标准的盖伦船还是价格不菲，并且要动用几十名木匠花费数月才可完工[①]。

历史上也有专门用于海战的盖伦船，这类船只的主要特点是火炮甲板上装载了数量可观的重型火炮，可通过舷侧的炮眼开火，同时船只的防护能力要比一般盖伦船强。

此一时期，尤其是16世纪以后，随着欧洲人远航到中国沿海，中外造船技术也得以交流。如中葡战期间，明朝官员获得了葡萄人的造船技术，并在此基础上制造了名噪一时的“蜈蚣”船。

三、明代造船技术的进步

明代海运的发展，促进了造船技术的进步。整体而言，明代已达到我国古代造

①陶红亮主编《海船》，海洋出版社，2017，第39页。

船史上的较高水平，不仅船只种类多，数量大，而且在质量上也相较前朝有进步。明代海运船只主要有如下几种："凡舟车之制，曰黄船，以供御用；曰遮洋船，以转漕于海；曰浅船，以转漕于河；曰马船、曰风快船，以供送官物；曰备倭船、曰战船，以御寇贼。"[①]其中遮洋船、备倭船、战船都是海船，其余主要是内河船只。

这一时期，出现了两本着重记载明代造船技术的专著——《南船纪》和《龙江船厂志》。两本著述详细地阐述了明代造船的各个方面，如船只形态、船只结构、船舶用料、造船管理等，是后人研究明代造船技术的主要文献。以下将以这两本文献为中心，并结合其他涉及船只制造的书籍，对明代造船技术的进步加以总结。

1. 造船厂规模扩大化。

明代，造船工场广布于东南沿海与长江流域各地，凡在海运交通口岸，或是市舶司所在地，或是海防卫所之地，都设有船厂，其中以南京龙江造船厂、淮南清江造船厂和山东北清河造船厂为规模最大。以南京龙江造船厂为例，据《龙江船厂志》一书的记载："洪武初，即都西北隅空地，开厂造船。"[②]船厂的规模较大，如记："其地东抵城濠，西抵秦淮街军民塘地，西北抵仪凤门第一厢民住官廊房基地，阔一百三十八丈，南抵留守右卫军营基地，北抵南京兵部苜蓿地及彭城伯张田，深三百五十四丈。"[③]在船厂之中，还有"上四坞"和"下四坞"之分，可承接多艘船只的制造、修补工作。可见，龙江造船厂的规模极大，由此也促生了船只形体的大型化。前文所提及的郑和"宝船"，正是在龙江造船厂制造出来的。据《明史》所载："宝船六十三号，大船长四十四丈，阔一十八丈。"[④]（大致长124米左右，宽50米左右）这种巨型海舶，不仅在中国历史上前无古人，在同时期的世界历史中也是绝无仅有的，而且这种大型船舶还不只一艘，如此也说明了明代造船技术的进步。

大型的船厂需要严格的管理和严密的技术分工来保持效率。明代大型船厂的分工很细，如有船木工、艌工、篛篷工、橹工，还有铁工、索工、漆工等等，正是造船制度成熟的最好证明。船只体型越大对船只制造技术的要求也越高。

①［明］王圻：《续文献通考》卷五十三《职官三》，浙江古籍出版社，2000。

②［明］李昭祥：《龙江船厂志》卷四《建制》，王亮功校点，江苏古籍出版社，1999。

③［明］李昭祥：《龙江船厂志》卷四《建制》，王亮功校点，江苏古籍出版社，1999。

④［清］张廷玉：《明史》卷三〇四《列传第一九二·宦官一》，中华书局，1974。

明代官办船厂的规模很大，从事造船的工匠往往多至数百人。另外还有一些私营船厂，所造船只质量更高。因船主、商户的性命、财产所系唯有船只，故对出海航行船只的要求也更高，相应设备更好，往往不惜花费，“造舶费可千余金，每岁往还岁一修辑，亦不下五、六百金。”[①]商船的造价多超过官船，为装载更多货物，船只规模较大且质量也更高。如王直海商集团使用的船只，“方一百二十步，可容二千人，木为城，设楼橹四门，其上可驰马往来。”[②]此外，附着在船厂周边的还有一些手工业作坊，如帆篷、缆索、铁铸等，还有木材、桐漆、麻苎、铜铁等等和库房，形成一套完备的造船系统。

2. 造船规制严密化。

相较于前代而言，明代造船规制日趋严密化，这主要体现在造船厂各部门职责的规范以及所造船只的结构、用料的标准化。在职责规范上，如避免贪腐，据《龙江船厂志》中《典章》一节的记载：“每岁海运辽东粮储船只，每年一次修理……所用工具，依数拨用。如有不敷……定拟奏文。行下龙江提举司计料明白，行移各库放支物料。其工程物件，照依例文册，然后兴工……”[③]船厂修补船只所用材料，都需经过严格的程序依次下发，每个环节都要经过记录，以此来避免贪污。另如论罪责罚，“凡造作不如法者，笞四十。若造军器不如法者，笞五十。若不堪用及应改造者，各并计所损财务及所费工钱，重者坐赃论……凡造作局、院头目、工匠，多破物料入己者，计赃以监守自盗论……”[④]严格的责罚机制提升了制作效率和质量。这种责罚机制不局限于普通工匠，同样对官员形成相应约束，使船厂从上至下能够高效快速运行。

而船只制造上，上段所引文也提到“凡造作不如法者，笞四十”，所指正是明代船只制造的标准化。以《南船纪》中所载“大黄船”为例，每一艘大黄船都必须遵循“头仓至十一仓各长四尺二寸，房仓第十二长三尺二寸，房仓第十三长三尺六寸，八尺仓第十五长三尺四寸……共长八丈五尺三寸，阔一丈五尺六寸”[⑤]的长度标准。同时，对船只各部所用材料数量及标准也有要求：“正底十一

①［明］张燮：《东西洋考》卷九《舟师考》，中华书局，1981。

②［明］诸葛元声：《三朝平壤录》上卷《海寇》,《明季史料集珍》，伟文图书出版社，1976。

③［明］李昭祥：《龙江船厂志》卷一《训典志》，王亮功校点，江苏古籍出版社，1999，第5页。

④［明］李昭祥：《龙江船厂志》卷一《训典志》，王亮功校点，江苏古籍出版社，1999，第5页。

⑤［明］沈啓：《南船纪》卷一《大黄船图》，王亮功校点，南京出版社，2019。

路（长六丈零五寸，阔一尺二寸，厚二寸五分）、帮底二路（长六丈一尺，阔一尺，厚两寸）、拖泥二路（长六丈三尺，阔一尺，厚两寸）、出水栈二路（长六丈五尺，阔一尺三寸，厚二寸）……（以上具为船只结构名称）。"[①]可见，明代对于船只制造的要求是极为精确且标准的，也是明代造船技术显著的提升的表现。

船上的桅、舵都有一定的比例："桅之高，少舟长五十分之一；樯枰之衡为舟之阔；其底深浅，视艭之稜；其舵与其底平。小舟之舵则可上下。"[②]明代还设计了不同类型的船只以应对不同的环境。船体结构上，根据不同应用需要，明代的船体结构呈现多样化的态势。《龙江船厂志》及《南船纪》中记载的船只数量和形态差异都是前代无法比拟的。以《龙江船厂志》为例，就记载有：预备大黄船、大黄船、小黄船、四百料战座船、二百料战巡船、二百料沙船、一百五十料战船、一百料战船、四百料浮桥船、抽分座船、四百料巡座船、九江哨船等等多种船型及船体结构。这些船只应用领域不一、形态不一，每艘船都有自身的鲜明特点。如"江南海船，名曰沙船，以其船底平阔，沙面可行可泊，稍搁无碍。……惟闽广海船底圆而高，下有大木三段，贴于船底，名曰龙骨。……船有龙骨，则转弯趋避，较为灵便。"[③]沙船适用于航行在暗沙散布的航线上，而福船、广船则航行在山礁丛杂的环境中。福船在海战中威力大，如《明史》载：福船高大如楼，吃水一丈二尺，计有四层：底层装载土石，压住船身的重量；第二层为军士休息之处；第三层放置武器，挂帆、下碇、系缆；最上一层是露台，用来射击矢石火炮[④]。明代设计了各种类型的战船，分别适应于内港与外洋使用，并且各有不同的战斗性能，分担着哨探、攻坚、追击等任务[⑤]。

3. 选材、船具制造技术的改进。

明代，随着船只制造技术的不断进步，选材上也颇有考究。所选用造船的木材，有楠木、杉木、松木、榆木、铁力木等。一般船底使用楠木；舵杆则选择硬木，操作中则不易断裂，如榆木，"广船"则多使用硬度较大的铁力木；船舱用杉木，梁头用杂木。如一千料海船的制作："杉木三百二十根，杂木一百四十九根，

①［明］沈㟤：《南船纪》卷一《大黄船图》，王亮功校点，南京出版社，2019。

②［明］方以智：《物理小识》卷八《器用类》，商务印书馆，1937。

③［清］顾炎武：《日知录》卷九《海运》。

④［清］张廷玉：《明史》卷九十二《兵志四车船》。

⑤方楫：《明代的海运和造船工业》，《文史哲》，1957年第5期。

株木二十根，榆木舵杆二根，栗木二根，橹坯三十八枝……”[①]

为保证船身不易透水，明代还规定了用以油船补缝所需要的材料的数量，一般一艘一千料海船要用桐油三千零十二斤八两，石灰九千零三十七斤八两，艌麻一千二百五十三斤三两二钱[②]。用白麻斫絮为筋，用钝凿嵌入，然后以筛过的细石炭和桐没舂杵成团调艌。造船使用的铁钉材料也有规定，因海水会腐烂铁质，故位置及使用方法有讲究，如“海咸烂铁，且妨磁也，故用铁力木（作）碇，桄榔葸簩竹作钉。今以蛇皮内膏浸钉钉船则不妨。”[③]船只制作日益坚固，显示了明代造船技术的进步。

船具制造也更为科学合理。其中，以铁锚、帆具、船体结构三者的改进最为突出。如铁锚的改良，据《天工开物》中就对此加以详述："凡舟行遇风难泊，则全身系命于锚，战舡海舡有重千钧者。锤法先成四爪，以次逐节接身。其三百斤以内者，用经尺阔砧安顿炉旁，当其两端皆红，掀去炉炭，铁包木棍夹持上砧。若千斤内外者，则架木棚，多人立其上共持铁链，两接锚身。其末皆带巨铁圈链套，提起，咸力锤合。”[④]由于船只体型的不断增大，对船锚的要求也不断提升。明代出于远洋航行及大型船体的要求，锚的部分多为铁质，增强了锚的耐用性和重量。另如帆具，明代帆具制造水平的进步主要体现在多桅多帆结构的广泛使用。《天工开物》中提道："凡风从横来，名曰抢风。顺水行舟则挂篷，‘之、玄’游走。或一抢向东，止寸平过，甚至却退数十丈。未及岸时，捩舵转篷，一抢向西。借贷水力兼带风力扎下，则顷刻十余里。……船身太长而风力横劲，舵力不甚应手，则急下一偏披水板，以抵其势。”[⑤]随着航行距离的逐渐增加，海域环境也变得更加复杂。不同的风力环境中，需要应用不同位置、角度的帆来为船只增加动力。从引文中也可看出，随着对风向认识的加强，对帆的要求也随之提升。除了多桅多帆结构的广泛应用外，还有硬帆替代软帆也是明代帆具制造水平的提升的体现。

在前代造船技术的基础上，明代造船技术的发展日臻成熟。明初，郑和宝船

①［明］申时行：万历《明会典》卷二百《河渠五船只》。
②［明］申时行：万历《明会典》卷二百《河渠五船只》。
③［明］方以智：《物理小识》卷八《器用类》，商务印书馆，1937。
④［明］宋应星：《天工开物》卷十《锤炼》，中华书局，1975。
⑤［明］宋应星：《天工开物》卷九《舟车·漕舫》，中华书局，1975。

的建造是明代造船技术最为辉煌的一页。郑和宝船的出现，说明明代海船的制造技术不仅在中国，也在世界历史上处于前列，体现了明代造船技术的整体进步。当然，造船技术的进步不仅只局限于单一领域，所反映出的也是明代社会整体手工业水平的提升。

第三章
抽分制度的确立和葡人东来

至明成化年间，随着社会经济的发展和生产力的提高，以及海外各国，尤其是当时往来较多的东亚、东南亚国家的经济发展，朝贡贸易已不能满足庞大的市场需求。正德四年（1509年），广东都御史陈金为解决军饷问题，对番舶征收百分之三十的进口税，市舶抽分制正式确立。正德十二年（1517年），布政使吴廷举将抽分税率改为百分之二十。抽分制的实行打破了“是有贡舶即有互市，非入贡即不许其互市”的朝贡贸易原则，抽分制基本上是一种自由贸易制度，使明朝摆脱了朝贡贸易的限制，这不但有助于地方与中央的财政收入增加，也减少了沿海人民与政府之间因海禁而发生的矛盾与冲突[①]。

可是，抽分制的发展却并不顺利。因葡萄牙人的妄为冲破了明政府的最大限度，中葡关系恶化，并爆发了海战，虽然明军获胜，但是有利于海外贸易发展的抽分制度却因此停摆，明朝再次严申海禁，恢复朝贡贸易原则。沿海人民因利之所在，趋海获利不绝，从事走私贸易的人不断增加，海盗也乘机而起，威胁着广东沿海防卫与安全。

第一节　市舶贸易的兴盛

一、朝贡体制之外

明代实行海禁和朝贡贸易政策，禁止民间私人出海贸易和外国私人商船前来

① 郑永常：《来自海洋的挑战：明代海贸政策演变研究》，台北稻乡出版社，2004，第124页。

贸易，严重阻碍海外贸易的发展。沿海居民“以海为生，以津泊为家者，十而九也”[①]。海禁使其生计受阻，沿海居民为求生活不得不违反禁令进行走私贸易。同时，出海经商利润丰厚，“其去也，以一倍而搏百倍之息；其来也，又以一倍而搏百倍之息。愚民蹈利如鹜，其于凌风破浪，直偃息视之，违禁私通，日益月盛”[②]。在丰厚的利益诱惑下，沿海居民往往铤而走险。故私人贸易屡禁不止，以至于出现“寸板不许下海，艨艟巨舰反蔽江而来；寸货不许入番，子女玉帛恒满载而去”[③]。“意者私舶以禁驰而转多，番舶以禁严而不至。今欲揭榜禁约，无乃益沮向化之心，而反资私舶之利。”[④]礼部明知利权所在，故不采取“揭榜禁约”以免影响官僚的利益，走私贸易反而愈发兴盛，番舶来的日多。地方官员为了广州的安全，开始限制番舶进入广州，而安排在珠江口沿岸的港澳进行贸易。

朝贡贸易不能满足实际的需求，前往广州从事贸易的外国商人虽以朝贡为名，但实质是从事贸易活动。而地方官员甚至中央官僚也利用职权参与牟利活动，沿海居民冒死下海进行走私贸易也屡禁不止。

（一）私下通番

明洪武初年，沿海居民即开始驾船出海进行走私贸易：“一曰接济，谓黠民窥其乡道，载鱼米互相贸易，以赡彼日用。一曰通番，谓闽粤滨海诸郡人驾双桅，挟私货，百十为群，往来东西洋，携诸番奇货。”[⑤]洪武二十六年（1393年）“香山三灶岛吴添进通番”[⑥]。私下通番的不仅有沿海百姓，不少官员也参与其中，如广东市舶太监韦眷“与海外诸番相贸易，金缯、宝玉、犀象、珍玩之积，郿坞如也”[⑦]。市舶太监作为朝贡贸易的管理者也与海外商人进行走私贸易。

正统以后，随着朝贡贸易的衰落，非法的走私贸易发展更为普遍。面对海外贸易丰厚的利润，豪富之家也不乏进行走私贸易者，“成、弘之际，豪门巨室间有乘巨舰贸易海外者，奸人阴开其窦，而官人不得收其利权……至嘉靖而弊极

①［清］顾炎武：《天下郡国利病书》，《福建备录·漳州府》，上海古籍出版社，2012。

②［清］顾炎武：《天下郡国利病书》，《福建备录·漳州府》，上海古籍出版社，2012。

③［明］谢杰：《虔台倭纂》卷上《倭原》，上海古籍出版社，1995。

④［明］林光俞：《礼部志稿》卷九十《议处番船违碍》，参见《影印文渊阁四库全书》，台湾商务印书馆，1983年影印版。

⑤［明］郭春震：嘉靖《潮州府志》卷一《地理志》。

⑥［清］杜臻：《闽粤巡视纪略》卷二《香山》，台湾商务印书馆，1969。

⑦［明］黄瑜：《双槐岁抄》卷九《奖贤文》，中华书局，1999。

矣。”[①]官方屡禁不止，又无法对其收税，不能得其利权。贸易之利全部落入走私者的口袋。

明代中叶，私人贸易的规模也越来越大，如成化十四年（1478年），江西商人方敏等人筹集600两银，购买景德镇产青白花碗、碟、盆等瓷器2800件，运到广州，碰到商人陈佑等人，于是合谋下海通番，史载："敏等访南海外洋有私番舡一只出没，为因上司严禁，无人换货。各不合于陈佑、陈荣、吴孟谋允，雇到广东东莞县民梁大英，亦不合依听。将自造违式双桅槽船一只，装卸前项瓷器并布货，于本年五月二十二日开船，越过缘边官府等处巡检司，远出外洋。”[②]此次贸易换回胡椒112包、沉香100箱等物。

正德年间，崇明“沿海各沙民家有双桅大船，出入江洋，兴贩鱼盐”。[③]正德、嘉靖年间，在澳门海面“居海外杂番，广通贸易”，致使“闽粤商人趋之若鹜”[④]。广州游鱼洲市舶贸易兴盛，史载："广东隔海不五里而近乡名游鱼洲，其民专驾多橹船只，接济番货。每番船一到，则通同濠畔街外省富商搬磁器、丝绵、私钱、火药违禁等物，满载而去，满载而还，追星趁月，习以为常，官兵无敢谁何。比抽分官到，则番舶中之货无几矣。”[⑤]番货一到，商人先用小船把大部分贵重货物及违禁货物运走，等到抽分官到时，只剩小部分廉价货物。

（二）冒充贡使

明廷在朝贡贸易中奉行“厚往薄来”的原则，回赐时按照朝贡人数进行赏赐，其间利润丰厚，并且海外诸国朝贡时还可附带私货进行贸易。因此，便有商人浑水摸鱼，冒充贡使以图利。

商人冒充贡使进行贸易，洪武年间即已有之。成化、弘治年间，假朝贡之名前来者越来越多，“椒木、铜鼓、戒指、宝石溢于库市。番货甚贱，贫民承令博买，多致富”[⑥]。据嘉靖间给事中王希文言："广东地控夷邦，而暹罗、占城、琉球、爪哇、浡泥五国贡献，道经东莞。我祖宗立法，来有定期，舟有定数，比对符验相同，乃为伴送附搭货物，官给钞买，载在《祖训》可考也。洪武间，以其

①［清］周硕勋：乾隆《潮州府志》卷四〇《艺文》。

②［明］戴金编《皇明条法事类纂》卷二十《接买番货》，科学出版社，1994。

③《明武宗实录》卷一七，正德元年九月丁丑，台北“中央研究院”历史语言研究所校印，1962。

④［清］张廷玉：《明史》卷三二五《佛郎机传》，中华书局，1974。

⑤［明］霍与瑕：《霍勉斋集》卷一二《上潘大巡广州事宜》，广西师范大学出版社，2014。

⑥［明］黄佐：嘉靖《广东通志》卷六六《外志·番夷》。

多带行商，阴行诡诈，绝不许贡。”[①]

为此，明廷不断加强管理，对违反规定，冒充贡使进行私自交易者治罪，如成化二十二年（1486年），“番人马力麻者，为海商，诡称苏门答剌使臣私通贩易。市舶中官韦眷利其货，不究问之。广东布政使陈选发其奸抵罪”[②]，并严格审查勘合、贡期，对朝贡货物征税。对不按贡期前来朝贡者，一律拒绝其入贡。如：

> 正德十六年（1521年）五月，海上诸岛夷自广东入贡者，旧制验实奏闻，则榷其赀以充国用。久之，奸利之徒冒称入贡，去来无时，而有司利其所榷，漫不之禁，滋成内讧，民甚患之。至是，守臣以闻，诏：“自今外夷来贡，必验有符信。且及贡期，方如例榷税。其奸民私舶，不系入贡，即入贡不以期，及称诸夷君长遣使贸迁者，并拒还之。”[③]

但是，官商勾结的假冒现象仍时有发生。如嘉靖年间，佛郎机（葡萄牙）船只到达广东海上。由于佛郎机不在朝贡国之列，明廷禁止与之交易。于是，佛郎机交接了一位号称客纲的周鸾，一起假冒他国入贡，进入广州城贸易。周鸾与海道副使汪柏互相勾结，抽分海外船只，并与其交易。史载：

> （嘉靖三十三年），佛郎机国夷船来泊广东海上，比有周鸾号称客纲，乃与番夷冒他国名，诳报海道，照例抽分，副使汪柏故许通市。而周鸾等每以小舟诱引番夷，同装番货，市于广东城下，亦尝入城贸易。岁乙卯，佛郎机夷人诱引倭夷，来市广东海上，周鸾等使倭扮作佛郎机，同市广东卖麻街，迟久乃去。自是佛郎机夷频年诱倭市广东矣。[④]

（三）沿海官员违禁贸易

巨大的商利使不少官员也私自派人下海进行贸易，或者默许和纵容手下参

①《明世宗实录》卷一百十八，嘉靖九年十月辛酉，台北“中央研究院”历史语言研究所校印，1962年影印本；王希文：《石屏公遗集》卷上《为重边防以苏民命事》，上海古籍出版社，2011。

②［明］严从简：《殊域周咨录》卷九《苏门答剌》，中华书局，1993，第324页。

③《明世宗实录》卷二，正德十六年五月壬子，台北“中央研究院”历史语言研究所校印，1962年影印本。

④［明］郑舜功：《日本一鉴》卷六《海市》。

与走私贸易。如洪武年间，“何淑川，洪武癸酉以人材知钦州，守御百户胡全纵子仆私贩夷椒并诸不法……”[①]景泰七年（1456年）六月，“都指挥张士纵家奴下海，私易番货”[②]。天顺五年（1461年），兵部郎中何宜知的父亲何演，“累岁在广东兴贩珍珠，得银万计”[③]。成化五年（1469年），福建都指挥佥事王雄受部下贿赂，“听其与岛夷奸阑互市，及军出海遇番舶逗挠官军，遂为所伤”[④]。弘治十一年（1498年），沈希达任宁波通判，郡人与日本人私自通商，地方官任由之，史载：“郡人利与交易，得券即以货物与之。已而贡使还，伪券纷然莫辨，镇巡皆难之。通守招倭众，谕以善恶征应，大书‘天理人心，万里海面’八字悬之。倭气慑吐实，偿其价云。”[⑤]嘉靖元年（1522年），占城及暹罗等国商船来到广东，“时太监牛荣提督市舶司，乘其货未报税，命家人蒋义私与交易，收买各物。事发，蒋义抵罪，货没于官”[⑥]。官员利用或纵容其下人参与走私贸易获取利润，一旦被官府稽查或出现祸端，则多由其下人顶罪，官员坐收渔利。

地方政府为了活络经济和增加收入，官员对非法走私贸易一般听之任之。据广东巡按御史高公韶上奏：“顷者，权豪贪纵，任其住泊，遂令诸夷交结奸民肆行剽掠，贻患地方。参议陈伯献尝奏禁革，而奉行之人因循未止。乞再申禁约，以杜侵患。”[⑦]还有官员利用职权或与豪民勾结，私自扣押和抢夺海上走私商人的货物，据记载：“豪民张政者，先窜名番舶商海外诸国，致番货直数十万，夤结中人监舶者，假以公牒，得捕盗海上，凭藉声势张甚，因欲吞十人者之业不得，悉诬十人为盗，捕置狱中，七人瘐死，余三人当论决。缨谳得其情，并释三人，抵政死。指挥倪凤亦以捕盗，恣剽海上，害尤甚。”[⑧]

（四）出使官员违例带货

明朝常派遣官员出使周边国家，进行册封等事宜，官员往往利用出使机会

①［明］郭棐：万历《广东通志》卷五四《郡县志·廉州府名宦》。

②《明英宗实录》卷二六七，景泰七年六月己亥，台北“中央研究院”历史语言研究所校印，1962。

③《明英宗实录》卷三二四，天顺五年春正月壬寅，台北“中央研究院”历史语言研究所校印，1962。

④《明宪宗实录》卷二一，成化元年九月乙巳，台北“中央研究院”历史语言研究所校印，1962。

⑤［清］徐兆昺：《四明谈助》卷十《北城诸迹（二下）》，桂心仪等点校，宁波出版社，2000。

⑥［明］严从简：《殊域周咨录》卷七《占城》，中华书局，1993。

⑦《明武宗实录》卷一二三，正德十年夏四月戊子。

⑧［清］阮元：道光《广东通志》卷二四三《宦绩录十三·明二》。

夹带私货出国贸易，或者回国途中从海外夹带货物回国。如正统八年（1443年）八月，“占城国公干人船回，委官盘出象牙小梳坯三百三十七个、牙笏坯二枝、牙箸坯八十双，俱系番物，欲连人解京，其掌船百户陆善等告称自用己财贸易，未敢定夺”[①]。对此，正统帝示以宽大，并未收缴，全部给还。景泰四年（1453年）七月，“给事中潘本愚等奉使占城回还，于本船内搜出下番官军镇抚罗福等二百四十二员，带回象牙梳坯、乌木、锡、蜡等物，共一千九百三十三斤”[②]。可见此次走私的货物数量较大。成化十七年（1481年），行人司右司副张瑾被判有罪而入狱，其入狱原因就是借出使之机夹带番货，以图谋利，史载：“先是，瑾与给事中冯义同奉命，赍敕、印封占城国王故齐亚麻勿庵为王，多挟私货，以图市利。至广东，闻齐亚麻勿庵已死，而其弟古来遣哈那巴等来请封，虑空还失利，亟至占城……又经满剌加国，尽货其私物以归。”[③]

二、成化弘治间海口贸易的发展

如上所述，明成化间，来广州朝贡及贸易的番商已十分活跃。时驻广东的市舶太监韦眷包庇私舶贸易还允许番商冒充贡使，引起了官僚与太监之间因利益而起的冲突。此一事件在另一方面也说明朝贡体制被突破，一种新的海外贸易形式正在酝酿。

在明初严格的海禁政策下，沿海居民屡屡冒死下海从事走私贸易。走私的贸易之利巨大，而政府却不能获得。当时不少官员已有认识，如礼部左侍郎丘濬所言：“果无违碍，许其自陈自造舶舟若干料数，收贩货物若干种数，经行某处等国，于何年月回还？并不敢私带违禁物件。及回之日不致透漏，待其回帆，差官封检，抽分之余方许变卖。如此，则岁计常赋之外，未必不得其助矧。”[④]丘濬认为下海走私贸易形势严峻，不如放开管理，允许其合法，既可加强官员管理又可抽税有利于财源扩大。

①《明英宗实录》卷一七〇，正统十三年九月甲申。

②《明英宗实录》卷二三一，景泰四年秋七月丙辰。

③《明宪宗实录》卷二二〇，成化十七年冬十月壬寅，台北“中央研究院”历史语言研究所校印，1962年影印本。

④［明］丘濬：《大学衍义补》卷二五《市籴之令》，上海书店出版社，2012。

而另一方面，大量外国船只取道广州入贡，也给广州的海防造成压力。明初以来在朝贡体制下，朝贡番舶到海门，先由海道官员核查是否属实，接着随行船队及船上使节、商人从屯门溯珠江入广州城。屯门位于珠江河口右岸，属于东莞南头所辖，自古是进入广州的门户，自唐代以来即在此地驻兵负责巡逻海口，宋元设屯门寨，明代设巡检司，检查船只进出。到了明成化、弘治年间，“贡献至者日伙”，甚至远在西北的撒马儿罕也自海上而来，如记：“撒马儿罕使臣泊六湾还国，枉道至广东，谓将往满剌加市狻猊入贡。”①弘治二年（1489年），撒马儿罕使者再次从满剌加取道广州入贡。由此可见，广州贸易的发展吸引了各国商船的前来，自马六甲航海至广州成为一条重要的海上商道。

地方官为了加强海防而做了新的安排，即正常的朝贡使团及船只仍可依明初规定直接航行至广州，但如果朝贡船只附带货物超过规定的，又非贡期，或不是朝贡国的船只，则不允许进入广州，这些船只则被安排在珠江河口外的海澳如屯门澳等地湾泊贸易。由于往来贸易的船只很多，湾泊的范围在河口两岸沿海，以免船只之间发生冲突，而屯门澳是进入广州的必经航道，所以是最为重要的澳口，湾泊船只也最多。新的贸易制度开始在珠江海口实施②。

限制番舶进入广州，顺势将非朝贡的贸易行为限制在珠江海口沿岸的港澳中进行，这样一种新的海口贸易模式逐渐确定下来。由于番舶停泊在海口，就节省了地方接待贡使商团花费公帑的问题。另外，在新的海口贸易形态下，也开始了新的贸易税制，即抽分。起初，广东市舶进行抽分完全由地方官僚主导，朝廷似乎并不十分清楚，据文献载：“至于抽分之说，自成化至今，或行或禁，纷纭不一。”③《天下郡国利病书》也提及“正统年间以迄弘治年俱无抽分”④。据郑永常先生的研究，自弘治六年（1493年）广东地方就开始实行了抽分。但是广州的地方官僚一直隐瞒抽分利益，以保护地方的利权。此后因与宦官的争夺利权而逐步透明化⑤。

①［明］薛应旂：《宪章录校注》卷三十八《成化二十一年乙巳》，凤凰出版社，2014。

②郑永常：《来自海洋的挑战：明代海贸政策演变研究》，台北稻乡出版社，2004，第105页。

③［明］黄训：《名臣经济录》卷四三，台北文海出版社，1984。

④［清］顾炎武：《天下郡国利病书》,《交阯西南夷》，上海古籍出版社，2012。

⑤郑永常：《来自海洋的挑战：明代海贸政策演变研究》，台北稻乡出版社，2004，第109页。

第二节　抽分制度

一、明前期的抽分

明朝海外国家朝贡船舶的货物主要分为贡品与私货，贡品为海外诸国进贡明朝的货物，不进行征税，私货则是海外国家王室及其他私商附朝贡带来的货物，明前期对这部分私货主要采取抽分和博买。抽分，就是对货物征收进口税，抽分的对象为货物。然而，有些学者认为明前期不存在抽分，据丘濬言："本朝市舶之名，虽沿其旧，而无抽分之法，惟于浙、闽、广三处置司，而待海外诸番之进贡者，无所其入也。"[①]《广东通志》也记载："国朝洪武初至弘治，诸国贡至，皆取自上裁多寡为例，抽分无考。"[②]但是，对于明前期存在抽分制，古已有认识，《粤海关志》记载："丘濬《大学衍义补》言：明虽沿前代市舶司之名，而无抽分之法。今考《实录》，则明初即定抽分，其后又有抽十分之五，有抽十二者。丘濬考之未审也。"[③]《筹海图编》记载："洪武初，设市舶于太仓，名黄渡市舶司，寻以近京师，罢。改设于福建、浙江、广东。七年九月，又罢。未几复设。盖东夷有马市，西夷有茶市，江南海夷有市舶。所以通华夷之情，迁有无之货，收征税之利，减戍守之费；又以禁海贾而抑奸商也，市舶不复，利归豪强，而国家坐受其害。"[④]可见，明前期的贡舶贸易中存在抽分制。

明朝统治者为展示国威，怀柔远人，对朝贡所带私货往往进行税收减免或不抽税，因此，抽分制往往成为具文。"旧制，应入贡番，先给与符簿。凡及至，三司与合符，视其表文、方物无伪，乃津送入京；若国王、王妃、陪臣等附至货物，抽其十分之五，其余官给之直，暹罗、爪哇二国免抽。其番商私赍货物，入为易市者，舟至水次，悉封籍之，抽其十二，乃听贸易。然闽广奸民，往往有椎髻耳环，效番衣服声音，入其舶中，导之为奸，因缘钞暴，傍海甚苦之。"[⑤]可见，明廷对于不同国家的货物和不同人群所带货物往往采取不同的税收政策，国

①[清]薛允升：《唐明律合编》中册《明律》，法律出版社，1999。

②[明]郭棐：万历《广东通志》卷六九《外志·番夷》。

③[清]梁廷枏：《粤海关志》卷四《前代事实三》，广东人民出版社，2002。

④[明]郑若曾：《筹海图编》卷一二《开互市》，中华书局，2007。

⑤[明]戴璟：嘉靖《广东通志初稿》卷三〇《番舶》；[明]黄佐：嘉靖《广东通志》卷六六《外志·番夷》。

王、王妃及陪臣附进货物抽分百分之五十，剩余部分“官给之直”；对于商人所带私货抽分百分之二十，余下货物由商人自行贸易；对于暹罗、爪哇两国的私货则免予抽分。

明代前期贡舶贸易中抽分与减免同时存在，且出于政治关系的考虑，对不同的国家和人群采取不同的抽分政策。同时，明代前期的抽分是朝贡贸易主导下的抽分，是一种官方之间的长途贸易，政治因素的考量远大于经济因素。朝贡贸易体制下，私人商舶贸易则不被允许且视为非法。但是，正德四年（1509年），暹罗商船遇风暴漂泊到广东沿海港口，镇巡官对其征税，打破“是有贡舶即有互市，非入贡即不许其互市”的朝贡贸易原则，使朝贡贸易性质发生改变，即由官方之间的贸易变为官方与私人间的贸易，贡舶贸易走向衰落。

二、博买制

明代初年，海外朝贡诸国所带私货不管抽分与否，都由官方进行“给价收买”，即所谓“博买”。明太祖曾言：“其诸番国及四夷土官朝贡……若附至番货，欲与中国贸易者，官抽六分，给价以偿之，仍除其税。”[①]“官抽六分”就是由官方抽出货物中的百分之六十并给价收购。

明王朝对朝贡所带私货往往免予抽分而直接进行“博买”，如广东市舶司，“暹罗国使臣人等进到贡物，例不抽分，给予价钞；占城国贡物给价；三佛齐正贡外，附贡货物皆给价，其余货物许令贸易；苏门答剌正贡外，使臣人等自进物俱给价；锡兰山使臣人等自进贡俱给价”[②]；浙江市舶司，“日本国王有附进物及使臣自进物，俱例应给值。”[③]福建市舶司，“凡进苏木、胡椒、香蜡、药材等物万数以上者，船至福建、广东等处，所在布政司随即会同馆都司、按察司官，检视货物，封船完密听候。现将番使附送起京，呈报数目。除国王进贡外，番使人伴附搭买卖货物，官给价钞收买。”[④]

当然，减免抽分并不意味着不存在抽分，朝廷有时先对朝贡所带私货进行征

①［明］王圻：《续文献通考》卷二六《市籴考二》，浙江古籍出版社，2000。

②［明］郭棐：万历《广东通志》卷六九《外志·番夷》。

③《明英宗实录》卷二三六，景泰四年十二月癸未，台北“中央研究院”历史语言研究所校印，1962年影印本。

④［明］申时行：《明会典》卷一〇八《兵部三》，中华书局，1989。

税，然后再进行博买。正德年间，广东御史高公韶言："旧例，岭南诸番入贡，其所附货物，官税其半，余偿之直；其不以贡来者，不许贸易，与之交通者罪至死。后以中人镇守，利其入，稍驰其禁。"①

此外，明代对朝贡所带私货并非全部博买，有时只是收购其中的部分货物，其余货物由商人自行交易。《殊域周咨录》载："赏赐使臣及通事总管客人蕃伴衣服、纻丝、绢布、靴、袜、履、金银、纱帽诸物有差，诏定其例，使臣人等进到物货俱免抽分，给与价钞，给赏毕日，许于会同馆开市，除书籍及玄黄紫皂大花西番莲锻并一应违禁之物不许收买，其余听贸易。二次使臣筵宴，回至广东，布政司复宴。"②朝贡使团所带私货进行抽分，并于北京觐见皇帝后，朝廷允许贡使将私货在会同馆开市贸易三五天，同时购买所需货品再回国进行贸易。但是，书籍等违禁货物一律不准购买。此外，朝贡所带私货还可在市舶司港口及沿途主要驿站进行贸易。

朝廷对私货进行博买就涉及货物定价问题，关于定价标准，史籍并没有明确的记载。但是，由于明廷在朝贡贸易中秉持"厚往薄来"的原则，所有对私货的给价往往较高，《明英宗实录》记载，朝廷收购日本朝贡使团所带私货时"计其贡物时直甚廉，给之太厚。虽厚往薄来，然民间贡纳有限。况今北虏及各处进贡者众，正宜樽节财用"③。可见朝廷对私货是高价收购的，对朝贡国而言获利颇丰。例如，一把日本刀在日本值八百文至一千文，明朝政府给价五千文，差价为五倍④。同时，朝贡国把海外珍奇当奢侈品运到中国以高价出售，然后购买中国普通商品回国销售，其间可赚取高额利润。由于私货获利甚高，海外诸国朝贡使团于是就增加"私货"，有时带来的私货往往是贡品的数十倍，给明王朝带来巨大的财政负担。

因博买是一种官方垄断的海外贸易，有时也能给朝廷带来利润。例如，宣德八年（1430年），日本朝贡带来苏木，官方给价每斤钞一贯，而支付给京师文武官员充作俸禄时定价每斤五十贯，获利五十倍。

---

①《明武宗实录》卷一二三，正德十四年丙午，台北"中央研究院"历史语言研究所校印，1962年影印本。

②［明］严从简：《殊域周咨录》卷八《暹罗》，中华书局，1993。

③《明英宗实录》卷二三六，景泰四年十二月癸未。

④［明］马欢：《瀛涯胜览·苏门答剌国》，中华书局，1985。

三、明中期抽分制的确立

明中叶两广频繁用兵，耗费大量财力，军费紧张。为开拓财源，广东地方政府欲谋求对贡舶贸易进行征税。正德三年（1508年）广东布政使吴廷举以“缺少上供香料及军门自给”为由，对前来朝贡贸易的船只进行抽分[①]。正德四年（1509年），广东都御史陈金为解决军饷问题，开始对番舶征收百分之三十的进口税，抽分制正式实行。[②]

万历《广东通志》记载：“国朝洪武至弘治，诸国贡至，皆取自上裁多寡为例，抽分无考。正德四年，都御史陈金始奏以十分抽三为率，贵细解京，粗重变卖，留备军饷。都御史林富复申明变卖专留本处备饷，从之。十二年，陈金再镇，时副使吴廷举奏请或仿宋朝十分抽二，或依近日事例十分抽三，其贵细粗重分别如前陈金议从近日例，部议覈定十分抽二为常。”[③]根据以上史料，抽分所得主要用于军费支出，“备军饷之用”。抽分制实行之初，税率为百分之三十。正德十二年（1517年），税率改为百分之二十，遂为定例。抽分制为广东镇巡等地方官员率先执行，此后得到户部批准。抽分制是按船舶所载货物多少为依据进行抽分的，抽分的是货物，税制为实物税。抽分对象也逐步从贡舶扩大到市舶，如此市舶贸易逐渐公开化、合法化。抽分制的实行适应了明代中期贡舶贸易衰落、市舶贸易崛起的社会现实，有利于促进贸易转型。

为解决地方军饷不足而实行的抽分制不仅增加内府收入，也为地方政府带来税收，缓解了地方财政困难。如正德五年（1510年），两广镇巡官上奏乞求将部分番货变卖，而所得银两供军费之需，得到了批准：“盗贼连年为乱，军饷不支，乞将正德三年、四年抽过番货，除贵重若象牙、犀角、鹤顶之类解京，其余粗重如苏木等物，估价该银一万一千二百有奇，宜变卖留充军饷。报可。”[④]

抽分的实行触及了朝贡贸易的管理权问题，加上其中巨大的经济利益，宦官

①陈尚胜：《明朝后期筹海过程考论》，《海交史研究》1990年第1期，第47页。

②《明宪宗实录》卷二二〇，成化十七年冬十月壬寅，台北“中央研究院”历史语言研究所校印，1962年影印本。

③［明］郭棐：万历《广东通志》卷六九《外志·番夷》。

④《明武宗实录》卷六七，正德五年九月甲寅。

系统和官僚系统开始争夺抽分的控制权。正德五年（1510年）广东市舶司太监毕真不满官僚系统插手贡舶事项，上奏道："旧例，泛海诸船俱市舶司专理，迩者许镇巡及三司官兼管，乞如旧便。"礼部讨论后认为"市舶职司进贡方物，其泛海客商及风泊番船，非敕书非（所）载，例不当预。"但是正德帝竟下令"如熊宣旧例行"[①]。熊宣是前任广东市舶太监，因为奏请兼理满剌加等国番船抽分而遭到礼部弹劾被罢免。不过，由于不久后宦官刘瑾被诛杀，抽分之权仍由地方官僚把握。

明代中期海防形势严峻，福建、浙江沿海厉行海禁，唯有广东对外贸易较为兴盛。抽分制使市舶贸易合法化，前来进行贸易的船只增多。至嘉靖年间，葡萄牙人又获准租居澳门，澳门成为唯一允许外商居留的港口，大批商人通过澳门中转，进入广州来贸易，带动了广州港的发展，广州港成为明代第一大港。据当时外国人记载，广州港是货物集散地，各国船只云集，十分繁荣：

> 从交趾支那到中国沿海有（多个）要塞。第一个（是）海南，那里可以找到朝贡中国的小珍珠，（然后）是南头、广州和漳州等要塞。广州最大，商业发达。海南位于一个小海湾，岸边没有河流。附近海里有几个岛屿，可以捕捞到大量的珍珠。广州是整个中国的货物集散地，既有陆地上的产品，也有海产品。广州位于一条大河的出海口，涨潮时水位高达六至八米。从出海口看到的城市坐落在平原，没有山峰。房子用石块砌成，城墙宽高各十几米，一侧陡峭。吕宋人说去过那里。广州港有很多大船。城内有人巡逻，关闭坚固的城门。[②]

中国各地的货物，尤其是丝绸和麝香运至广州，葡萄牙人则在广州收购这两件大宗货品[③]。

①郑永常：《来自海洋的挑战：明代海贸政策演变研究》，台北稻乡出版社，2004，第101页。

②澳门《文化杂志》：《十六和十七世纪伊比利亚文学视野里的中国景观》，［葡］托梅·皮雷斯：《东方概要》，大象出版社，2003，第6页。

③澳门《文化杂志》：《十六和十七世纪伊比利亚文学视野里的中国景观》，［葡］加斯帕尔·达·克鲁斯：《中国概说》，大象出版社，2003，第84页。

随着广州贸易繁荣发展，广州城云集了来自世界各地的人口，商民众杂，以致总督吴桂芳奏请增筑广州外城，“看得广东省城正南归德等门外壕畔、高第、卖麻等街，商民绸缪，财货积聚，乃两广所恃以为利府，奸宄垂涎，以为奇货之地也……广东省城为十郡根本之地，而城南郭外，正诸商贸易之区，生民之凑集如云，财货之积聚满市，真一省丰阜之最，两广通利之源也。”①

第三节　葡人东来

一、初来贸易

葡萄牙地处欧洲西南部。15世纪末至16世纪，王室十分重视商业发展，大力支持海外探险和航海活动，海军力量强大，航海技术发达。葡萄牙致力于开拓海外贸易航线，并企图到东方寻找香料和进行海外贸易，葡萄牙人东来就是在这一背景下进行的。

1497年，达·伽马受葡萄牙国王派遣，于1498年5月到达印度。1499年，达·伽马从印度返回葡萄牙并把中国瓷器带给皇后，深受葡萄牙王室的喜爱。1511年，印度总督阿尔布魁克（Affonso de Albuquerque）攻占马六甲，此后马六甲成为葡萄牙在东南亚的军事要地及贸易中心。此后，他到处打探中国情报。阿尔布魁克给葡萄牙国王报告，描述了广州的富庶，并主张制服中国：

> 中国是一个伟大、富饶、豪华、庄严的国家，国王和人民，莫不如此。广州是印度支那到漳州沿海最大的商业中心。全国水陆两路大量的货物都卸在广州。离广州三十里格处，距南头不远的地方，有岛屿，即屯门等，是指定停泊各国船只的地方。广州是一个富庶的城市，海盗经常进达广州，中国有一千艘商船，各至其认为合适的地方进行贸易。中国人非常懦弱，易于制服，常到这里（马六甲）的主要人物都肯定，要把中国置于我们的统治之下，只消用马六甲总督的十只船，

①［明］陈子龙：《明经世文编》卷三四二，吴桂芳：《吴司马奏议·议筑广东省会外城疏》，中华书局，1962。

就能从海岸制服中国。[①]

正德九年（1514年），葡萄牙国王组织若尔热·阿尔瓦雷斯（Jorge Alvares）为代表的“官方旅行团”由马六甲乘中国商船来到广东屯门岛。但是明政府不允许葡萄牙人上岸，只允许葡萄牙人在船上进行贸易。若尔热·阿尔瓦雷斯一行是最早来到中国的葡萄牙人，揭开中葡早期交往的第一幕。据意大利人Andrea Corsali 在1515年1月6日的一封信中写道：

> 中国商人也越过大海湾航行至马六甲，以获取香料，他们从自己的国内带来了麝香、大黄、珍珠、锡、瓷器、生丝，以及各种纺织品，如锦缎、缎子和非常华丽的花缎……去年，我们葡萄牙人中有些人乘船往中国，中国人不许他们登岸，因为中国人说，让外国人进入寓所是违背常规的。不过，这些葡萄牙卖掉了自己的货物，获得厚利。[②]

虽然明廷未批准阿尔瓦雷斯进入广州，但是此次来华贸易还是比较顺利的。由此可见，此时广东的对外贸易是比较宽松的，葡萄牙虽未与明朝建立朝贡关系，但仍然被许可停靠于珠江河口附近的海面进行贸易活动。

二、屯门海战

若尔热·阿尔瓦雷斯来到屯门掌握了中国不少沿海岛屿、航道的信息，他认为与中国贸易利润丰厚，由此刺激了葡萄牙人更频繁地前来中国。正德十二年（1517年），葡萄牙国王派遣费尔南·佩雷斯·安德拉德率领4艘葡萄牙船和4艘马来亚船，在葡萄牙国王使节皮莱斯的陪同下，满载货物前往中国，并于8月到达屯门岛。《亚洲旬年史》记载：“他于8月15日来到了Tamanlabua岛。该岛距陆地3里格。按照国王的命令，所有抵达广东省的外国大帆船必须停泊在那里。”[③]不过，备倭指挥并未允许他进入广州城，而是留在屯门岛等候广州当局的通知。9月，费尔南·佩雷斯·安德拉德和皮莱斯获准进入广州，随后被安排到广州光

①考太苏编译《皮莱斯的远东概览》，第一卷，第116—123页。

②张天泽著：《中葡早期通商史》，姚楠等译，香港中华书局，1988，第38—39页。

③金国平编译《西方澳门史料选萃（15—16世纪）》，广东人民出版社，2005，第190页。

孝寺学习礼仪。史载："正德丁丑……有大海船二双，直至广州怀远驿，称系佛郎机国进贡。其船主名加必丹末，其人皆高鼻深目，以白布缠头，如回回打扮。即报总督，陈西轩公金临广城，以其人不知礼，令于光孝寺习仪三日而后引见。"[①]

费尔南·佩雷斯·安德拉德一方面在广州做生意，将所带货物进行售卖，另一方面，暗地里派人到广州各处去侦查，获取关于广州的情报。1518年初，他留下皮莱斯等几个葡萄牙人在广州等待皇帝接见，自己返回屯门（于1521病逝于屯门）。后来，皮莱斯贿赂江彬，并在江彬的操作下于1520年从广州出发前往南京觐见皇帝，5月到达南京。史载："武宗南巡，其使火者亚三因江彬侍帝左右。帝时学其语以为戏。其留怀远驿者，益掠买良民，筑室立寨，为久居计。"[②]1521年，皮莱斯使团随正德帝到北京。使团随行译者火者亚三在北京不行跪拜礼，被提督主事梁焯惩罚，史载："本朝正德十四年，佛郎机大酋弑其国主，遣必加丹末等三十人入贡请封。有火者亚三，本华人也，从役彼国久，至南京，性颇黠慧。时武宗南巡，江彬用事，导亚三谒上，喜而留之，随至北京，入四夷馆，不行跪礼，且诈称满剌加国使臣，朝见欲位诸夷上。主事梁焯执问杖之。"[③]江彬得知后，以凌虐之名诬陷梁焯。但不久后，明武宗驾崩，梁焯被免罪，江彬被太后处死，火者亚三被判入狱，随后被处死。皮莱斯一行被赶出北京，于1521年9月到达广州，并被投入广州监狱，后病死于广州监狱[④]。朝廷命广东当局驱逐在屯门岛的葡萄牙人，葡萄牙人不仅不愿离开，而且还攻击明朝军队，明军于是进行反击，史称"屯门海战"。金国平先生的研究认为，屯门之战爆发于1521年6月21日至1521年9月8日[⑤]。

屯门海战中，明军在广东海道副使汪鋐的指挥下，用50艘战船对葡船形成半包围之势。针对葡船高大、移动较慢的特点，明廷采用火攻战术，用破旧船只装满干柴草，洒上油脂，趁风势放火焚烧葡船。葡萄牙首领杜尔瓦科·科尔奥见势不妙，便放弃其余战舰，乘黑天雨夜逃走，10月回到马六甲。《新安县志》记

①［明］郑若曾：《筹海图编》卷一三《兵器·佛郎机图说》，中华书局，2007。

②［清］张廷玉：《明史》卷三二五《佛郎机传》。

③［明］严从简：《殊域周咨录》卷九《佛郎机》，中华书局，1993。

④［明］郭棐：万历《粤大记》卷一九《献征类》；［明］刘廷元：万历《南海县志》卷十一《人物列传》。

⑤金国平：《1521—1522年间中葡军事冲突——"西草湾试考"》，《西力东渐：中葡早期接触追昔》，2000，第1—18页。

载了此次战役："诸番舶大而难动，欲举必赖风帆。时南风急甚，公命刷贼敝舟，多载枯柴燥荻，灌以膏脂，因风纵火，舶及火舟，通被焚溺。命众鼓噪而登，遂大胜之。"①此役之初，葡军利用火力优势，据险而战，使明军在战争初期失败。之后汪鋐在劣势装备下，改速战为长期作战策略，依靠兵力雄厚与本土作战优势，派遣水手凿破葡萄牙战船，史载："海道宪帅汪鋐率兵至，(葡萄牙)犹据险逆战，以铳击败我军。或献计使善泅者凿沉其舟，乃悉擒之。"②

三、西草湾之战

葡萄牙人并不甘心于屯门海战的失利。1522年4月，葡萄牙国王派马尔廷·阿方索·德·梅洛·科廷澳（Martim Affonso de Mello Continho，中文文献记载为末儿丁·甫思·多·灭儿）来华。船队于1522年8月来华，当船队来到新会县西草湾时，遭到明军备倭指挥柯荣、王应恩所率水师的阻劫。双方再起冲突，爆发了西草湾战役。《明世宗实录》记载：

> 佛郎机国人别都卢寇广东，守臣擒之。初，别都卢恃其巨铳利兵，劫掠满剌加诸国，横行海外。至率其属疏世利等千余人，驾舟五艘，破巴西国。遂寇新会县西草湾。备倭指挥柯荣、百户王应恩率师截海御之。转战至稍州，向化人潘丁苟先登，众兵齐进，生擒别都卢、疏世利等四十二人，斩首三十五级，俘被掠男妇十人，获其二舟，余贼末儿丁·甫思·多·灭儿等，复率三舟接站，火焚先所获舟，百户王应恩死之，余贼亦遁。巡抚都御史张岭、巡按御史涂敬以闻，督察院复奏。上命就彼诛戮枭示。③

此战明军水师求战坚定，一开始即占上风，并很快获胜。末儿丁·甫思·多·灭儿的亲笔信记录：

> 我于（1522年）8月7日驶近中国海岸。……我甫入这个人称贸易

①［清］舒懋官：嘉庆《新安县志》卷二三《艺文志》。

②［明］严从简：《殊域周咨录》卷九《佛郎机》，中华书局，1993。

③《明世宗实录》卷二四，嘉靖二年三月壬戌，台北"中央研究院"历史语言研究所校印，1962年影印本。

岛的港口，便下令手下的船只做好一切准备工作。……别都卢的船进了水，沉入海底。他的船和我兄弟迪奥戈·德·梅洛的船先做好准备。他们的船因为较小，可随时作战。……我们见到了将我们的船团团围住的中国式帆船后，……只见一艘船变为火海一片，沉入水底，顷刻不见踪影。我兄弟迪奥戈·德·梅洛的船遭同样命运，与其同行的我们的父亲及我的15名或20名仆人全部丧生。……瓦斯科·费尔南德斯指挥的圣巴尔巴拉号在我船的反侧。他向中国式帆船冲去，我尾随其后。从陆地刮来的风愈加猛烈，大帆船又一马当先。我下令将别都卢的船凿沉，因为它已无法航行……我亲眼目睹了一个兄弟，两条船及人员丧生于刀剑火炮之下。①

根据上述史料可以看出，西草湾战役中葡萄牙遭受重创，船只3艘被破坏，35人被斩，42人被俘。明军缴获了一批佛郎机铳和葡战船，并仿造了蜈蚣船。

经过屯门海战及西草湾战役，葡萄牙人被全部驱离广东沿海。同时明廷实施全面海禁，明廷还关闭了安南等国贡舶贸易，“有司自是将安南、满剌加诸番舶尽行阻绝，皆往漳州府海面地方私自驻扎，于是利归于闽，而广之市井萧然矣。”②

第四节　抽分制的曲折发展

明代抽分制的实行并非一帆风顺，严峻的海防形势使保守派官僚疾呼厉行海禁，禁止市舶贸易和抽分制，恢复朝贡贸易体制。如正德九年（1514年），广东布政司参议陈伯献上奏请求禁绝抽分：“岭南诸货出于满剌加、暹罗、爪哇诸夷，计其产，不过胡椒、苏木、象牙、玳瑁之类，非若布帛、菽粟，民生一日不可缺者。近许官府抽分，公为贸易，遂使奸民数千驾造巨舶，私置武器，纵横海上，勾引诸夷，为地方害，宜亟杜绝。”③陈伯献认为市舶贸易扰乱地方，威胁国家安全，而从海外来的商品非民生必需品，遂请求停止市舶贸易和抽分制。此奏章上至礼部后，得到礼部认可：“令抚按等官禁约番船，非贡期而至者，即阻回，不

①金国平编译《西方澳门史料选萃（15—16世纪）》，广东人民出版社，2005，38—40页。

②[明]应槚：《苍梧总督军门志》卷二九《集议》；[明]张萱：《西园闻见录》卷六八《属国》。

③《明武宗实录》卷一一三，正德九年六月壬辰，台北“中央研究院”历史语言研究所校印，1962年影印本。

得抽分以启事端，奸民仍前勾引者，治之。报可。”[①]

围绕“开市舶，兴抽分”一事，当时的官员进行过激烈争辩。保守派官员从朝廷最为敏感的海防出发，认为对市舶抽分贻害无穷，故对市舶贸易应该“一概阻绝”。保守派还搬出洪武祖训来反对市舶贸易，正德十二年（1520年），御史何鳌奏称：“祖宗朝贡有定期，防有常制，故来者不多。近因布政吴廷举谓缺上供番物，不问何年，来即取货，致番舶不绝于海澨，蛮人杂遝于州城。禁防既疏，水道益熟，此佛郎机所以乘机突至也。乞悉驱在澳番舶及番人潜居者，禁私通，严守备，庶一方获安。”[②]认为吴廷举抽分番货，导致大批番商前来贸易，给朝廷带来祸害，所以要驱除在广州沿海诸澳寄舶的番船及番人，严禁通番贸易，加强沿海守备，维护沿海安宁。

此议得到礼部认可。礼部认为何鰲本是广东顺德人，最了解市舶对广东的不良影响，“鰲即顺德人，故深晰利害。宜俟满剌加使臣至，廷诘佛郎机侵夺邻邦、扰乱内地之罪，奏请处置。其他悉如御史言。报可。”[③]朝廷听取何鳌的建议，驱逐番船，禁止抽分。

广东市舶贸易禁令的推行，对广东外贸影响极大。中葡西草湾战后，于是广东尽逐番商、番舶，并加强海禁，葡萄牙人遂转到闽、浙沿海进行走私贸易，史载：“（国初）闽因罢诸番市，而利皆归之于广，漳人垂涎，而引广夷入境；正德广之禁严，番舶入漳泉，而广失利。”[④]起初，福建因禁私人贸易，市舶之利皆归广东。正德以后，广东下达禁令，市舶之利则往福建而去。《明世宗实录》记：“佛朗机火者亚三等既诛，广东有司乃并绝安南、满剌加。诸番舶皆潜泊漳州，私与为市。”[⑤]

严禁广东的市舶贸易，使得大量番船转而前往闽、浙沿海进行走私贸易，致使广东外贸萧条，税收减少。以前广东官员的俸禄发放多以番货代替，而今番船被严禁，番货迅速减少，“广东文武官月俸多以番货代，至是货至者寡”[⑥]。广东地

---

①《明武宗实录》卷一一三，正德九年六月壬辰，台北“中央研究院”历史语言研究所校印，1962年影印本。

②[清] 张廷玉：《明史》卷三二五《佛郎机传》，中华书局，1974。

③[清] 张廷玉：《明史》卷三二五《佛郎机传》，中华书局，1974。

④[清] 顾炎武：《天下郡国利病书》之《福建·郭造卿<闽中兵食议>》，上海古籍出版社，2012。

⑤《明世宗实录》卷一六〇，嘉靖十三年闰二月戊戌，台北“中央研究院”历史语言研究所校印，1962年影印本。

⑥[清] 张廷玉：《明史》卷三二五《佛郎机传》，中华书局，1974。

方政府财政日趋紧张，致使地方官员再启通商奏议。明嘉靖八年（1529年），广东巡抚林富上奏，提出详细通商计划。详论对番舶朝贡进行抽分收税，有四大利，分别是充实国库、获得军饷、增加地方收入与百姓收益：

旧规，番舶朝贡之外，抽解（私货）俱有则例，足供御用。此其利之大者，一也。番货抽分解京之外，悉充军饷。今两广用兵连年，库藏日耗，籍此可以充羡而备不虞。此其利之大者，二也。广西一省，全仰给于广东。今小有征发，即措办不前。虽折俸椒木，久已缺乏，科扰于民，计所不免。查得旧番舶通时，公私饶给。在库番货，旬月可得银数万两。此其利之大者，三也。贸易旧例，有司择其良者如价给之。其次恣民买卖。故小民持一钱之货，即得握椒，展转交易，可以自肥。广东旧称富庶，良以此耳。此其利之大者，四也。助国助军，即有赖焉，而在官在民，又无不给，是因民之所利而利之者也，非所谓开利孔为民罪梯也。[①]

对于番商，林富认为应该区别对待，不应全部禁绝，尤其是东南亚诸国长期与明朝保持友好关系，“《祖训》《会典》所载诸国素恭顺，与中国通者，朝贡贸易尽阻绝之，则是因噎而废食也……议者若虞外夷闯境为害，则臣又思之暹罗、真腊、爪哇等国，皆洪武初入贡方物，臣服至今；浡泥诸国皆永乐中来朝，没齿感德者；而占城则成化年间被篡继绝蒙恩者焉。南方蛮夷大致宽柔乃其常性，百余年来，未有敢为盗寇者”[②]。林富认为通商能“助国裕民”。林富还提出允许正常的朝贡贸易往来，同时加强海防，在海防要害处加强巡察，驱除佛郎机人，防止动乱。

对于林富的上疏，兵部也表示认可，指出广州本来就设置了市舶司，正常的朝贡贸易不应阻拦，而福建漳州没有设市舶司，反而应该禁止番船前往，议言：

安南、满剌加自昔内属，例得通市，载在《祖训》《会典》。佛朗

①［明］林富：《两广疏略》卷上《请通市舶疏》。

②［明］戴璟：嘉靖《广东通志初稿》卷三十《番舶》；［明］严从简：《殊域周咨录》卷九《佛郎机》。此疏为黄佐代作，题为《代巡抚通市舶疏》，见《泰泉集》卷二十。

机，正德中始入，而亚三等以不法诛，故驱绝之，岂得以此尽绝番舶？且广东设市舶司，而漳州无之，是广东不当阻而阻，漳州当禁而反不禁也。请令广东察番舶例，许通市者，毋得禁绝；漳州则驱之，毋得停泊。从之。[①]

在林富的力争下，朝廷听取其建议，允许广东再次开通市舶贸易，“自是佛郎机得入香山澳为市，而其徒又越境商于福建，往来不绝”[②]。

此后，明代关于开海通商与厉行海禁的争论并未就此而止。嘉靖四十四年（1565年），浙江有官员提议“欲比广东事例开市舶”，遭到巡抚刘畿的极力反对，其言浙江沿海港口多而兵船少，一旦开市舶则“近海奸民侵利启衅”，“岛夷啸聚”[③]，海防问题的严峻使浙江希图开海通商之事未获批准。

明代不少士大夫对市舶贸易持开放态度，认为市舶贸易是有利的，如严从简在《殊域周咨录》中指出市舶“通华夷之情，迁无有之货，收征税之利，减戍守之费”，而海禁导致私下贸易不断，势豪之家控制其利，滋生官员腐败等诸弊端：

然夷货之至，各有接引之家，先将重价者私相交易，或去一半，或去六七。而后牙人以货报官，且为之提督，如牛荣辈者复从而收腊之，则其所存以为官市者又几何哉！今提督虽革而接引积蠹莫之能去，盖多势豪为主，久握其利。海道副使或行严缉，是非蜂起，是以难刷其敝。迩年浙、福之间都御史朱纨励禁接引，以致激生倭寇。然则市舶之当开与否，岂不有明鉴哉！[④]

明代唐枢在《复胡梅林论处王直》文中也认为海外贸易使中外互通商品有无，是“利之所在，人必趋之”[⑤]。地方官员也从自身的角度支持海外贸易，如福建人林

①《明世宗实录》卷一六〇，嘉靖十三年闰二月戊戌，台北“中央研究院”历史语言研究所校印，1962年影印本。
②［清］张廷玉：《明史》卷三二五《佛郎机传》，中华书局，1974。
③［明］王圻：《续文献通考》卷二六《市籴二·市舶互市》，浙江古籍出版社，2000。
④［明］严从简：《殊域周咨录》卷八《暹罗》，中华书局，1993。
⑤［明］陈子龙：《明经世文编》卷二七〇《复胡梅林论处王直》，中华书局，1962。

希元，史载“林希元，字茂贞，同安人，正德丁丑进士，起为广东按察佥事，掌盐、屯二政。”[①]林希元认为“佛郎机之来，皆以其地胡椒、苏木、象牙、苏油、沉速檀乳诸香与边民交易，其价尤平”，因此百姓乐于与之交易，可以获利，而且佛郎机人还帮助朝廷驱除了海盗林剪，对朝廷是有利无害，“二十年海盗，一旦而尽。据此则佛郎机未尝为盗，且为吾御盗，未尝害吾民，且有利于吾民也”[②]。

明代海防重臣俞大猷则认为市舶贸易只开放广东即可。他指出广东距离东南亚诸国不远；经济上通过抽分又可以获利，其言：

> 市舶之开，惟可行于广东。盖广东去西南之安南、占城、暹罗、佛郎机诸番不远，诸番载来乃胡椒、象牙、苏木、香料等货，船至报水，计货抽分，故市舶之利甚广。数年之前，有徽州、浙江等处番徒，勾引西南诸番前至浙江之双屿港等处买卖，逃免广东市舶之税，及货尽将去之时，每每肆行劫掠，故军门朱虑其日久患深，禁而捕之，自是西南诸番船只复归广东市舶，不为浙患。[③]

明廷对开海贸易态度暧昧，摇摆不定，但对海禁却从未放松，始终强调要加强海防，严禁通番。嘉靖三年（1524年），御史王以旂上奏请求严定律例，禁止福建沿海私结番夷，违者治以重罪议：

> 福建滨海居民，每因夷人进贡，交通诱引，贻害地方。今宜严定律例，凡番夷贡船，官未报视而先迎贩私货者，如私贩苏木、胡椒千斤以上例；交结番夷，互市称贷，给财构衅及教诱为乱者，如川、广、云、贵、陕西例；私代番夷收买禁物者，如会同馆内外军民例；擅造违式海船，私鬻番夷者，如私将应禁军器出境因而事泄律，各论罪。怙恶不悛者，并徙其家。第前所引例已足尽法，徙家太重，请勿连坐。仍通行浙江、广东，一体榜谕。[④]

①［清］阮元：道光《广东通志》卷二四五《宦绩录十五·明四》。

②［明］林希元：《林次崖先生集》卷五《与翁见愚别驾书》，厦门大学出版社，2015。

③［明］俞大猷：《正气堂集》卷七《呈总督军门在庵杨公揭论海势宜知海防宜密》，福建人民出版社，2007。

④《明世宗实录》卷三八，嘉靖三年四月乙未，台北“中央研究院”历史语言研究所校印，1962年影印本。

嘉靖十二年（1533年），兵部上奏请禁止浙江、福建渔民私造大船，下海经商，言“浙、福并海接壤，先年漳民私造双桅大船，擅用军器火药，违禁商贩，因而寇劫。屡奉明旨严禁，第所司玩愒，日久法弛，往往肆行如故，海警时闻，请申其禁。”①嘉靖帝对兵部加强海防的建议大为肯定，再次声明海禁，诏毁违禁船只，并对私相贸易者采取连坐法，“海贼为患，皆由居民违禁贸易。有司既轻忽明旨，漫不加察，而沿海兵巡等官又不驻守信地，因循养寇，贻害地方。兵部其亟檄浙、福、两广各官，督兵防剿。一切违禁大船，尽致毁之。自后沿海军民私与贼市，其邻舍不举者连坐。各巡按御史速查连年纵寇及纵造海船官，具以名闻。”②

嘉靖年间，朝廷还颁布《问刑条例》，其条例内容全面，规定严格，企图用严厉的制度来强化海禁，现将涉海贸易的具体内容摘录如下：

> 凡夷人贡船到岸，未曾报官盘验，先行接买番货，及为夷人收买违禁货物者，俱发边卫充军。
>
> 凡沿海去处，下海船只，除有号票文引，许令出洋外，若奸豪势要及军民人等，擅造二桅以上违式大船，将带违禁货物下海，前往番国买卖，潜通海贼，同谋结聚，及为向导劫掠良民者，正犯比照谋叛已行律，处斩，仍枭首示众，全家发边卫充军。其打造前项海船，卖与夷人图利者，比照私将应禁军器下海，因而走泄事情律，为首者处斩；为从者发边卫充军。若止将大船雇与下海之人，分取番货，及虽不曾造有大船，但纠通下海之人买番货，与探听下海之人番货到来，私买、贩卖苏木、胡椒至一千斤以上者，俱发边卫充军，番货并入官。其小民撑使单桅小船，给有执照，于海边近处捕鱼打柴，巡捕官军不许扰害。
>
> 私自贩卖硫黄五十斤、焰硝一百斤以上者，问罪，硝黄入官。卖与外夷及边海贼寇者，不拘多寡，比照私将军器出境因而走泄事情律，

①《明世宗实录》卷一五四，嘉靖十二年九月庚子，台北“中央研究院”历史语言研究所校印，1962年影印本。

②《明世宗实录》卷一五四，嘉靖十二年九月庚子，台北“中央研究院”历史语言研究所校印，1962年影印本。

为首者处斩；为从者俱发边卫充军。

各边夜不收，出境探听贼情，若与夷人私擅交易货物者，除真犯死罪外，其余问调广西烟瘴地面卫所，食粮差操。

凡官员军民人等，私将应禁军器卖与进贡夷人图利者，比依将军器出境因而走泄事情者律，斩；为从者，问发边卫充军。①

嘉靖三十三年（1554年），朝廷又颁布海防法令，“题准南直隶、浙、福、广东等处，有将双桅、三桅大船下海，及沿海居民遇夷船乘风漂泊，私送水米者，俱坐通番重罪”②。

综观正德、嘉靖年间关于开海贸易与厉行海禁的争论与实践可以看出，明廷对开市舶贸易，行抽分之制犹疑不决，态度时有反复。而且，开市舶贸易局限在广东一隅，市舶贸易是局部的、时断时续的。而对加强海禁，禁止私自通番，朝廷的态度是坚决的、始终如一的。加强海禁却又没有完全禁绝市舶贸易，允许广东兴市舶之利。因此，明廷的政策可以归纳为通中有禁、禁中有通、以禁为主。

①[明] 舒化辑《大明律》附编，《问刑条例》，《兵律·关津》“私出外境及违禁下海条例”。

②[明] 申时行：《明会典》卷一三二《兵部·镇戍》，中华书局，1989。

第四章
明中后期走私贸易与新贸易框架的建构

中葡关系的恶化导致正德年间实行的抽分制度暂处于停摆，此后明朝再次关上了广东对外贸易的大门，恢复了朝贡贸易规则。葡萄牙人对传统南海贸易生态的破坏，严重影响了本区域各国的经济发展。在广东沿海受挫后，葡萄牙人随即北上寻找新的贸易机会，由此也掀动了大量福建漳泉人从事海贸活动。从广东沿海至浙江沿海，兴起了一股前所未有的走私贸易热潮。嘉靖年间，漳州沿海及舟山群岛成为国际走私贸易据点，葡萄牙人在其中扮演着重要角色，并引发激烈的倭患，明代的对外贸易出现新的变局。

新的贸易框架在冲突与调适中建立起来，明廷意识到通过葡萄牙人带来的物质与白银对本国经济发展是有益的。面对海内外的贸易压力，明廷调整了僵化的朝贡贸易政策。澳门即在此种情况下扮演了重要的角色。澳门开埠标志着新的贸易框架的形成。澳门成为中外商品转运的集散地，是明代新的海洋贸易框架的组成部分。而允许葡船进入省城广州交易，则进一步推动了海上贸易的发展。月港的开放又不同于澳门，这里只准中国商船出海贸易，而不准外国商船进入。月港的开放一定程度上缓解了走私贸易而引发的倭寇危机。然而随着福建海商获得合法的出洋贸易权利，也使福建沿海兴起了大量海商集团，其中以郑芝龙集团为代表。晚明时期郑芝龙为朝廷招安，随着其向明朝官员身份的转化，郑芝龙建立起来的海上王国遂控制了沿海的对外贸易，并在与西方海上势力的争夺上处于优势地位。

第一节　走私贸易

一、闽浙沿海的走私贸易

沿海的走私贸易自明初以来就未停止过。如永乐年间福建沿海居民，私载海船交通外国。景泰二年（1451年），刑部禁约“福建沿海居民毋得收贩中国货物，置造军器，驾海交通琉球国，招引为寇。”①成化八年（1472年），“福建龙溪县民二十九人，泛海通番，官军追之，拒捕。为风破其舟，浮水登岸，被获下狱，多瘦死。诛者十四。”②正德年间，巨商富贾入私下出海非常普遍，“海澄县在漳东南，距郡五十里，本龙溪八九都地也。旧名月港，唐宋以来海滨一大聚落，至明生齿益繁。正德间，豪民私造巨舶，扬帆他国，以与屿市。久之，引寇内讧，所司法绳不能止。”③漳州月港从事走私贸易频繁，人们出洋或潜赴外海岛屿进行贸易非常普遍。如史料载：“海物互市，妖孽荐兴，则漳浦龙溪之民居多。”又说：“月港者，夷货毕集，人烟数万。”④

有关福建沿海违禁出海贸易的记载屡见于史书，也反映了福建沿海民众的生活状态，据《海澄县志》载：“盖富家以资，贫人以佣，输中华之产，骋彼远国，易其方物以归，博利可十倍，故民可乐之。虽有司密网，间成竭泽之渔，贼奴煽殃，每奋当车之臂。……方夫趋船风转，宝货塞途，家家歌舞，赛神钟鼓……以舶主中上之产，转盼逢时，容至巨万，顾微遭倾覆，破产随之，亦循环之数矣。成弘之际，称小苏杭者非月港乎?”⑤月港人出海贸易在成化、弘治年间已十分普遍。不过，月港走私贸易的扩大则与葡萄牙人的到来密切相关。

葡萄牙人在广东沿海受挫后，遂北上寻找新的机会。嘉靖二年（1523年），巡按福建御史向朝廷上奏：“盗起广东，转入漳泉，势其猖獗，请罪诸纵盗不捕者。”⑥可见，原在广东沿海活动的葡萄牙商船转入漳泉一带了。

---

①《明英宗实录》卷二一七，景泰二年六月辛巳，台北“中央研究院”历史语言研究所校印，1962。

②《明宪宗实录》卷一〇三，成化八年四月癸酉，台北“中央研究院”历史语言研究所校印，1962。

③[清] 陈锳、王作霖：乾隆《海澄县志》卷一《舆地·建置》。

④[明] 陈全之：《蓬窗日录》卷一《寰宇一》，上海书店出版社，2009，第40页。

⑤[明] 梁兆阳：崇祯《海澄县志》卷十一《风土志》。

⑥《明世宗实录》卷二五，嘉靖二年四月乙亥，台北“中央研究院”历史语言研究所校印，1962年影印本。

嘉靖之后，受“争贡”事件的影响，浙江宁波市舶司被罢设，此后虽然恢复与日本的朝贡贸易，但是浙海走私贸易从未停止，山海相连，从山浮海，走私普遍，如：“向来海上渔船出近洋打鱼樵柴，无敢过海通番，近因海禁渐弛，勾引番船，纷然往来海上，各认所主，承揽货物，装载或五十艘，或百余艘，或群各党分泊各港，又各用三板草撇脚船不可胜计，在于沿海兼行劫掠，乱斯生矣。”[①]嘉靖间尤其严重，“浙海私商，始自福建邓獠。初以罪，囚按察司狱。嘉靖丙戌（1526年）越狱，逋下海，诱引番夷市浙海双屿港，投托合澳之人卢黄四等，私通交易。”[②]嘉靖八年（1529），兵部尚书李承勋上奏：“浙江宁、绍、台、温诸府，枕山濒海，通连福建，盗贼啸发，下海劫掠，出没不常，事干两省，势难控制。”[③]沿海海防受到冲击。

宁波外海的双屿港逐渐成为新的非法走私贸易中心，大量外国船只在此靠泊贸易。据《筹海图编》所记：“商舶乃西洋原贡诸夷，载货泊广东之私澳，官税而贸易之。既而，欲避抽税省陆运，福人导之改泊海仓、月港。浙人又导之改泊双屿，每岁夏季而来，望冬而去。”[④]双屿港主要是丝、布等货物的集散地，与日本贸易往来较多，葡萄牙人在福建沿海购买的部分货物，也是自双屿港转口。不过，双屿港的贸易风险日益加大，如：“滨海之民以小舟装载货物，接济交易，夷人欺其单弱，杀而夺之。接济者不敢自往，聚数舟以为卫，其归也，许二辈遣倭一二十人，持刀送之。”[⑤]繁荣又无序的走私贸易激发了武装反海禁斗争的发生。

二、嘉靖倭乱

嘉靖间，大规模的倭乱始于嘉靖三十一年（1552年），历史上将此次东南沿海反海禁的斗争称为“嘉靖倭乱”。史言：

①［明］郑若曾：《筹海图编》卷十一《经略一》。

②［明］郑舜功：《日本一鉴·穷河话海》卷六《海市》。

③《明世宗实录》卷一〇四，嘉靖八年八月丙戌，台北“中央研究院”历史语言研究所校印，1962年影印本。

④［明］郑若曾：《筹海图编》卷十二《经略二》。

⑤［明］郑若曾：《筹海图编》卷十一《经略一》。

> 倭之来中国也，始与闽浙沿海奸民为市，各巨姓出母钱以资恶少，而没其利，阴为主持勾引，遂以成俗。然倭初惟劫以自资，既获厚利，势不自已，乃以数船之众横行各郡，佐以奸民及海上群盗，则非当时委靡之兵船水将及诸营佽飞所能敌矣。嘉靖丁未，诏用朱纨巡抚浙江，以绝祸本，因严海禁，重勾连主藏者之法。通倭奸豪以不利于己，蜚语中之。纨为言者所劾自杀，禁因日弛。于是徽人汪直，徐惟学、毛勋、李七，浙人徐海、陈东、叶明，闽人曾一本、许栋，广人许恩之流，争挟倭为难。自淮扬讫广海万余里，无不被其残杀。①

以上这段文字详细描述了嘉靖时期海上贸易的混乱局面。嘉靖前期闽浙的走私贸易猖獗，朝廷任用朱纨巡抚浙江，兼福、兴、建宁、漳、泉等处海道，并提督军务。朱纨上任后，严格执行海禁政策，打击沿海走私行为，他下令摧毁走私船只的集中地——浙江双屿港。嘉靖二十七年（1548年），明军攻占双屿港后，朱纨下令烧毁港内建筑，堵塞港口，“用椿木，满港密钉，仍采山石乱填椿内，使椿可相制，冲激不动，潮至则淤泥渐积，贼至则拔掘为难。”②嘉靖二十八年（1549年），朱纨又对福建的走私集中地——走马溪进行了围攻，并处死了一批捉获的海盗。但是过激的行为也激起了沿海民众及朝廷官员的不满。第二年，朱纨得知皇帝下诏要将他逮京鞫问之事，即服毒自杀了。

此后，东南沿海劫掠事件不断，“漳泉海贼勾引倭奴万余人，驾船千余艘，自浙江舟山、象山等处登岸，流劫台、温、宁、绍间，攻陷城塞，杀虏居民无数。”③这里千余艘船只就是原双屿港的走私船，因朱纨清剿双屿港而无港可泊。此后皆归附于船帮首领王直旗下，王直成为闽浙沿海最大的海上势力集团。而其中的“倭寇”实际上就是沿海走私的武装商人集团，尤以王直为首。如内阁大学士徐阶上奏：“近来细访，乃知为首者是闽浙积年贩海剧贼，其中真倭不过十分之三，亦是雇募而来者。”④王直的船队“大举入寇，连舰百余艘，蔽海而至，

①［清］林绳武、魏源、杨廷理、赵翼等《海滨大事记》，《闽海倭氛后记（附）》，台湾文献丛刊第213种。

②［明］朱纨：《甓余杂集》卷二《章疏一》，《四库存目丛书》集部。

③《明世宗实录》，卷三八四，嘉靖三十一年四月丙子，台北“中央研究院”历史语言研究所校印，1962年影印本。

④［明］徐阶：《世经堂集》卷二《再答倭情》，《四库存目丛书》集部。

南自台、宁、嘉、湖，以及苏、松至于淮北，滨海数千里，同时告警。”①至嘉靖三十三年（1554年），沿海动乱又开始漫延至广东沿海，是年七月“广东番贼纠倭寇千余，剽掠海上。”②嘉靖三十四年（1555年）四月，“广东贼徐铨、方武、陈文伯、李明贵等与海酋王五峰纠结倭夷，纵横海上。督臣檄海道副使汪柏、岭南兵备杜璁及参将张裕、指挥黑孟阳等督战。铨等就戮，前后斩首千二百余级。”③

沿海的紧张局势，迫使明廷上下对严格的海禁政策有所动摇。恰值此时，葡萄牙人又重新回到广东沿海，试图与明廷贸易，《广东通志》载："舶夷趋濠镜者托言：舟触风涛缝裂，水湿贡物，愿借地晾晒。海道副使汪柏徇贿，许之。”④海道副使汪柏允许葡萄牙人进入广东贸易，其实也是朝廷对放宽海禁的共识。但是如何维持广东的对外贸易而又要防范倭寇的入侵，特别是广州的安全问题等等。在这样的情势下，为了确保广州的安全，葡萄牙人的船直接进入广州还是不允许的，新的贸易安排必然出现。因此，澳门就是在这一特殊情况下，登上历史舞台。

第二节　澳门开埠

一、葡萄牙人租居澳门

澳门，又名濠镜澳、香山澳、马交等，明代为香山县管辖的一个小岛，因其优越的地理位置成为外国商船停泊的良港。明中叶，澳门的走私贸易已较为频繁，《广东通志》记载："查得递年暹罗国并该国管下甘蒲沰、六坤州与满剌加、顺塔、占城各国夷船，或湾泊新宁广海、望峝，或新会奇潭，香山浪白、蠔镜、十字门，或东莞鸡栖、屯门、虎头门等处海澳，湾泊不一。”⑤

16世纪后，随着葡萄牙人东来，澳门逐渐兴起。正德八年（1513年），葡

①《明世宗实录》，卷三九六，嘉靖三十二年闰三月甲戌，台北“中央研究院”历史语言研究所校印，1962年影印本。

②《明世宗实录》，卷四一二，嘉靖三十三年七月庚子，台北“中央研究院”历史语言研究所校印，1962年影印本。

③《明世宗实录》，卷四二一，嘉靖三十四年四月甲申，台北“中央研究院”历史语言研究所校印，1962年影印本。

④［明］郭棐：万历《广东通志》卷六九《番夷·澳门》。

⑤［明］黄佐：嘉靖《广东通志》卷六六《外志三·番夷》。

萄牙人来到广东屯门岛，正德十二年（1517年），葡萄牙人来到广州，是为中葡官方第一次交往。葡萄牙人一直谋求和中国进行通商，但因后来发生屯门海战和西草湾战役，葡萄牙人被驱逐出广东沿海，只得在中国东南沿海进行走私贸易。葡萄牙人转移到闽浙沿海进行活动，据《日本一鉴》记载，“许一（松）、许二（楠）、许三（栋）、许四（梓）勾引佛郎机国夷人，络绎浙海，亦市双屿大茅港”。①如前所述，朱纨被任命为右副都御史巡视浙江，提督闽浙沿海防务。第二年，即捣毁双屿港海盗堡垒，葡人被剿灭或逃走，葡萄牙人在闽浙沿海的走私贸易也难以进行，最后不得不又返回广东沿海进行走私贸易。

澳门开埠和葡萄牙人获准进入澳门贸易的时间历来众说纷纭，其中嘉靖三十二年（1553年）说较为流行。据万历《广东通志》记载：

> 夷船停泊，皆择海滨地之湾环者为澳。先年率无定居，若新宁则广海、望峒，香山则浪白、濠镜澳、十字门，东莞则虎头门、屯门、鸡栖。嘉靖三十二年，舶夷趋濠镜者，托言舟触风涛缝裂，水湿贡物，愿暂借地晾晒。海道副使汪柏徇贿许之。时仅篷累数十间，后工商牟奸利者，始渐运砖瓦木石为屋，若聚落然。自是诸澳俱废，濠镜独为舶薮矣。②

关于葡人于嘉靖三十二年获准进入澳门的记载还有多条。如王以宁《条陈海防疏》言：“国初，占城诸国来修职贡，因而互市，设市舶提举以主之。然稛载而来，市毕而去，从未有盘踞澳门者。有之，自嘉靖三十二年始。”③另据记载：“嘉靖三十二年，番船趋澳镜者，托言舟触风涛，水渍湿贡物，愿借地晾晒，海道副使汪柏许之。”④

此外，澳门的开埠并不是由葡萄牙一国商人独占，而是由包括东南亚、日本、华商及佛郎机各国商人开辟，各国夷人据霸香山濠镜澳恭常都地方，私创

①［明］郑舜功：《日本一鉴·穷河话海》卷六《海市》，民国二十年影印本。

②［明］郭棐：万历《广东通志》卷六九《外志·番夷》。

③［明］王以宁：《东粤疏草》卷五《条陈海防疏》，广东省立中山图书馆抄本，1958。

④［清］印光任、张汝霖：《澳门纪略》上卷《形势篇》，广东高等教育出版社，1988，第19—20页。

茅屋营房”[①]。王士性称，“香山澳乃诸番旅泊之处，海岸去邑二百里，陆行而至，爪哇、渤泥、暹罗、真腊、三佛齐诸国俱有之。其初止舟居，以货久不脱，稍有一二登岸而拓架者，诸番遂渐效之”[②]。后来，葡人大量进入澳门，最后独占澳门，“(佛郎机)故举国而来，扶老携幼，更相接踵，今夷众殆万人矣”[③]。据《明史·佛郎机传》记载："久之，其来益众，诸国人畏而避之，遂专为所据。"[④]嘉靖末年至隆庆初年，葡萄牙人大批移居澳门，成为澳门的主要居民了[⑤]。万历元年（1573年），明朝政府允许葡萄牙商人每年交纳地租银五百两租住澳门进行贸易。万历十年（1582年），两广总督陈瑞，在葡萄牙人答应“服从中国官吏的管辖”的前提下，允许葡萄牙人租居澳门。

葡萄牙获准居住澳门，使澳门成为中葡贸易的中转站，澳门也成为葡萄牙与东南亚、印度的商贸枢纽，澳门逐渐崛起为海上丝绸之路的国际贸易中心。值得注意的是，虽然葡萄牙人获准租居澳门，并在澳门发展很快，势力也很大，但明朝始终对澳门拥有无可争议的主权。葡萄牙人在澳门的行为始终受到明朝政府的约束，不法行径也遭到明朝打击。如《香山县志》记载："夷人居澳者数百年来，时有纵恣，地方官所以制之者，率绝其口食，遂拊首受驭。互市既不可废，当以张鸣冈之言为至计。"[⑥]

二、澳门管理体制

澳门最初为香山县属番船停泊的海澳，定居人口很少，但是附近海盗活动较为频繁。澳门开埠后，各国商人进入澳门，但最初来到澳门的外国人并无固定住所，“其初止舟居，以货久不脱，稍有一二登岸而拓架者，诸番遂渐效之”[⑦]。嘉靖三十六年（1557年）以后，葡萄牙人大量进入澳门，至嘉靖四十一年（1562年），澳门人口为800人左右，葡萄牙人500至600人。嘉靖四十二年（1563年），

---

①[明]陈子龙：《明经世文编》卷三四二，吴桂芳：《吴司法奏议·议阻澳夷进贡疏》，中华书局，1962。

②[明]王士性：《广志绎》卷四《江南诸省》，中华书局，1993，第100页。

③[明]庞尚鹏：《百可亭摘稿》卷一《抚处濠镜澳夷疏》，清同治二年重印本。

④[清]张廷玉：《明史》卷三二五《佛郎机传》，中华书局，1974。

⑤汤开建：《明代澳门史论稿》(上卷)，黑龙江教育出版社，2012，第220—221页。

⑥[清]祝淮：道光《香山县志》卷四《海防》。

⑦[明]王士性：《广志绎》卷四《江南诸省》，中华书局，1993，第100页。

澳门人口增至5000人，其中中国人有4100人，葡萄牙人有900人[①]，葡萄牙人逐渐成为居住澳门的最主要的外国人。

对于澳门人口增多，以及繁荣的商贸情况，据葡萄牙人记载：

> 该聚居点在很短的时间内就扩大起来，现已超过两千户人家，而葡人至此聚居尚未到二十年，因为以往中国人不允许他们聚居，亦不允许任何其他外国人前来聚居。今后，天长日久，聚居点必将陆续扩大，因为这个岛屿是由印度运往中国与日本及东方其他各地的货物以及由这些地方运往印度的货物所必需的中转站。
>
> 因为凡是开到这个广东省的外国船舶，都必须在这个澳门岛的港口停泊，然后同陆地上的人进行交易，不准再深入，而由于外商纷至沓来，中国内地其他各省也就运来各种各样的货物。结果是澳门这个聚居地就在贸易上十分出名，东方各地各式各样的货物大批聚集于此。这样，一方面由于这里进行大量贸易，另一方面也由于这片土地十分安宁，它的人口和规模也就不断增加，可以预计，不久之后，它将成为这一带最富庶最繁华的城市之一。[②]

伴随着人口增多，葡人开始营建房屋，修建城防，一开始建的是草房，后来建的是土坯房。所建房屋越来越多[③]。后来又修建城垣和军事防御设施，增建炮台，形成一个葡人聚居地。同时，葡萄牙人也逐步开始以“自治”的形式对其内部进行管理。嘉靖三十九年（1560年），葡人组织一个自治机构，并选出首领、法官等人，处理澳门葡人内部事务。

然而，澳门隶属于香山县，明政府对澳门拥有领土、军政、司法、赋税、外贸等完整的绝对主权。嘉靖三十二年（1553年）澳门开埠后，明政府就开始在

---

①［葡］施白蒂：《澳门编年史》，澳门基金会，1995，第15、16页；黄启臣：《澳门通史》，广东教育出版社，1999，第9页。

②澳门《文化杂志》编《十六和十七世纪伊比利亚文学视野里的中国景观》，佚名：《市堡书（手稿），约1582》，里斯本，大象出版社，2003，第116—117页。

③澳门《文化杂志》编《十六和十七世纪伊比利亚文学视野里的中国景观》，《澳门的建立与强大记事，约1623》，大象出版社，2003，第194页。

澳门设官建置衙署，并逐步形成一整套管理体系，对澳门进行管理和控制。

1. 设立澳门提调、备倭、巡缉三行署

嘉靖三十三年以后，明政府开始加强对澳门的管理。澳门设置有备倭、巡缉、提调对澳门进行管理，据《香山县志》记载："澳门旧有提调、备倭、巡缉行署三所。"①提调即提调澳官，也称守澳官，其职责为对澳门葡人进行全面管理，其官署为提调衙门或提调司，"我设官澳以济彼饔飧，彼设小艇于澳门海口，护我私济之船以入澳，其不容官兵盘诘若此。我设提调司以稍示临驭，彼纵夷丑于提调衙门，明为玩弄之态以自恣，其不服职官约束若此"②。此段史料还显示，明政府在澳门还设有官澳。提调司为武职，"其提调司，务择武弁之能者居之，期于杜绝勾引，潜消窥伺，此亦内夏外夷之大防也。"③

明朝于洪武年间即设有备倭官员，备倭官的职责主要是防御倭寇，如史料载："皇明洪武二十七年七月，命安陆侯吴杰、永定侯张铨等率致仕武官往广东，训练沿海卫所官军以备倭寇。是时方有备倭之名。天下镇守凡二十一处。广东曰备倭巡视海道副使一员、都指挥一员、卫指挥一员专管巡海。听广东巡视海道副使、备倭都指挥节制。"④明中期，倭患严重，广东沿海重要港口多有备倭官，如《广东通志》记载：

> 备倭分三路。中路在广州府东莞县南头、屯门等澳，大战船八艘，乌艚二十艘，广海卫望峒澳战船四艘。嘉靖二十二年，海寇何亚八焚其大半。东路在潮州府柘林澳，战船二艘，乌艚十五艘。碣石、靖海、甲子门等澳艚船十艘，哨船各二只。西路在高州府石城、吴川湾澳，各哨船二艘。廉州府海面战船一艘。琼雷二府海港乌艚各六艘。雷州海港战船六艘。⑤

嘉靖三十六年（1557年），大量葡萄牙人进入澳门居住，设于香山县的备倭

①[清]申良翰：康熙《香山县志》卷十《澳彝》。

②[明]郭尚宾：《郭给谏疏稿》,《题为粤地可忧防澳防黎疏》。

③[明]田生金：《按粤疏稿》卷三《条陈海防疏》，版本未详，澳门大学图书馆藏。

④[明]张国经：崇祯《廉州府志》卷六《经武志·备倭》。

⑤[明]黄佐：嘉靖《广东通志》卷三十一《政事志四·兵防一》。

官随之移驻澳门，负责澳门海域的巡逻与海防。澳门备倭官主要是负责海上安全与打击倭寇，还直接与澳门葡人进行交涉和沟通，对澳门的管理起着十分重要的作用。史载："随据市舶司呈称，到澳会同香山县寨差官及提调、备倭各官，唤令通事、夷（原文作"夷事"）目、揽头至议事亭宣谕，督促各夷赴省。"①史籍中关于巡缉官的记载较少，巡缉官主要负责澳门城内的治安。

2. 设立关闸

嘉靖末年，明廷对澳门设关闸已有讨论。嘉靖四十三年（1564年），庞尚鹏关于对待澳门葡人的奏疏中提到，希望在澳门以北山经险要之处设置"一关城"："议者又欲将澳以上，雍麦（陌）以下，山径险要处，设一关城，添设府佐官一员，驻扎其间，委以重权，时加讥察，使华人不得擅入，夷人不得擅出，惟抽盘之后，验执官票者，听其交易，而取平焉，是亦一道也。"②

万历二年（1574年），明廷于澳门的莲花茎设有关闸，设官把守，加强对往来人员的管理及进行军事防卫。如记："佛郎机既据澳，至万历二年建闸于莲花茎，设官守之，而番夷之来日益众，吏兹土者皆畏惧，莫敢诘，甚有利其宝货，佯禁而阴许之。"③莲花茎地理位置突出，"莲花茎，即所谓一径可达者。前山、澳山对峙于海南北，茎以一沙堤亘其间，径十里，广五、六丈。茎尽处有山拔起，跗萼连蜷，曰莲花山，茎从山而名也"④。莲花茎位于澳门北部，连接香山和澳门，为香山至澳门的必经之地。澳门只有通过莲花茎方能抵达内陆，据记：

> 自香山县凤栖岭迤南凡一百二十里，至前山，又二十里，为濠镜澳，不至澳六七里，有山崭然断亘，沙堤如长桥，曰莲花茎。茎末山又特起，名莲花山。又伏又起，中曲坳，长五六里，广半之，直坤艮，是称澳焉。澳惟一茎系于陆，饶粮食，余尽海也。以故内洋舟达澳尤便捷。⑤

莲花茎的最高守官为把总，史载"香山壕镜澳，为粤东第一要害，以一把总

①台北"中央研究院"历史语言研究所编《明清史料》乙编第八本，《兵部题〈失名会同两广总督张镜心题〉残稿》，第754页。

②[明]庞尚鹏：《百可亭摘稿》卷一《陈末议以保海隅万世治安疏》，齐鲁书社，1997，第131页。

③[清]阮元：道光《广东通志》卷一二五《建置略一》。

④[清]印光任、张汝霖：《澳门纪略》上卷《形势篇》，广东高等教育出版社，1988，第19—20页。

⑤[清]阮元：道光《广东通志》卷一二五《建置略一》，[清]薛韫：《澳门记》。

统兵六百防守，无裨弹压。可移罗定东西一将，抽兵六百，协守澳门”[①]。万历后期，莲花茎因损坏而暂停，官员建议重修。万历四十年（1612年），两广总督张鸣冈建议恢复在莲花茎垒石为关，言："澳夷狡猾叵测，宜将虎头钦总改扎鹰儿浦，仍于塘基湾等处垒石为关，守以甲士四百人，余兵棋布缉援。"[②]其中的塘基湾即是莲花茎。

3. 其他监管官员

明代还在香山县设立参将来镇守澳门。万历四十二年（1614年），总督张鸣冈檄令驱倭出海，上言"因设参将于中路雍陌营，调千人戍之"[③]。万历四十六年（1618年），广东巡视海道副使罗之鼎言请将香山寨改为参将，增设营仓，加强守备，如记："宜以东山改设守备，隶西山参将提调，移其兵四百于鹰儿浦，合原兵为一千；而以香山寨改为参将，增置营仓，大建旗鼓，以折乱萌。"[④]天启元年（1621年），又设立前山寨，并派参将驻守，安排重兵进行把守，"天启元年，改设参将于前山寨，陆兵七百名，把总二员，哨官四员；水兵一千二百余名，把总三员，哨官四员，哨船大小五十号"[⑤]。

除此之外，明廷另有海道副使、海防同知等官员对澳门有较大的管理权限。嘉靖十五年（1536年），广东复设海道副使，"巡视海道副使一员，原议革，至嘉靖十五年，督抚侍郎钱如京议题复设"[⑥]。主管海防的海道副使被赋予经济管理职能。澳门开埠后，海道副使主管澳门税务征收，据庞尚鹏言："番商私赍货物至者，守澳官验实，申海道闻于抚按衙门，始放入澳，候委官封籍，抽其十分之二，乃听贸易焉。"[⑦]外国商船到澳门由守澳官进行检查，检查完毕后汇报给驻扎在广州的海道副使，然后海道副使派官员下澳抽分，抽分完毕后方许交易。

嘉靖三十五年（1556年），葡人莱昂内尔·德·索札（Leonel de Souza）向葡王约翰三世（King John Ⅲ）的兄弟路易斯亲王（Prince Luis）详细报告他与广

①《明神宗实录》卷五七六，万历四十六年十一月丙戌，台北"中央研究院"历史语言研究所校印，1962年影印本。

②《明神宗实录》卷四九九，万历四十年九月壬辰，台北"中央研究院"历史语言研究所校印，1962年影印本。

③[清]印光任、张汝霖：《澳门纪略》上卷《形势篇》，广东高等教育出版社，1988，第19—20页。

④《明神宗实录》卷五七六，万历四十六年十一月丙戌，台北"中央研究院"历史语言研究所校印，1962年影印本。

⑤[清]印光任、张汝霖：《澳门纪略》上卷《形势篇》，广东高等教育出版社，1988，第19—20页。

⑥[明]应槚：《苍梧总督军门志》卷六《兵防二》，岳麓出版社，2015。

⑦[明]庞尚鹏：《百可亭摘稿》卷一《陈末议以保海隅万世治安疏》，齐鲁书社，1997，第131页。

东海道副使谈判订立“和平协议”的经过，其言：“这一和平协议和关税是由广州城及广州地区的海道下令订立的。他是国家的高级官吏，相当于海军司令，负责海防并兼理市舶一切事宜。必要时，往往受任大权，亲自出马。”①由此可见海道副使全面负责澳门海防与征税。

嘉靖年间，海道副使对澳门事务有很大的管理权，责任也大，“至于海道巡历最为吃紧……每岁巡历濠镜一次，使彼恬然顾化，奸人安所播弄哉！若夫老万山为夷人出入门户，节经具题，加谨防备，容臣等径行酌议，或增兵设官以为万全计”②。海道副使作为海防官每年还要对澳门进行巡缉，重大事情与其他海防官要和海道副使商议，“凡事会同海道副使、海防佥事计议而行，仍听总督抚镇等官节制”③。

万历中期，明神宗为开拓财源，派宦官大榷天下。万历二十七年（1599年），市舶宦官李凤被派到广东总揽税务，市舶贸易征税权则由海道副使转移到市舶宦官手上。李凤到广东后恢复市舶司职权，将原由海防同知、市舶提举、香山县令共同负责的澳门征税工作从海道和府县中分离出来，市舶提举主要负责澳门征税工作。海道副使名义上“带管市舶”，但主要工作则是负责海防。据《罢采珠池盐铁澳税疏》记载：“香山澳税隶于市舶司，而稽察盘验责于香山县，申报司道，上下覈实，照额抽征，无所容其侵匿者也。”④税收隶于市舶司，而香山县负责稽察盘验。对这一时期市舶司负责澳门征税工作的记载屡见于史籍，如“广属香山为海舶出入襟喉，每一舶至，常持万金，并海外珍异诸物，多有至数万者。先报本县，申达藩司，令舶提举同县官盘验，各有长例”⑤，还有“审看得饷船出入，必由香山抽盘，必由市司投单”⑥。

崇祯四年（1631年），香山县的稽查盘验工作也弃之不顾，转由市舶负责。

①《莱昂内尔·德索萨关于一五五三至五四年协议的记述》，原件存葡萄牙里斯本东坡塔档密植馆，威·罗伯特·尤赛利斯（W. Robot. Usellis）著，周卓兰、张来源译：《澳门的起源》，澳门海事博物馆，1997，第43页。

②［明］田生金：《按粤疏稿》卷三《条陈海防疏》，版本未详，澳门大学图书馆藏。

③中国第一历史档案馆编《明清时期澳门问题档案文献汇编》(一),《兵部尚书冯嘉会为推补广州海防参将高应毓弹压香山濠镜等处夷船事题行稿》，人民出版社，1999。

④［清］张嗣衍：乾隆《广州府志》卷五三《艺文五》。

⑤［明］周玄暐：《泾林续记》，商务印书馆，1939。

⑥［明］颜俊彦：《盟水斋存牍》一刻《谳略》一卷，中国政法大学出版社，2002。

史载："查澳关之设，所以禁其内入，惟互市之船经香山县，原立有抽盘科，凡省城酒米船之下澳与澳中香料船之到省，岁有尝（常）额，必该县官亲验抽盘，不许夹带盐铁硝黄等项私货。立法之始，为虑良周。今甲科县官，往往避膻，不欲与身其间，而一以事权委之市舶，相沿陋规，每船出入，以船之大小为率，有免盘尝（常）例，视所报正税不啻倍蓰。"[①]

市舶提举不仅掌握澳门征税工作，还参与澳门的治安管理事务，据载："近者督抚萧、陈相继至，始将诸夷议立保甲，听海防同知与市舶提举约束。"[②]市舶提举还负责约束澳门葡人。因澳门贸易繁荣，市舶提举掌握征税权后遂驻扎香山，并在香山设有征税机构，"至澳夷内集，恐虞不测，合于澳门外建抽盘厂于香山、大埔、雍陌地方"。[③]抽盘厂就是在香山县设立的征税机构。此外，市舶司还在澳门城内设立征税机构，史载："夷人只许在澳上交盘，不许引类径至省内。各处把海把澳官兵严戢百工商贾，遇有阑出，多方设法侦捕。"[④]万历四十二年（1614年），李凤死于广州，市舶司失去市舶宦官的权力支持，重新变成有职无权的机构，其后税务征收又交回海道副使兼管。

为加强对澳门的管理，明政府增设海防同知职位，其职设于万历元年（1573年），"查得广州府海防同知设于万历元年，原驻雍陌，后因税监以市舶事体相临，辞回省城，今议仍以本官专驻其地，会同钦总官训练军兵，严加讥察。水路则覈酒米之载运，稽番舶之往来，不许夹带一倭；陆路则谨塘基环一线之关，每月只许开放二次，而夷商入广，限以人数，皆须香山验明给票，方许泊五羊河下。"[⑤]海防同知开始设立时驻扎在澳门以北陆路的雍陌，后来移至广州，万历末年又移回雍陌。海防同知的职责主要是对往来澳门的人员进行盘查。《明神宗实录》对海防同知盘查核验的职能有记载，"谓倭奴人犯，皆由奸人为之响导，近闽粤多贩海奸徒，而境澳亦畜奸薮泽，议将广州海防同知出镇雍陌，会同钦总

①《明清时期澳门问题档案文献汇编》(一),《兵部尚书熊明遇等为澳关宜分里外之界以香山严出入之防事题行稿》。

②［明］郭棐：万历《广东通志》卷六九《外志·番夷》。

③《明神宗实录》卷二四二，万历十九年十一月癸亥，台北"中央研究院"历史语言研究所校印，1962年影印本。

④［明］陈吾德：《谢山存稿》卷一《条陈东粤疏》，清嘉庆十八年刻本。

⑤［明］田生金：《按粤疏稿》卷三《条陈海防疏》，版本未详，澳门大学图书馆藏。

官严加查察，不许违禁狭带”[①]。

海防同知隶属于海道副使。万历四十二年（1614年），海道副使俞安性订立5条规定来约束和管理澳门葡人，并声明澳门葡人由海防同知管辖，“海道副使其属有海防同知，安性复条具五事，勒石永禁，与澳夷约，一切受海防同知管辖”[②]。可见海防同知似乎取代海道副使掌握对澳门的管理权。

此外，海防同知还参与外国商船的征税工作，“番商舟至水次，往时报至督抚，属海道委官封籍之，抽其十二，还贮布政司库变卖，或备折俸之用，余听贸易。隆庆间，始议抽银，檄委海防同知、市舶提举及香山正官，三面往同丈量估验”[③]。隆庆年间，外国商船到澳门经检验后，由香山县令、海防同知、市舶提举三位官员共同征税。

明廷在距澳门不远的东莞海防要地南头，增设南头海防参将，以便于对澳门进行监控，防止澳门葡人作乱。南头海防参将设于嘉靖四十五年（1566年），史载：“南头海防参将一员，嘉靖四十五年设，驻扎南头，兼理惠、潮。”[④]嘉靖末年，总督吴桂芳对东莞南头位置的重要性，以及此处“远可以防澳中番夷”描述得十分清楚，他认为海防参将带领的水军的主要职责是缉捕海盗船只，并“弹压香山濠镜澳等处夷船”：

> 东莞县南头地方，内为省城门屏之巨防，外为海舶襟喉之要隘，当此镇而设大将，屯重兵，甲士连云，楼船碍日，则内可以固省城之樊屏，外可以为诸郡之声援；近可以杜里海小艇劫夺之奸，远可以防澳中番夷跳梁之渐，诚计安之要术而善后之良图也。臣等欲并三哨之兵而稍减其数，别选精于水陆战阵兵夫，务足三千名，以今追出叛兵并白石贼大乌船二十只，增置哨马二十只，八桨船二十只，分拨三千人乘驾，选谋勇指挥二员分管，仍请乞特设参将一员总领，以威望素著、熟于水战者充之，名曰“督理广州惠潮等处海防参将”，照例请给

① 《明神宗实录》卷五五七，万历四十五年五月甲子，台北“中央研究院”历史语言研究所校印，1962年影印本。

② [清] 阮元：道光《广东通志》卷一二五《建置略二》。

③ [明] 郭棐：万历《广东通志》卷六九《外志·番夷》。

④ [明] 应檟：《苍梧总督军门志》卷二四《奏议二》，岳麓出版社，2015。

敕书、旗牌，令其居常驻扎南头地方，教演水战；有警督兵出海，剿捕海倭、贼盗。仍专一往来省城波罗庙、东洲官窑，上下缉捕里水行劫贼船，及弹压香山濠镜澳等处夷船，并巡缉接济私通船只，俱会同海道副使、海防佥事计议而行。①

天启元年，明廷加强澳门南部海岛的海防建设，在十字门设立寨堡，拱卫澳门地区，史载："遵澳而南，放洋十里许，右舵尾，左鸡颈，又十里许，右横琴，左九澳……纵横成十字，曰十字门，又称澳门云。其东南百里间，为老万山，孤岛具营垒。山东北注虎门，属番舶入中国道。……而澳夷出入洋，则不于虎门，于十字门，二门俱斜直老万山，十字门特近澳也。"②

明代为维护沿海治安，在沿海地区实行保甲制度。澳门开埠后，为加强对澳门葡人的管理，保甲制也推行到澳门地区。隆庆三年（1569年），工科给事中陈吾德《条陈广中善后事宜》上言："满伽刺等国番商素号犷悍，往因饵其微利，遂开濠境诸澳以处之，致趋者如市，民夷杂居，祸起不测。今即不能尽绝，莫若禁民毋私通，而又严饬保甲之法以稽之，遇抽税时，第令交于澳上，毋令得至省城，违者坐以法。"③对于陈吾德的建议，"上皆从之"，陈吾德建议获准实行。

葡萄牙人租居澳门后时常做出违法之事，为约束澳门葡人，明朝政府还通过颁布禁令来管理葡人。如香山县知县蔡善继制定《制澳十则》④。海道副使俞安性还订立禁约五条来管理葡萄牙人，并刻在石头上以示不忘⑤。

明政府通过各种措施加强对澳门的管理和控制，但官职之设时存时废，并未形成稳定化、规范化的管理制度。设官虽多，但有时多官共管一事，官员职责多有重叠，管理效率并不高效。但是，无论葡萄牙人在澳门如何发展，澳门葡人终明之世并未发生大的叛乱，澳门也始终是香山县治下的一个小岛。

---

①[明]应槚：《苍梧总督军门志》卷二四《奏议二》，岳麓出版社，2015。

②[清]阮元：道光《广东通志》卷一二五《建置略二》。

③《明穆宗实录》卷三八，隆庆三年十月辛丑，台北"中央研究院"历史语言研究所校印，1962年影印本。

④[清]阮元：道光《广东通志》卷一二五《建置略二》。

⑤[清]印光任、张汝霖：《澳门纪略》上卷《官守篇》，广东高等教育出版社，1988。

三、澳门税制

对居住于澳门的葡商，明朝政府依正德十二年（1517年）定例，对葡商抽税，比例为十分抽二。

（澳门）外环大海，接于牂牁，曰石硖海，乃番夷市舶交易之所。往年夷人入贡，附至货物，照例抽盘，其余蕃商私赍货物至者，守澳官验实申海道，闻于抚按衙门，始放入澳，候委官封籍，抽其十之二，乃听贸易焉。其通事多漳、泉、宁、绍及东莞、新会人为之，椎髻环耳，效蕃衣服声音。每年夏秋间，夷舶乘风而至，往止二三艘而止，近增至二十余艘，或又倍增焉。①

澳门开埠之后，前来澳门的外国船只也迅速增加，每年夏秋间，外船乘风而至，之前只有二三艘，此后猛增至二十余艘。

外国商人贸易船只到澳门后，先由守澳官进行检查，然后由守澳官报给海道副使，再由海道副使派官员进行抽分，外商货物没有经过抽分是不能进行发卖的。如："近日闽浙有倭寇之扰，海防峻密，凡番夷市易皆趋广州。番船到岸，非经抽分，不得发卖，而抽分经抚巡海道行移委官。"②海道副使负责澳门市舶抽分，但是却驻扎在广州，市舶贸易船只到澳门后，海道副使派员下澳进行抽分，番舶停泊澳门等待抽分时间较长，招致外商很大不满，如记："凡番舶抵澳，必一二月，官府乃为盘验抽分，番奴坐困，不得以货易粟，每厚贿执事，以捄饥饿，利归积猾，而夷人怨苦矣。"③长达一两个月的等待，期间又不得从事交易，许多外商甚至食物也无法交换到，面临饿死的境况。为逃避抽分和漫长的等待，外商往往在抽分官抽分之前，先将大部分贵重货物私卖，留存小部分货物等待抽分，如此则严重损害了明朝抽分的利益。

番船到岸，非经抽分，不得发卖。而抽分经抚巡海道行移委官，动逾两月，番人若必俟抽分乃得易货，则饿死久矣。故令严则激变之

①［明］庞尚鹏：《百可亭摘稿》卷一《陈末议以保海隅万世治安疏》，齐鲁书社，1997，第131页。
②［明］霍与瑕：《霍勉斋集》卷十二《上潘大巡广州事宜》，广西师范大学出版社，2014。
③［明］霍与瑕：《霍勉斋集》卷十一《贺香山涂父母太夫人荣封序》，广西师范大学出版社，2014。

祸生，令宽则接济之奸长。近来多失之宽，恐侮敌玩寇，闽浙之祸将中于广州也。[①]

为防止外商偷税逃税，霍与瑕建议番舶来澳之前，先选派廉洁干练的抽分官去澳门等候，番舶一到，立即抽分，不给番商私卖货物留时间。同时，提前给予中国商人澳票，让中国商人同抽分官一同前往澳门，买卖完毕即让中国商人离开澳门，毋得逗留。如记：

大约番舶每岁乘南风而来，七八月到澳，此其常也。当道诚能于五月间先委定广州廉能官员，遇夷船一到，即刻赴澳抽分，不许时刻违限，务使番船到港，不俟申覆都台，而抽分之官已定。番货在船，未及交通私贩，而抽分之事已完，所谓迅雷不及掩耳。此当预者一也。于六月间，先责令广州府出告示，召告给澳票商人，一一先行给与，候抽分官下澳，各商亲身同往，毋得留难，以设该房贿窜。此当预者二也。抽分早则利多入官，澳票先则人皆官货，私通接济之弊，不禁而自止矣。上益国课，下芟民奸，默锡苍生之福，潜消未形之祸，莫切于此。[②]

面对上述征税诸多弊端，隆庆以后，澳门进行相应税制改革。首先，为防止抽分官员的贪污，丈抽时须由香山县令、海防同知、市舶提举共同征税，官员互相监督和牵制。“澳门番舶，外国宝贝山积，皆县官司其榷课。”[③]万历《广东通志》记载：“番商舟至水次，往时报至督抚，属海道委官封籍之，抽其十二，还贮布政司库变卖，或备折俸之用，余听贸易。隆庆间，始议抽银，檄委海防同知、市舶提举及香山正官，三面往同丈量估验。”[④]即船舶到澳门后，香山县令、海防同知、市舶提举共同丈量船只大小，并进行征税。

其次，隆庆五年（1571年），将抽分制改为丈抽制，税收从征收实物改为征

①［明］霍与瑕：《霍勉斋集》卷十二《上潘大巡广州事宜》，广西师范大学出版社，2014。

②［明］霍与瑕：《霍勉斋集》卷十二《上潘大巡广州事宜》，广西师范大学出版社，2014。

③［明］霍与瑕：《霍勉斋集》卷十一《贺香山涂父母太夫人六十一序》，广西师范大学出版社，2014。

④［明］郭棐：万历《广东通志》卷六九《外志·番夷》。

收白银。《粤海关志》记载："隆庆五年，以夷人报货奸欺，难于查验，改定丈抽之例。"[①]其征税程序为"每年洋船到澳，该管澳官员报香山县，通详布政司并海道俱批，市舶司会同香山县诣船丈抽，照例算饷，详报司、道，批回该司照征饷银。各夷办纳饷银，驾船来省，经香山县盘明造册，报道及开报该司，照数收完饷银存库。"[②]其中明确记录当时征税办法为丈抽制，且税费支付方式为白银。同时，是官员下澳征税，而不是葡萄牙船只进入广州贸易在广州进行征税。征税是"洋船到澳"时征收，可判断应为进口税，并未记载要征收出口税。丈抽制的具体办法为根据船舶载货量：

> 每一舶从首尾两艕丈过，阔若干，长若干，验其舶中积载出水若干，谓之水号，即时命工将艕刻定，估其舶中载货重若干，计货若干，该纳银若干，验估已定，即封籍其数，上海道，转闻督抚，待报征收。如刻记后水号微有不同，即为走匿，仍再勘验船号出水分寸又若干，定估走匿货物若干，赔补若干，补征税银，仍治以罪。号估税完后，贸易听其便，计每年税银约四万余两备饷。[③]

番舶到澳门后，海防同知、市舶提举及香山知县共同丈量船只大小，标记船只吃水深度，根据船只吃水深度来估计船载货重量，计算出应纳税额。估验完毕，将税额报送督抚。估验后若船只吃水深度有变化，即判定船只有走匿货物，不仅要补交税费，还要被治罪。征税标准是根据船只大小和吃水深度来收税，税收类型为船税。

但外国商人往往贿赂抽分官，致使抽分官隐瞒税额，造成明朝税收流失。据葡萄牙人记，"载运货物进入的各类船只，按船只大小交税（五百或六百坎迪尔[candis]的帕塔索船[patachos]交五百或六百澳门元）。不过丈量船只的时候可以向丈量者行贿，使他高抬贵手，这样[中国]国王的收入就会少得多，因为丈量员们关心自己的收入甚于关心他们国王的收益；另外，他们并不注意船上载

①[清]梁廷枏：《粤海关志》卷二二《贡舶》，广东人民出版社，2002。

②万历四十八年《广东赋役全书》。

③[明]郭棐：万历《广东通志》卷六九《外志·番夷》。

运什么货物。”[①]汤开建先生认为，为解决丈抽制的弊端，明政府于万历二十六年（1598年）起，开始实行定额税银制[②]。明后期，澳门地区税收制度从实物税转向货币税，从抽分制变为丈抽制，不仅防止偷税漏税，增加政府收入，更促进明代税收制度日益发展。

第三节　广州交易会

正德年间，广东实行抽分制，使市舶贸易公开化。嘉靖年间，允许葡萄牙人租居澳门，促进对外贸易的发展。同时，明中后期，明政府还允许葡萄牙人进入广州贸易，形成季节性商品交易会。

一、广州交易会的发展历程

屯门海战爆发后，明廷驱逐葡萄牙人，不允许其进入广东，葡萄牙人遂在粤、闽、浙沿海从事走私贸易。如耶稣会士方济各·沙勿略（Francis Xavier）在上川岛写给弗朗西斯科·佩雷斯（Francisco Peres）神父的信说：“多亏我主的慈悲、怜悯，迪奥戈·佩雷拉的大船及所有乘客安全无恙地来到了上川港。在此我们遇到了许多其他商人的船只。上川港距广州三十里格。许多商人从广州城赶来此地与葡萄牙人交易。葡萄牙人不断与他们打交道，看看是否有人愿意带我去广州城。”[③]费赖之［Louis（Aloys）Pfister］也记载到：“时中国禁与葡萄牙人通商，葡萄牙人只能与华人私相贸易；广东官吏有利可图，遂视若无睹。中国船舶载土货至上川，以易欧洲船舶所载之货物而归。”[④]由于葡萄牙人在福建沿海一带进行走私贸易，致使嘉靖时期“倭患”日趋严重，明廷调集兵力予以沉重打击。在这种情况下，葡萄牙人被迫返回广东，寻求新的贸易机会。

克路士在《中国志》记载，“因为自1554年以来，莱昂内尔·德·索札任少校，和中国人订立条约，说我们要向他们纳税，他们则让我们在他们港口进行贸

①澳门《文化杂志》编《十六和十七世纪伊比利亚文学视野里的中国景观》，安东尼奥·博卡罗《要塞图册》，大象出版社，2003，第224页。

②汤开建：《明代澳门史论稿》（下卷），黑龙江教育出版社，2012，第664—668页。

③顾卫民：《中国天主教编年史》，上海书店出版社，2003，第59页。

④［法］费赖之：《在华耶稣会士列传及书目》，冯承钧译，中华书局，1995，第3—4页。

易。从此后，我们便在中国第一港口广州作贸易。中国人带着丝绸和麝香上那儿去，这是葡人在中国购买的主要货物。”[①]这些似乎说明葡萄牙人通过谈判，获得了与中国贸易的许可，条件是要向明政府纳税。但是据当时对海事颇为熟稔的郑舜功在《日本一鉴》记载，葡萄牙人是采取了更换国名，“冒他国名”的办法[②]。

因葡萄牙人之前与明交恶，明政府规定只要是葡萄牙人船只到来，一律驱逐。故葡人只好冒充他国之名“诳报海道”，并贿赂海道副使汪柏，才得以进入广东贸易。

嘉靖三十八年（1559年），明朝因为海道侵扰，出于海防形势需要，禁止葡萄牙人前往广州贸易。据《广东通志》记载："三十八年，海寇犯潮，始禁番商，毋得入广州。”[③]《要塞图册》也记载广州货物交易会的不稳定：

> 广州举办货市，其他地方也有许多货市。但这种事不能肯定，因为有时就少得多，比如中国人对葡萄牙人做的什么事情或者给他们的什么东西不满的时候，或者某个中国人被杀，这类事经常出现，这时他们便扣押前去取货物的兰特伊亚船（Lanteia），并且逮捕开货市的主要人物。[④]

对于广州交易会，一些官员出于海防需要也上奏禁止。隆庆三年（1569年），工科给事中陈吾德上奏言："满伽剌等国番商素号犷悍，往因饵其微利，遂开濠镜诸澳以处之，致趋者如市，民夷杂居，祸起不测。今即不能尽绝，莫若禁民毋私通，而又严饬保甲之法以稽之，遇抽税时，第令交于澳上，毋令得至省城，违者坐于法。”[⑤]陈吾德担心“祸以不测”，但也认为禁绝之也是无法做到的，要求严饬保甲进行稽查，并规定他们只能在澳门交易，不允许进入广州城。

明政府何时再次开放一年一次的广州交易会，学者存在不同看法。李庆新

---

①[英] 博克塞：《16世纪中国南部行纪》，克路士《中国志》，何高济译，中华书局，1990，第131页。

②[明] 郑舜功：《日本一鉴》卷六《海市》。

③[明] 黄佐：嘉靖《广东通志》卷六八《外志五·杂蛮》。

④澳门《文化杂志》编《十六和十七世纪伊比利亚文学视野里的中国景观》，安东尼奥·博卡罗：《要塞图册（手稿1635年）》，大象出版社，2003，第224—225页。

⑤《明穆宗实录》卷三八，隆庆三年十月辛丑，台北“中央研究院”历史语言研究所校印，1962年影印本。

认为1578年即万历六年以后，葡萄牙人又获准到广州参加每年一次的交易会[①]。汤开建征引外文史料，认为葡萄牙人再次出现在广州交易会上，大约在隆庆末年（1571年或1572年）[②]。

万历八年（1580年），广州交易会从一年一次改为一年两次。据龙思泰《早期澳门史》记载："开始时市场每年开放一次，但从1580年起，根据两次不同的季候风，每年开放两次。贸易的经理人，从1月份其采购运往印度和其他地方的货物，从6月份起采购运往日本的货物。每年两个月，三个月，有时是四个月。"[③]《利玛窦中国札记》也记载：

> 葡萄牙商人已经奠定了一年举行两次集市的习惯，一次是在一月，展销从印度来的船只所携来的货物，另一次是在六月末，销售从日本运来的商品。这些市集不再像从前那样在澳门港或在岛上举行，而是在省城本身之内举行。由于官员的特别允许，葡萄牙人获准溯河而上至广东省壮丽的省会作两天旅行。[④]

广州交易会春夏各举行一次，春季一般在1月，夏季在6月，每次交易时间持续2至4个月，外商可展销从印度等地带来的货物，也可采购中国货物销往海外地区。徐萨斯《历史上的澳门》记载："一个连续数月的集市首次在广州举行后，以后1年2次：1月份澳门商人开始购买发往马尼拉、印度和欧洲的商品；6月份则购买发往日本的商品，以便及时备好货物，使商船能在东南和东北季风开始时按时启航。"[⑤]

由于广州交易会商贸发达，为明廷带来利润，故贸易维持时间也较久。天启年间，"1625年6月，有一百多名澳门市人正在广州的货市上为前往日本的航行

①李庆新：《明代海外贸易制度》，社会科学文献出版社，2007，第351页。

②汤开建：《明代澳门史论稿》，黑龙江教育出版社，下卷，2012，第677页。

③［瑞典］龙思泰（Anders Ljungstedt）：《早期澳门史》，吴义雄、郭德水、沈正邦译，章文钦校注，东方出版社，1997，第108页。

④［意］利玛窦、［比］金尼阁：《利玛窦中国札记》第二卷，何高济、王遵仲、李申译，中华书局，1983。

⑤［葡］徐萨斯：《历史上的澳门》，黄鸿钊、李保平译，澳门基金会，2000，第40页。

购买货物”[①]。崇祯初年，荷兰总督在给巴达维亚总督的信中写到：“（1629年2月10日）澳门的葡萄牙人已和中国贸易130年之久，贸易方式经由特殊的付款及送礼，其大使经皇帝特准居住于此，其商船到广东参加每年两次的年集，购买货物。”[②]说明此时的广州交易会贸易形式仍然存在。

崇祯四年（1631年），广东官府认为葡萄牙人扰乱市场秩序，不服从管制，于是宣布关闭广州市场。广州市场的禁令虽然下达，但是葡人仍然赴广州贸易。明末，因东北部边防吃紧，东南海寇又起风波，部分大臣表达了对武器装备精良的葡萄牙海船的担忧，如崇祯七年（1634年），胡平运上奏：“臣窃惟今日之患，澳夷与海寇而已。……其一在澳夷住濠镜澳，凡番、南、东、顺、新皆可扬帆直抵，其船高大如屋，重驾番铳，人莫敢近，所到之处，硝磺刀铁，子女玉帛，公然搬运。沿海乡村，被其掳夺杀掠，莫敢谁何，至杀伤官兵，上司亦莫敢问。往者哨船不过数只，今打造至于近百，出入无忌，挟制官司；往者夷数不满千人，今者报至数万，一旦有警，此数万夷人，何逞不得？此大可忧也。”[③]出于海防安全的考虑，明廷于崇祯十三年（1640年）正式宣布对澳门葡人关闭广州市场，持续80余年的广州交易会就此终结。

二、广州交易会之贸易

广州交易会允许外商上省交易，是对外贸易制度的进一步开放，促进对外贸易的发展和海上丝绸之路的繁荣。广州交易会允许海外诸国参加，而葡萄牙是交易会的主要参与者。在广州交易会上，葡萄牙商人从海外带来白银，购买中国的丝绸、瓷器、麝香等产品，其中最主要的输出品为丝绸。同时，还带来海外各国的商品，如印度的琥珀、珊瑚、象牙等。据《日本天正遣欧使节团》载：“（1590年）这种蚕丝是如此的多，每年可以载满由印度开来澳门的船，其中至少一艘是前来我国（日本）的，这些丝绸不但在印度使用，也带到葡萄牙去。不光是生丝运到那边去，而且还有各式各样的丝织品，因为中国人的织造术是十分出色

①澳门《文化杂志》编《十六和十七世纪伊比利亚文学视野里的中国景况》，科尔特斯《中国旅行记》，大象出版社，2003。

②［英］甘为霖（Rev. William Campbell）：《荷据下的福尔摩莎》，李雄挥译，台北前卫出版社，2003，第74页。

③［清］戴肇辰：光绪《广州府志》卷一二二《列传十一·胡平运传》。

的。”[①]《利玛窦中国札记》也记载了外商对中国丝绸的喜爱，“我也毫不怀疑，这就是被称为丝绸之国（Serica regio）的国度，因为在远东除中国外没有任何地方那么富产丝绸，以致不仅那个国度的居民无论贫富都穿丝着绸，而且还大量地出口到世界最遥远的地方。葡萄牙人最乐于装船的大宗商品莫过于中国丝绸了。他们把丝绸运到日本和印度，发现那里是现成的市场。住在菲律宾群岛的西班牙人也把中国丝绸装上他们的商船，出口到新西班牙和世界的其他地方”[②]。葡萄牙等国商人携白银来到广东，大量购买丝绸，并将其销往世界，利润丰厚。

对于当时葡萄牙人进行的国际贸易，《历史上的澳门》记载了详细的路线与运载的商品：

> 远东与欧洲的贸易为葡萄牙王室所垄断。一支王家船队每年从里斯本起航，通常满载着羊毛织品、大红布料、水晶和玻璃制品，英国造的时钟，佛兰得造的产品，还有葡萄牙出产的酒。船队用这些产品在各个停靠的港口换取其他产品，船队由果阿去柯钦，以便购买香料和宝石，再从那里驶向满剌加，购买其他品种的香料，再从巽他群岛购买檀香木。然后，船队在澳门将货物卖掉，买进丝绸，再将这些连同剩余的货物一起在日本卖掉，换取金银锭。这是一种能使所投资本成2倍或3倍增长的投机买卖。船队在澳门逗留数月后，从澳门带着金、丝绸、麝香、珍珠、象牙和木雕艺术品、漆器、瓷器回国。葡萄牙国王为自己保留了东方贸易中最大的特权。他给予有功的大臣的最大实惠就是准许他们用一两艘大帆船运来东方商品，卖给里斯本的商人，以获巨大利润。[③]

葡萄牙人从与中国的贸易中，获得了巨额利润。他们购买中国的丝绸、瓷器等，也给中国带来大量白银，据载：“每年运到那个叫做广州的城市的白银，就至少有四百个塞斯特尔休，但一点儿白银也都没有从中国流出境外。”[④]大量白银

①澳门《文化杂志》编《十六和十七世纪伊比利亚文学视野里的中国景况》，孟三德：《日本天正遣欧使节团》，大象出版社，2003，第154页。

②[意]利玛窦、[比]金尼阁：《利玛窦中国札记》第一卷，何高济、王遵仲、李申译，中华书局，1983，上册，第43页。

③[葡]徐萨斯：《历史上的澳门》，黄鸿钊、李保平译，澳门基金会，2000，第40页。

④澳门《文化杂志》编《十六和十七世纪伊比利亚文学视野里的中国景况》，孟三德：《日本天正遣欧使节团》，大象出版社，2003，第154页。

输入中国，不仅促进经济发展，更促进中国货币支付手段向白银转变。

在广州交易会上，有丰富的中国商品，全国各地的商人将货物运到广东港口与外商交易，如记：

> 中国物产是这么丰富，它可以充足地供应全世界某些货物。汉人将全国各地的货物送到易于脱售的城市或港口。例如以前西班牙人对中国或汉人到马尼拉的贸易，商人习惯送商品到三乡岛（Sanxian），后来送到兰巴卡（Lampacas，即香山县浪白滘），葡萄牙人在那里建立基地已14年。然后又送到澳门和广州的市集，但是商品这么多，葡萄牙人根本买不完。从北方或内地来赶集的商人看到商品未售完，以为有利可图，就用自己的船载到马尼拉、暹罗、锡江（Macassar，一译望加锡，印度尼西亚海港，在今苏拉威西岛西南部）等地，最后常在海上遭到不幸或损失，特别是遇到海盗，使他们无法继续航行下去。①

繁荣的贸易使广州商品一度出现滞销情况。因此，中国内地商人甚至驾船出海出售商品。

繁荣的贸易还促进了交易方式的变化，葡萄牙人不仅前来广州购买需要的货物，还可以根据市场需要订购国外热销的货物。1629年，荷兰总督在给巴达维亚总督的信中写到："（1629年2月10日）澳门的葡萄牙人……也许获得比马尼拉和我们更多的利益，因为长期的居住使他们较知道哪里有好货，还有哪些珍奇异物。他们也有机会可以订货，要求特定长、宽、重和图样的丝制品，因为他们知道什么规格的可获利最高，可在哪里卖，印度或日本或葡萄牙等。"②

虽然广州允许外商前来贸易，但广州作为省城所在地，其治安管理及城市安全极为重要，所以，明廷还制定诸多条例对外商进行管理，维护省城治安。白天，葡萄牙商人被允许进行贸易，但是晚上不得留宿广州城，必须住在船上，交易地点也往往被限制在城外，"时葡萄牙人与中国贸易，每年有一定时期，限在广州附郭举行，日入后葡萄牙人必须归舟，不许逗留中国境上"③。葡萄牙平时只

①［英］甘为霖：《荷据下的福尔摩莎》，李雄挥译，台北前卫出版社，2003，第77页。

②［英］甘为霖：《荷据下的福尔摩莎》，李雄挥译，台北前卫出版社，2003，第74页。

③［法］费赖之：《在华耶稣会士列传及书目》，冯承钧译，中华书局，1995，上册，第24页。

能在澳门贸易，来广州交易，只能在广州交易会期间，而且他们也不能随意走动或了解中国市场，进行讨价还价，只能由中国商人来定价，但这并不影响葡萄牙人的巨额贸易利润，“(葡萄牙人)在广州并无据点，准许他们每年前往一次，而且只限于在城外前面的海珠小岛上；除此之外，只准他们在澳门贸易，且得由中国官吏任意制订管理条例，并任由中国商人索价。即使在这种情况下，他们的贸易每年仍达一百万两。”①再如《利玛窦中国札记》记载：“在这里，他们必须晚间呆在他们的船上，白天允许他们在城内的街上进行贸易。然而，这是在许多守卫和戒备之下进行的，显然是当地人民仍然对外国人心存疑惧。这种公开市场的时间一般规定为两个月，但常常加以延长。记述这种每半年一次的市集的原因之一是，它们为福音的信使们深入中国内地提供了最早的、唯一的通道。”②

与此同时，为防止大量外国人涌入城内，政府官员甚至只让葡萄牙人委派一定数量的代表前往广州购买货物，并对其行动进行限制，据载：

> 为了满足我的愿望，当葡萄牙人去购买发往印度的货物的广州(Canton)交易会(fiera)或市集(mercato)的时间来临时，我把我的现金交给了代表们。从澳门市民中选出四五人，任命他们以大家的名义去购货，以便货物价格不出现变化。代表们乘中国人的船被送往广州，……这些船名叫龙子划(lantee)，类同日本的黑船(funee)，以桨航行。……葡萄牙人不得离开这些船只。只有白天允许他们上岸行走，入广州城商讨价格，观看货物，商定价格。定价称作“拍板”(dare la pancada)。之后，可以这一价格购买各人欲购的货物，但在商人代表订立合同前，任何人不得采购。入夜后，所有人返回龙头划船上进食休眠。一边购货一边根据葡人的需要将其以龙头划船运至来自印度的大舶或澳门。③

① [美]马士：《东印度公司对华贸易编年史》，区宗华译，林树惠校，章文钦校注，广东人民出版社，2016，第19页。

② [意]利玛窦、[比]金尼阁：《利玛窦中国札记》，何高济、王遵仲、李申译，中华书局，1983，上册，第144页。

③ 金国平编译《西方澳门史料选萃(15—16世纪)》，广东人民出版社，2005，第272—273页。

明代前中期朝贡贸易体制下，对朝贡商人进行严格管理，只有正使方许入城，所带货物允许其在北京会同馆进行为期五天的贸易。而到了明后期的广州交易会，允许外国商人入城交易，是对外贸易制度的进一步开放和进步。虽有其局限，但也给明政府带来巨大利益，如记："且军门军饷，取给广州者，每岁不下三十余万，皆自榷税中来。"[①]

广州地区税收征收方式为丈抽制，据记："中国关税的缴纳方法不像我们，而是像暹罗的交纳法一样，即以腕尺为单位，从船头到船尾测量载货到中国的船只，交付税款按腕尺计算，每腕尺应该是多少。（原注：然而，1578年以后，葡萄牙人除了要缴纳关税外，还得缴停泊税。）目前中国的纳税方式和现有税率，是由葡人和广州官员参考跟这些葡人做生意的中国人的意见制定的。（原注：这项协议是1554年由莱昂内尔·德·索札与广东官员签订的）如果他们按照原有关税，现有关税比以前重。"[②]由此可见，广州地区已实行丈抽制征收关税。

葡萄牙人在澳门与中国商人交易时，明政府只收船税，货物进出口税全部由下到澳门进行贸易的中国商人承担，这十分不利于中国商人的贸易。万历年间，广州开始对出口货物征收出口税，史载："运出货物的税在广州交纳，中国人这座城市与澳门之间有一条河相连，距离为三十里格。广州举办货市，其他地方也有许多货市。"[③]运出货物缴纳的税即为出口税，凡是从广州贩货出洋的商人，不管是中国商人还是外国商人，均需缴纳出口税，不同于澳门地区只对葡萄牙商人征收船税的税收体制。《早期澳门史》记载："进口的货物在估价后，以硬币支付税款，到1582年，则拒收银子。据一份古老的文献记载，从1579年开始，葡萄牙人必须在广州缴纳出口税。"[④]《香山县志》也记载："（万历四十二年）凡蕃船到澳，许即进港，听候丈抽。如有抛泊大调环、马骝洲等处外洋，即系奸刁，定将本船人货焚戮。……凡彝趁贸货物，俱赴省城公卖输饷。如有奸徒潜运到澳与彝，执送提调司，报道，将所获之货，尽行给赏首报者，船器没官，敢有违禁接买，一并究治。"[⑤]从嘉靖到万历年间，广州商贸税收从只征收船税到征收进出口

①汤开建汇释、校注《利玛窦明清中文文献资料汇释》，上海古籍出版社，2017，第3页。

②转引自李庆新：《明代海外贸易制度》，社会科学文献出版社，2007，第257页。

③澳门《文化杂志》编《十六和十七世纪伊比利亚文学视野里的中国景观》，安东尼奥·博卡罗《要塞图册》，大象出版社，2003。

④[瑞典]龙思泰：《早期澳门史》，吴义雄、郭德水、沈正邦译，章文钦校注，东方出版社，1997，第108页。

⑤[清]申良翰：康熙《香山县志》卷十《澳彝》。

税，税收体制逐步完善，有利于为明政府挽回税收。

三、广州允许商民出海贸易

澳门开埠后，允许外商前来澳门进行贸易；同时，中国商人也允许下澳贸易。隆庆年间，福建部分开海，允许商民出海贸易，但不允许外国商人前来福建进行贸易。对于福建、广东不同的贸易政策，时人多有认识。如荷兰人玛得力夫（C. Mare lie）言："假如我们要寻求贸易机会，就只能前往广州。因为中国皇帝颁令，漳州可发舶前往各国，但不准外国人前去。与此相反，外国人可到广州，但不许华船从广州前往外国。违者处以重刑。"[①]

广州实行"交易会"贸易形式，允许外商赴广州贸易，对外贸易政策进一步开放。明代后期，广东沿海商民私自出海贸易更是屡禁不止，据《登坛必究》载："闽广商民以贩海为业，寸板不许下海，其禁难矣。"[②]面对兴盛的走私贸易，官府不得不调整政策，允许商民自广州出海贸易。嘉靖四十一年（1562年），明世宗下令对"开互市"问题进行讨论。郑若曾就广州出海贸易问题言道："一面修吾海防，不容夷船舶近岸。贩货出海者，关口盘诘，勿容夹带焰硝之类；载货入港者，官为抽税，以充军饷。岂不华夷两利，而海烽晏如也，此之谓以不治治之也。见今广东市舶司处西洋人用此法。"[③]广东海商允许出海贸易一事也得到嘉靖间担任过广州府知府的福建人谢彬的证实，据他所言："前在广州，患乌槽之为害，逐一编号，轮流上班。该班者藉其兵力出海捕贼。下班者听其揽载商货，前往海南等处贸易。彼有所利自不为盗，而官府亦赖其用，足省兵粮。"[④]由此可见，嘉靖后期已经开放广东沿海乌槽船出海贸易。乌槽船型细小，多以沿海航行为主。故广东商民出海贸易以中南半岛国家为贸易对象，如越南北部的交阯、中部的广南、柬埔寨和暹罗等地。隆庆年间，何维柏建议广东政府允许商民出海贸易，"稍弛报税之禁，以通岛舶之利。居民大贾，听其自行打造，随便贩贸，则乌艚巨舰日渐众多，一旦有急，输流刷掳，可济险艰，……且弛税通商，生理

①［荷］包乐史：《中荷交往史（1601—1999）》，庄国土、程绍刚译，［荷］高柏校，路口店出版社，1989，第40页。

②［明］王鸣鹤：《登坛必究》卷十《两直各省事宜・广东》，解放军出版社，1989。

③［明］邓钟：《筹海重编》，《四库全书存目丛书》史部第二二七册，齐鲁书社，1996，第201页。

④［明］梁兆阳：崇祯《海澄县志》卷十九《艺文志》，［明］谢彬：《剿抚事宜议上邓司理》。

阜通，则骁悍之徒日鲜从贼。”[①]何维柏认为开放海外贸易，收税通商，有利于民生，百姓就不会沦为贼寇。

万历年间，总督两广兵部右侍郎张鸣冈指出浙江不开市，福建则是“有往无来”，广东开放互市，然而在具体管理上也存在隐忧：

> 粤与闽、浙同一防倭也，而浙未尝与夷市，闽市有往无来。彼睐海上双凫龙飞，皆湾弧向之，无敢闯入。乃粤则与诸夷互市而谢绝之难，市则夹带，倭夷杂处，而辨别之难。澳夷盘据内地，近且匿养倭奴以为牙爪，则驱逐之难。闽、广奸人窜入澳中，搬唆教诱，则提防之难。至近日白艚盛行，在闽者，以贩米为名，拒之则病邻，而不拒则交通百出。在粤者以贸货为名，禁之则阻绝生理，而不禁则通澳通倭，弊不胜究，法不胜设。然为地方弭隐忧，则必严禁曲防，毋姑息养乱之为得也。[②]

万历六年（1578年），朝廷允许广东、福建地方政府在对海外贸易严加管制的前提下，准许商民出海贸易，史载：“今（两广）总督凌云翼议将下番船舶，一一由海道挂号，验其丈尺，审其货物，当出海回籍之候，俱欲照数盘验，不许夹带违禁货物。福建刘思问一谓漳州澳船，须令赴官告给，船由文引，并将货物登记。二谓泉、漳商船无可办查，要行该有司将大小船只编刻字号，每船十只，立一甲长，以文为验。”[③]根据上述史料可知，商民出海贸易需要先取得官方发放的文引，然后将船只尺寸、所带货物进行详细登记，还需要经过官员的检验，严禁商民夹带违禁货物。

明代王鸣鹤《登坛必究》记载：“今开之于收汛之时，则商贾之利通；禁之于出汛之时，则接济之奸绝。且出汛官兵，凡遇海上异船，便可扬帆追击，而贼船不得假商船以入内地，此海防上策也。然必闽广通行，使商民明知春汛四阅月以清明前为始，冬汛二阅月以霜降前为始，惟此二汛，海禁不得故违，余时听

①［明］何维柏：《天山草堂存稿》卷二《闻会省警变亟与抚台李公条议》，广西师范大学出版社，2014。

②《明神宗实录》卷五〇九，万历四十一年六月戊子，台北“中央研究院”历史语言研究所校印，1962年影印本。

③《明神宗实录》卷八一，万历六年十一月戊申，台北“中央研究院”历史语言研究所校印，1962年影印本。

其往来，则航海者知其趋避，而防汛、通商两不相病矣。噫！常情难与虑始，惟在决断行之耳。”[①]此则史料说明，禁绝闽广商民出海贸易几无可能，只能加强海防，对出海贸易进行严格管理，使“防汛、通商两不相病”。

对于明后期广州商民出海贸易情况，屈大均在其《广东新语》中也有详细记载：“广州望县，人多务贾与时逐，以香、糖、果、箱、铁器、藤、蜡、番椒、苏木、蒲葵诸货，北走豫章、吴、浙，西北走长沙、汉口，其黠者南走澳门。至于红毛、日本、琉球、暹罗斛、吕宋，帆踔二洋，倏忽数千万里，以中国珍丽之物相贸易，获大赢利。”[②]海外贸易使广州商人受益颇巨。

明代后期，地方政府虽然允许商民自广州出海贸易，不过在严峻的海防形势下，出海贸易政策时有反复。

第四节　月港体制

一、月港开禁

正德年间，葡人东来，企图同中国进行贸易。正德末年，因屯门海战爆发，明廷尽逐广东葡人，通商受阻的葡人遂沿东南沿海北上寻求贸易，葡人在闽人、浙人的导引下，在福建、浙江、广东沿海进行走私贸易，史载：“（嘉靖）二十六年，有佛朗机船载货泊于浯屿，漳、泉贾人往贸易焉。”[③]葡人相继在双屿港、浯屿、南澳等岛屿建立贸易据点，这些岛屿方便与中国内地民众交易，并便于把交易的货物迅速转运往其他地方，实际上成了国际贸易的中转站，不但冲击传统的朝贡贸易体制，而且刺激中国沿海民众下海贸易。

随着澳门开埠，以及广州开始实行每年一次的交易会，广东海外贸易相对繁荣，且获利颇多。同样位于东南沿海的福建、浙江则因防倭需要厉行海禁，关闭对外贸易。福建背山面海，山多田少，沿海居民多倚重商贸为生，关闭对外贸易严重影响人民生计。开海的呼声得不到回应，沿海居民便下海私通番夷，从事走私贸易，明廷不仅无法征税，而且还威胁着海防安全。

①［明］王鸣鹤：《登坛必究》卷一〇《两直各省事宜·广东》，解放军出版社，1989。

②［清］屈大均：《广东新语》卷一四《食语·谷》，中华书局，1985。

③［明］张燮：《东西洋考》卷七《饷税考》，中华书局，1981，第110页。

对于两省政策的不同，时人也颇有看法，“今广东市舶，公家尚收其羡以助饷，若闽中海禁日严，而滨海势豪，全以通番致素封。频年闽南士大夫，亦有两种议论，福、兴二府主绝，漳、泉二府主通，各不相下，则何如官之为市，情法可并行也。况官名市舶，明示以华夷舟楫，俱得住泊，何得宽于广而严于闽乎。况迩年倭侵高丽，亦何曾问闽、广海道也。”①

此外，福建地方因连年剿灭倭寇，加强海防，地方政府财政紧张，开海贸易可为地方政府带来税收收入，因此，地方官员也呼吁开海。邓钟《论海市》言：

> 市舶海禁之开，惟可行于闽、广，何也？广东去西南诸番不远，其货物皆足资中国之用，非若日本惟一刀一扇耳。且南方风气柔弱，非倭奴剽悍之比，故香山之抽税，凡以收诸夷之利也。福建阻山负海，旁旅病于跋涉，民多贩海为生，禁之太严，奸民势穷必至为盗。自纳饷过洋之例开，豪猾之徒咸趋利而畏法，故海澄之开禁，凡以除中国之害也。若行之于他省，则如王直构祸，遂使倭乱侵寻，可为殷鉴矣。然海禁开于福建为无弊者，在中国往诸夷，而诸夷不得入中国也。倘严其违禁之物，重其勾引之罪，则夷夏有无可以相通，恣其所往，亦何害哉！②

同时，还有官员认为，若厉行海禁，沿海居民生计无着，容易导致民变，“情困计穷，势必啸聚。况压冬者不得回，日切故乡之想，佣贩者不得去，徒兴望洋之悲。万一乘风揭竿，扬帆海外，无从追捕。死党一成，勾连入寇，孔子所谓‘谋动干戈，不在颛臾’也。”③

西方葡萄牙等国势力的扩张、海禁政策与海防需要、沿海兴盛的走私贸易、地方政府紧张的财政状况，多种因素交织作用，多方势力相互博弈、妥协，遂使明廷于嘉靖四十五年（1566年）在福建漳州月港设立海澄县，并于隆庆元年（1567年）同意巡抚涂泽民之请，解除“贩夷之律”，漳泉之民“准贩东、西二洋”，部分开放海禁。

①［明］沈德符：《万历野获编》卷一二《户部·海上市舶司》，中华书局，1997，上册，第317—318页。

②［明］谢杰：《虔台倭纂》卷上《倭利》，上海古籍出版社，1995。

③《明神宗实录》卷二六六，万历二十一年十一月辛亥，台北“中央研究院”历史语言研究所校印，1962年影印本。

对于准贩东西二洋，张燮《东西洋考》记载："四十四年，奏设海澄县治。其明年隆庆改元，福建巡抚涂泽民，请开海禁，准贩东西二洋。"[①]但是明廷又特别规定不许与日本进行贸易，"盖东洋若吕宋、苏禄诸国，西洋若交趾、占城、暹罗诸国，皆我羁縻外臣，无侵叛；而特严倭奴者，比于通番接济之例。"[②]

此外，还应注意福建月港贸易制度和澳门贸易体制又有所不同，福建准许商人出海贸易，但不允许外国商人前来福建沿海进行贸易；而澳门地区允许外国商人前来贸易，发展成为中国对外贸易的中转站。同时，福建准贩东西二洋，而明代广州港贸易则是不对东洋开放，澳门开埠后，进入澳门或广州贸易的主要是西洋诸国。万历二十六年（1598年），一艘吕宋船来广东求贡市，广东地方官员"咸谓其越境违例，议逐之"。[③]

中国东南沿海良港众多，浙江的双屿港、福建的浯屿、广东的南澳，其港口的贸易条件不差于月港，选择开放月港其实是官府势力与民间海上力量较量后的妥协。嘉靖年间，闽浙商人多勾引葡萄牙人前来沿海贸易，《明世宗实录》记载："前贼乃满剌伽国番人，每岁私招沿海无赖之徒，往来海中，贩鬻番货，未尝有僭号流劫之事。二十七年，复至漳州、月港、浯屿等处。各地方官，当其入港，既不能羁留人货，疏闻庙堂，反受其私赂，纵容停泊，使内地奸徒交通无忌。"[④]《筹海图编》记载："既而皆避抽税，省陆运，福人导之，改泊海沧、月港。浙人又导之，改泊双屿。每岁夏季而来，望春而去。"[⑤]月港、浯屿等地走私贸易繁盛。

嘉靖二十七（1548年），因发生海盗商人侵入明陵事件，且浙江双屿港地近南京，明廷下令捣毁浙江的贸易据点，于是走私贸易又避居福建浯屿、南澳、梅岭。嘉靖二十八年（1549年），朱纨指挥副使柯乔、都司卢镗进攻梅岭，使中外走私商人受到严重打击，随后俞大猷又提出用松木打桩法封闭此港口。浙江双屿港被毁，南澳、梅岭等走私贸易据点不复存在，月港遂变为海上走私贸易的重要据点。

很多史料都记载了月港的走私贸易，如："浙人通番皆自宁波定海出洋；闽人通番皆自漳州月港出洋。"[⑥]"（月港）乃海陆之要冲，实东南之门户。当其盛，

---

①［明］张燮：《东西洋考》卷七《饷税考》，中华书局，1981，第110页。

②［明］张燮：《东西洋考》卷七《饷税考》，中华书局，1981，第110页。

③［明］郭棐：万历《广东通志》卷六九《外志·番夷》。

④《明世宗实录》卷三六三，嘉靖二十九年秋七月壬子，台北"中央研究院"历史语言研究所校印，1962年影印本。

⑤［明］郑若曾：《筹海图编》卷一二《经略二》。

⑥［明］沈云龙选辑《嘉靖东南平倭通录》，《明清史料汇编》八集第四册，文海出版社，1967，第132页。

则云帆烟楫，辐辏于江皋。市肆街廛，星罗于海岸。商贾来吴会之遥，货物萃华夷之美。珠玑象犀，家阗而户溢，鱼盐粟米，泉湧而川流。”[①]月港地区走私贸易兴盛，地方政府只好逐步加强对月港的管理。嘉靖三十年（1551年），在月港设靖海馆。四十二年（1563年），都御史谭纶请设海防同知驻扎月港，并将靖海馆改为海防馆。嘉靖四十五年（1566年），析龙溪一至九都、二十八都之第五图，并漳浦二十三都第九图在月港设县，并由朝廷赐名海澄县，取海疆澄清之意。正因为月港成为走私贸易的据点，才使月港最终成为海澄县的县治，成为管理从月港下海通番的中心。隆庆元年，正式开放月港，允许商民出海贸易。

但是，透过月港贸易体系，我们也应看到明廷对外贸易政策带有的保守性和局限性的一面。月港，在漳州城东南五十里，地处九龙江出海口，它的港道从海澄港口起，沿南港顺流而东，经海门岛，才到九龙江口的圭屿，再经今天的厦门岛方可出海。月港属于内河港，港道不深，如载："此间水浅，商人发舶，必用数小舟弋之，舶乃得行。"[②]就作为海洋贸易港口而言，在东南沿海，月港的自然条件与实际通商的状态并不是最优越的。东南沿海的福建的中左所（今厦门）、浙江的双屿港、广东的澳门，其自然条件与原有的贸易基础都不比月港弱，这些都没有成为明政府"准贩东西二洋"的港口，而恰恰是自然条件相对较弱的海澄月港担当此任。

究其原因，月港道水浅，大型舶船不能靠岸，是为了便于明朝官吏的管理。月港附近港道曲折，港外又与海门、中左所、浯屿、南澳、铜山、澎湖等岛相连，利于官吏设卡盘验。在海禁时期，月港作为官定的边海居民下海谋生的出海口，并不像南澳、诏安梅岭一带，适合私人海商出海活动。把月港设为对外贸易的港口，显然带有方便管理，限制大型船舶下海通番的考虑因素。明政府选择自然条件并不优越的月港作为私人贸易港，是为将"开放"控制在能够由统治者掌控的范围内。月港本身的地理局限，加上其经济发展并不足以支撑起对外贸易，及至清代遂被中左所（厦门港）所取代。

从洪武年间的海禁到隆庆元年的准贩东西二洋，传统朝贡贸易体制的打破，民间走私贸易变为合法贸易，月港也由走私贸易港口转变为合法对外贸易港口。虽然开放月港贸易，是适应沿海形势而对海禁政策进行的调整与妥协，但月港开

①[明]梁兆阳、蔡国桢、张燮：崇祯《海澄县志》卷一七《艺文志》。

②[明]张燮：《东西洋考》卷九《舟师考》，中华书局，1981，第171页。

放后准许私人申请船引，缴纳税饷，海禁之中有通商，有限制地允许商民出海贸易，部分满足商民出海贸易需求，比一味海禁更有利于维护沿海秩序和海防安全，既维护祖制又做适当变通。

二、月港贸易管理

月港开海后，成为合法的商民出海贸易港口，海外贸易也相应地进入繁荣期。对于月港贸易局面，史载："我穆庙时除贩夷之律，于是五方之贾，熙熙水国，刳艅艎，分市东西路。其捆载珍奇，故异物不足叙，而所贸金钱，岁无虑数十万，公私并赖，其殆天子南库也。"①四方货物，奇珍异宝云集于此，"犀象、玳瑁、金刚、琥珀、沈木、檀楠、片瑰、珊瑚，以及未见未名之物，如篱落间，天下推华腴地"。②繁荣的商贸往来，促进了月港的繁荣与经济的迅速增长，福建地方开始逐步制定管理办法，对月港的贸易进行管理。

隆庆六年（1572年），漳州郡守罗青霄请求在月港设立征税机构征收商业税。此举得到福建政府同意，史载：

> 方今百姓困苦，一应钱粮，取办里甲，欲复税课司，官设立巡栏，抽取商民船只货物及海船装载番货，一体抽盘。呈详抚按，行分守道，参政阴覆议，官与巡栏俱不必设。但于南门桥柳营江设立公馆，轮委府佐一员督率盘抽，仍为柳营江巡检及府卫首领、县佐更替巡守，及各备哨船兵役，往来盘诘。又于濠门、嵩屿置立哨船，听海防同知督委海澄县官兵抽盘，海船装载胡椒、苏木、象牙等货，及商人买货回桥，俱照赣州桥税事例，酌量抽取，其民间日用盐米鱼菜之类不必概抽。候一二年税课有余，奏请定夺。转呈详允，定立税银则例，刊刻告示，各处张贴，一体遵照施行。③

征税机构轮流委任府佐官员进行盘抽，并非为专人负责，同时，海防同知也领有抽盘海船的职责。此种税收管理体制为后来督饷馆税制的开端。

①［明］张燮：《东西洋考·周起元序》，中华书局，1981。

②［清］陈锳、王作霖：乾隆《海澄县志》,《初修海澄县志序》。

③［明］罗青霄：万历《漳州府志》卷五《赋役志》。

万历年间，福建当局将海防馆改为督饷馆，在海澄县治之右。督饷馆配置税务官员1名、饷吏2名、书手4名。不同时期，督饷馆的税务管理由不同人负责。督饷馆税务官员设立之初由漳州府海防同知兼任，后因海防同知兼任督饷时间太长，日久生弊，遂于万历二十五年（1597年）改为福建各府佐官轮流充任。万历二十七年（1599年），市舶宦官高寀入闽，并获得市舶贸易的征税权，市舶税收归于内府，督饷馆成为闲置机构。万历三十四年（1606年），高寀被召回，月港税务由漳州府佐贰官轮流管理，漳州府独揽月港税务管理权。崇祯四年（1631年），督饷馆无饷可征。据李庆新的研究，万历三十四年至崇祯四年，轮署官员24人全为漳州府佐贰官，其中督粮通判6人，清军同知5人，海防同知4人，督捕通判4人，推官3人[①]。

除征税外，督饷馆还负责管理商民出海贸易，如给出海船只发放船引、对商船进行检验和监督。商民船只从月港起航，首先得领有政府发放的船引。船只到督饷馆登记姓名、籍贯、住址等个人信息，还有商船计划到达的国家和地区、回销日期、限定的器械、货物名称等，然后交纳引税，督饷馆发给引票，方许出海贸易。据记载：

> 商引填写，限定器械、货物、姓名、年貌、户籍、住址、向住处所、回销期限，俱开载明白。商众务尽数填引，毋得遗漏。海防官及各州县，仍置循环号薄二扇，照引开器械、货物、姓名、年貌、户籍、住址、向往住处、限期，按日登记。贩番者，每岁给引，回还赍道复查；贩广、浙、福州、福宁者季终赍道复查，送院复查。[②]

领取船引后，商船要经督饷馆设在中左所（厦门）的验船处，接受浯屿、铜山官兵盘问，如果没有违禁物品方许出海。此外，商船出海贸易的时间也有规定，去往西洋的船只每年十一月、十二月起航，次年六月内回港。去往东洋的船只多于春初起航，五月内回港。因为每年的十一月至次年三月主要为东北风，去往东西洋多为顺风航行，此季节沿海商民便向督饷馆纳税请引出海贸易。

①李庆新：《明代海外贸易制度》，社会科学文献出版社，2007，第323页。

②［明］陈子龙等选辑：《明经世文编》卷四〇〇，许孚远：《敬和堂集》卷五《海禁条约》，中华书局，1962。

虽然允许商民出海贸易，但是福建、广东沿海海防依然紧张，部分官员提出要加强对商民出海贸易的管理。福建巡抚刘尧诲所奏《条议海禁事宜疏》提出多项具体意见，包括："禁遏过番，以杜私交之党""查编海船，以诘接济之奸"，"稽查保甲，以清接济之源"，"察验商船，以防混迹之患"等等[①]。

三、月港税制

澳门开埠后，对葡萄牙人只征收船税。广州地区的"交易会"，对番舶实行丈抽制，税收征银，至万历时期，开始增收出口税。月港地区税收体制又不同于澳门。

隆庆六年（1572年），罗青霄认为只对里甲农民征税导致百姓生活困苦，提议对月港商民征收商税。万历三年（1575年），福建巡抚刘尧诲始议定征收引税和陆饷。万历十七年（1589年），巡抚周寀复议定水饷、陆饷、加增饷税收则例。福建商税的征收原则是："凡船出海，记籍姓名，官给批引，有货税货，无货税船，不许为寇。"[②]征收的税收种类有引税、水饷、陆饷、加增饷。

第一是征收引税。海商出发去海外贸易，首先得领取"船引"，引票又分贸易外国者和贸易国内省份者。明廷虽然允许商民出海贸易，但是对出海贸易船只的数量进行限制，而这种限制就是通过船引发放数量来实现。万历十七年（1589年），福建巡抚周寀言："漳州沿海居民，往贩诸番，大者勾引倭夷，窥伺沿海，小者勾引各番。今列为二款：一、定限船之法。查海禁原议给引以五十张为率，每国限船二三只。今照原禁，势所不能，宜为定限。……以后商船告票造船，应往某国者，海防官查明，数外不准打造。"[③]兵部复核后，把东西洋贸易的商船数量各定为44艘，一年限制为88艘。

随后，明廷更详细规定前往东西洋各国港口的船只数，准往东洋44艘，其中吕宋16只，屋同、沙瑶、玳瑁、宿务、文莱、南旺、大港、呐哔啴各2只，磨荖央、笔架山、密雁、中邦、以宁、麻里吕、米六合、高药、武运、福河仑、岸塘、吕蓬各1只。往西洋44艘，其中下港、暹罗、旧港、交趾各4只，柬埔寨、丁机宜、顺塔、占城各3只，马六甲、顺化各2只，大泥、乌丁礁林、新洲、哑

①［明］应槚：《苍梧总督军门志》卷二七《奏议五》，岳麓出版社，2015。

②［明］王世懋：《枢策》卷一，商务印书馆，1936。

③李国祥、杨昶主编《明实录类纂·福建台湾卷》，武汉出版社，1993，第516页。

齐、交留吧、思吉港、文林郎、彭亨、广南、吧哪、彭西、陆坤各1只。后来，引票又准增至110张。根据巡抚周寀提议，“将东西二洋番舶题定只数，岁限船八十八只，给引如之。后以引数有限，而私贩者多，增至一百十引矣”[①]。外加淡水、鸡笼、占城、交趾等处共117引。万历二十五年（1597年），又增加20引，达到137引。

引税的征收标准不同，如记：“凡贩东西二洋、鸡笼、淡水诸番，及广东高雷州、北港等处，商渔船引俱海防官为管给，每引纳税银多寡有差，名曰引税。东西二洋，每引纳税银三两。鸡笼、淡水及广东引纳税银一两。其后加增，东西洋税银六两，鸡笼、淡水税银二两。”[②]凡往东西洋者，每引税银三两增加至六两。万历十八年（1590年），革除渔船的引票，改由州县发放。每次请引以一百张为限，“革商渔文引，归沿海州县给发，惟番引仍旧。每请引百张为率，随告随给，尽即请继。原未定其地，而亦未定其船”[③]。出海时，市舶司会派人员登船查验引票，防止携带违禁物品出海。一切核验无误后，方许出海贸易。

崇祯年间，漳州贸易受海防形势和郑芝龙海上活动的影响而走向衰落，“洋舶之梗几无孑遗，饷额屡缩，自是不复给引”[④]。

第二是征收水饷，又称丈抽制，是按船舶的吨位进行征收的船税，“水饷者，以船之广狭为准，其饷出于船商”。[⑤]由于外商在抽分时不如实报告货物数量，经常偷漏税收，因此朝廷实行丈抽制，丈抽制是按船只的大小征收船税。

丈抽制实行累进税率，并非固定税率，清代粤海关监督宜尔格图奏疏中提道：“粤东向有东西二洋诸国来往交易，系市舶提举司征收货税。明隆庆五年，以夷人报货奸欺，难于查验，改定丈抽之例，按船大小以为额税。西洋船定为九等，后因夷人屡请，量减抽三分。东洋船定为四等。”[⑥]征税标准为：“西洋船面阔一丈六尺以上者，征饷银五两，每多一尺，加银五钱。东洋船颇小，量减西洋十分之三。陆饷胡椒、苏木等类，计值银一两者，征饷银二分。鸡笼、淡水名曰小

①[清]梁廷枏：《粤海关志》卷四《前代事实三》，广东人民出版社，2002。

②[清]梁廷枏：《粤海关志》卷四《前代事实三》，广东人民出版社，2002。

③[清]梁廷枏：《粤海关志》卷四《前代事实三》，广东人民出版社，2002。

④[明]梁兆阳、蔡国桢、张燮：崇祯《海澄县志》卷六《秩官志》。

⑤[清]梁廷枏：《粤海关志》卷四《前代事实三》，广东人民出版社，2002。

⑥[清]梁廷枏：《粤海关志》卷二二《贡舶二》，广东人民出版社，2002。

番，地近船小，每船面阔一尺，征水饷银五钱，陆饷亦如东西二洋之例。”①根据黄启臣先生的研究②，现将丈抽制税率列表如下：

明代丈抽制税率表

船阔	每尺抽银数（两）	一船共抽银数（两）
一丈六尺以上	5	80
一丈七尺以上	5.5	93.5
一丈八尺以上	6	103
一丈九尺以上	6.5	123.5
二丈以上	7	140
二丈一尺以上	7.5	157.5
二丈二尺以上	8	176
二丈三尺以上	8.5	195.5
二丈四尺以上	9	216
二丈五尺以上	9.5	237.5
二丈六尺以上	10	260

资料来源：据张燮《东西洋考》卷七《饷税考》的数字计算制作。

第三是征收陆饷。陆饷是进口税，征税对象为外国货物，包括香料、象牙、食品、药材、兽皮、藤木、金属原料及制品等。征税按进口货物的多寡或价值计算，征之于购买进口货物的铺商。万历三年（1575年），陆饷征收办法为："以货多寡，计值征输，其饷出于铺商；又虑间有藏匿，禁船商无先起货，以铺商接买货物，应税之数给号票，令就船完饷，而后听其转运焉。"③万历十七年（1589年），因货物高下，时价不齐，进行厘正，有的按货物多寡征收从量税，有的按货物价值高低征收从价税，有的又按货物的上中下等则征税。万历四十三年（1615年），制定新的抽税则例，降低税率，减少税银。漳州府议东西洋税额2.7087万两有余，减银3687两，尚应征银2.34万两。

第四是加增饷。加增饷为对经营菲律宾生意的商船而设立的商舶税，因为中

①［清］梁廷枏：《粤海关志》卷四《前代事实三》，广东人民出版社，2002。

②黄启臣主编：《广东海上丝绸之路史》，广东经济出版社，2014，第351页。

③［明］张燮：《东西洋考》卷七《税饷考》，中华书局，1981。

国商人去菲律宾贸易，回程货物少，除输入白银外，并无太多其他商货，这样就没法征收货物进口税，因此特别征收加增饷。史载："加增饷者，东洋吕宋，地无他产，夷人悉用银钱易货，故归船自银钱外，无他携来，即有货亦无几。故商人回澳，征水陆二饷外，属吕宋船者，每船更追银百五十两，谓之加征。后诸商苦难，万历十八年，量减至百二十两。"①

月港还对大米等特别商品实行特别税制。因福建长期缺粮，大米主要靠进口和从广东输入，因此，福建对商人贩运外国大米回福建不征税，有些商人便只贩运大米，并且数量庞大，导致政府税收流失。万历四十五年（1617年），督饷馆对贩运大米的税收做规定，凡运米超50石者进行征税，50石以内不征税。据史载：

> 即今盘验数船，除货物外，每船载米，或二三百石，或五六百石。又有麻里吕船商陈华，满船载米，不由盘验，竟自发卖。问其税，则曰："规则所不载也"。访其价，则又夷地之至贱也。
>
> 夫陆饷照货科算，船盈则货多，货多则饷足，今不载货而载米，米不征饷，不费而获厚利，孰肯载货而输饷乎？诚恐贪夫循利，后不载货而载米，国课日以亏也。查规则内，番米每石税银一分二厘，今此米独非番地来者乎？今后各商船内，有载米五十石者，准作食米免科。凡五十石外，或照番米规则，或量减科征，庶输纳惟均，而国饷亦少补也。②

月港开海时税收额较少，随着出海贸易的商船增多，税收大幅增长，尤其是在宦官执掌税收期间。史载："看得海澄饷税，初仅三千，其后增益至万，又加倍之。迨中使专榷，始盈二万七千。近奉恩命减三分之一，议减三千。"③

月港税制对商民引税、水饷、陆饷、加增饷，形成一套较为完备的税收征收体制，税收结构更加全面、合理，促进税收制度的逐步完善。月港征收货币税，实现从实物税向货币税的转变，是关税制度的重大进步。月港税收存留漳州府，而非解送内府，有助于缓解地方财政困难。此外，月港税制的不足也显而易见。

①［明］张燮：《东西洋考》卷七《税饷考》，中华书局，1981。

②［明］张燮：《东西洋考》卷七《饷税考》，中华书局，1981。

③［明］张燮：《东西洋考》卷七《饷税考》，中华书局，1981。

月港贸易的税务征收机构月港督饷馆隶属于漳州府而非福建布政司，督饷馆官员主要由漳州府或福建各府佐贰官轮流担任，税务征收官员品级低下，且并不是专岗专职，制度存在临时性和不规范性等特点。因月港官员为临时差遣，督饷官员往往依靠职权贪污税收，中饱私囊。

四、月港体制的影响

月港开海是福建官府适应海防形势与社会环境进行的政策调整，及至万历末年，因荷兰人的劫掠和寇乱，沿海海盗的骚扰等原因，福建又厉行海禁，关闭月港贸易。荷兰人的沿海劫掠给月港发展带来巨大影响，史载："海上久安，武备废弛，遂致盗贼劫掠，兼以红毛番时来抢夺船货，官府以闻朝廷，遂绝开洋之税。"① "(崇祯）六年七月，红毛入料罗，窥海澄境。"②加上走私贸易猖獗，引起政府不安，地方对于海防异常紧张，一有风吹草动就实行海禁，如万历二十一年（1593年）、天启二年（1622年）、天启六年（1626年）、崇祯元年（1628年）间，皆因沿海动乱而停发船引。大臣往往对走私与倭寇犯境担忧，"窃以为当今之乱，莫过于月港……月港私造双桅大船，不啻一二百艘，鼓泛洪波巨浪之中，远者倭国，近者暹罗、彭亨诸夷，无所不至，甚者沿边越境劫掠商民，非一日也"。③

福建屡屡实行海禁，再加上沿海走私贸易的冲击，月港衰败难以避免。崇祯十一年（1638年），官员傅元初请求重开月港贸易，但月港已成死港，几无商船出海贸易。清初，为对付沿海郑氏集团，实行迁海政策，月港于是衰败。至清康熙二年（1663年），清廷在厦门设立闽海关，正式取代月港海外贸易地位。但月港在明后期的开海对漳州、福建乃至整个王朝都产生了巨大影响。

首先，月港开海促进了对外贸易的繁荣，带动了海澄县及漳州府的经济发展。据史载："海澄新邑，珠玑、犀牙、玳瑁、香布之属，辐辏漳泉，人以海船为利……梯山航海，泉货充溢，珠香象犀文贝之属，舆服伎巧珍错之利，不胫而走海内。"④明人徐勃描写海澄贸易，指出海澄"东接诸倭国，南连百粤疆"，各

---

①［明］朱东观辑《奏疏》卷五,《四库禁毁书丛刊》，2002。

②［清］李维钰原本、沈定均续修，光绪《漳州府志》卷四七《灾祥》。

③［明］梁兆阳、蔡国桢、张燮：崇祯《海澄县志》卷一七《艺文志》。

④［清］孙尔准：道光《福建通志》卷五六《风俗》。

国商品云集，人民安居乐业，“货物通行旅，赀财聚富商。雕镂犀角巧，磨洗象牙光。棕卖夷邦竹，檀烧异域香。燕窝如雪白，蜂蜡胜花黄。处处园栽橘，家家蔗煮糖。田妇登机急，渔翁撒网忙”[①]。

其次，开海贸易后，漳州府在月港设立督饷馆，为福建地方带来大笔税收收入。隆庆六年（1572年），税收仅数千金；万历四年（1576年），税收已逾万金；万历十一年（1583年），税收增至两万余两。万历四十一年（1613年），福建税银近六万两，而此年月港税收超三万五千两，占全省税银大半。月港税收对福建省相当重要，史称“海澄洋税，上关国计盈虚，下切商民休戚”[②]。

再次，月港开海改变传统海禁政策，为商民提供出海贸易通道，使“寇转为商”，缓解了沿海海防危机。《明经世文编》记载：“洋船往来，习闻动静，可为吾侦探之助。舳舻柁梢，风涛惯熟，可供调遣之役。额饷两万，计岁取盈，又可充吾军实之需，是其利不独在民，而且在官。”[③]外船的到来也提供了海外诸多信息，而民船、商船的增加，也利于政府的征调与派役，更不用说财政收入的增加了。

最后，月港开放后使中国进一步融入世界贸易体系之中，打开东亚贸易新格局。同时，沿海商民大批出海贸易，移居南洋、美洲、日本，在海外成为重要的海上势力，并将中国文化传播于海外。

此外，对月港体制的局限性和保守性也应有所认识。首先，月港地理条件一般，并非深水良港，吃水深的大船想进入月港必须用小船拖拽，运输货物不够便利，随着泥沙淤积、航道淤塞，港口逐渐向外海迁移，终被厦门取代。其次，虽然允许商民出海贸易，但又对出海贸易进行严格限制，只允许漳、泉二府商人参与月港贸易，对商人出海的船只、货物、时间、路程都有严格规定，船引发放数量也不能满足贸易发展需要，月港开海是多种力量博弈、妥协的结果。再次，澳门、广州允许外商居留贸易，而月港只准许本国商人出海贸易，不许外国商人入境贸易，这样一来，就只对漳泉商人征税，而无法对外国商人征税。月港开海只是局部性的。最后，因月港开海限制船引数量，且不允许商人前往日本贸易，迫于生计，沿海商民前往日本者只能从事走私贸易，冲击了海防与月港体制。

①陈成南：《漳州名胜与古建筑》，天津科学技术出版社，1995，第64页。

②［明］张燮：《东西洋考》卷七《饷税考》，中华书局，1981。

③［明］陈子龙等：《明经世文编》卷四〇〇，许孚远：《敬和堂集·疏通海禁疏》，中华书局，1962。

第五节　晚明海贸秩序的新情况

自明嘉靖晚期海外贸易政策的系列调整后，以中国为中心的东亚、东南亚贸易迎来了大发展。17世纪初，荷兰船队首次通过东南海域抵达日本的丰后海岸，由此东亚贸易迎来了一位强有力的竞争者。随着荷兰人介入中国海外贸易，冲击了自嘉靖以来建立的贸易框架，也改变了东南亚的贸易格局。晚明时期，随着王朝势力衰微，政局不稳，削弱了中央对地方的控制，原来由官方控制的对外贸易体系逐渐瓦解。与此同时，月港开海贸易以后，福建海商获得了合法的出洋贸易权利，由此福建沿海兴起了大量海商集团，郑芝龙集团是其中的佼佼者，由他建立起来的海上王国渐渐控制了沿海的对外贸易，并在与西方海上势力的争夺上处于优势。

一、荷兰人东来及对福建海贸的冲击

为对华贸易的巨大利益所吸引，荷兰人继西班牙人与葡萄牙人之后，于1601年首次到达中国，这一年是明万历二十九年。据记："辛丑（万历二十九年，1601年）九月间，有二夷舟至香山澳，通事者亦不知何国人，人呼之为红毛鬼……香山澳夷虑其以互市争澳，以兵逐之。"[①]在澳门的葡萄牙人担心荷兰人与之争夺中国市场，于是将荷兰船队驱逐出澳门。作为海上贸易的后起之秀，不管是从航海业的发展还是资本积累来看，荷兰都有足够的实力加入东南亚贸易圈的利益角逐。1602年（万历三十年），荷兰东印度公司成立，自此后荷兰人更是积极的开拓世界市场。

从隆庆元年（1567）月港开港至荷兰人东来之前，东南亚地区的海上贸易基本上由葡萄牙人和西班牙人所主导，中国的月港、澳门以及西班牙人控制下的马尼拉，成为这一时期东亚贸易框架下的三个重要贸易基地。由于各自都能在这一框架下获得可观利益，这一贸易秩序得以维持了相当长一段时间的稳定，晚明的海上贸易呈现繁荣景象。16世纪末，受巨额利润吸引，荷兰人也来到了东南亚，企图从葡萄牙人、西班牙人手里分一杯羹。当然，荷兰的野心远不止于此，他们的目标是垄断东南亚的香料贸易。

①［明］王临亨：《粤剑编》卷三，中华书局，1987。

明万历三十二年（1604年）七月，荷兰舰队抵达澎湖，便打算以此地为基地，开展对华贸易，他们在此“伐木筑舍，为久居计”[①]，并贿赂福建市舶太监高寀，意图达成互市之目的。但是此举遭到福建巡抚徐学聚的反对，他上疏指出荷兰与日本勾结，认为荷兰人在澎湖互市将对海防极为不利，“年来倭夷，屡窥此岛，不得志意，岂一日忘彭湖耶！若以此岛与番市，倭必不甘心。番必结连倭夷，为并力盘据之计。”[②]考虑到海防压力，万历帝下诏：“红毛番无因忽来，狡伪叵测，著严行拒回。”[③]遭到明政府的拒绝后，荷兰人被迫离开。然而，荷兰舰队并不死心，仍然继续在中国沿海寻求贸易的机会。

在17世纪的头20年里，荷兰已经完成了对东南亚香料贸易的垄断，一方面不断巩固其垄断地位，一方面加紧在亚洲的商业扩张。1619年，荷兰人占领雅加达，将其命名为巴达维亚，荷兰人下一步便是垄断中国的对外贸易。

1622年，荷兰东印度公司总督派遣雷杰森（Cornelis Reijersen）率领舰队远征中国。6月，荷兰舰队抵达澳门，并对澳门进行了突袭[④]。最终失败，雷杰森只得带领舰队继续北上，再次来到澎湖。这一次荷兰人不愿再轻易离去，他们计划在澎湖筑城，以澎湖为据点拦截前往马尼拉的中国商船。明朝政府为让荷兰人撤离澎湖，与之进行了多轮谈判，期间荷兰舰队与明军还发生了数次战争，据福建巡抚商周祚上奏：

> 红夷自六月入我澎湖，专人求市，辞尚恭顺；及见所请不允，突驾五舟犯我六敖……把总刘英用计沉其一艇，俘斩十余名，贼遂不敢复窥铜山……又因奸民勾引，蓄谋并力，遂犯中左；盘据内港，无日不搏战。又登岸攻古浪屿，烧洋商黄金房屋船只……复入厦门、入曾家澳，皆即时堵截，颇被官兵杀伤；进无所掠，退无所冀，于是遣人请罪，仍复求市。[⑤]

最终荷兰人于1624年撤离澎湖迁往台湾，继续窥伺中国。

---

①张维华：《明史佛郎机吕宋和兰意大里亚四国传注释》，台湾学生书局，1985，第118页。

②［明］陈子龙：《明经世文编》卷四三三，徐学聚《初报红毛番疏》，中华书局，1962。

③《明神宗实录》卷四〇三，万历三十二年十一月，台北“中央研究院”历史语言研究所校印，1962年影印本。

④黄启臣：《澳门历史》，澳门历史学会出版，1995，第231页。

⑤《明熹宗实录》卷三〇，天启三年正月乙卯，台北“中央研究院”历史语言研究所校印，1962年影印本。

荷兰人为了打开中国的贸易大门不惜诉诸武力的方式，在时人看来便是一幅侵略者的姿态，就连清代反对禁海、主张发展对外贸易的代表蓝鼎元，对待“红毛”的态度都是警惕不安的——“性情阴险叵测，到处窥觇，图谋人国”[①]。或许，“图谋人国”便是当时明朝政府所真正忌惮荷兰的，因此，在对待荷兰人问题上，晚明政府虽内部危机重重，仍然拿出了较为强硬的态度。

何以原有的商贸秩序会受到荷兰人东来的冲击，其自身存在的问题也不容忽视。首先，葡萄牙人、西班牙人与中国的贸易关系比较脆弱。荷兰人闯进广州后，地方官员提出“澳夷之力足以抗红毛耶？是以夷攻夷也，我无一镞之费，而威已行于海外矣；力不能抗，则听红毛互市，是我失之于澳夷而取偿于红毛也。”[②]这则材料中，除了提出了“以夷制夷”的策略之外，还应注意到在广东官员看来，在澳门的葡萄牙人和贸然前来的荷兰人并没有什么不同，是可以相互替代的。从明朝政府的态度可以看出，他们并不看好或者说并没有强烈的欲望想要维持巩固与葡、西之间的贸易关系，这与葡萄牙人和西班牙人的态度形成鲜明对比，也显示出在原有贸易秩序下中国占有的优势地位。其次，有学者分析，由于月港船税体制上存在缺陷，使得中央与地方，地方与地方之间存在不可忽视的利益冲突[③]。这些问题伴随着荷兰人的到来，加速了原有贸易秩序的瓦解。

荷人东来极大地冲击了福建海贸。受荷兰人入据台湾的侵扰以及其他因素的影响，漳州月港渐渐没落，而在海商集团郑芝龙以及郑氏家族的经营下，泉州安海迅速兴起并取代月港地位，福建海商逐渐把贸易中心向以荷兰东印度公司、台湾、日本以及广东香山澳的多角贸易格局转移[④]。荷兰人在迁往台湾之后并没有如愿取得台湾的对华合法贸易许可，这就给中国走私海商留下足够的空间，郑芝龙等海商集团趁势崛起，与荷兰人争夺海上商贸的利益。此外，由于始终没能取得对华贸易的正式许可，荷兰人便通过袭击贸易航线上的中国船只以及频频侵扰福建沿海来获取利益，明朝政府的海禁政策受此影响也多有反复，这些因素都不利于晚明海贸的正常发展。在晚明最后的十年里，特别是沈犹龙上任福建巡抚后，由于中央政府已无力

①［清］蓝鼎元：《鹿洲全集》上，厦门大学出版社，1995，第54—55页。

②［明］王临亨：《粤剑编》卷四《九月十四夜话记附》，中华书局，1987。

③王日根：《耕海耘波：明清官民走向海洋历程》，厦门大学出版社，2018，第228—234页。

④陈支平：《从新发现的〈郑氏族谱〉看明末郑芝龙家族的海上活动及其与广东澳门的关系》，《明史研究（第10辑）》，中国明史学会，2007，第246页。

控制地方，福建海贸由地方官僚集团与郑芝龙集团瓜分操纵[①]。

二、郑芝龙的海上王国

郑芝龙，号飞黄，小名一官，泉州南安石井人，出生于万历三十二年（1604年）的一个经营海外贸易的家族之中。他的发迹史堪称“完美”，一切都顺理成章，似乎他沿着这样的轨迹最终建立起海上王国一点都不出人意外。有学者根据新发现的《郑氏族谱》提出，在正德、嘉靖年间郑氏族人开始从事海上活动，且人数众多[②]。在这样背景下成长的郑芝龙在正该闯荡的年纪果断选择了从事海上贸易活动，由此开始了他的海上事业。先是在香山澳进行贸易活动，不久即前往日本贸易，与大海商李旦、颜思齐来往密切，接着以他们的财富势力为基础，经营台湾，不断壮大自己的实力，在海上占据一席之地。完成这些之后，此时的郑芝龙不过才二十出头，正值年富力强，他还有更大的野心。

天启七年（1627年）二月，郑芝龙看准福建海防薄弱，率众袭击铜山所、中左所（厦门），“聚众数万，舟数百，犯中左所，饱掠三月去之。”[③]声势颇大，并掌控了沿海形势。此时正值明廷衰落之际，加上明军主要兵力在应付辽东的满洲与西北的流寇，已无力顾及福建沿海，这给郑芝龙势力的壮大提供了良机，据载：“三万余人矣。其船器则皆制自外番，艨艟高大坚致……铳炮一发，数十里当之立碎。”[④]当年十二月，郑芝龙再度进攻中左所，“官兵、船、器俱化为乌有，全闽为之震动”[⑤]。

第二年，泉州府士绅纷纷要求政府招抚郑芝龙，巡抚熊文灿经过多方了解，也认为无他法，于是在崇祯元年（1628年）六月奏报，请求政府招安郑芝龙。七月，朝廷正式接受郑芝龙归降。当然，郑芝龙接受朝廷招安的主要目的是借官方身份打击铲除竞争对手，垄断福建沿海的对外贸易，在海贸方面以明朝政府官方为依靠，增加了与其他各国谈判的资本，还可以对明朝政府的海禁政策施加影响。这次受抚，郑芝龙的身份正式由海寇转变为明朝官员，其拥有的海上势力，

---

①郑永常：《来自海洋的挑战：明代海贸政策演变研究》，台北稻乡出版社，2004，第344页。

②陈支平：《从新发现的〈郑氏族谱〉看明末郑芝龙家族的海上活动及其与广东澳门的关系》，《明史研究（第10辑）》，中国明史学会，2007，第241页。

③［明］谈迁：《国榷》卷八八《熹宗天启七年丁卯》，古籍出版社，1958。

④台湾银行经济研究室编《郑氏史料初编》，《兵部题行兵科抄出两广总督李题稿》，台北大通书局，1977。

⑤［明］曹履泰：《靖海纪略》卷一《上朱抚台》，中华书局，1985。

武装集团也转而成为明朝军队。1628年受抚之后，郑芝龙先后击败李魁奇、许心素、杨六、钟斌、刘香等海上武装势力，稳固了海外贸易的控制权，在东亚海域的多元贸易格局中扮演重要角色。

不同于同时期的其他海寇集团，郑芝龙并不局限于财富的攫取以及军事力量的增强，而是注意从各个方面提升集团的实力以及影响力，从而建立起足以和中央抗衡的海上王国。据资料记载："海舶不得郑氏令旗，不能往来。每一舶，列（例）入三千金，岁入千万计；芝龙以此富敌国……旗帜鲜明，戈甲坚利……故八闽以郑氏为长城"[①]；"独有南洋之利。商舶出入诸国者，得芝龙符令乃行，八闽群不逞归之。后又承讨红夷，累功升总兵。由是，起降将如小诸侯，权倾督抚矣"[②]。在福建地区，由于明朝政府不得不依靠郑芝龙来平定匪乱，他的军事力量得以辐射到了汀漳泉三府，安海、海澄、厦门三地也都在他的掌控之下[③]。郑芝龙的精明之处还在于他十分懂得经营、依靠郑氏家族的力量来实现他对地方以及海外贸易的控制。

郑芝龙一方面借由明朝政府的支持击败其他海寇集团的竞争，另一方面积极发展同海外各国的贸易关系，从而获取巨额利润。郑芝龙的海外贸易对象主要是荷兰与日本，在与荷兰的交往中，郑芝龙既可以和荷兰人签订贸易契约，也可以在受抚后站在明朝政府的角度击退荷兰人的侵袭，如1633年料罗之战。1639年日本推行锁国政策，日本与澳门的贸易受到挫折，而明朝政府对日贸易的禁令仍未解除，以台湾为据点的荷兰人积极寻求承担中日贸易的中间商角色。由于郑芝龙与日本的密切关系，他得以绕过荷兰与日本直接通商，与荷兰争夺对日贸易的利益。可以说，郑芝龙集团的存在，代替了澳门的作用，在一定程度上沟通了因明朝政府的禁令而受阻的中日贸易，使中国商人通过中日贸易而直接获益。另一方面则对企图垄断东亚贸易的荷兰人起到了阻碍作用，并且帮助明朝政府抗击荷兰人对福建沿海的侵扰。此外，郑芝龙也与葡萄牙人维持着良好的贸易关系。

郑氏集团在郑芝龙的经营下所积蓄的强大实力，使得其子郑成功此后能够以此为基础对抗清廷、将荷兰人逐出台湾[④]。

①［清］邹漪：《明季遗闻》卷四，《台湾文献史料丛刊》第五辑，台北大通书局，1987，第98页。

②［清］邵廷采：《东南纪事》卷十一，《台湾文献史料丛刊》第五辑，台北大通书局，1987，第131页。

③王日根：《耕海耘波：明清官民走向海洋历程》，厦门大学出版社，2018，第240页。

④郑以灵：《浅论郑芝龙的海上商业活动》，《史学集刊》，1996年第1期，第32—33页。

第五章
明代进出口商品结构的变化

明代沿着海上商路向外流出的商品有瓷器、丝绸、棉布、蔗糖、铁器等，而在同样的航路上，反方向流入中国的则是香料、奇珍异宝、药材、军事用品、手工业原料等各种商品。随着海外贸易的发展，以及明中叶以后葡萄牙、西班牙、荷兰等国的东来贸易，中国的商品源源不断地输出到世界各地，而海外的白银也因此大量流入中国。

在明代之前，中国与欧洲的贸易主要是通过阿拉伯人进行的。对于当时的西方人来说，东方是神秘的。当大航海时代来临时，东方的神秘面纱才逐渐揭开。随着进入东方的西方人逐渐增多，中西方海上贸易的地位也逐渐提高，逐渐取代了海上贸易中中国周边国家的贸易地位，成为了中国海上贸易的主要贸易国。中国的海上贸易就分成了两大部分：一是与东亚、东南亚国家之间的传统贸易，二是与欧洲各国之间的贸易。

明代通过上述海上丝绸之路的环球航线，输出本国商品和输入外国的商品，其商品种类之多、数量之大、利润之巨，都是空前的。

第一节　进口商品

明代进口商品种类繁多。传统时期，国家的对外贸易主要是为统治者与富人阶层服务的，因此进口商品主要为他们需要的奢侈品。据荷兰历史学家戴闻达在关于明代对外贸易进口商品的性质中论述说道：“整个海外贸易主要是搞奢侈品，即各种宝石、檀香、速香和沉香、香料、稀奇珍品，而这些货物的消费者都是富有阶级的人们，首先是朝廷及后宫贵妇们。”[①]这一时期，无论是朝贡贸易还是私人贸易，进口商品的结构都是建立在以统治者及富人阶级需要的奇珍异宝、银器细布等高级消费品的基础上。因此明代海上丝绸之路的进口商品主要有香料、奇珍异宝、药材、军事用品、手工业原料、手工业制品和白银。

一、香料

沉香、胡椒、蔷薇水等香料是西洋地区的特产，因其朝贡量大、频率高，在朝贡贸易中显得尤为重要。由于对香料需求量大，甚至形成了专门的香料贸易，因此香料成为明代海上贸易中数量最大的进口商品。根据《瀛涯胜览》《东西洋考》等书，可以了解郑和下西洋时贸易的香料品种，具体内容详见表5–1。明代通过海上丝绸之路进口到中国的香料主要有：胡椒、苏木、乌木、黄花木、花梨木、丁香、檀香、速香、木香、沉香、降真香、黄速香、安息香、龙涎香、齐南香、熏衣香、黑线香、抹身香、金银香、土降香、柏香、花藤香、麻藤香、沉栗香、丁皮香、龙脑、米脑、黄蜡、脑油、苏合油、蔷薇水等。

表5–1　郑和出使西洋所到国家或地区与郑和船队贸易的香料品种[②]

国家	香料	国家	香料
占城国	伽蓝香、豆蔻	柯枝国	胡椒
爪哇国	苏木、白檀香、肉豆蔻、荜拨	旧港国	黄速香、降真香、沉香、金银香
溜山国	降真香、龙涎香	古里国	胡椒
暹罗国	黄速香、罗褐速香、降真香、沈香、白豆蔻、大风子、血竭、藤结、苏木	祖法儿国	乳香、龙涎香
满剌加国	黄速香、乌木、打麻儿香	彭坑国	黄熟香、沉香、片脑、降香
哑鲁国	黄速香、金银香	忽鲁谟斯国	龙涎
苏门答剌国	胡椒	天方国	蔷薇露、俺八儿香
南浡里国	降真香	真腊国	沉香、苏木
锡兰山国	龙涎、乳香	淡洋	降香

①［荷］戴闻达：《中国人对非洲的发现》，胡国强等译，商务印书馆，1983，第27页。

②严小青、张涛：《郑和与明代西洋地区对中国的香料朝贡贸易》,《中国经济史研究》，2012年第2期，第80页。

(续表)

国家	香料	国家	香料
小唄喃国	胡椒	龙牙善提	速香
剌撒国	龙涎香、乳香	阿丹国	蔷薇露
吉里地闷	檀香	苏禄国	降香
渤泥国	降香、片脑	竹步国	龙涎香、乳香
大唄喃国	胡椒	溜洋国	龙涎香、乳香
木骨都束国	乳香、龙涎香	卜剌哇国	没药、乳香、龙涎香

本表资料来源：据马欢《瀛涯胜览》、黄省曾《西洋朝贡典录》、张燮《东西洋考》等整理

古代天然香料资源有限，有些甚至非常名贵，是否拥有香料往往是区分皇亲贵族与平民百姓的重要标志之一。无论哪个朝代的宫廷都是用香大户，明宫廷也不例外，其用香的名目与数量甚至过之前代。为了方便香料日常用度的管理，当局在宫中专门设了司香的职位，《明史》提道："有内府供用库，掌印太监一员，总理、管理、掌司、写字、监工无定员。掌宫内及山陵等处内官食米及御用黄蜡、白蜡、沉香等香。"[①]其官为正七品或正八品，专门负责皇宫祭祀、皇亲贵族出行时的用香。如《明太祖实录》记载："洪武十年十二月戊申，置神宫内使监，掌太庙洒扫陈设之事，设监令正五品、垂从五品，司香奉御正七品、典簿从九品。天地坛祠祭置神坛署，各设置令正七品、垂从七品、司香奉御正八品。"[②]宫廷香料用度非常巨大。据记载，朝廷内仅太岳、太和山宫观所用的降真诸香，每三年需7000斤，甚至更多，如《明史》中有"太岳、太和山降真诸香，通三岁用七千斤，至是倍之。内府物料，有至五六倍者"[③]的记载。景泰六年（1455年），太医院一次就需香料5170斤[④]。到明世宗时代，宫廷购买了沉香、降香、海漆诸香达到十多万斤，但还是不够使用。嘉靖二十九年（1550年）六月辛酉，皇帝下令购"沉香七千斤，大柱降真香六万斤，沉速香一万二千斤、速香三万斤、海添香一万斤、黄速香三万斤"[⑤]等香品。

①[清]张廷玉：《明史》卷七四《职官三》，中华书局，1974。

②《明太祖实录》卷一一六，洪武十年十一月乙亥，台北"中央研究院"历史语言研究所，1962年影印本。

③[清]张廷玉：《明史》卷八二《食货六》，中华书局，1974。

④《明英宗实录》卷二五一，景泰六年三月丙午，台北"中央研究院"历史语言研究所校印，1962年影印本。

⑤《明世宗实录》卷三六一，嘉靖二十九年六月甲午，台北"中央研究院"历史语言研究所校印，1962年影印本。

明代实行海禁，境外香料的输入主要是通过官方的朝贡贸易形式实现的。朝贡贸易输入的香料一般只用于宫廷的使用与赏赐，而民间对香料的大量需求无法得到满足。巨额利润的刺激，促使走私香料的贸易蓬勃发展。到了明代中后期，明朝海禁政策逐渐松懈，私人海外香料贸易已经占据进口贸易的主导地位。

通过朝贡贸易输入香料。明代朝贡贸易达到鼎盛，各国使节来华不断，尤其是东南亚各国使节及贸易团体，这极大促进了香料贸易的繁荣。据记载，洪武十五年（1382年），爪哇贡品中，有胡椒7.5万斤①；二十年，真腊贡品，有香料6万斤，暹罗有苏木1万斤，胡椒1万斤②；二十三年（1390年），暹罗贡胡椒、苏木、降真香等171880斤③。明人严从简《殊域周咨录》卷九《苏门答剌》中记："（苏门答剌）其贡：……木香、丁香、降真香、沉速香、胡椒、苏木……自满剌加国顺风九昼夜可至。"④苏门答腊朝贡贸易以香料为主。万历《广东通志》中记载："永乐十二年九月，郑和将苏门答剌伪王苏幹剌献于行在，以大逆不道伏诛，诸番震恐。其五年贡时，小葛兰国亦附使者来献，厥贡惟三品：珍珠镟、白绵布、胡椒。"⑤小葛兰国使者进贡胡椒。朝贡贸易下，香料进口数量庞大，是明代海上贸易中数量最大的商品。

通过走私贸易输入香料。据《漂海录——中国行记》中记载："（弘治元年闰正月）我国苏杭及福建、广东等地贩海私船至占城国、回回国地，收买红木、胡椒、番香，船不绝。"⑥国内商人出海贸易带回的商品以香料居多。明代林希元云："佛郎机之来，皆以其地胡椒、苏木、象牙、苏油、沉速檀乳诸香与边民交易，其价尤平；其日用饮食之资于吾民者，如米面、猪鸡之数，其价皆倍于常，故边民乐与为市。"⑦此时香料在民间已是很受欢迎，但是朝廷严禁私人海外贸易。《大明律》中明确记载："若止将大船雇与下海之人，分取番货，及虽不曾造

①《明太宗实录》卷一八三，永乐十四年十二月戊午，台北"中央研究院"历史语言研究所校印，1962年影印本。

②《明太宗实录》卷二〇一，永乐十六年六月庚辰，台北"中央研究院"历史语言研究所校印，1962年影印本。

③《明宣宗实录》卷一九，宣德元年秋七月壬辰，台北"中央研究院"历史语言研究所校印，1962年影印本。

④［明］严从简：《殊域周咨录》卷九《苏门答剌》，中华书局，1993。

⑤［明］郭棐：万历《广东通志》卷六九《外志四·番夷》。

⑥［朝］崔溥：《漂海录——中国行记》，葛振家点注，社会科学文献出版社，1992，第95—96页。

⑦［明］林希元：《林次崖先生集》卷五《与翁见愚别驾书》，厦门大学出版社，2015。

有大船，但纠通下海之人买番货，与探听下海之人番货到来，私买、贩卖苏木、胡椒至一千斤以上者，俱发边卫充军，番货并入官。”[①]虽有明令禁止，但在巨额利润的引诱之下，私贩香料还是屡禁不止。《殊域周咨录》中记载："嘉靖元年（1522年），暹罗及占城等夷各海船番货至广东，未行报税。市舶司太监牛荣与家人蒋义山、黄麟等私收买苏木、胡椒并乳香、白腊等货，装至南京，又匿税盘出，送官南京。刑部尚书赵鉴等，拟问蒋义山等违禁私贩番货例，该入官苏木共三十九万九千五百八十九斤、胡椒一万一千七百四十五斤，可值银三万余两。”[②]由此可见，私贩香料的利润之巨。总之，政府主导进行的朝贡贸易，所得的香料大部分用于宫廷生活。民间所需的香料，主要还是通过民间走私贸易所得。

郑和船队所到达的东南亚、印度洋沿岸、东非诸国在历史上均是香料产地。如印尼马鲁古群岛又称香料群岛，主要生产豆蔻；索马里素称香料之角，主要生产乳香和没药。南亚、西亚、红海、波斯湾一带自古以盛产香料闻名于世，如占城国的伽蓝香（一种高品质沉香）是“惟此国一大山出产，天下再无出处”；旧港国的金银香是“中国与他国皆不出”；柯枝国“土无他产，只出胡椒，人多置园圃种椒为业”[③]；苏门答剌国“胡椒广产”[④]。香料自古是这些地区的主要产业。在这大规模的香料贸易中，胡椒、龙涎香是影响较大的商品。

（一）胡椒

胡椒是历史上有名的香料，不仅是美味的调味品，而且可作药用，在世界贸易史上占有重要地位。胡椒原产于印度与东南亚等地，由于地近原产地，中国很早就输入并利用胡椒了。最早记载胡椒的是成书于晋代的《博物志》，载有胡椒酒及其制法[⑤]。葛洪则在《肘后备急方》中，留下了胡椒药用的最早记载："孙真人治霍乱，以胡椒三四十粒，以饮吞之。”[⑥]

胡椒在唐代还属于奢侈品，以其物以稀为贵也。公元777年“元载破家，籍

①［明］舒化辑《大明律》附编，《问刑条例》，《兵律·关津》“私出外境及违禁下海条例”。

②［明］严从简：《殊域周咨录》卷八《暹罗》，中华书局，1993。

③［明］马欢：《瀛涯胜览》，中华书局，1985。

④［明］费信：《星槎胜览》，上海古籍出版社，1985。

⑤［西晋］张华：《博物志校证》，范宁校证，中华书局，1980，第17页。

⑥［东晋］葛洪：《肘后备急方》卷二，人民卫生出版社，1956。

财货诸物，得胡椒九百石”[①]，权臣元载尚且如此重视胡椒，可见当时胡椒之稀之贵。其后才有苏东坡“胡椒八百斛，流落知为谁”的诗句，以此来描述富贵奢侈。当时海外贸易初盛，广州设有市舶司，中外贸易活跃，胡椒主要由海路输入中国，但数量尚不是很大，故而应用也不是很广泛。

明代海外贸易兴盛，无论是规模还是影响都超越前代。胡椒贸易也到了一个新的水平。如洪武十一年（1378年），彭亨，胡椒二千斤[②]；洪武十五年（1382年），爪哇，胡椒七万五千斤[③]；洪武二十年（1387年），暹罗，胡椒一万斤[④]；洪武二十三年（1390年），暹罗，苏木、胡椒、降真等十七万一千八百八十斤[⑤]。到永乐年间，在郑和下西洋的推动下，海外朝贡贸易大盛，胡椒更是大量输入。据估算，15至16世纪中国在东南亚收购的胡椒每年就达5万包，或者250万斤[⑥]。到正统元年（1436年）三月，朝廷曾“命送胡椒三百万斤进京”[⑦]，可见当时胡椒贸易量之大。

15世纪末16世纪初，世界进入大航海时期，葡萄牙、西班牙、荷兰等国相继东来，亦商亦寇，在沿海地区掀起走私浪潮，冲击着传统的朝贡贸易体制。明代朝贡贸易发生了重大转变，胡椒贸易也进入了新的时期。在此背景下胡椒输入量大为增加。隆庆元年（1567年），在倭乱及财政紧张的压力下，更是部分开放海禁，有限度地允许百姓出海贸易。私人商业势力的兴起，进一步破坏了朝贡贸易，分割原来属于朝廷所把持的垄断利润。在此过程中，胡椒正是重要的走私货物。当时胡椒进口有固定的税率。实行抽分后，朝廷指定了详细的抽税则例，初行十分抽三，到正德十二年（1517年）确定为十分抽二。具体到胡椒，万历十七年（1589年）陆饷货物抽税则例为“每百斤抽税银二钱五分”，到四十三年，货物抽税见行则例，又调整为“每百斤税银二钱一分六厘”[⑧]。税率的固定，一定程

---

①[唐]李绰：《尚书故实》，文渊阁四库全书本。

②《明太祖实录》卷一二一，洪武十一年十一月庚午，台北“中央研究院”历史语言研究所，1962年影印本。

③《明太祖实录》卷一四一，洪武十五年春正月辛巳，台北“中央研究院”历史语言研究所，1962年影印本。

④《明太祖实录》卷一八三，洪武二十年秋七月戊寅，台北“中央研究院”历史语言研究所，1962年影印本。

⑤《明太祖实录》卷二〇一，洪武二十三年夏四月甲午，台北“中央研究院”历史语言研究所，1962年影印本。

⑥ Leur，J. C. van：*Indonesian Trade and Society*（The Hague：W.Van Hoeve），1955，p.125.

⑦《明英宗实录》卷一五，正统元年三月丁卯，台北“中央研究院”历史语言研究所校印，1962年影印本。

⑧[明]张燮：《东西洋考》卷七《饷税考》，中华书局，1981。

度上限制了市舶司官员的肆意侵剥，这对胡椒贸易是有利的。

（二）龙涎香

龙涎香又称灰琥珀，是一种外貌阴灰或黑色的固态蜡状可燃物质，生成于抹香鲸的肠道中，由衍生的聚萜烯类物质构成，具有沁人心脾的芳香。排入海中的龙涎香起初为浅黑色，在海水的作用下，渐渐地变为灰色、浅灰色，最后成为白色。白色的龙涎香品质最好，身价最高，要经过百年以上海水浸泡，将杂质全漂出来，才能成为龙涎香中的上品。只浸泡了十来年褐色龙涎香价值最低。龙涎香气味氤氲，难获稀有，中国古代一般被列为禁榷之物（皇家专买，民间不得交易）。龙涎香十分稀有，自古几乎与黄金等价。

所有香料中，龙涎香价格最昂贵，宋时广州市价已值“每两不下百千，次等亦五六十千”，所以此香一直是番中禁榷之物[①]。《星槎胜览》载：苏门答剌国的龙涎香“官秤一两，用彼国金钱十二个，一斤该金钱一百九十二个，准中国铜钱四万九十文”[②]。按当时一斤等于16两，每两1000钱（即一两纹银），那么每斤是49两银子，一个正七品官员的年俸只有45两白银，所以当时龙涎的价格确实昂贵，被列为番中禁榷之物。

向明政府进贡龙涎香的域外藩国，仅有苏门答腊国、古里国等国[③]，这些渠道获得的龙涎香并不足以满足各类消费需求。宫中所用香料中以龙涎香最佳，但库藏不多，寻找多年买不到，最后使者在海外购到[④]。“成化、嘉靖间，僧继晓、陶仲文等竞奏方伎。广购龙涎香，香价胜溢。以远物之尤，供尚方之媚。”[⑤]“宫朝所用诸香皆以此（龙涎香）为佳，内藏亦不多”[⑥]，从嘉靖三十三年（1554年）至三十五年（1556年），明世宗多次要求户部等机构分道购龙涎香，且令有司至可

①［宋］张世南：《游宦纪闻》卷七，中华书局，1981，第38页。

②［明］费信：《星槎胜览》,《龙涎屿》，上海古籍出版社，1985，第9页。

③［明］申时行：《明会典》卷一〇五《朝贡一》；卷一〇六《朝贡二》，中华书局，1989。

④［清］张廷玉：《明史》卷八二《食货六》，中华书局，1974。

⑤［明］周嘉胄：《香乘》卷五《香品·广购龙涎香》,《景印文渊阁四库全书》第844册，商务印书馆，1986，第392页。

⑥《明世宗实录》卷四一三，嘉靖三十三年八月己丑，台北“中央研究院”历史语言研究所校印，1962年影印本。

通番舶之处采买[①]。而龙涎香成了官方极力搜寻、采买以进的对象，则在于明代统治者对龙涎香的偏爱。龙涎香因其药用价值主要为炼丹师所用，道士陶仲文[②]曾向世宗进言，要炮制“不死药”，名曰“万岁香饼”[③]，龙涎香是其中的重要成分。

二、奇珍异宝

奇珍异宝当然是贡品中必不可少的一部分。这一类品种多，但数量较少，如珊瑚、玳瑁、鹤顶、珍珠、翠毛、龟筒、宝石、象牙、犀角、水晶、玛瑙、孔雀翎等。清人屈大均在《广东新语》中记载：“真腊本扶南属国，洪武六年，其王忽儿那遣使柰亦吉郎等来贡，其物有象、象牙、犀角、孔雀翎、苏木、胡椒、黄蜡、乌木、黄花木、土降香、宝石。”[④]清人梁兆璐亦云：“（梅菉墟）泉刀贝布，玳瑁犀象，靡不罗集。”[⑤]这其中又以象牙、宝石和珍珠、珊瑚等海洋珍宝最为主要。

（一）象牙

自古以来，象牙具有神圣的含义，也是权力的象征。象牙自先秦始在人们的社会生活中，由最初具有装饰性质的生活物品，发展成为一种炫耀财富、体现等级差别具有象征意义的生活用品，经历了一个漫长的过程。

明代以象牙为主要贡品的国家有安南、真腊、暹罗、占城、爪哇、彭亨、满剌加、阿鲁等国，多位于东南亚地区，且上贡象牙数量较大。如洪武十六年（1383年），占城国“贡象牙二百枝及方物”[⑥]，入贡的象牙数量以“百”枝为量，规模较大。这时朝贡贸易成为象牙贸易的主要途径。据《礼部志稿》载，象牙等宝物的“给价”多少由内府进行评定，“内府估验定价例：……象牙每斤五百

①[清]张廷玉：《明史》卷八二《食货六》，中华书局，1974，第1994页。

②《明世宗实录》卷二四三，嘉靖十九年十一月壬子，台北“中央研究院”历史语言研究所校印，1962年影印本。

③《明世宗实录》卷五四三，嘉靖四十四年二月戊子，台北“中央研究院”历史语言研究所校印，1962年影印本。

④[清]屈大均：《广东新语》卷一五《货语·诸番贡物》，中华书局，1985。

⑤[清]梁兆璐编纂《梅菉志》卷六《金石》，广东人民出版社，2003。

⑥[清]张廷玉：《明史》卷三二四《占城传》，中华书局，1974，第8386页。

文”[①]。象牙的定价单位以“斤”论，价格为500文，远比市场价格要高[②]。贩卖象牙的丰厚利润和民间庞大的需求量，在这样的供需矛盾下，一些人就铤而走险，各地的官员、海商和经纪与海外各国的贡使间进行“象牙走私”。成化十四年（1478年），事发，政府开始追缴走私的象牙：“王文名下追出象牙六石，共秤重五百三十六斤；吴斌名下追出象牙八石，共秤重七百二十八斤；王信、陈荣名下追出象牙四石，共秤重三百八十七斤。”[③]明代后期为了更好地控制私人贸易，开始对货物征收饷税，万历十七年（1589年），提督军门周寀详允“陆饷货物抽税则例：……象牙，成器者每百斤税银一两”[④]。

（二）宝石

由于缺乏宝石资源，中国传统文化通常用软玉替代宝石作为装饰。唐代又将缅甸翡翠引入中国。随着佛教的传入，印度宝石开始对中国文化产生重要影响。明代朝贡贸易将中外文化交流推向又一巅峰，尤其是郑和七下西洋，在印度、波斯和阿拉伯采买了数以万计的宝石，并由永乐帝赏赐给皇子、嫔妃和各地藩王。郑和下西洋结束后，明朝与印度洋沿岸诸国的朝贡贸易仍在继续，西方宝石仍源源不断地流入中国。《明史》记载：嘉靖中叶以后，“太仓之银，颇取入承运库，办金宝珍珠。于是猫儿睛（金绿宝石）、祖母绿、石绿（绿盐、硫酸铜）[⑤]、撒孛泥石（浅绿宝石）、红剌石（红尖晶石）、北河洗石、金刚钻、朱蓝石、紫英石、甘黄玉（黄宝石），无所不购。穆宗承之，购珠宝益急。”[⑥]隆庆六年（1572年）“诏云南进宝石二万块，广东采珠八千两。神宗立，停罢。既而以太后进奉，诸王、皇子、公主册立、分封、婚礼，令岁办金珠宝石。复遣中官李敬、李凤广东采珠五千一百余两。”[⑦]

民间私人的海外贸易获得合法的地位后，东南沿海各地的民间海外贸易进入

---

①［明］俞汝辑编《礼部志稿》卷三八《主客司职掌给赐》，文渊阁四库全书本。

②张洁：《中国境内亚洲象分布及变迁的社会因素研究》，博士学位论文，陕西师范大学历史系，2014，第178页。

③［明］王恕：《王端毅奏议》卷四《前参赞机务·参奏南京经纪私与番使织造违禁贮丝奏状》，文渊阁四库全书本。

④［明］张燮：《东西洋考》卷七《饷税考》，中华书局，1981。

⑤［美］劳费尔：《中国伊朗编》，林筠茵译，商务印书馆，1964，第339—340页。

⑥［清］张廷玉：《明史》卷八二《採造》，中华书局，1974。

⑦［清］张廷玉：《明史》卷八二《珠池》，中华书局，1974。

了一个新时期。隆庆开关后，数以万计的猫眼石、祖母绿等异国宝石流入中国。万历初，田艺蘅《留青日札》记载："祖母绿本绿宝石。上者名助把避，深暗绿色；中者名助木剌，明绿色；下者名撒卜泥，浅绿色带石者。皆出回回山坑中。正德、嘉靖以来，抄没刘瑾、江彬、严嵩辈，此宝最奇且多。隆庆四年（1570年），进上金两事，内猫睛（黄宝石）、祖母绿等项一万八千四百颗。"①

（三）海洋珍宝

中国古代社会对紫贝、珍珠、玳瑁、珊瑚、砗磲等海洋珍宝很早就产生了消费需求。在先秦时期，华夏文明已形成崇尚紫贝、玳瑁等海洋珍宝的习尚，且以贝为币。司马迁在《史记》曰："至秦……珠玉、龟贝、银锡之属为器饰宝藏，不为币，然各随时而轻重无常。"②在有些时代甚至比金银等金属货币还要贵重。除作为货币外，这些海洋珍宝还作为宫殿、服饰、器皿等生活方面的装饰及宝玩。

中国东海、南海等近海海域出产的珍宝满足不了国内消费市场的需求，在中国消费市场的驱动下，邻近国家和地区也受到影响，借助朝贡和贸易等方式，与中国开展海洋珍宝的交换。南海和南海诸岛处在海上丝绸之路的交通要道上，盛产与朝贡和贸易相关的一些海洋珍宝，如珊瑚、玳瑁、珍珠、砗磲等。如明代宫廷太平清乐曲《上清歌》歌颂："一愿四时风调雨顺民心喜。摄外国，将宝贝。摄外国，将宝贝。见君王，来朝宝殿里，珊瑚、玛瑙、玻璃，进在丹墀。"③

三、药材

"传统药物"是指长期在人民中使用，产于自然界能预防疾病的天然物质（植、动、矿物）。进口的传统药物（药材）一般又称"外来药""香药"或"南药"。明代通过海上丝绸之路进口的这些药材有：没药、紫梗、藤黄、阿魏、人参、丁皮、血竭、芦荟、紫胶、肉豆蔻、大枫子、闷虫药、毕登茄等。

东、西双方长达千年的药材互补传统，使得双方在无形之中对己无彼有的药材形成了不容忽视的依赖性。海上丝绸之路大量的海外药材通过进口贸易流入

①［明］田艺蘅：《留青日札》，朱碧莲点校，上海古籍出版社，1992。

②［汉］司马迁：《史记》卷三十《平准书》，中华书局，1959。

③［清］张廷玉：《明史》卷六三《乐章二》，中华书局，1974，第1568页。

中国。永乐三年（1405年），郑和下西洋，访问了亚、非、欧三洲的30多个地区，并在这些地方与当地人民发展友好贸易。随行人员中有不少医药家，他们所到之处既进行医药交流，又沿途搜集当地道地药材，经鉴定后带回国。在非洲访问了外来药物乳香的主要原产地——“香料之角”①；又到了祖法儿（今阿曼的佐法儿），用丝绸、瓷器换取了乳香、血竭、安息香等②；在马来半岛，带回当地进贡的犀角、片脑、槟榔、胡椒、燕窝、乳香、没药，等等③。郑和七下西洋，每次回来都是“明月之珠，鸦鹘之石，沉南龙速之香，鳞狮孔翠之奇，梅脑薇露之珍，珊瑚瑶琨之美，皆充舶而归。”④其中带回的珍贵外来药物更是数量惊人。

张燮所著《东西洋考》对万历十七年（1589年）、万历四十三年（1615年）的陆饷⑤货物抽税则例有详细记载，通过它可一窥进口贸易输入的主要药材品类，具体内容详见表5-2。

表5-2　万历十七年（1589年）、四十三年（1615年）陆饷货物抽税则例⑥

时间 名称	万历十七年		万历四十三年
	抽税单位（斤）	税银	税银
龙脑香	十斤（上者）	三两二钱	
	十斤（中者）	一两六钱	
	十斤（下者）	八钱	
胡椒	一百斤	二钱五分	二钱一分六厘
象牙	一百斤（成器者）	一两	八钱五分四厘
	一百斤（不成器者）	五钱	四钱三分二厘
苏木	一百斤（东洋木小）	二分	一分一厘
	一百斤（西洋木大）	五分	四分三厘
檀香	一百斤（成器者）	五钱	四钱三分二厘
	一百斤（不成器者）	二钱四分	二钱七厘

①朱德明：《古代中国和非洲的医药交流》，《中华医学杂志》，1997年第2期，第105—108页。

②李红珠：《阿拉伯国家香药输入中国的简史》，《中国民族医药杂志》，1999年第S1期，第165—166页。

③肖林榕：《略论外来药物输入与中医药的发展》，《福建中医药》，1986年第5期，第56—57页。

④［明］黄省曾：《西洋朝贡典录》自序，中华书局，1982。

⑤［明］张燮：《东西洋考》卷七《饷税考》，中华书局，1981，第132页。

⑥李隆生：《明后期海外贸易的探讨》，博士学位论文，复旦大学历史系，2005，第57页。

（续表）

名称＼时间	万历十七年		万历四十三年
	抽税单位（斤）	税银	税银
犀角	十斤（花白成器者）	三钱四分	二钱九分四厘
	十斤（乌黑不成器者）	一钱	一钱四厘
奇楠香	一斤	二钱四分	二钱四分二厘
沉香	十斤	一钱六分	一钱三分八厘
没药	一百斤	三钱二分	二钱七分六厘
玳瑁	一百斤	六钱	五钱一分八厘
肉豆蔻	一百斤	五分	四分三厘
冰片	十斤（上者）	三两二钱	二两七钱六分五厘
	十斤（中者）	一两六钱	一两三钱八分二厘
	十斤（下者）	八钱	六钱九分一厘
燕窝	一百斤（白者）	一两	八钱六分四厘
	一百斤（中者）	七钱	六钱五厘
	一百斤（下者）	二钱	一钱七分三厘
荜茇	一百斤	六分	五分二厘
大风子	一百斤	二分	一分七厘
阿片	十斤	二钱	一钱七分三厘
槟榔	一百斤	二分四厘	二分一厘
牛角	一百斤	二分	一分八厘
乌木	一百斤	一分八厘	一分五厘
降真香	一百斤	四分	三分四厘
白豆蔻	一百斤	一钱四分	一钱二分一厘
血竭	一百斤	四钱	三钱四分六厘
孩儿茶	一百斤	一钱八分	一钱五分五厘
束香	一百斤	二钱一分	一钱八分一厘
乳香	一百斤	二钱	一钱七分三厘
木香	一百斤	一钱八分	一钱五分五厘
丁香	一百斤	一钱八分	一钱五分五厘
阿魏	一百斤	二钱	一钱七分三厘
芦荟	一百斤	二钱	一钱七分三厘
没石子	一百斤	二钱	一钱七分三厘

（续表）

名称 \ 时间	万历十七年		万历四十三年
	抽税单位（斤）	税银	税银
龟筒	一百斤	二钱	一钱七分三厘
苏合油	十斤	一钱	八分八厘
安息香	十斤	一钱二分	一钱四厘
丁香枝	一百斤	二分	一分七厘
排草	一百斤	二钱	一钱七分三厘
紫檀	一百斤	一钱	五分二厘
鹿角	一百斤	一分四厘	一分二厘
藤黄	一百斤	一钱六分	一钱三分八厘

原表资料来源：①（明）周嘉胄：《香乘》卷二五《税香》，商务印书馆，1986，第558—559页；②（明）张燮：《东西洋考》卷七《饷税考》，中华书局，1981，第144—145页。

上表所见38类药材虽只是当时海外入华药材品类的一部分，但从官方将其列为税收对象来看应当都是当时十分常见的交易货物。海禁开放之后，中外贸易十分繁荣，通过进口贸易输入的药材不仅种类丰富，而且数量众多。

在明初，洪武年间（1368—1402年）成书的《回回药方》，是一部文字为阿拉伯语的医药体系专书，全书共36卷，现仅存4卷。据统计，《药方》残卷常用药259种，明显属于海药并注明中药名字者有61种；沿用阿拉伯药名，目前尚不知为何药者有52种，合计海药为113种。这其中记载了一部分主产地为欧洲的药物。明弘治十八年（1505年）成书的《本草品会精要》中新增的外来药物品种更是达到40余种，如樟脑、儿茶、罗斛、葫芦巴、紫梗、乌木、麻藤香等[①]。这都是外来药物进口中国发展的表现。

（一）朝贡贸易下进口的药材

朝贡贸易是明朝与海外诸国维持友好往来的重要形式。在与外藩的交往过程中，明廷通常奉行“厚往薄来”的政策，以巩固与周边国家的友好关系。在友好的政治环境及“厚往薄来”政策的推动下，域外诸国频繁遣使入贡，带来了丰富

①金素安、郭忻：《外来药物传入史略——宋金元至明清时期》，《中医药文化》，2011年第2期，第23页。

的物类，向中国输入品类丰富且数额巨大的域外药材。其中各国输入的药材品类及贡期情况，详见表5-3。

表5-3 域外各国朝贡输入中国的主要药材及贡期情况一览表[①]

国家	主要药材	贡期
朝鲜	人参	三岁、或一岁一来
日本	硫磺、苏木	十年一贡（嘉靖三十年后止）
琉球	苏木、胡椒、琉黄、乌木、象牙、降香、木香、丁香、檀香、黄熟香	二年一贡
安南	木香、速香、犀角、象牙、降真香（降香别名）、沉香	三年一贡
真腊	象牙、犀角、苏木、乌木、黄花木、胡椒、黄增、土降香	朝贡不常
暹罗	象牙、犀角、孔雀尾、龟筒、珊瑚、糠脑、片脑、米脑、脑柴、脑油、（紫）檀香、速香、安息香、黄熟香、降真香、罗醉香、乳香、树香、木香、丁香、乌香、阿魏、蔷薇水、丁皮、紫梗、硫黄、没药、乌爹泥、胡椒、白豆蔻、荜茇、苏木、乌木、肉豆蔻、大枫子、藤黄	三年一贡
占城	象牙、犀角、孔雀尾、橘皮、龙脑、金银香、奇南香（伽喃香）、土降香（榧花根别名）、檀香、乌木、苏木、降真香	三年一贡
爪哇	孔雀尾、犀角、象牙、玳瑁、龟筒、珍珠、蔷薇露、奇南香、檀香、速香、降香、木香、乳香、黄熟香、安息香、龙脑、没药、丁皮、肉豆蔻、白豆蔻、血竭（麒麟竭）、芦荟、阿魏、大枫子、番木鳖子、荜澄茄、荜茇、闷虫药、黄蜡、苏木、乌木、胡椒、乌爹泥、金刚子、片脑	朝贡无常
彭亨	象牙、乳香、檀香、片脑、胡椒、速香	朝贡无常
百花	龟筒、玳瑁、胡椒	不详

①李隆生：《明后期海外贸易的探讨》，博士学位论文，复旦大学历史系，2005，第32页。

（续表）

国家	主要药材	贡期
三佛齐	龟筒、米脑、肉豆蔻、番油子、胡椒、诸香	朝贡无期
浡泥	犀角、生玳瑁、龟筒、珍珠、龙脑、沉速香、梅花脑、牛脑、米脑、降香、檀香、肉豆蔻、丁香、黄蜡	朝贡不绝
须文达那	降香、蔷薇水、沉香、速香	不详
苏门荅剌	龙延（龙涎香别名）、硫黄、回回青、木香、丁香、降真香、沈速香、胡椒、苏木	朝贡无常
览邦	胡椒、苏木、檀香、降香	不详
淡巴	沉香、檀香、速香、胡椒	不详
苏禄	梅花脑、米脑、玳瑁、降香、苏木、胡椒、黄蜡、荜茇	朝贡无常
古里	龙涎、苏合油（苏合香别名）、乳香、檀香、木香、栀子花、胡椒	朝贡无常
满剌加	犀角、象牙、玳瑁、蔷薇露、栀子花、乌爹泥、苏合油、片脑、沉香、乳香、黄速香、金银香、降真香（降香别名）、紫檀香、丁香、木香、没药、阿魏、大枫子、乌木、苏木	朝贡不绝
娑罗	珍珠、降真香、黄蜡	不详
阿鲁	象牙、熟脑	不详
小葛兰	胡椒、珍珠伞	朝贡无常
榜葛剌	犀角、糖霜、乳香、乌爹泥、乌木、苏木、胡椒、麻藤香	朝贡无常
锡兰山	珊瑚、轧香、木香、树香、土檀香、没药	朝贡不绝

域外诸番的频繁入贡，其中以南海诸国与中国关系最为紧密，朝贡最为频繁。贡使来华带来了大量药类。洪武十一年（1378年），彭亨国王贡胡椒2000斤，苏木4000斤及檀、乳、脑，诸香药；百花国贡龟筒、玳瑁、胡椒、香蜡等[①]；洪武十六年（1383年），占城，贡象牙200枝，檀香800斤，没药400斤[②]；

①《明太祖实录》卷一二一，洪武十一年十一月丁未，台北“中央研究院”历史语言研究所，1962年影印本。
②《明太祖实录》卷一五二，洪武十六年二月庚子，台北“中央研究院”历史语言研究所，1962年影印本。

洪武二十三年（1390年），暹罗贡苏木、胡椒、降真等物，171880斤[①]；嘉靖三十二年（1553年），暹罗贡象牙19枝共350斤，乌木37株共3600斤，树香600斤，藤黄480斤，大枫子580斤，紫梗300斤，连香21株共650斤，木香20斤，白豆蔻60斤，胡椒810斤，苏木14200斤[②]；崇祯十六年（1643年），暹罗国犹入贡，贡物计44余种，且多是可为药材的品类。

（二）收购采买进口的药材

据明制，上贡之物不足，则官出钱收购[③]。采买数量的多少，在明代各朝差异较大。历史记载："采造之事，累朝奢俭不同，大约靡于英宗，继以宪、武，至世宗、神宗而极。"[④]天顺六年（1462年），明英宗派遣使者前往安南收买香药等物，并敕书安南国王，命其领价，逐一收买[⑤]。弘治时期，对香药的收购采买数量时常是以万数为计的[⑥]。崇祯十五年（1642年），为供应山海关军士所需药料，明廷在北京市场上采办药材67品，共计839斤[⑦]。

四、军事用品

据《明会典》中记载，明代从海外进口的军事用品主要有：弓、枪、剑、盔、铠、腰刀、马、马鞍等[⑧]。其中日本刀和火器是明朝进口的主要军事物品之一。

（一）日本刀

制作精良的日本倭刀深受中国人的喜爱。日本刀凭借其锋利、差价大、利润高的优势，成为明代一种数量较大的进口商品。

屈大均记载："有曰'日本刀'者，闻其国，无论酋王鬼子，始生，即以镔铁百斤，淬之溪中，岁凡十数炼……以故光芒炫目，犀利逼人，切玉若泥，吹芒断毛发，久若发硎，不折不缺。"[⑨]《东西洋考》中也有记载："倭刀甚利，中国人

①《明太祖实录》卷二〇一，洪武二十三年四月甲辰，台北"中央研究院"历史语言研究所，1962年影印本。

②[清] 郝玉麟：雍正《广东通志》卷五八《外番志·暹罗国》。

③[清] 张廷玉：《明史》卷八二《上供採造》，中华书局，1974，第1991页。

④[清] 张廷玉：《明史》卷八二《上供採造》，中华书局，1974，第1989页。

⑤《明英宗实录》卷三三七，天顺六年二月庚寅，台北"中央研究院"历史语言研究所校印，1962年影印本。

⑥《明孝宗实录》卷八七，弘治七年四月甲戌，台北"中央研究院"历史语言研究所校印，1962年影印本。

⑦台北"中央研究院"历史语言研究所编辑《明清史料·乙编》第4本，商务印书馆，1936，第389页。

⑧[明] 申时行：《明会典》卷一〇五至一〇八《朝贡一》至《朝贡四》，中华书局，1989。

⑨[清] 屈大均：《广东新语》卷一六《器语》，中华书局，1985。

多鬻之，其精者能卷之使圆，盖百炼而绕指也。”[①]由于日本刀的锤锻技术未传入中国，而人们又特别喜爱其刀剑的刃锐锋尖，所以只能以通商形式采购日本刀，而日本也屡次派遣贸易船输出大量刀剑。

日本以朝贡为名，将大批刀剑输入中国。据研究统计，日本十一次进贡，贡刀的总额达到20万把之多[②]。明建文四年（1402年），明惠帝派遣禅僧送给日本幕府足利义满国书曰："兹尔日本国王源道义，心存王室，怀爱君之诚，踰越波涛，遣使来朝，归逋流人，贡宝刀、骏马、甲胄、纸砚，副以良金，朕甚嘉焉。”[③]足利将军以日本国王的名义进献给皇帝马20匹、洒金鞘大刀2把、硫磺1万斤、枪100把，黑漆鞘柄大刀100把、长刀100把、铠1领，等等。

（二）火器

火器也称热兵器，是使用火药的武器。火药是中国最早发明的，使用火药的武器同样也最早出现在中国。最早利用火药作战是在北宋，南宋时火器已在攻城和守城中起到了重要作用，并出现了世界上最早的射击性火器“突火枪”。火器后经蒙古人和阿拉伯传入西方，到明初时，欧洲的火器在某些方面已领先于当时的中国，并已有少量西方火器引入中国。在引进的西方火器中，最著名的有三种：一是佛郎机，二是鸟铳（火绳枪），三是红夷炮。

佛郎机是一种铳炮，大者可视为炮，小者可视为枪（铳）。佛郎机铳炮是明正德年间（1506—1521年）由葡萄牙人传入中国的。郑若曾的《筹海图编》载，正德十二年（1517年），葡萄牙人来广州时，时任广东佥事的顾应祥从通事那里得到了一门佛郎机炮和火药配方[④]。鸟铳为单兵用枪，也称乌铁、鸟枪。《武备志》说：鸟铳“后手不弃把，点火则不动，故十发有八九中，即飞鸟之在林，皆可射落，因是得名。”[⑤]又因其所安装的弯形枪托形似鸟嘴也称“鸟嘴铳”。明朝人称荷兰为红夷、红毛蕃。“红夷炮”最早由荷兰人传入中国，所以称之为红夷炮或红夷大炮，也称“西洋大炮”或西洋大铳、西铳。

①［明］张燮：《东西洋考》卷六《外记考·日本》，中华书局，1981，第126页。

②［日］木宫泰彦：《中日文化交流史》，胡锡年译，商务印书馆，1980，第575页。

③［日］瑞溪周凤：《善邻国宝记》卷中，《丛书集成续编》，第217册，新文丰出版公司，1988，第295页。

④［明］郑若曾：《筹海图编》，中华书局，2007。

⑤［明］茅元仪：《武备志·鸟嘴铳》，解放军出版社，1988。

在与荷兰等西方人打交道的过程中，明朝人见识了新式火炮的威力。此时，正值明清大战，边关危急。徐光启、李之藻等人纷纷上疏，请求引进红夷大炮。《明熹宗实录》中记载到："(天启元年二月)先是光禄寺少卿李之藻建议，谓城守火器必得西洋大铳，练兵词臣徐光启因令守备孙学诗赴广，于香山澳购得四铳，至是解京。仍令赴广取红夷铜铳，及选募惯造惯放夷商赴京。"[①]崇祯元年(1628年)七月，命时任两广提督的李逢节和兵部侍郎王尊德转托澳门葡萄牙商人购炮募兵。1629年，澳门葡人捐献大炮10门，由公沙的西劳和陆若汉(João Rodrigues)带领技师、工匠和一些士兵押炮北上，于1630年2月进京。陆若汉等耶稣会士向崇祯帝疏请带人去澳门购炮募兵获准，再次由澳门携40门炮北上。以上4次，在澳门募购了80门红夷炮[②]。

五、手工业原料

明代海上丝绸之路的进口商品中，手工业原料主要有锡、红铜、石青、硫磺、碗石、牛皮、磨刀石、番红土、西洋铁、回回青等。在明代，铜和硫磺都是战略物资，因其重要性和稀缺性，成为了明政府意图控制的贸易物品。而回回青、苏木等染料也是主要进口手工业原料。

(一)铜

铜钱一直是中国市场上广泛使用的货币，因此，中国对铜的需求量非常巨大。早在明代以前，由于铜资源匮乏，铜在中国的供需矛盾就已非常明显。进入明代以后，国内的铜矿资源就已近枯竭，所以只要周边国家产铜，明朝都会要求其上贡。明前期，政府主要通过朝贡贸易从日本获取铜。在日本朝贡中，铜都是主要贡品之一。同时明政府还通过各种政策，吸引外国贡使携贡物前来朝贡。如宣德八年(1433年)赐例：红铜，每斤300文；刀、剑，每把10贯；抹金铜铫每个6贯；铜水滴，每副2贯等[③]。在这些优惠政策下，有的朝贡国为了获得丰厚的回赐物品及通过附进物的折价获得大量财物，往往进贡大量铜等金属。

(二)硫磺

硫磺也是在明代被明确禁止交易的物品之一。硫磺本身不是兵器，但却是

①《明熹宗实录》卷一六，天启元年十一月戊戌，台北"中央研究院"历史语言研究所校印，1962年影印本。
②刘鸿亮：《明清时期红夷大炮的兴衰与两朝西洋火器发展比较》，《社会科学》，2005年第12期。
③《明宣宗实录》卷一〇五，宣德八年闰八月辛亥，台北"中央研究院"历史语言研究所校印，1962。

火器必不可少的火药中的重要成分之一。明人宋应星《天工开物》中记载："火药以硝石、硫磺为主，草木灰为辅。"[①]因此，硫磺在明代是重要的军需物资。据《明会典》载："每三年，兵仗局关领一次，硫磺一万六千六百六十六斤。今例，蓟镇三年关领火器一次。宣府五年一次。辽东、延绥三年关领硫磺焰硝一次，辽东黄二千斤……延绥黄三千五百斤，宣府、宁夏、甘肃俱五年一次，宣府黄一万斤……宁夏、甘肃黄三千斤。"[②]几个主要的边镇在兵仗局关领的定例数量已是不小。遇到战争时常常一次调拨上万斤乃至十数万斤。硫磺除作为火器重要材料之外，它还是一种重要的药品，包括炼制丹药，并且也用于其他一些产品的制作；即使是用来制作火药，也还有相当一部分是用于烟花爆竹。所有这些用途加在一起，需要量就更为巨大，因此更加需要从外国进口。

流入明朝的硫磺主要是来自琉球和日本。洪武六年（1373年），琉球的中山王贡硫磺千斤。永乐元年（1403年），日本贡硫磺1万斤；宣德八年（1433年），贡硫磺2.2万斤；景泰四年（1453年），附载硫磺达36.4万多斤[③]。除日本和琉球之外，东南亚地区的吕宋、爪哇等也曾向中国输入过硫磺。据《明会典》《外夷朝贡考》的相关记载，在明代，安南、暹罗、苏门答剌、锡兰山等国的贡品中均有硫磺。[④]

（三）染料

染料也是明代海上丝绸之路中重要的进口手工业原料。根据不同输出国对色彩的要求，作为丝绸和瓷器生产大国的中国，需要大量的着色剂。郑和从西洋带回的众多生产和生活必需品，当属苏麻离青和苏枋木两种大宗生产原料对国计民生影响最大。苏麻离青矿石产于伊拉克索马拉地区，为青花瓷发色鲜亮的成色剂。另一种为苏木科植物苏木，又名苏枋木。苏木用以作红色染料，早在唐朝时就已是珍贵的进口商品。

对早期中国陶瓷业而言，蓝色彩绘的运用并不熟悉。自唐代蓝彩昙花一现之后，又沉寂了很长一段时期，至元代，景德镇才制造出大量青花瓷器，并使其成为重要的外销瓷，在世界各地交易。明代海上丝绸之路的开辟，是产自波斯的苏麻离青将我国青花瓷带入辉煌发展时期。苏麻离青，又称为苏泥勃青等。进口

①［明］宋应星：《天工开物》卷一五《佳兵》，广东人民出版社，1976。

②［明］申时行：《明会典》卷一九三《军器军装》，中华书局，1989。

③刘军：《明清时期海上商品贸易研究（1368—1840）》，博士学位论文，东北财经大学经济系，2009。

④李云泉：《明清朝贡制度研究》，博士学位论文，暨南大学历史系，2003。

青花料，产于西亚地区。旧传产于波斯，据考证可能在叙利亚附近。许之衡《饮流斋说瓷》中记载：“有明彩料，多采自外国：如青花，初用苏泥勃青，继用回青。”[①]苏麻离青为永乐、宣德年间宫廷烧制青花的用料。王世懋《窥天外乘》记载：“永乐宣德间内府烧造，迄今为贵，其时以鬃眼甜白为常，以苏麻离青为饰，以鲜红为宝。”[②]高濂的《遵生八笺》记载：“宣窑之青，乃苏渤泥青。”[③]用苏麻离青料绘画的瓷器，蓝色浓艳有银黑色结晶斑。苏麻离青中含锰量极低，含铁量较高，与国产青料有明显区别。明初，陶瓷匠师认识到使用纯进口的“苏麻离青”，并进而通过混入石青等原料制作出来的青花瓷，图面清晰，“分水”明快，从而加大了对“苏麻离青”这种染料的需求。明永乐年间，郑和七次下西洋从伊斯兰地区带回了一批苏麻离青。但据蓝浦《景德镇陶录》记载道：“宣窑青花一名苏麻离青，成化时已少，正德间得回青，嘉靖窑御器遂用之。”[④]这说明成化间，苏麻离青已不足。

明成化以后，苏麻离青渐渐被回回青所代替。《天工开物》中记载：“回青乃西域大青，美者亦名佛头青，上料无名异出火似之。”[⑤]回回青也是一种珍贵的官府专用之物，民间使用机会很少。如《潘司空奏疏》记载：“回回青料贡自外夷，藏之内库，乃贵重之物，原非民间所有。”[⑥]王宗沐记载：“陶用回青，本外国贡也。”[⑦]而由西域来的回回青很快就短缺了。但由苏门答腊和渤泥国“入贡”进口的回回青，弥补了回回青的不足。《明史·外国传》记载苏门答腊和渤泥国的朝贡情况，永乐年间就有12次，宣德年间贡4次，期间都有回回青。如《明史》中记载：“（苏门答腊）贡物有宝石、玛瑙、水晶、石青、回回青……”[⑧]《明会典》中也有记载：“苏门答腊国……永乐三年（1405年）……遣使朝贡。五年至宣德六年复遣使朝贡……十年复封其子为王，贡物有石青、回回青。”[⑨]

①［清］许之衡：《饮流斋说瓷》，中华书局，2012，第89页。
②［明］王世懋：《窥天外乘》，《凤洲杂篇》，《丛书集成初编》，中华书局，1985，第20—21页。
③［明］高濂：《遵生八笺》之五《燕闲清赏笺》，巴蜀书社，1985，第40页。
④李辉柄：《青花瓷器的起始年代》，《故宫博物院院刊》，1995年第1期，第80页。
⑤［明］宋应星：《天工开物》卷七《陶诞》，中华书局，1978。
⑥［明］潘季驯：《潘司空奏疏》卷六《清查回青招由疏》，文渊阁四库全书本。
⑦［明］王宗沐：《江西省大志》卷七《陶书》，台北成文出版社，1989。
⑧［清］张廷玉：《明史》卷三二五《苏门答剌传》，中华书局，1974。
⑨［明］申时行：《明会典》卷九八《朝贡三》，中华书局，1989，第368页。

苏木科植物苏木，根泡制作解毒剂，能解热、清血、收敛、祛痰，在东南亚多用于战场疗伤。苏木干材中，含巴西苏木素为红色染料，原本无色，被空气氧化后，变紫红色，用作丝绸染料和香云纱纱面掉色问题，还用于染制棉麻、线、纸等纤维制品。明太祖亦曾以政策推广植棉。苏木为棉布的极佳红色系染料，中国不产，仰给于海外。苏木主产地是柬埔寨和泰国。《古今注》中记载苏木："苏方木出扶南林邑外国，取细破煮之，以染色。"[①]晋代只知道苏方木出在越南中部以南中南半岛各地，《南方草木状》云："苏枋树类槐花，黑子，出九真，南人以染绛，渍以大庾之水，则色愈深。"[②]当时苏木运到广东，多当作染红的原料，与北方染红用茜草、红花不同。泰国所产苏木，自元明以来，大量运进中国，泰国的苏木已"如薪之广，颜色绝胜他国出者"[③]。当时苏木在泰国"其贱如薪"[④]，大批苏木被海运到中国，马六甲、苏门答腊也是苏木的输出国。苏枋木的引入促进了明代丝绸外贸的迅速发展。

六、手工业制品类

明代进口手工业制品种类繁多，据研究统计有：竹布、角盥、锁服、金绦环、金系腰、贴金扇、纸扇、白绵绸、细花席、西洋布、皮剔布、琉璃瓶、番花手巾、金银器皿、洒金厨子、洒金文台、描金粉盒、洒金手箱、各色苎布、龙纹帘席、红丝花手巾、彩沙、红棉布、白棉布、乌棉布、圆壁花布、花红边缦、杂色缦、番花手巾帕、兜罗绵被、白缠头布、红撒哈喇布、红地绞节智布、红杜花头布、红边白暗花布、绵棋子花布、织人像花文打布、芯布、油红布、西洋细布、竹布、宝石、金戒子、铜鼓、织人像杂色红文丝缦、西洋铁、铁枪、摺铁刀、金镶戒子、撒哈喇白芯布、姜黄布、撒都细布、花缦、番锡、番盐、茭张席、灰筒、番刀弓，等等[⑤]。兹举较常见的西洋布、折扇为例。

（一）西洋布

14至18世纪，原产印度的西洋布是东南亚贸易中最为重要的商品之一，在

①［晋］崔豹：《古今注》，中华书局，1985，第17页。

②［晋］嵇含：《南方草木状》，台北新文丰出版公司，1986，第4页。

③［明］马欢：《瀛涯胜览·暹罗》，中华书局，1985。

④［明］严从简：《殊域周咨录》卷八《暹罗》，中华书局，1993。

⑤［明］申时行：《明会典》卷一〇五至一〇八《朝贡一》至《朝贡四》，中华书局，1989。

元代就见于中国文献，自明代起作为部分东南亚国家的贡品输入中国。16世纪以后，东来的西方殖民者不但带来了产自西欧的西洋布，同时参与到东南亚地区的西洋布贸易中，使之成为香料贸易的补充。两种产地不同的西洋布因都来自地理概念中的“西洋”而被赋予同样的称谓。

西洋布之名最早见于元代的《真腊风土记》，真腊国（今柬埔寨、老挝及越南南部一带）中，“虽自织布，暹罗及占城，皆有来者，往往以来自西洋者为上”[①]。从13世纪起，西洋布就已经是东南亚地区一项十分重要的贸易品。明代东南亚地区向中国进贡的布料品种繁多，据《明会典》《明史》《瀛涯胜览》以及《东西洋考》4种书统计，共计有50多种，在各种进口货物中占有很大的比例，如芯布、油红布、白缠头布、撒哈剌布等，西洋布为其中的一种[②]。

（二）折扇

中国最早的折扇记载在《宋史》可见：北宋端拱年间，日本密宗僧人柞乾和喜因等向宋太宗进奉有“金银漪绘扇一合，纳桧扇二枚，蝙蝠扇二枚”[③]。大部分古今学者史家都相信折扇起源于日本，像北宋郭若虚《图画见闻志》：“惟高丽国敦尚文雅，渐染华风……彼使人每至中国，或用折叠扇为私觌物，其扇用鸦青纸为之……点缀精巧，谓之折扇，本出于倭国也。”[④]

折扇在中国曾经被社会边缘化。明代陈霆《两山墨谈》说道：“宋元以前，中国未有折扇之制。元初，东南夷使者持聚头扇，当时讥笑之。我朝永乐初，始有持者，然特仆隶下人用以便事人焉耳。至倭国以充贡，朝廷以遍赐群臣，内府又仿其制以供赐予，于是天下遂遍用之。”[⑤]明代沈德符《万历野获编》：“今聚骨扇，一名折叠扇，一名聚头扇，京师人谓之撒扇。闻自永乐间，外国入贡始有之。今日本国所用乌木柄泥金面者颇精丽，亦本朝始通中华，此其贡物中之一也。”[⑥]这些记载同时也表明，由日本国进贡来的折扇，直到明朝初年，明成祖“喜其卷舒之便”，遍赐群臣，方才大行其道。此后在明清盛行，士人显贵争相以

①[元]周达观：《真腊风土记校注》(不分卷)《服饰条》，夏鼐校注，中华书局，2000。

②张维华：《明代海外贸易简论》，上海人民出版社，1956，第58—72页。

③《宋史》卷四九一《日本国传》，中华书局，1977，第14136页。

④[宋]郭若虚：《图画见闻志》卷六，上海人民出版社，1962，第118页。

⑤[明]陈霆：《两山墨谈》卷一八，中华书局，1985，第156页。

⑥[明]沈德符：《万历野获编》卷二六《玩具》，中华书局，1959。

藏扇为乐。

七、白银

白银属贵金属，是人类较早认识和使用的金属之一。早期银主要作为饰品为人们所用。但随着社会的发展，白银具有广泛的经济、文化、艺术等多方面的属性。纯银在自然界中很少见，大多以共生的形式存在于其他金属的矿脉中，产量低且提取技术比较复杂，因此，白银是一种较为稀有的资源。随着经济的发展，社会生产力的提高，白银的社会经济价值体现越来越突出，并得到人们的普遍认同，逐步发展成为充当一般等价物的特殊商品，担当起货币的角色，并在相当长的时期内，几乎被所有国家接受。因此，当时的白银不但具有货币的功能，其本身也是商品。

中国用银虽有很久的历史，但西汉以前多做工艺上的用途，东汉以后偶有用作支付工具的。一直到明初白银都算不得十足的货币。明中后期，在民间白银货币化趋势的冲击下，政府正式取消用银的禁令，特别是隆庆元年（1567年）明穆宗颁令："凡买卖货物值银一钱以上者，银钱兼使；一钱以下止许用钱。"[①]这是明政府首次以法权形式肯定了白银的合法货币地位。万历年间，张居正在全国推行"一条鞭法"，标志着白银货币化的最终形成，白银正式成为中国主体货币，开启了白银中国时代。

（一）白银输入的主要渠道

明中后期输入中国的白银，主要是南美洲和日本的白银。中国虽然物产丰富，但却稀缺白银，而南美洲和日本有着丰富的白银储备。南美洲16至18世纪期间的白银产量约占世界总产量的百分之八十。日本的白银矿藏也极其丰富，被欧洲人誉为"银岛"[②]。

1. 美洲白银进口中国

美洲白银多通过中国与西班牙和葡萄牙的海上贸易进入中国。西班牙属美洲白银自16世纪中叶开始大规模开采，大规模输入中国则大约自16世纪70年代开始。西属美洲的白银，多由西班牙人垄断。西班牙人在美洲开采白银，将白

---

①陈昆：《宝钞崩坏、白银需求与海外白银流入——对明代白银货币化的考察》，《南京审计学院学报》，2011年第2期。

②［日］山口启二：《锁国与开国》，呼斯勒、林思敏、任铁华译，内蒙古人民出版社，2004，第18页。

银运到菲律宾，再通过购买中国商品使白银流入中国。成书于1617年的《东西洋考》载："东洋吕宋，地无他产，夷人悉用银钱易货，故归船自银钱外无他携来。"①《广东新语》也载有："闽、粤银多从番舶而来。番有吕宋者，在闽海南，产银……闽、粤人多贾吕宋银至广州。"②

从1565年，菲律宾受到西班牙殖民统治长达300多年。《澳门纪略》中记载道："其人既得地，即营室筑城，列火器，设守御。已竟乘其无备，袭杀其王而据其国，名仍吕宋，实佛郎机也。"③1718年，奥斯定会士迪亚士（Casimiro Diaz，O.S.A.）在其撰于马尼拉的《菲律宾的奥斯定会士，1670—1694》一书中写道，"中国贸易是维持菲律宾群岛生存的支柱，而这一贸易又靠来自新西班牙的白银来维持，美洲白银是给予这个群岛生命的血液"。④受到西班牙殖民的菲律宾，依靠着来自美洲的白银与中国进行贸易。西班牙人起初主要用印度洋、东南亚地区货物交换中国货物，随着中国货物在欧洲销路日广，西班牙人逐渐改用现金采购中国货物，几乎全部以白银结算，中国向西班牙商船征税也均以白银计值。据《东西洋考》中记载："故商人回澳，征水陆二饷外，属吕宋船者，每船更追白银五十两，谓之加征。"⑤金融史学者彭信威在《中国货币史》中估计："自隆庆元年马尼拉开港以后，到明末为止那七八十年间，经由菲律宾而流入中国的美洲白银，可能在6000万比索以上，约合4320万两库平银。"⑥1598年（万历二十六年）马尼拉大主教也报告西班牙国王说："每年由新西班牙（即墨西哥、秘鲁等地）运来之百万比索银货，违反陛下之命令，均已流入异教徒之中国。"⑦可见明代西属美洲白银流入中国数量之大。

2. 日本白银进口中国

16世纪后期到17世纪早期，随着日本西部白银矿藏的发现和白银冶炼技术的发展，日本白银产量迅速增长。虽然日本白银比较丰富，但其他物质贫乏，对中国商品的依赖性很大，"盖日本所需丝、棉、药物、器用之类，悉皆仰给中国，

①［明］张燮：《东西洋考》卷七《饷税考》，谢方点校，中华书局，1981。

②［清］屈大均：《广东新语》卷十五《货语·银》，中华书局，1984。

③［清］印光任、张汝霖：《澳门纪略》卷下《澳蕃篇》，广东高等教育出版社，1988。

④转引自陈丙先：《菲律宾殖民当局的对华政策，16—17世纪》，厦门大学出版社，2015，第148页。

⑤［明］张燮：《东西洋考》卷七《饷税考》，谢方点校，中华书局，1981，第132页。

⑥彭信威：《中国货币史》，上海人民出版社，1958，第858页。

⑦彭信威：《中国货币史》，上海人民出版社，1958，第710页。

不能缺者"[①]。日本输出的产品中，绝大部分是白银。这时也正是明朝白银货币化加剧进行，对白银的需求量剧增的时候。日本白银输入中国的渠道有两条：一是中日直接贸易，二是日本商人将白银运至东南亚地区与葡萄牙、荷兰和中国商人进行的第三国交易。据学者研究："在十七世纪初，由日本人、中国人、葡萄牙人以及荷兰人的船只从日本载运出口的白银，每年可达150000到187500公斤（约406—508万两），这些白银很多先运到澳门、台湾以及琉球、朝鲜、东南亚等，但最终还是流向中国大陆。"[②]明人王临亨《粤剑编》中记载："西洋古里，其国乃西洋诸番之会。三四月间入中国市杂物，转市日本诸国以觅利，满载皆阿堵物也。"[③]第三国从中国买来杂物贩往日本，将日本的银换来中国。另《周游世界评说》中记载有："为了满足我的愿望，当葡萄牙人去购买发往印度的货物的广州交易会或市集的时间来临时，我把我的现金交给了代表们……代表们乘中国人的船被送往广州，携带着想花或可以动用的钱，一般相当于250000至300000埃斯库多的雷阿尔或来自日本及印度的银锭。"[④]

（二）白银流入中国的数量

已有多位学者对来自各个渠道白银流入量进行估计研究。首先是中国学者的研究。全汉昇先生估计从菲律宾输入中国的白银为6000万两。在1569至1636期间，葡萄牙平均每年从欧洲运来100万比索到东方，假设其中一半用于购买中国商品，则这段时间，葡萄牙就从欧洲输入中国3400万比索，相当2720万两银[⑤]。他估计，在1599至1637年间，葡萄牙自日本共运出5800万两银，这些银子多经澳门流入中国[⑥]。全汉昇先生的估计是根据1590至1644年间从西属美洲流入菲律宾白银数的估计，按其中一半流入中国计算的，未计入1590年以前流入的数量，整个明代流入的数量理应再高一些。庄国土指出，明朝前期的海外贸易以朝贡贸易为主，金银的流进与流出，在赏赐与贸易相抵下，其净额都很小。另外，他估计明季从海外流入的白银总数省在28000万两以上[⑦]。1530至1644期

①［明］郑若曾：《筹海图编》卷一二《经略二》。

②［英］W.S.阿特韦尔：《国际白银的流动与中国经济（1530—1650）》，载《中国史研究动态》1988年第9期。

③［明］王临亨：《粤剑编》卷四《志外夷》，中华书局，1987。

④金国平编译《西方澳门史料选萃（15—16世纪）》，广东人民出版社，2005，第272页。

⑤全汉昇：《明清间美洲白银的输入中国》，香港中文大学《中国文化研究所学报》，1969年第1期。

⑥全汉昇：《明代中叶后澳门的海外贸易》，香港中文大学《中国文化研究所学报》，1972年第1期。

⑦庄国土：《16—18世纪白银流入中国数量估算》，《中国钱币》，1995年第3期，第3—10页。

间，平均每年流入约240万两。梁方仲先生则认为，自明万历元年（1573年）起至崇祯十七年（1644年）止的71年间，"应有二千一百三十万比索的流入"[①]，约7200万两。彭信威认为："自隆庆元年（1571年）马尼拉开港以来，到明末为止那七八十年间，经由菲律宾而流入中国的美洲白银，可能在六千万比索以上，约合四千多万库平两。"[②]王裕巽则认为国外流入白银数量超过3亿两[③]。这还只是一个保守的数字而已。梁方仲先生明确说明，他是按各种资料中的最低数量估计的，彭信威也明确指出自己所列出的是一个保守的数字。在上述各种估算中，庄国土的估算工作较为细致，可能更接近实际数量，如果再考虑到1700年以前除葡萄牙之外的其他国家从欧洲运来中国的数量，则整个明朝时期流入中国的白银应该超过3亿两的水平。

其次，外国学者对白银流入量也进行了估计。表5-4是麦迪森（Angus Maddison）根据其他学者的研究对流入中国白银来源与数量进行的统计，此表反映日本是中国白银的重要供给地，从菲律宾和澳门流入中国的白银主要是美洲白银和从欧洲辗转流入的白银。

表5-4　中国白银进口量及来源，单位吨

时间	1550—1600	1601—1640	1641—1685	1685—1700	共计
日本	1280	1968	1586	41	4875
菲律宾	584	719	108	137	1548
葡萄牙	380	148	0	0	428
合计	2244	2835	1696	178	6951

本表资料来源：（英）安格斯·麦迪森著，伍晓鹰等译，《世界经济千年史》，北京大学出版社，2003，第55页。

根据前述对各不同渠道流入中国白银数量的各种估计，加总得出的数量，整个明代，流入中国的白银数量为3亿两以上。

①梁方仲：《明代国际贸易与白银的输出入》，见梁方仲：《梁方仲经济史论文集》，中华书局，1989，第178—179页。

②彭信威：《中国货币史》，上海人民出版社，1965，第710页。

③王裕巽：《明代白银国内开采与国外流入数额试考》，《中国钱币》，1998年第3期，第24页。

第二节　出口商品

朝贡贸易时期的出口商品主要是明朝对朝贡国家的“赏赉”品。明代出口商品，据不完全统计，全国有236种，包括手工业、农副产品、矿产品、动物和肉制品、干鲜果品、中草药品和文化用品八大类。其中手工业品共有137种，占半数以上。这说明中国手工业产品在国际市场上很受欢迎。主要原因是明代中国工艺技术不仅普遍高于亚洲周边国家，也比西方国家先进精致。所以明代出口的商品成本低、质量高，很多商品在世界市场上有着强大的竞争力。

明代流入中国的海外产物，多半是些属于热带性的自然产品，而输出到海外的主要是手工业产品，其中丝棉织品、瓷器等更占重要地位。丝棉织品的产地，主要是江浙；瓷器以景德镇所产为主。这类东西很早以来就是向海外各地输出的货品。随着海外贸易的发展，这类出口货品的数量也在不断地增加中，到了明代数量更大。据顾炎武《天下郡国利病书》记载：

> 崇祯十二年（1639年）三月，给事中傅元初《请开洋禁疏》言：……盖海外之夷，有大西洋，有东洋。大西洋则暹罗、柬埔寨诸国，其国产苏木、胡椒、犀角、象牙诸货物，是皆中国所需。而东洋则吕宋，其夷佛郎机也。其国银山有夷人铸作银钱独盛。中国人若往赐大西洋，则以其物产相抵。若往贩吕宋，则单得其银锡。是两夷者皆好中国绫罗杂缯。其土不蚕，惟籍中国之丝到彼，能织精好缎匹，服之以为华好。是以中国湖丝百斛，值价百两者，至彼得价二倍。而江西磁器、福建糖品果晶诸物，皆所嗜好。①

此段反映明代海外贸易，输出以丝棉织品、瓷器为主，吴地丝、丝棉织品，深受外邦喜爱，视为至宝。除此之外，还有各式各样的手工业制品。这些手工业产品总是随着私人海外贸易的发展，海外贸易活动地域的扩大以及出口物品数量的增多，而不断增加。以下将主要论述明代海上丝绸之路的出口商品中的瓷器、丝绸、茶叶、棉布、蔗糖、铜钱和铁器。

①［清］顾炎武：《天下郡国利病书》，《福建六》，上海古籍出版社，2012。

一、瓷器

陶瓷是中国古代物质文化的重要组成部分，瓷器更是中国的发明。从唐代开始，中国的陶瓷就已大量销往海外。宋元时期，陶瓷贸易的烧造窑厂遍布东南沿海。明清两代，陶瓷贸易持续繁荣，其最主要的产地在江西景德镇、福建漳州和德化等地。

瓷器历来是中国古代通过海上丝绸之路向外出口的货物中的大宗。明代宋应星在《天工开物·陶埏》中描述当时景德镇的瓷器生产是："合并数郡不敌江西饶郡产……中华四裔驰名猎取者，皆饶郡浮梁景德镇之产也。"①景德镇生产的瓷器销往各地，"自燕而北，南交阯、东际海、西被蜀，无所不至。"②其"工匠来八方，器成天下走。"③明代中期以前，中国瓷器主要外销东亚和东南亚地区，明代晚期，开始大量销往欧洲。它不仅因为造型、纹饰、工艺融入了中国的审美意趣和人文内涵，更以其美观、耐用而广受东西方国度青睐，一直是中国主要的输出商品。

《利玛窦中国札记》中曾记载："中国人常用的餐具是陶器。我不太明白为什么西方叫它瓷器。无论从材料本身或从它又薄又脆的结构来说，欧洲陶器没有任何类似的东西。最细的瓷器是用江西所产黏土制成，人们把它们用船不仅运到中国各地，而且还运到欧洲最遥远的角落，在那里它们受到那些欣赏宴席上的风雅有甚于夸耀豪华的人们所珍爱。"④由此可见中国的瓷器在海外的受欢迎程度。《瀛涯胜览》中也特别提到爪哇"国人最喜中国青花瓷器，并麝香、销金纻丝、烧珠之类，则用铜钱交易"⑤。大量的瓷器经由郑和船队远销海外各地。明代马欢、费信、巩珍3人曾随郑和船队出使西洋，后分别写下《瀛涯胜览》《星槎胜览》和《西洋番国志》，这些著述详细记载了当时我国瓷器对外贸易的情况。通过上述著述所记，至少有29个国家和地区要用瓷器作为货用换取所需之物或记录了当地居民喜爱中国瓷器，说明大量瓷器销往亚、非广大地区。

---

①［明］宋应星：《天工开物》卷七《陶埏》，上海人民出版社，1976，第59页。

②［明］王宗沐：嘉靖《江西省大志》卷七《陶书》。

③中国硅酸盐学会：《中国陶瓷史》，文物出版社，1982，第359页。

④［意］利玛窦、［比］金尼阁：《利玛窦中国札记》，何高济、王遵仲、李申译，中华书局，1983，上册，第15页。

⑤［明］马欢：《瀛涯胜览》，《丛书集成初编》，中华书局，1985，第24页。

（一）瓷器出口东南亚

在南海（东南亚）和印度洋各地，青花瓷的价值，早已超过它的经济含义，而成为友谊和永恒的象征，具有神圣的精神内涵了。菲律宾居民将青花瓷当作尊贵的用具，过节时才从窖藏取出。青花瓷或被嵌置室内，以供观赏，在（马来西亚）沙捞越和肯尼亚沿海，都可见到风格独特的柱墓，竖立在墓葬前高达5米的四角、六角或八角形柱子上刻有花纹，并镶有中国青花瓷。大量外销的青花器，在暹罗、菲律宾卡拉塔甘和沙榜越的曼拉诺人中间，又是最重要的陪葬品[①]。

在明初，朝贡贸易是中国与东南亚贸易往来的唯一合法渠道。明政府本着厚往薄来的怀柔政策，对朝贡国均给予大量的回赐，其价值高于各国的朝贡品。明政府常将陶瓷作为赏赐，以交换其他物资。洪武七年（1374年），琉球中山王弟泰期复来贡，"命刑部侍郎李浩赉赐文绮、陶铁器，且以陶器七万、铁器千就其国市马"[②]。据《明史》记载，洪武十六年（1383年），明政府就赠予占城和真腊瓷器各一万九千件[③]。由此可见，明代早期通过"赏赐"的方式，大量的瓷器被赠予东南亚诸国。

据《瀛涯胜览》《星槎胜览》记载，当时的青瓷和青花瓷器广受东南亚人们的欢迎。其中费信的《星槎胜览》详细记录了郑和船队与所到各国进行瓷器贸易的情况。其中的青花瓷成为东南亚各国居民喜爱的日用器皿，《星槎胜览》中共有9处明确提到"青花白"或"青白花"瓷器：

> 暹罗：货用青白花磁器……之属；
> 锡兰山：货用金银铜钱、青花白磁……之属；
> 柯枝：货用色段、白丝、青白花磁器……之属；
> 古里：货用金银、色段、青花白磁器……之属；
> 忽鲁谟斯：货用金银、青白花磁器……之属；
> 榜葛剌：货用金银、布锻、色绢、青白花磁器……之属；
> 大唄喃：货用金银、青白花磁器……之属；

①沈福伟：《中西文化交流史》，上海人民出版社，1985，第311、312页。

②［清］张廷玉：《明史》卷三二三《琉球传》，中华书局，1974。

③［清］张廷玉：《明史》卷三二四《占城、真腊传》，中华书局，1974。

阿丹：货用金银、色段、青白花磁器……之属；

天方：货用金银、段疋、色绢、青花白磁器……之属。①

有4处提到“青白”瓷器：

旧港：货用烧炼五色珠、青白磁器……大小磁器……之属；

满剌加：货用青白磁器、五色烧珠……之属；

苏门答剌：货用青白磁器……之属；

龙牙犀角：货用……青白磁器。②

另外，1处提到“货用青碗”，11处提到“货用磁器”。

从记载看，其时关于陶瓷器的称呼有磁器、青花磁器、青碗、青白磁器、大小磁器、青磁器、青白花磁器、青磁盘碗、青花白磁器、磁碗；器形有盘、碗；釉色有青白、青白花、青花等。

（二）瓷器出口欧洲

继郑和下西洋大量瓷器外销以后，我国瓷器不仅畅销亚洲各国，而且大量销往欧洲。在航海世纪中，瓷器不仅是一种货物，而且是地位、权力的象征。欧洲王室以拥有中国瓷器作为炫耀海权的手段，贵族则以其夸耀财富，而烧有个人化纹章的瓷器更是显赫地位的象征。“在西欧以拥有中国瓷器为豪华；为最高级的馈赠品；作为艺术欣赏的古玩；作为宗教寺庙和王室贵族宫廷的装饰品，等等。中国瓷器对罗可可艺术风格产生了深刻的影响。”③

达·伽马于1498年抵达今印度之卡利卡特后，在那里购买了大量瓷器。回国后，他将一些瓷器呈送给了唐·曼努埃尔国王。中国瓷器立即引起了里斯本宫廷的兴趣。1500年3月9日，葡萄牙第二次东方远征船队在卡布拉尔的率领下从里斯本启航。1501年7月返航时带回了许多东方物产和手工艺品，其中最受欢迎的是中国瓷器。同年，唐·曼努埃尔国王就写信给西班牙的唐·费尔南多（Fernando II）和唐娜·伊莎贝尔（Isabel I），向他们报告了有关华人和瓷器的

①［明］费信：《星槎胜览》,《暹罗》等条，冯承钧校注，中华书局，1954。

②［明］费信：《星槎胜览》,《旧港》等条，冯承钧校注，中华书局，1954。

③叶文程：《中国古外销瓷研究论文集》，紫禁城出版社，1988，第337页。

消息："中国人是白色人种，有着漂亮的绿眼睛。那里有精美的瓷瓶，每个都值一百克鲁扎多。"①

明代销往欧洲的瓷器，其数量之多是远超前代的。16世纪初期，西方国家对瓷器的极大需求刺激了萌芽中的中国民间商贸的发展。1513至1522年间，中葡贸易增长迅速，其中瓷器已占很大的份额。"从1522年起，一项法令规定，印度船只所载货物中，三分之一可以是中国瓷器。"②这说明这一时期的瓷器贸易达到了相当的规模。1602年，荷兰东印度公司在马六甲海峡捕获一艘葡萄牙商船——"克拉克号"，船上装有约10万件运往阿姆斯特丹的中国青花瓷③。"克拉克"号运载的大量陶瓷仅仅是当时陶瓷外销的一个缩影而已，也可见明代陶瓷外销数量之巨。

二、丝绸

中国是世界最早养蚕缫丝和织造丝绸的国家。战国时期，丝织品已有罗、纨、绮、锦、绣、绢帛、缣等多个品种。丝绸不仅是中国古代重要的衣着原料之一，也是中国古代对外贸易最主要的商品之一，乃至中国与外国的贸易商路被冠以"丝绸之路"的称呼。古代的中外贸易，实以丝绸贸易为开端。早在公元前，中国丝绸已越过帕米尔到印度、波斯，以至欧洲。丝绸在中国各色外贸货品中，霸主地位长时间无可替代。甚至历史上有若干时期，当丝绸运抵异国时，价值要用等量黄金来衡量。

丝绸的出口主要有三大方向：一是先由澳门等流通地的中转后，由广州直接销往欧洲、北美洲以及拉丁美洲殖民地；二是经由中国至日本长崎或由澳门等地中转到日本；三是有中国商人经由海盗往东南亚各地营销。"（1590年）这种蚕丝是如此的多，每年可以装满由印度开来澳门的船，其中至少一艘是前来我国（日本）的，这些丝绸不但在印度使用，也带到葡萄牙去。不光是生丝运到那边去，而且还有各式各样的丝织品，因为中国人的织造术是十分出色的。"④

① 文德泉：《中葡贸易中的瓷器》，载吴志良主编《东西方文化交流——国际学术研讨会论文选》，澳门基金会，1994，第207页。

② 金国平、吴志良：《流散于葡萄牙的中国明清瓷器》，《故宫博物院院刊》，2006年第3期，第98—112页。

③ 关锡汉：《中华优秀传统艺术丛书·陶瓷》，吉林出版集团，2013，第109页。

④ 澳门《文化杂志》编《十六和十七世纪伊比利亚文学视野里的中国景况》，（葡）孟三德：《日本天正遣欧使节团》，大象出版社，2003，第154页。

（一）丝绸出口日本

日本是中国丝绸出口的传统市场。早在唐代，日本与广东之间就已有商船来往。明代前期，中日两国实行官方勘合贸易。自明永乐十七年到嘉靖二十六年（1419—1547年），日本派遣勘合船共17次。这些勘合船每次载来日本特产，获得明朝作为回赐物的丝绸、书籍等日本所需的商品。嘉靖《广东通志》中记载："凡东洋交易，多用丝苎，倭国尤为凶狠，商人畏之，回易鹤顶等物。"①嘉靖时期中国多用丝苎与日本换鹤顶。据记载，1637年，有6艘来自澳门的龙船装载大量广东货前往日本，包括少量白色生丝、大批织物和其他商品，销出纺丝30万件②。徐光启在《海防迂说》中谈到日本时也说："彼中百货取资于我，最多者无若丝，次则瓷。"③

在明廷对日本遣明使回赐物品中，丝绸也占有重要地位。明永乐三年（1405年），给遣明使的回赐物品有：纻丝五匹，纱五匹，绢四十匹。永乐七年（1409年）的回赐物中有锦十匹、纻丝五十匹、素二十八匹、罗三十匹、纱二十匹、骨朵云红三匹、素八匹、彩绢三百匹等④。

日本使者也利用出使明朝的机会，尽量扩大贸易规模，大量购买丝绸。嘉靖十八年（1539年）日本副使策彦周良，在宁波收购缎子和丝绸"金襕"。嘉靖二十七年（1548年），策彦以正使身份再次入明，先后在宁波收买缎匹和改机缎各一端；在苏州预付银两定购生丝；在北京"买收北绢二端，价银各八钱"；在山东清源驿价买罗绵三端⑤。

（二）丝绸出口欧美

葡萄牙人和菲律宾群岛的西班牙人都乐于将丝绸出口至世界其他地方。明代，中国与远东、欧洲的贸易为葡萄牙王室所垄断，一支王家船队每年从里斯本起航，通常满载着羊毛织品、大红布料、水晶和玻璃制品，英国造的时钟，佛兰德造的产品，还有葡萄牙出产的酒。船队在澳门逗留数月后，从澳门带着金、丝

①［明］黄佐：嘉靖《广东通志》卷六六《外志三·番夷》。

②程绍刚译注《荷兰人在福尔摩莎（1624—1662）》，台北联经出版事业公司，2000，第192页。

③［明］徐光启：《徐文定公集》卷四，徐家汇天主堂藏书楼，1933，第91页。

④［明］王世贞：《弇山堂别集》卷一四《皇明异典述九》，中华书局，1985，第261页。

⑤［日］牧田諦亮编《策彦入明記の研究》所附《策彦和尚再渡集》上、下，京都法藏館，1955，第156、237、243、267页。

绸、麝香、珍珠、象牙和木雕艺术品、漆器、瓷品回国[①]。《利玛窦中国札记》中有记载：

> 我也毫不怀疑，这就是被称为丝绸之国（Serica regio）的国度，因为在远东除中国外没有任何地方那么富饶丝绸，以致不仅那个国度的居民无论贫富都穿丝着绸，而且还大量地出口到世界最遥远的地方。葡萄牙人最乐于装船的大宗商品莫过于中国丝绸了。他们把丝绸运到日本和印度，发现那里是现成的市场。住在菲律宾群岛的西班牙人也把中国丝绸装上他们的商船，出口到新西班牙和世界的其他地方。[②]

生丝和各色绸缎是葡萄牙、西班牙商人贩运的主要商品。据研究，当时，从澳门“运来售给西班牙人的商品普遍是：成束的细至两股的生丝以及其他质地较差的、松散的细丝，白的及其他颜色的，卷成小绞；成数的丝绒，有些是色平的，有些绣着各种各样的花样，颜色和款式—有些是金底的或绣着金丝；各种颜色和式样的、有着金和银在丝绸上的织物和锦缎；成数的金和银的线绞；花缎、缎、光亮细滑的绸缎、Gorvaranes（一种丝毛交织的布帛），Picotee（一种山羊毛织成的粗糙的织物，或一种光滑的丝织品，这里所指的大概是后一种。）……丝绒刺绣的帷帐；各种深浅颜色的花缎和丝毛混织品。”[③]除此之外，还有绞、白绸、彩绸、花边绸、面纱、花缎、线缎、浮花锦缎、线绢、印花绢、波纹绢、双线绢、丝麻混纺品、丝织麻帷、台布等诸多品种。

（三）丝绸出口东南亚

明代向东南亚地区出口也以丝绸为大宗。明代朝贡贸易中，皇帝赐予的物品中最多、最普遍的就是丝绸，东南亚各国每有使团来华朝贡，明朝皇帝都回赐大批丝绸及丝绸衣物，明朝使臣前往东南亚地区时，也携带大批丝绸赏赐各国。严从简《殊域周咨录》中记载永乐元年（1403年），爪哇西王都马板遣使奉表贺即位，“赐其王袭衣文绮”。第二年，东王孛令达哈亦遣使朝贡，“复赐东、西二王纻丝、纱罗、帐幔、手巾、羊酒器皿，王妃纻丝、纱罗、手巾等物”[④]。《明宣宗

①［葡］徐萨斯：《历史上的澳门》，黄鸿钊、李保平译，澳门基金会，2000，第40页。

②［意］利玛窦、［比］金尼阁：《利玛窦中国札记》，何高济、王遵仲、李申译，中华书局，1983，上册，第4页。

③陈台民：《中菲关系与菲律宾华侨》，香港朝阳出版社，1985，第145—146页。

④［明］严从简：《殊域周咨录》卷八《爪哇》，中华书局，1993。

实录》中也有记载："(宣德二年十一月乙未)赐爪哇国使臣亚烈须里蛮及头目八致麻勿等钞、纱罗、纻丝、袭衣有差……命行在礼部遣人送至广东遣行。"[①]中国与东南亚的民间海上贸易中，同样以丝绸为大宗。明末人凌濛初在《拍案惊奇》中对到爪哇岛北部吉零国经商的中国商人描写到："那久惯漂洋的带去多是绫罗缎。"[②]

三、茶叶

中国是茶树原产地，也是世界上最早发现茶树与利用茶树的国家。随着饮茶风尚在中国的形成，其影响日益扩散，茶叶与咖啡、可可并列为世界三大无酒精饮料。

我国历史文献中最早的茶市记载，始见于汉宣帝神爵三年(公元前59年)王褒写的《僮约》"武阳(一作武都)买茶"之句，表明其时在巴蜀地区形成了诸如武阳一类的茶叶市场或集散地[③]。可见在西汉末期以前，国内茶叶贸易早就已经开始。美国威廉·乌克斯《茶叶全书·中国茶叶贸易史》记载，公元475年前后，中国与土耳其商人在蒙古边境贸易时，以茶叶为首先输出易货贸易之物，开始陆路对外贸易，这是中国茶叶外销的最早记载[④]。由海上丝绸之路输出的茶叶主要从赣、浙、闽茶区出发，经宁波港、泉州港和广州港直接横跨太平洋销往美洲，或从那里输往南洋，经印度运往欧洲[⑤]。中国茶叶最初出口至西亚、中东以及朝鲜、日本等国，出口量并不大。

明代主要在晚明时期，西方国家的传教士和商人先后来华，不仅接触并了解到中国茶叶，还把中国茶叶运销欧洲，中国茶文化也因而传播到那里。16世纪初，葡萄牙开辟了绕过非洲的新航线，葡萄牙的殖民势力也从非洲延伸到亚洲。1553年葡萄牙人获得澳门的居住权，随后荷、英、法、美、俄等势力纷纷来到中国，这些殖民者以探险家、传教士名义进入中国内地，对中国茶叶产生浓厚兴趣，学习饮茶，记录茶事见闻，16世纪末西欧逐渐认识中国有一种奇特的饮料

①《明宣宗实录》卷三三，宣德二年十一月乙酉，台北"中央研究院"历史语言研究所校印，1962年影印本。

②[明]凌濛初：《初刻拍案惊奇》，天津古籍出版社，2004，第6页。

③陈爽文主编《中华茶叶五千年》，人民出版社，2001，第112页。

④[美]威廉·乌克斯著《中国茶叶贸易史》，吴觉农主编《茶叶全书下》，上海茶叶研究社译，1949。

⑤刘彤：《中国茶》，五洲传播出版社，2005，第55页。

叫茶。1556年，最初访问中国的葡萄牙传教士加斯帕尔·达·克鲁兹（Gaspar da Cruz），在广州居住了几个月，回葡萄牙后出版了《广州记行》一书，书中记述：中国人“彬彬有礼”，当“欢迎他们所尊重的宾客时……总是递给客人一个干净的盘子，上面端放着一只瓷器杯子……喝着他们称之为一种‘Cha’（茶）的热水。”据说这种饮料“颜色微红，颇有医疗价值”①。

1596年，荷兰人在爪哇建立了东方产品转运中心。1602年，成立荷属东印度公司，并于1610年首先将茶（绿茶）运到西欧。饮茶习俗遂由荷兰传至法国、德国及英国，华茶（尤其是武夷茶）引起西欧各国的瞩目。这是“中国茶叶输入欧洲的最早记录”②。1637年，荷兰东印度公司的斯文汀侯爵（Lord Seventeen）写信给巴达维亚总督，让他不仅采购茶，而且要采购喝茶的瓷杯、瓷壶，茶具开始出口欧洲，茶叶开始作为正式商品输入欧洲③。17世纪开始，茶叶由荷兰东印度公司贩运到欧洲。由于当时英国饮茶之风盛行，为清朝开始大规模开展茶叶方面的对外贸易打下了基础。

四、棉布

与丝、瓷、茶不同，棉花的原产地并非中国。棉花种植和棉纺织技术自中国的南部和西北传入中国，宋末元初分别由南北两路大规模传入中国内地。在中国纺织史上著名的黄道婆，就是宋末元初在海南学到纺织技术，后经改革传回其家乡松江府的。

明初，中国的棉纺织业已有了良好的基础。此时，棉布超过丝、麻、毛织品，成为中国人的主要衣料，植棉和棉纺织业遍布全国，并形成了若干棉纺织业中心。明万历年间，宋应星在《天工开物》中说：“棉布寸土皆有”，“织机十室必有”④。据载，有明一代，松江的棉布已远销国外，并像饶州的瓷器、漳州的绢纱，以及湖州的丝棉一样，为日本人喜爱⑤。自16世纪初年直到19世纪早期，以

①陈文华：《中国茶文化》，中国农业出版社，2006，第53—54页。

②陈椽文主编《中华茶叶五千年》，人民出版社，2001，第112页。

③刘军：《明清时期海上商品贸易研究（1368—1840）》，博士学位论文，东北财经大学经济系，2009。

④［明］宋应星：《天工开物》卷二《乃服》，商务印书馆，1933，第38页。

⑤《明神宗实录》卷三八三至四二一，万历三十一年四月丁亥至万历三十四五月戊辰，台北“中央研究院”历史语言研究所校印，1962年影印本。

“南京布”（欧美各国对产自江南苏松地区的棉布的称呼）为主体的中国棉布销向世界各国，成为海上丝绸之路中的重要大宗商品。

（一）棉布出口东南亚国家

明前期，明使出使朝鲜、琉球以及东南亚各国及这些国家的使者来明朝贡时，明朝皇帝的赐品中就有布和布制品。《明宪宗实录》中记载：“苏门答剌国遣使进贡，广东市政司因无印信勘合，奏准将本国所进表文寄贮广东官库，省令各夷回还。内借拔番人斤荡等三名管送贡物来京，每人量赏生绢一疋、棉布二匹、胖袄及鞋以酬其劳。”[①]

在明后期中国的对菲岛贸易中，棉布已是大宗商品。吕宋各岛原来大都种植棉花、自织棉布，由于华商大批输入价格便宜的中国棉布，当地人不再纺纱织布而改用中国棉布。为此，1591年3月，西班牙驻马尼拉总督发布禁止所有菲人穿用中国丝织物及棉布之禁令。同年6月，驻菲岛总督呈给腓力二世（Felipe II de España）之函称：“鉴于华商从本群岛所携出之银货数额之巨，臣痛感该项贸易应予以禁压。按近年来华货之大宗为棉布；华商预先在本岛采购棉花，载回中国织成棉布之后复将此运至菲岛倾销；但如果菲人愿意，彼等亦可以其自己所产棉花织成棉布，甚至其布质可比华货更佳且可将之输出墨西哥而做四十万比索价值之交易。”[②]

（二）棉布出口日本

早期由中国输往日本的商品中，主要是生丝和丝绸，缎匹占十分之七，但棉布也有一定比例。里斯本《耶稣会士在亚洲》资料集中有一份从1580年起，在中国购买，运往日本货物的清单，其中记有“每年必须从中国送往日本供教堂和住院使用的物品的清单”。其中棉纺织品类及丝绸类的货物有：800匹浅或深蓝色窄幅松江布，300匹赭色松江布，200匹细纹、赭色和蓝色云布，800匹窄幅，600匹白色制鞋用松江布，300匹黑色松江布[③]。澳门的葡萄牙人于1585年称：“日本人的衣服尽管是丝绸的，但他们的裤子却永远是松江布或细棉布的。”[④]

---

①《明宪宗实录》卷二七九，成化二十二年六月甲戌，台北“中央研究院”历史语言研究所校印，1962年影印本。

②陈荆和：《十六世纪之菲律宾华侨》，新亚研究所，1963，第94—95页。

③陈国栋：《十七世纪初期东亚贸易中的中国棉布——Cantan与台湾》，《台湾的山海经验》，台北财团法出版事业股份有限公司、远流出版事业股份有限公司，2005，第469页。

④金国平：《葡萄牙语和西班牙语中关于“松江布”的记载及其吴语词源考》，《史林》，2015年第1期，第52—60页。

五、蔗糖

我国是世界上用甘蔗制糖最早的国家之一，已有2000多年的历史。根据史料记载，我国在公元前4世纪末年《楚辞·招魂》中已有食用蔗浆的文字记载。《汉书·礼乐志·郊祀歌》记有“取甘蔗汁以为饮也”。但是蔗浆是如何压榨的，在古代文献中并没有找到记载。直到12世纪，宋代王灼作的《糖霜谱》记载的唐宋时代四川榨蔗过程颇为详尽①。到了十六七世纪的明代，我国榨蔗技术又取得了较大的突破。宋应星在《天工开物》中的“糖车”②的发明对制糖业是个重大的促进。这种“糖车”比前代以人力为主的榨蔗技术先进之处在于，用畜力拉动二辊以榨糖，既省力又能使甘蔗的出汁率大大增加，整个明清时代直至20世纪初，广大的乡村糖寮均使用这种榨汁技术，清代以后“糖车”的使用，只不过是畜力的使用在数量上有所增加而已。

元朝中国已是世界产糖量最大的国家。著名旅行家马可·波罗的游记即证明这一点。马可·波罗（1254—1324年）描述当时杭州省产糖规模如下：人们应该了解这一省份的产糖量之大，正如福州省，等于全世界其他地区的两倍之多；这同时也说明这方面的收入之高③。由此可见，糖在唐代已经商品化，到元代得到巨大发展。他还写道，他们（福建省）拥有大批蔗糖，大汗宫殿用糖均出于该省，足可以看出其总价值额之大。另一方面也说明此时产糖量较以前虽有明显增长，但仍是一种奢侈品，其主要消费者仍是官僚士大夫，并非一般民众。

中国蔗糖较大规模的输出在历史上出现得比较晚，从明末清初开始中国糖类产品的出口量日渐增大，至鸦片战争前，我国蔗糖的出口范围几乎遍及全球各地④。

（一）中国蔗糖主要产区

中国大陆植蔗产糖区主要是福建和广东⑤。甘蔗主要有两种——食蔗与糖蔗。前者杆粗多汁，形状像竹，用来食用；后者杆细而长，质硬宜于煮糖⑥。上述两地区无论就气候还是土壤条件而言均适合甘蔗生长。甘蔗生长所需温度以摄氏

---

①曾雄生：《中国农学史》，福建人民出版社，2012，第415页。

②［明］宋应星：《天工开物》卷六《甘嗜》，商务印书馆，1933。

③陈绍刚：《十七世纪上半期的中国糖业及对外蔗糖贸易》，《中国社会经济史研究》，1994年第2期。

④季羡林：《蔗糖在明末清中期中外贸易中的地位——读<东印度公司对华贸易编年史>札记》，《北京大学学报（哲学社会科学版）》，1995年第1期。

⑤［明］宋应星：《天工开物》卷六《甘嗜》，商务印书馆，1933。

⑥［明］宋应星：《天工开物》卷六《甘嗜》，商务印书馆，1933。

三十度左右为宜，所需水量较大，但根系发达，可吸收深层水分，又较为抗旱，适宜在典型温润的亚热带气候地区生长。甘蔗对土壤的适应性比较广泛，但砂质土壤为宜。因山地寒冷，将来制成的糖也是焦苦的，应该在离山四五十里、平坦宽阔、阳光充足的洲地上，选择较好的地段种植。看一下福建和广东的气候地理情况，也就不难想象此二地为何能发展成为中国大陆的主要产糖区。

广东特别是珠江流域极适合植蔗，尤以阳春、番禺、东莞、增城等县种植为多，后三县约占粤糖十分之四，阳春县占十分之六，蔗田面积与稻田面积几乎不相上下①。据屈大均《广东新语》记载："(糖)最白者以日曝之，细若纷雪，售于东西二洋，曰洋糖；次白者售于天下。"②这说明糖不再像元代那样名贵，已普及至平民百姓。

福建蔗糖业发达，而产糖的各县，泉漳最多③。"其地（闽地）稻利薄，蔗利厚，往往有改稻田种蔗者。"④其中福建山区建宁府尤为突出，人们宁可冒犯法禁，费良田种瓜植蔗⑤。福建的糖，以泉漳为最盛，除红、白、冰糖、黑砂糖外，还有再制品如响糖、牛皮糖等⑥，商贩运糖四方售销⑦。17世纪上半期闽糖则多于粤糖，中国外运的糖也多来自闽。

另从17世纪上半叶开始，台湾也逐渐成为蔗糖产区。最早有关台湾植蔗的载籍是元汪大渊的《岛夷志略》，"煮海为盐，酿蔗浆为酒"⑧。台湾大规模种植甘蔗、榨制蔗糖始于17世纪上半期荷兰时期。

（二）蔗糖出口

1. 蔗糖出口日本

日本直到明末才有糖输入。明万历年间，日本萨摩和中国有了贸易关系。1609年（万历三十七年）7月，中国商船10艘开到萨摩，船上装的货物中有白糖和黑糖⑨。这是中国糖输入日本的最早记录。据日本学者岩生成一统计，从1637

---

①[清]屈大均：《广东新语》卷二七《草语·蔗》，中华书局，1985。

②[清]屈大均：《广东新语》卷二七《草语·蔗》，中华书局，1985。

③[明]王应山：万历《闽大记》卷一一《食货》，中国社会科学出版社，2005。

④[清]屈大均：《广东新语》卷二七《草语·蔗》，中华书局，1985。

⑤[宋]韩元吉：《南涧甲乙稿》卷一八《建宁府劝农文》，中华书局，1985。

⑥[清]徐景熹：乾隆《福州府志》卷二六《物产》。

⑦[明]王应山：万历《闽大记》卷十一《食货》。

⑧[元]汪大渊：《岛夷志略》卷一《琉球》，辽宁教育出版社，1996。

⑨季羡林：《中华蔗糖史——文化交流的轨迹》，经济日报出版社，1997，第373页。

至1683年，中国船只输往日本的各种糖的数量，平均每年达169万斤。这一数字，虽然包括中国船只自暹罗、柬埔寨、广南等地输入砂糖数量，但中国砂糖直接输入日本的数量仍占绝大多数[①]。直到清雍正以前，日本国内不产糖，所需的蔗糖大量都是从中国进口。

2. 蔗糖出口东南亚

东南亚与我国的贸易交往历史悠久，与我国的蔗糖贸易持续时间较长。明末至清末民初，东南亚地区一直是我国东南沿海特别是广东蔗糖销售的重要市场。明末清初，广东商人已经将优质蔗糖售往南洋一带。据屈大均记载："(糖)售于东西二洋。"明末清初粤糖已经大量销往东南亚[②]。

3. 蔗糖出口欧洲

从明末开始，中国蔗糖大规模出口到欧洲，欧洲是中国糖类产品销售的一个重要地区。当时欧洲市场的糖多来自美洲的巴西等地，主要包据白糖等种类。但曾有一段时期美洲糖不能满足欧洲市场需要，亚洲特别是中国糖大量输入欧洲。这部分糖绝大多数由荷人运至。1622年荷兰东印度公司第一次将中国蔗糖运抵荷兰本国，从此开始了长达一个多世纪的蔗糖贸易[③]。早在1616年，荷兰东印度公司理事会就意识到蔗糖不仅是舱物而且是一种能获取巨大利润的商品。于是，荷兰人不断扩大市场，以期开展蔗糖贸易以获取更多的利润。为了解决蔗糖供应的问题，荷兰东印度公司便以台湾为基地，通过可靠的代理商或散商收购大陆的蔗糖。

在崇祯十年（1637年），英国也开始从中国输入白砂糖。英国派出了一个船队，共有4艘船和2艘轻帆船，由威德尔和蒙太尼率领，到了广州。是年9月8日，船员鲁宾逊用28000单位里亚尔，购买糖1000担[④]。季羡林先生根据《东印度公司对华贸易编年史》，对1635至1834年东印度公司从中国输入糖的情况作了统计，统计显示广州出口糖主要销往英国、美国[⑤]。

①[日]岩生成一:《近世日中贸易数量的考察》,《史学杂志》，第62卷第11号。

②周正庆:《明清时期我国蔗糖外销的流向》,《广西师范大学学报（哲学社会科学版)》，2004年第2期，第129—132页。

③厉益:《1602—1740年荷兰东印度公司蔗糖贸易研究》，硕士学位论文，浙江师范大学历史系，2012。

④季羡林:《蔗糖在明末清中期中外贸易中的地位——读〈东印度公司对华贸易编年史〉札记》,《北京大学学报（哲学社会科学版)》，1995年第1期。

⑤季羡林:《蔗糖在明末清中期中外贸易中的地位——读〈东印度公司对华贸易编年史〉札记》,《北京大学学报（哲学社会科学版)》，1995年第1期。

六、铜钱

中国是世界最早使用货币的国家之一，也是最早使用铸币的国家之一。随着中国对外交往的发展，铜钱开始外流，而明代是铜钱出口最多的时期。铜钱不仅是作为购买商品的货币而流出，也是作为一种能够赚取利润的商品而出口，历朝都不同程度地限制铜钱出口。据《明太祖实录》记载："(洪武二十三年十月乙酉)诏户部申严交通外番之禁。上以中国金银铜钱、段匹、兵器等物自前代以来不许出番，今两广……愚民无知，往往交通外番，私易货物，故严禁之……"[①]严禁中国金银铜钱出番，"凡将马牛、军需、铁货、铜钱、段疋、紬绢、丝绵私出外境货卖，及下海者，杖一百"[②]。

不过，明朝政府对朝贡国国王、使臣的赏赐，贡物及附进货物的"俱例应给直"的回赐中金属及其制品仍占有一定的份额。针对赏赐物品中金属及其制品参见表5–5。

表5–5 明朝对部分朝贡国国王、使臣等在金属及其制品方面赏赐一览表

国家	时期	赏赐的金属及其制品
日本	洪武七年五月甲午 洪武九年五月壬午 永乐四年春正月己酉 永乐五年五月乙卯 成化五年春正月辛巳	诏赐祖禅克勤白金八百两、从行僧白金有差；日本人滕八郎衣商至京赐白金遣之；赐王白金一千两、铜钱一万五千络，赐王妃白金二百五十两，铜钱五千绪，正副使铜钱一万文，居座、土官铜钱八千文，从僧、通事铜钱五千文；赐国王源道义政白金二百两，王妃白金一百两。
朝鲜	洪武十八年春正月丁丑 永乐二十一年十二月丁卯 宣德五年五月癸卯	赐高丽使金庚等八十七人钞三百八十七锭；赐祹白金千两；赐朝鲜国王李祹刀剑、银币等物。
琉球	洪武七年十二月乙卯 洪武九年 洪武十五年	赐其王察度铁釜十口；铁釜九百九十口；赐中山王查度、山南王承宗镀金银印、金币；赐予及市马多用磁器、铁釜。
占城	洪武十九年九月甲寅	赐王子室部领诗那日勿金二百两，银一千两，王孙室圭诗离斑银一百五十两
爪哇	景泰三年五月丁未	赐钉、铁、锅等。

①《明太祖实录》卷二五〇，洪武三十年三月甲申，台北"中央研究院"历史语言研究所，1962年影印本。
②[明]申时行：《明会典》卷一七五《刑部·罪名三》，中华书局，1989。

（续表）

国家	时期	赏赐的金属及其制品
满剌加	永乐九年九月癸酉 永乐十二年九月壬辰 永乐十六年八月辛巳 永乐十七年九月丙午 永乐二十二年夏四月丁未	赐满剌加国王拜里迷苏拉黄金百两、白金五百两、钞四十贯、铜钱二千六百贯，王妃白金二百两、钞五千贯，陪臣等各赐白金、钞钱有差；赐满剌加国王子母斡撒于的儿沙金银；赐王兄撒里王拉查白金、钞币有差；赐白金、铜钱；赐国王西哩麻哈喇者金百两、银五百两、钞三万二千二百七锭。
渤泥	永乐十一年二月癸亥	赐浡泥国王遐旺金百两、银五百两、钞三千锭、铜钱千五百绪。
苏禄	永乐十五年八月庚戌	苏禄国东王巴都葛叭答喇、西王麻哈喇咤葛喇嘛丁、峒王叭都葛巴喇卜辞归，人赐金相玉带一、黄金百两、白金二千两。
喃渤利	永乐十六年八月辛巳 永乐十七年九月丙午	赐使白金、钞币；赐喃渤利国王子沙者罕亦白金、铜钱。
失剌北	永乐十六年八月辛巳	赐使白金、钞币。
阿鲁国	永乐十七年九月丙午	赐阿鲁国王子段阿喇沙白金、铜钱。
古麻剌朗	永乐十九年春正月癸未	赐古麻喇朗国王斡剌义亦敦奔黄白金、铜钱。
古里、柯枝、甘巴里	宣德八年闰八月辛亥朔	赐古里国使葛不满都鲁牙、柯枝国使加不比里麻等六十六人白金、彩币……有差
尼巴剌	洪武三十五年八月戊午	赐灌顶国师白金二千二百两
撒马尔罕	洪武二十二年九月乙未	诏赐白金四百两及文绮钞锭，从者俺都儿等八人白金七百两

本表资料来源：据《大明会典》《明实录》《东西洋考》《殊域周咨录》《闽书》整理

虽然明朝对铜钱实行严格控制，但仍有大量铜钱外流。这些铜钱主要出口到日本和东南亚。

（一）铜钱出口日本

铜钱出口的途径有皇帝的赐予和通过朝贡贸易与民间贸易（包括走私贸易）换取。明朝时，日本商业已较发达，货币需求量很大，而“倭不自铸，但用中国古钱而已”[①]。明永乐三年（1405年），给日本国王的物品中有铜钱一百五十万枚；

①［明］郑若曾：《筹海图编》卷二《倭国事略》。

次年，又给一千五百万枚，王妃五百万枚；再三年后又给一万五千贯[①]。宣德八年（1433年）：“赐日本国使臣道渊等二百二十人纻丝、纱罗、绢布及金丝袭衣、绢衣、铜钱有差。”[②]通过朝贡、走私等形式流入日本的永乐钱、宣德钱，不仅数额庞大，且在日本的货币演变史中发挥过重要作用。诚如日本学者所言：“没有它（铜钱）就难以指望我国经济的顺利发展。”[③]

（二）铜钱出口东南亚

在明代以前，就有大量中国铜钱流入东南亚地区。朝贡的东南亚诸国使者也带回大量铜钱。《明太宗实录》记载：“苏门答剌、古里、满剌加、小葛兰、阿鲁等国王遣使……赐其使钞币、铜钱有差。”[④]更有甚者如爪哇，中国铜钱就直接充当了爪哇的货币。明代马欢《瀛涯胜览》爪哇国条就有记载：“番人殷富者甚多，买卖交易行使中国历代铜钱。”[⑤]明人黄省曾也说三佛齐：“其交易用中国历代钱及布帛。”[⑥]

七、铁器

明代针对铜铁等金属商品实行严格的限制。洪武二十年（1387年）四月，“禁番使毋得以麻铁出境。仍命揭榜海上，使咸知之”[⑦]。明弘治十一年（1498年）令“迤北小王子等，差使臣人等赴京朝贡，官员军民人等与他交易，止许光素纻、丝绢、布衣服等件，不许将一应兵器并违禁铜铁等物。敢有违犯的，都拿来处以极刑。”[⑧]再如：“正德十四年（1519年）春，广东置铁厂，以盐课提举司领之。禁私贩，如盐法。”[⑨]《大明律》中记载走私铁器等为违法行为，将受到处罚：“凡将牛、马、军需、铁货、铜钱……私出外境货卖及下海者，杖一百，物货船车并

①［明］王世贞：《弇山堂别集》卷一四《皇明异典述》，中华书局，1985。
②《明宣宗实录》卷一〇二，宣德八年五月丙子，台北“中央研究院”历史语言研究所校印，1962年影印本。
③［日］藤家礼之助：《日中交流二千年》，张俊彦、卞立强译，北京大学出版社，1982，第164页。
④《明太宗实录》卷七一，永乐五年九月壬子，台北“中央研究院”历史语言研究所校印，1962年影印本。
⑤［明］马欢：《瀛涯胜览》，中华书局，1985。
⑥［明］黄省曾：《西洋朝贡典录》，中华书局，1982。
⑦《明太祖实录》卷一八一，洪武二十年三月辛亥，台北“中央研究院”历史语言研究所校印，1962年影印本。
⑧［明］李东阳：《明会典》卷一六四《律例五·市廛》，江苏广陵古籍刻印社影印，1989，第2303页。
⑨中国社会科学院近代史研究所，张海鹏主编《中葡关系史资料集》，四川人民出版社，1999，第149页。

入官。若将人口、军器出境及下海者绞。因而走泄事情者斩。”[①]在古代社会，中国向外输出铁等金属不仅仅是经济问题，而且涉及军事安全问题。所以从统治稳定来考虑，历代政府在铜铁等金属出口政策上，都有严格限制，几乎不让出境，明朝也不例外。

明代对贡使、国王、王妃等人的赏赐物品中，黄金、白金（银）、铜钱及其他金属制品占有一定份额。对于与明朝关系密切的朝贡国，在金属制品的禁令下，回赐常常可以突破禁例，获得明廷额外赏赐，称“特赐”。获得这一殊荣的主要有朝鲜、琉球、安南等国国王。例如，洪武九年（1376年），琉球国王“察度遣其弟泰朝从浩来朝上表谢恩，并贡方物。命赐察度及泰朝从浩等罗绮、纱帛、袭衣、靴袜。浩因言其国俗，市易不贵纨绮，但贵磁器、铁釜等物。自是，赐予及市马多用磁器、铁釜云”[②]。成化十三年（1477年）十一月乙亥，朝鲜国王以朝廷禁外国市铜铁、弓角等物，奏言：“窃惟高皇帝时，尝赐小邦火药、火炮，待遇异于诸藩。”[③]最终，明廷以朝鲜奏乞恳切，每岁许买铜铁、弓角等物，但不许过多。

郑和下西洋是明成祖永乐帝苦心经营海外活动的结果，也是明代对外活动达到高峰的重要标志，同时也将明朝前期的朝贡贸易推向了顶点。在郑和下西洋时，宝船上也带有相当多的铁锅，用来赏赐各国。《明史》记载：“以陶器七万、铁器千件就其市马。”[④]《西洋番国志》卷首也载：“原下西洋官员买到磁器、铁锅、人情物件。”[⑤]铁器千件，每件以二十斤计，共重二万斤。

在走私贸易中，铁制产品如铁锅、铁针、铁线等成为重要的输出品，特别是铁锅输往日本、朝鲜、柬埔寨、缅甸、爪哇、琉球、吕宋（菲律宾）、交趾（今越南北部、中部）等东南亚国家，受到各国人民的欢迎。因为“铁制炊具不仅价格低廉而且更加清洁，它不像铜那样给食物染上异味”[⑥]。

①《大明律》卷十五《兵律三·关津》。

②《明太祖实录》卷一〇五，洪武九年三月乙卯，台北“中央研究院”历史语言研究所，1962年影印本。

③《明宪宗实录》卷一七二，成化十三年十一月甲子，台北“中央研究院”历史语言研究所校印，1962年影印本。

④［清］张廷玉：《明史》卷三二三《琉球传》，中华书局，1974。

⑤［明］巩珍：《西洋番国志》，中华书局，1982，第10页。

⑥ E.E.里奇，C.H.威尔逊主编《剑桥欧洲经济史》，高德步、蔡挺、张林等译，北京经济科学出版社，2002，第五卷，第231页。

1. 铁器出口日本

郑若曾在他的《郑开阳杂著》中的《倭好》中记载："(日本)水银，镀铜器之用，其价十倍中国。常因匮乏，每百斤价银三百两。针，女工之用，若不通番舶，而止通贡道，每一针价银七分……铁锅，彼国虽自有，而不大，大者至为难得。每一锅价银一两。"[①]有关铁针运往日本的记载还有："嘉靖十八、十九、二十七年间，日本使臣周良也在苏州购买铁器。其中苏针一项，仅嘉靖十八年（1539年）十一月十一日即购苏针360本，十六日购1350本，又150本，十八日购5000本。嘉靖二十七年（1548年），又遣人到针工之家商洽针的买卖。"[②]

葡萄牙人东来后，将手铳制作之法传到日本，日本很快兴起制作手铳之风。但手铳制作对铁的质量要求较高，而日本本土所产铁"脆不可作，可为刀不可作铳"[③]，因此其所需铁多来自中国。明政府严禁钢铁出口，因此铁器主要以铁锅的形式流出海外。除由葡萄牙人从澳门将佛山等地铁锅运往日本外，潮州、惠州等地商人用船将铁锅运往日本等地，每个售价银一两[④]。

2. 铁器出口东南亚

《明史》载，沙瑶、呐哔啴，"皆与吕宋近……物产甚薄，华人商其地，所携仅磁器、锅釜之类。"[⑤]万历五年（1577年）三月，漳州海澄县商人陈宝松，舶载铜铁瓷器等商货，渡航于交趾、顺化地方[⑥]。同年，江西临川商人朱均旺亦把铁器运往交趾进行贸易，历史记载："朱均旺系江西抚州临川县人，于万历二年在建宁府开铺生理，至万历丁丑二月，到海澄县地名八都港口贩卖布匹……铁、铜、磁器等货往交趾顺化地方。"[⑦]

①[明]郑若曾：《郑开阳杂著》卷四《倭好》。

②傅衣凌：《明代江南市民经济初探》，上海人民出版社，1957，第52页。

③[明]郑舜功：《日本一鉴·穷河话海》卷二《器用》。

④黄启臣：《黄启臣文集》，《明代钢铁生产的发展》，香港天马图书有限公司，2003，第14页。

⑤[清]张廷玉：《明史》卷三二三《沙瑶、呐哔啴传》，中华书局，1974，第8375页。

⑥傅衣凌：《明清时代商人及商业资本》，人民出版社，1950，第121页。

⑦[明]张天德：《张忠言定疏稿》卷一，转引自黄启臣《十四至十七世纪中国钢铁生产史》，中州古籍出版社，1989，第67页。

第三节　进出口商品结构变化

随着市场的不断扩大，明代中国进出口商品结构也相应发生变化，呈现多样化趋势，表现在贸易国家和地区的增多和贸易商品的种类和数量的增多。海外贸易区域的扩大，必然推动市场需求的增大与商品销售的增多，更加促进中国商品的外销。

一、贸易国家和地区的增多

在明代以前，中国的海上贸易仍主要限于与周边国家和地区的传统贸易。尽管有文献表明，东汉时期，已有大秦罗马帝国商人由海路到达广州，并且也曾有中国商人到过罗马；元代时更有著名的马可·波罗等由陆路来中国，从海路回欧洲。但在明代以前，甚至在明代前期，中国与欧洲的贸易主要是通过阿拉伯人进行的。而在明代中期，随着世界大航海时代到来，西方人进入东方，参与了与中国的直接贸易。自西方人加入与中国海上贸易之后，其在中国海上贸易中的地位越来越重要，所占比例越来越大，而且，西方人还参与了原本亚洲各国之间的一些贸易，甚至垄断了其中的一部分。特别是自英国人加入与中国的直接贸易后，至清代在中国的所有贸易对象国中，占据了绝对优势地位。

明代，与中国进行海外贸易的国家和地区更是大增。下表记录了明代与中国贸易的海外国家与地区。

表5–6　明代贸易海外诸国、地区

地区	国名或地名	
	原称	今地
黄海	朝鲜	朝鲜
日本海	日本	日本
东海	琉球	琉球群岛
安南	安南	越南北部
	真腊	柬埔寨
	占城	越南南部
	宾童龙	越南附近
缅甸	缅甸	缅甸
暹罗	暹罗	泰国

（续表）

地区	国名或地名	
	原称	今地
菲律宾群岛	吕宋	菲律宾北
	合猫里	吕宋南端
	苏禄	菲律宾苏禄群岛
菲律宾群岛	呐哔啴	
	沙瑶	
加里曼丹岛	浡泥	婆罗洲
	婆罗	文莱
	美洛居（米六合）	摩鹿迦岛
	麻叶瓮	
东印度群岛	满剌加	马六甲
	彭坑	
	三佛齐	马来半岛上
	急兰丹	喀兰丹
	柔佛	柔佛
	丁机宜	岗甲屿
	哑齐	苏门答腊西
	那孤儿	苏门答腊西北
	阿鲁	苏门答腊中部
	南渤里	苏门答腊西北
	黎伐	
	大泥	
	爪哇（下港）	爪哇
	班卒	苏门答腊岛
	苏吉丹	爪哇中部
	日罗夏治	碟里
	榜葛剌	孟加拉湾附近
	沼纳朴儿	
	锡兰山	锡兰岛
	溜山	
	底里	
	小葛兰	奎隆港

（续表）

地区	国名或地名	
	原称	今地
东印度群岛	柯枝	印度半岛南端
	古里	印度半岛南端
	琐里	印度半岛南端
	西洋琐里	
	甘巴里	科摩林
	加异勒	
	东西竺	新加坡以北的奥尔岛
	尼巴剌	尼泊尔
	大葛兰	
	啊难功德	
阿富汗、波斯	哈烈	
	失剌思	
	亦思弗罕	
	乞力马儿	波斯湾
	忽鲁谟斯	霍尔姆斯海峡
	讨来斯	
叙利亚	拂菻	
土耳其	达失干	塔什干
	撒马儿罕	
	沙鹿海牙	
	赛蓝	
	渴石	撒马尔罕南
	迭里迷	
	卜花儿	
	俺都淮	
	八答黑商	
	俺的干	
	朵干	

（续表）

地区	国名或地名	
	原称	今地
土耳其	沙洲	
	坤城	
	撒意兀儿	
	撒来	
阿拉伯半岛	黑葛达	
	摩德那	麦地那
	天方	麦加
	祖法儿	阿拉伯东南岸
	阿丹	亚丁
	剌撒	阿尔哈萨
	白葛达	巴格达
非洲	米昔儿	埃及
	竹步	
	麻林	
	不剌哇	
	木骨都束	马加多科
东南诸地	夏剌比	
	哈实哈儿	
	鲁迷	
	古麻剌朗	
	文郎马神	
	吉里地闷	爪哇附近
	冯嘉施兰	
	须文达那	苏门答腊
	重伽罗	
西南地区	白松虎儿	
	孙剌	
	打回	

（续表）

地区	国名或地名	
	原称	今地
西南地区	淡巴	
	沙哈鲁	
	啊哇	
	古麻拉	
	那哈	
	火剌札	
	假里马丁	
	龙牙门	
	龙涎屿	苏门答腊北部
	龙牙犀角	马来半岛北部
	百花	
	比剌	
	览邦	
	亦思把甘罕	
	沙里湾泥	
	剌泥	
	亦力把力	
	火洲	科布多以南
	巴喇西	千里达
	失剌比	
	阿速	
	答儿密	
	舍剌齐	
	奇剌泥	
	日落	
	黑娄	
	坎巴	
	纳失者罕	

（续表）

地区	国名或地名	
	原称	今地
西南地区	敏真	
	熊葛达	
	别失八里	
	窟察泥	
	乌沙剌踢	
	彭加那	
	八可意	
	坎巴夷替	

本表资料来源：《明史》卷三二〇《外国一》至卷三二七《外国八》

二、进出口商品种类数量增加

海外贸易区域的扩大，必然推动市场需求的增大与商品销售种类的增多，并且促进中国商品的外销。

（一）进口商品种类数量增加

根据万历《明会典》所记，进口商品大致可以分为下面的七大类：

表5–7　万历《明会典》中记载海外商品进口种类

香料类	胡椒、苏木、乌木、黄花木、花梨木、丁香、檀香、速香、木香、沉香、降真香、黄熟香、安息香、龙涎香、奇南香、薰衣香、黑线香、抹身香、金银香、土降香、柏香、烧碎香、花藤香、麻藤香、沉栗香、丁皮香、龙脑、米脑、黄蜡、脑油、苏合油、蔷薇水等
珍禽异兽类	鹦鹉、孔雀、火鸡、莺哥、象、犀、白鹿、黑熊、倒挂鸟、红猴、白麂、白獭、黑熊、黄黑虎、麒麟、黑猿、五色鹦鹉、黑小厮、撒哈剌象等
奇珍类	珊瑚、玳瑁、鹤顶、珍珠、翠毛、龟筒、宝石、象牙、犀角、水晶、玛瑙、孔雀翎等
药材类	没药、紫梗、藤黄、阿魏、人参、丁皮、血竭、芦荟、紫胶、肉豆蔻、大枫子、闷虫药、毕澄茄等
军事用品类	弓、枪、剑、盔、马、铠、腰刀、马鞍等
手工业原料	锡、红铜、石青、琉磺、碗石、牛皮、磨刀石、番红土、西洋铁、回回青等

（续表）

手工业制品类	竹布、角盥、锁服、金绦环、金系腰、贴金扇、纸扇、白绵绸、细花席、西洋布、皮剔布、琉璃瓶、番花手巾、金银器皿、洒金厨子、洒金文台、描金粉盒、洒金手箱、各色苎布、龙纹廉席、红丝花手巾、彩沙、红棉布、白棉布、乌棉布、圆壁花布、花红边缦、杂色缦、番花手巾帕、兜罗棉被、白缠头布、红撒哈喇布、红地绞节智布、红杜花头步、红边白暗花布、绵棋子花布、织人像花文打布、芯布、油红布、西洋细布、竹布、宝石、金戒子、铜鼓、织人像杂色红文丝缦、西洋铁、铁枪、摺铁刀、金镶戒子、撒哈喇白芯布、姜黄布、撒都细布、花缦、番锡、番盐、茭张席、灰筒、番刀弓等

本表资料来源：据（明）申时行：万历《明会典》卷一〇五至一〇八《朝贡一》至《朝贡四》整理

以上160多种进口商品，主要经浙江、福建、广东三市舶司进入中国。根据上表可以看出，明代海上丝绸之路进口商品以香料、奢侈品等非民生日常用品为主。虽然到了明朝后期，西洋货物如毛织品、棉织品、钟表、香水、毛皮、金属等方面的竞争优势凸显，中国开始进口西洋手工业制品，但进口量并不大。不过，如日本折扇等商品也在海外国家的贸易中，占有较为重要的地位。

表5–8 《大德南海志》记载的元代海外进口商品

宝物	象牙、犀角、鹤顶、真珠、珊瑚、碧甸子、翠毛、龟筒、玳瑁
布匹	白番布、花番布、草布、剪绒布、剪毛单
香货	沉香、速香、黄熟香、打拍香、暗八香、粗熟、鸟香、奇楠木、降香、檀香、戎香、蔷薇水、乳香、金颜香
药物	脑子、阿魏、没药、胡椒、丁香、肉豆蔻、白豆蔻、豆蔻花、乌爹泥、茴香、硫磺、血竭、木香、荜茇、木兰皮、番白芷、雄黄、苏合油、荜澄茄
诸木	苏木、射木、乌木、红柴
皮货	鲨鱼皮、皮席、皮枕头、七鳞皮
牛蹄角	白牛蹄、白牛角
杂物	黄蜡、风油子、紫梗、磨末、草珠、花白纸、藤席、藤棒、孔雀毛、大青、鹦鹉、螺壳、巴淡子

本表资料来源：根据［元］陈大震：大德《南海志》整理

通过表5–7和表5–8的对比，明显可以看出明代海外进口商品与元代相比种类大增。尤其是香料、手工业制品、军事用品和手工业原料进口种类明显增多。

其中又是以第一类香料数量最大，以下表5–9以暹罗和日本贡物表为例：

表5–9 万历《明会典》所记暹罗和日本贡物表

暹罗	象、象牙、犀角、孔雀尾、翠毛、龟筒、六足龟、宝石、珊瑚、乳香、树香、木香、乌香、紫梗、藤竭、藤黄、硫黄、没药、乌爹泥、肉豆蔻、胡椒、丁香、蔷薇水、碗石、丁皮、阿魏、金戒指、片脑、米脑、糠脑、脑油、脑柴、檀香、速香、白豆蔻、荜茇、安息香、黄熟香、降真香、罗斛香、乌木、大枫子、苾布、油红布、白缠头布、红撒哈剌布、红地纹、节智布、红杜花头巾、红边白暗花布、乍连花布、乌边葱、白暗花布、细棋子花布、织人象花文打布、西洋布、织花红丝打布、织杂丝打布、红花丝手巾、剪绒丝杂色红花被面、织人象杂色红花文丝缦
日本	马、盔、铠、剑、腰刀、鎗、涂金装彩屏风、洒金厨子、洒金文台、洒金手箱、描金粉匣、描金笔匣、抹金铜提铫、洒金木铫角盥、贴金扇、玛瑙、水晶数珠、硫磺、苏木、牛皮

本表资料来源：据（明）申时行：万历《明会典》卷一〇五至一〇八《朝贡一》至《朝贡四》整理

以暹罗和日本为例，可以明显看出明代海上丝绸之路进口商品以香料、奢侈品等非日常用品为主。尤其通过暹罗可以明显看出，相比之下香料进口比例很大。

明代中国的商品经济水平，不仅普遍优于亚洲周边国家，也在很多方面优于西方国家，诸多商品在世界市场上有着强大的竞争力，各国争相购买。一些中国商品的出口量不仅居世界首位，甚至居唯一的地位。而中国对外国商品的需求量不大。因此，在海上贸易中，中国长期存在巨大顺差，在一向被指为轻商的政策下，明代中国却取得了重商主义者所追求的结果——贵金属的流入。

（二）出口商品种类数量增加

明朝在出口商品中，主要以大宗日用品为主，不仅商品种类不断增多，而且出口地区也不断扩大。其中丝绸、瓷器为主要商品，做工精良、质量上乘。明朝初年，这些商品随着海外朝贡贸易传遍亚非地区，明朝后期又传入欧洲。全部出口品中，主要是农产品及其加工制品，但经过加工的制成品和半制成品占绝大比例，未经任何加工的初级产品只占很小比例。与出口商品相比，进口商品的总体加工程度低于出口商品。这说明在西方工业产业开展之前，中国的手工业发展水平在世界上居于领先地位。以万历二十八年（1600年）广州出口印度和欧洲的商品为例。

表5-10　万历二十八年（1600年）广州经澳门出口往印度、欧洲货物列表

货物	数量	利润率	说明
白丝	1000担	150	
各种丝线	大量		广州售价每斤1.8—2两
各种绸缎	10000—20000匹		广州售价每匹4—7两
黄金	3—4担	80—90	
金炼	大量		
黄铜	500—600担	100	
水银	100担	70—80	
朱砂	500担	70—80	
黄铜手镯	2000担	100	广州售价每担5—6两
砂糖	200—300担	100—150	
麝香	6—7担	150	
樟脑	200担		
瓷器	大量	100—200	
床、桌	大量		
被单、帷帐	大量		
其他	大量		

资料来源：黄启臣主编《广东海上丝绸之路史》，广东经济出版社，2003，第414—415页。

从上表可知，由广州经澳门出口印度、欧洲的商品中，就价值而论是以丝货和瓷器为最大宗。丝绸和瓷器在明代仍是最主要的出口商品。其余农产品加工制品及手工业制品占较大比例。

三、进出口商品结构变化的原因及意义

明代，随着新航路的开辟，中国海外贸易从朝贡贸易转变为市舶贸易为主，主要贸易对象也从周边亚洲国家转变为以欧美国家为主，海上丝绸之路也发生了很大的变化。

明代前中期海上丝绸之路进口商品仍主要以香料为主。香料是进口数量最大的商品，其他珍宝、手工业制品等进口商品种类颇多，但数量很少。此时的海上丝绸之路仍旧主要是为统治阶级服务的，进口商品主要为统治阶级需

要的奢侈品，所以奢侈品类进口商品种类多，数量少。但到了明代，香料在民间也产生了巨大的需求，甚至明代宫廷对香料的需求也超过了前代。所以香料仍旧是明代海上丝绸之路的主要进口商品。另中国海外贸易长期顺差带来了数量巨大的白银流入，出现了“东矿西珍”的说法，即东西洋的主要商品贸易结构，贵金属白银的加入，极大地改变了传统进口商品的性质，反映了中国商品货币经济的发展。白银既是商品，又是货币。东洋成为中国民间海上贸易获取白银的主要地区，在其中贸易的葡萄牙、西班牙、荷兰以白银购买中国的商品[①]。

明代海上丝绸之路出口商品主要为丝绸、瓷器、铁器和蔗糖。丝棉织品和瓷器一直以来都是中国对外贸易中的重要出口商品，到了明代出口数量更多。而铁器和铜钱虽然被明令禁止出口，但仍有大量外流。蔗糖较大规模的输出是在明末清初时，这时中国糖类出口量才逐渐增大。至鸦片战争前，我国蔗糖的出口范围几乎遍及全球各地。还需要说明的是与丝、瓷并列的中国古代三大出口品之一的茶叶。在明代时，虽然有葡萄牙人、西班牙人和荷兰人将中国茶叶转入欧洲，但欧洲饮茶习惯尚未成风，输出数量也不很多，大规模茶叶海上贸易是在清代才形成的，而且只是在中国与西方国家之间的贸易中，茶叶才是真正的大宗海上贸易商品。欧洲人真正大规模输入中国茶叶也即大规模的茶叶海上贸易在清代才形成。

中国的丝绸、瓷器、糖等大宗商品远销世界各地，获得了更加广阔的海外市场，东南沿海地区的商品经济和海洋经济得到空前发展。丝、瓷器、蔗糖等产品有庞大的世界市场需求，进一步促进了相关地区逐步形成专业化的农业和手工艺区域，如松江的丝织业、景德镇的瓷器制造业和福建、广东的蔗糖产业。海上对外贸易所带来巨大利益，使得农民离开土地，进行自由的商业生产和活动，促进了农业和手工业的转型，传统的重农抑商观念有了明显的转变。内地商人纷纷南下粤闽，长途贩运商品至广州和福建市场，然后又运回洋货至内地市场，加速了区域人口与物资的流动。贵金属白银的流入形成了货币体系的重大变革，带来了货币经济和赋税制度的革新。

长期活跃在东方海域的亚洲海商，在西方商人的竞逐下纷纷退出历史舞台，或者沦为次要的海商群体；中国商人在东亚海域国际贸易领域里依然占据重要地

①万明：《晚明海洋意识的重构——“东矿西珍”与白银货币化研究》，《中国高校社会科学》，2013年第4期。

位，但已很少越过马六甲海峡与印度、阿拉伯商人做生意。16、17世纪西方国家采取各种措施扩大与中国的贸易，中国对外贸易的主要对象由东南亚国家转向日本、欧美国家，进出口商品结构也发生很大变化。东西方各国正是通过“海上丝绸之路”等渠道进行经贸交往，丰富彼此间的经济生活，分享人类创造的物质文明。

第六章
海上丝绸之路与明代社会经济

纵观有明一代，沿海地区的生产在很大程度上与海外洋商品交易挂钩。从作为“资生之本”的农产品，再到利益较高的手工产品，再到“贩运江海”的商业贸易，无不与海洋联系紧密。因此，海上贸易的凭依“海上丝绸之路”也与明代社会经济的整体发展有极强的相关性。明代中国与海外贸易商品及货物交流，影响了整个海上丝绸之路沿线地区的经济构成。原有的自给自足内向型经济受到海上丝绸之路带来的大量白银的刺激，逐渐转向商品化贸易的生产，是这一时期社会经济发展的特色。

第一节　商品性农业发展与外来作物引进

明代中外农业交流已经发展到更高的水平，进入了新的层次。可以说，明代中后期社会经济的发展与这一时期农业的进步有着分不开的联系。海上丝绸之路直接推动了农业生产的转变，随着地区粮食作物和经济作物品种的增多，加速了农业区域分工的细化，而粮食总量的增长，使得农业商品化程度不断加深。

一、经济作物种植面积的扩大

明中期以来海上丝绸之路的发展，其关键因素包含两个方面，一是明代社会商品性农业的发展，而另一个则是海洋贸易的繁荣。就商品性农业发展而言，其中的一个关键因素就是明中期以来经济作物种植面积的扩大。明初，国家经济从战乱中走向恢复，此时的人口数量、生产力水平、社会财富皆处于历史低谷。经历了百余年的休养生息，土地开垦面积和区域逐渐扩张，社会生产发展繁荣。与此同时，社会商品交换与贸易网络逐渐成熟，货物流通逐渐便捷。这就为经济作物种植面积的扩大提供了条件。就海洋贸易的繁荣而言，在海洋贸易的带动之下，明代农业生产对市场的依赖程度进一步提高，从事专业化和集约化农业商品生产的人数激增，经济作物种植面积进一步扩大，农产品长途贩运贸易增多。出现这一现象主要的原因是两方面，一方面是由于海上丝绸之路或明或暗的农产品大量出口，刺激着沿海地区种植业生产的发展，农产品商品化程度加深，形成专业化的对外生产农业区域；另一方面，因沿海地区经济作物的大量种植而侵占粮食作物生产面积，粮食作物生产地形成转移，地区化分工程度加深，内部交易更加频繁。

由于丝织品、砂糖、果品等商品随着海上丝绸之路大量出口海外，这直接刺激了蚕桑、茶叶、棉花、烟草、果木等经济作物种植的扩大。不仅如此，棉、丝等纺织品的国内市场需求也越来越旺盛。江南地区的丝织品，通过市场销往全国："秦、晋、燕、周大贾，不远数千里而求罗、绮、缯、帛者，必走浙之东也。"[①]棉布更是受到青睐，"商贾贩鬻，近自杭、歙、清、济，远至蓟、辽、山、陕，其用至广，而利亦至饶"[②]。在福建沿海地区，已经出现"人以布缕为业"[③]的局面。在浙江湖州府，最出名的是蚕桑业。同时棉纺织业也成为重要的经济来源支撑，如海盐县百姓衣食全赖于棉纺织业，据记载：

> 地产木棉花甚少，而纺之为纱、织之为布者，家户习为恒业，不止乡落，虽城中亦然。往往商贾从旁郡贩棉花，列肆吾土，小民以纺织所成，或纱或布，清晨入市，易棉花以归，仍治而纺织之……纺者日可得纱四五两，织者日成布一匹。燃脂夜作，男妇或通宵不寐。田家收获输官偿债外，卒岁室庐已空，其衣食全赖此。[④]

茶叶种植与加工也有着不断创新和提高。据《芙蓉山茶记》记载，明末就已经有红茶的种植和制作："明末，间有务红茶者，时曰'晒茶'。其法取草茶曝之

---

①［明］张瀚：《松窗梦语》卷四《商贾纪》，上海古籍出版社，1986。

②［明］韩浚：万历《嘉定县志》卷六《田赋考》。

③［清］郭廷弼：康熙《松江府志》卷四《土产》，徐献忠：《布赋序》。

④［明］樊维城：天启《海盐县图经》卷四《方域篇》。

以日，而揉结之使卷，俟其色变赤，而茶乃成品矣。殆非青茶之既炒且焙也。始好事者为之，继而国变后，为者渐伙。红色尚之，商舶辐辏，红茶业于焉大盛。”与此同时，茶叶处理技术进一步升级，炒青、烘青等技术让茶叶的长距离运输成为可能，在处理中保存了茶叶原有的风味，让茶叶成为重要的外贸商品，这也是明代散茶和各茶区名优茶得以推广全国的关键。长江、闽江、珠江等流域出现了许多著名的产茶区。如安徽霍山的茶叶，每到采茶季节，“男妇错杂，歌声满谷，日夜力作不休。校尉、寺僧、富商大贾，骑纵布野，倾囊以值。”[①]广东南海县“西一百二十里曰西樵山，唐末诗人曹松移植顾诸茶于此，居人遂以茶为生”[②]。福建崇安县武夷山区“山中土气宜茶，环九曲之内，不下数百家，皆以种茶为业，岁所产数十万斤，水浮陆转，鬻之四方，而武夷之名甲于海内矣。”[③]由此可见，茶叶的推广种植直接推动了技术的进步改良，而技术的进步使得长途贩运成为可能，流通的商贸促使区域性大市场形成，最终推动整体经济的运行发展。

与此同时，经济作物的推广种植也同样出现了一些问题——经济作物的种植面积扩大，而导致了粮食作物的缺乏。如此刺激了市场的发展，米粮进入市场流通并同样占据重要地位。嘉定地区是重要的经济作物产区，但粮食作物不足，出现了“县不产米，仰食四方”的局面，故每年粮食收获后，商人运载大量稻米来此交易：“夏麦方熟，秋禾既登，商人载米而来者，舳舻相接也。”[④]太仓州“岁资外籴以给二运”[⑤]，可以看到官府征收的夏税秋粮都要依靠外运米来进行交纳。福建地区也出现了“仰粟于外，上吴越而下东广”[⑥]的局面。

再以广东地区为例。明初以来，由于战乱等因素，外来人口大量涌入广东，促使广东土地开垦面积迅速增加，农业生产得到显著发展。由于广东气候湿热，常年温暖，冬季温度较高，适宜粮食、经济作物生长，有些作物如水稻可达到一年多熟。优良的自然气候，伴随着大量新土地的开垦，使广东在明初成为粮食生产的重要地区。洪武年间，甚至有福建商人到广州地区买粮，据《广东新语》

①[清] 栾元魁：顺治《霍山县志》卷二《土产》。

②朱自振：《中国茶叶历史资料续辑四》，东南大学出版社，1991，第265—266页。

③转引自苏文菁总编《闽商发展史·福州卷》，厦门大学出版社，2016，第64页。

④[清] 顾炎武：《天下郡国利病书》，《苏松》，上海古籍出版社，2012。

⑤[明] 钱肃乐：崇祯《太仓州志》卷五《物产》。

⑥[明] 何乔远：《闽书》卷三八《风俗志》，福建人民出版社，1994。

载，已经达到“闽中白艚、黑艚盗载谷米者，岁以千余艘计，甚为广人大患”[①]的程度。由此可见，广东粮食作物生产之盛。

也正是由于广东享有得天独厚的地理优势，海上丝绸之路带来的贸易利润促使广东迅速转型为重要的经济作物生产基地。自嘉靖、万历年间以后，随着“一条鞭法”的推行，白银迅速渗透生产的各个领域，经济作物日益增多，专业化程度加深，以珠江三角洲最为突出。如记载：

> （顺德陈村）周回四十余里，涌水通潮，纵横曲折……居人多以种龙眼为业，弥望无际，约有数十万株。荔支、柑、橙诸果，居其三四。比屋皆焙取荔支、龙眼为货，以致末富。又尝担负诸种花木分贩之，近者数十里，远者二三百里。他处欲种花木及荔支、龙眼、橄榄之属，率就陈村买秧，又必使其人手种搏接，其树乃生且茂。其法甚秘，故广州场师，以陈村人为最……又云：“渔舟曲折只穿花，溪上人多种树家。风土更饶南北估，荔支龙眼致豪华。”[②]
>
> （广州）凡矾围堤岸，皆种荔枝、龙眼，或有弃稻田以种者。田每亩，荔枝可二十本，龙眼倍之。以淤泥为墩，高二尺许，使潦水不及……顺德多龙眼，南海、东莞多荔枝，多水枝，增城多山枝……与诸瑰货向台关而北、腊岭而西北者，舟船弗绝也。[③]

由此可见，自明代中期以来，珠江三角洲农业商品性生产逐渐扩大，并形成规模不等的专业农业商品生产区域。出现以广州为中心，东至黄埔、西至顺德陈村，再至番禺大石的纵横百里的果树种植专业区域。还有以南海九江为中心的养蚕、以东莞为中心的莞香种植，以新会为中心的种葵，以宝安为中心的水草等专业区涌现[④]。

广东地处海上贸易的最前沿，其商品化程度也最为深厚，在明代中期海禁松弛后，迅速完成向商品化农业的转变。商贸往来的扩大让市场成为农业的导向，

①［清］屈大均：《广东新语》卷十四《食语·谷》，中华书局，1985。

②［清］屈大均：《广东新语》卷二《地语·陈村》，中华书局，1985。

③［清］屈大均：《广东新语》卷二五《木语·荔枝》，中华书局，1985。

④黄启臣主编《广东海上丝绸之路史》，广东经济出版社，2014，第360页。

原本的自给自足生产转化为商品交易的生产。此时的农民通过经济作物换取货币，再通过市场交换生活必需品。不过，也正是因为大量农田改种经济作物，至明末，广东已经由粮食输出区转为粮食输入区，区域性生产分化扩大，广西成为广东重要的粮食供应基地。

福建地区也是如此。福建拥有港湾众多、距东南亚近等优势，让福建成为商贸往来最为频繁的地区之一。自明中叶以后，随着海上丝绸之路贸易的发展，以及美洲作物的引进，经济作物种植面积不断扩大，据记载："始辟地者，多植茶、蜡、麻、苎、蓝靛、糖蔗、荔枝、柑桔、青子、荔奴之属，耗地已三分之一，其物犹足供食用也。今则烟草之植，耗地十之六七。"[①]番薯、玉米等美洲粮食作物的引进，给原本"海扼东南，山阻西北"的福建带来了更多的生机，山地被开垦种植这些耐贫瘠的作物，更多的肥沃土地则用来种植经济作物，赚取经济利益。在明末更是出现经济领域的"包买"制度，据周亮工《闽小记》中记载：

> 闽种荔枝、龙眼家，多不自采。吴、越贾人，春时即入赀，估计其园。吴、越曰"断"，闽人曰"稞"。有稞花者，稞孕者，稞青者。树主与稞者，请惯估乡老志为互人。互人环树指示曰：某树及干几许，某少差，某较胜。虽以见时之多寡言，而后日之风雨，之肥瘠，互人皆意而得之。他日摘焙，所与估不甚远。估时两家贿互人：树家嘱多，稞家嘱少。[②]

可见当时资本与生产已经紧密结合，生产预期成为一种商品在市场上流通并成为共识。在与农业结合紧密的农产品加工生产领域，销售的广度更是不断拓展。《闽书》中记载泉州："植蔗煮糖，黑白之糖行天下。"[③]万历年间的《闽大记》中也载有："糖产诸郡，泉、漳为盛，有红有白及冰糖，商贩四方货卖。"[④]这说明，全国性的市场已经形成，农产品生产、制作与市场连为一个整体，农产品商品化程度加深。

①[清]贺长龄：《皇朝经世文编》卷三六，郭起元：《论闽省务本节用书》，台北文海出版社，1966。

②[清]周亮工：《闽小记》卷一《接龙眼》，上海古籍出版社，1985。

③[明]何乔远：《闽书》卷三八《风俗》，福建人民出版社，1994。

④[明]王应山：万历《闽大记》卷十一《食货考》，中国社会科学出版社，2005。

二、外来新作物品种的引进与推广

随着海上丝绸之路航路的开辟与商贸的繁荣，不同地区之间作物的交流愈加频繁，全球的农业景观也随之发生了改变。16世纪以来，约二十余种美洲作物传入中国，其中具有重大意义的是这一时期番薯、玉米、花生、烟草等农作物的引进。这些作物都原产于美洲，随着海上商贸航线传至东南亚各国，并进而传入我国，逐渐成为我国广泛栽培的重要作物，对中国社会经济和文化发展产生了深远的影响。

1. 番薯

番薯，一般称为甘薯，又称为红薯、红苕、地瓜、朱薯、金薯等，薯蓣科植物，原产地是墨西哥和哥伦比亚，1492年新大陆发现后，逐渐向外传播到欧洲和东南亚诸国。据杨宝霖先生的研究，最早将番薯引进中国的是广东东莞人陈益[①]。明万历十年（1582年），陈益自安南带回番薯种，在其家乡虎门的小捷村（今梁屋）一带种植成功。《东莞县志》载："壬午（万历十年）夏，乃抵家焉。……初，公至自安南也，以薯非等闲物，栽种花坞，冤白日，实已蕃滋，掘啖益美，念来自酋，因名'番薯'云。嗣是种播天南，佐粮食，人无阻饥。"[②]另外，广东吴川人林怀兰也自交趾携带番薯回家乡种植，据光绪《电白县志》记载："相传番薯出交趾，国人严禁，以种入中国者罪死。吴川人林怀兰善医，薄游交州，医其关将有效，因荐医国王之女，病亦良已。一日，赐食熟番薯。林求生者，怀半截而出，亟辞归中国。过关，为关将所诘，林以实对，且求私纵焉。关将曰：今日之事，我食君禄，纵之，不忠；然感先生之德，背之不义。遂赴水死。林乃归，种遍于粤。"[③]但具体时间不明，后人推测大约在明万历年间。

福建长乐人陈振龙则是在万历二十一年（1593年），从吕宋携薯藤回闽，其子陈经纶在"本屋后纱帽池边隙地试种，甫及四月，启土开掘，子母钩连，大者如臂，小者如拳"。成熟后，陈经纶将番薯献于时任福建巡抚的金学曾。金学曾大力推广，并撰《海外新传七则》为之介绍，番薯种植遂遍闽中[④]。据周亮工《闽小记》记载："万历中，闽人得之外国，……初种于漳郡，渐至泉州，渐至莆。"

①杨宝霖：《我国引进番薯的最早之人和引种番薯的最早之地》，《农业考古》，1982年第2期，第79—83页。

②［清］陈伯陶：宣统《东莞县志》卷一三《物产上》。

③［清］孙铸：光绪《电白县志》卷三十《记述六》。

④杨宝霖：《我国引进番薯的最早之人和引种番薯的最早之地》，《农业考古》1982年第2期，第82页。

番薯之所以能广泛传播，主要是它自身的优良特性，对番薯的特性总结最为详细的就是明代知名农学家徐光启。徐光启在其《农政全书》中提到番薯有“甘薯十三胜”，即“一亩数十石”，“色白味甘”，“益人”，“遍地传生”，“风雨不侵”，“凶岁不灾”，“可充笾实”，“酿酒”，“可做饼饵”，“生熟可食”，“用地少而利多”，“无妨农工”，“虫蝗不食”①。正是因为番薯的不择地而生、存活率高、产量高、抗虫抗灾、加工应用广泛的特性，使之得到推广种植。

番薯传入后，由于优点众多，经过各界的大力推广，逐渐由沿海地区传入内地，并推广到全国。据苏琰所撰《朱薯疏》所载：“甲午、乙未间，温陵饥，他谷皆贵，惟薯独稔，乡民活于薯者十之七八。”②指出万历二十二、二十三年间，番薯在温陵（今泉州）发挥了救荒作用，因此受到重视，同时在福建巡抚金学曾及闽人陈振龙家族的推广下，逐渐被闽地人民接受。从《农政全书》中可知，这一时期的番薯还未推广到北方地区，“或问：‘薯本南产，而子言可以移植，不知京师南北，以及诸边，皆可种之以助人食，无令军民枵腹否?’余遽应之曰：‘可也。’……今北方种薯，未若闽广者……”③由此可见，明代番薯的种植还主要是在闽广地区。直到清代，乾隆帝在位时对番薯进行全国范围的普及，番薯得以广泛传播。番薯在南方，特别是福建和广东，已成为一种极为重要的粮食作物。雍正时闽浙总督高其倬说：“福建自来人稠地狭，福、兴、泉、漳四府，本地所出之米，俱不敷民食……再各府乡僻之处，民人多食薯薯，竟以之充数月之粮。”④

2. 玉米

玉米，学名玉蜀黍，又名包谷、苞米、包粟、包芦等，原产于美洲墨西哥、秘鲁、智利等地。关于玉米引入中国的时间，缺乏具体的记载，一般认为是经由多渠道、多途径传入中国。大约是16世纪中叶左右分别从西北、西南和东南三条渠道传入，这三条途径分别如下：①西北陆路：西班牙到麦加，由麦加经中亚细亚的陆上丝绸之路传入我国西北地区；②西南陆路：欧洲传入印度、缅甸，再到我国西南地区；③东南海路：欧洲传入东南亚，经中国商人或葡萄牙人由海上

①[明]徐光启：《农政全书》卷三《树艺·蓏部·甘薯》，岳麓书社，2002。

②[清]龚咏樵：《亦园胜牍》引[明]苏琰：《朱薯疏》。

③[明]徐光启：《农政全书》卷三《树艺·蓏部·甘薯》，岳麓书社，2002。

④台北故宫博物院：《宫中档雍正朝奏析》第六辑，闽浙总督高其倬：《奏报地方情形折》，台北故宫博物院，1978，第173—174页。

丝绸之路传入我国东南沿海地区[①]。

玉米在国内的传播可以分成两个时期，明代中叶到明代后期是开始发展时期。嘉靖后期到万历初年，已有河南《襄城县志》《巩县志》《温县志》等方志中有对于玉米的记载。明中叶后，甘肃、山东、陕西等地区同样有对玉米的记录，由此可见玉米传播的广泛。到晚明更是广见于史籍，如李时珍的《本草纲目》中就有对于玉米性状及功用的描述；徐光启的《农政全书》中也有对玉米的较详细提及。这说明玉米在明代后期，其作物习性特征已被时人认识，并逐渐本地化为栽培粮食作物，更是引起中国本土植物学家、农学家的关注。到清代前期，玉米分布更为广泛，全国各省州县多已种植，多见于史籍，并成为生活中不可或缺的食物来源。

玉米能成为重要的粮食作物是和其特点分不开的，总的来说，主要有如下四点：对土壤需求不高、产量高、营养价值高、用途广泛。这四点特性恰好适应了明清之际中国社会的状况——土地的缺乏必须开辟山区、海路贸易刺激经济作物发展导致粮食供应不足、人口几何式上升致人多地少、专业化生产各方面需求旺盛。玉米和其他几种美洲粮食作物的栽培让问题得到了解决，这使得清代初期社会得到稳定并继续前行，有效地缓解了社会危机。

明清之际的诸多社会人士已认识到了玉米的价值，如清代包世臣的《齐民四术》在“辨谷”篇中就提到“玉黍……生地瓦砾山场皆可植，其嵌石罅尤耐旱……不须厚粪，旱甚亦宜溉……收成至盛，工本轻，为旱种之最”[②]。玉米相较于稻、麦等粮食作物来说，对土地的要求不高，更能够适应山地等复杂地形的生长，也不需消耗大量的人力对土地进行额外耕耘。沿海上丝绸之路传入的玉米对于平民阶层产生了重大影响。

3. 花生

花生，蔷薇目，豆科一年生草本植物，原产于拉丁美洲，大致于16世纪初传入中国。我国亦称为长生果、落花生、落地松、万寿果、番豆、无花果等。我国最早记载花生的是江苏太湖地区的文献，如弘治《常熟县志》详细记载：“落花生，三月栽，引蔓不甚长。俗云花落在地，而子生土中，故名。霜后煮熟可食，

① 曹玲：《美洲粮食作物的传入、传播及其影响研究》，硕士学位论文，南京农业大学历史系，2003。

② [清] 包时臣：《齐民四术》卷一《农政·辨谷》，中华书局，2001，第6页。

味甚香美。”①在王世懋《学圃杂疏》也明确记载：“香芋、落花生产嘉定，落花生尤甘，皆易生之物可种也。”②但在《本草纲目》《农政全书》中暂未提到花生，说明当时中国虽有花生栽培，但尚未普遍，未被人们所重视。

花生传入我国有小粒型和大粒型两种，传入的时间不同，传入的途径也有多条。目前，根据文献记载一般认为福建首先引种花生，而浙江可能传自福建。例如康熙《衢州府志》曰：“落花生，种自闽中，堆沙植之，花落沙土，结实如茧。”万历《仙居县志》也记载：“落花生原出福建，近得其种植之。”《星余笔记》记载：“落花生……干者壳肉相离，撼之有声，云种自闽中来，今广南处处有之。”③可见福建是花生最早传入地之一。

到17世纪以后，浙江已有种植花生的记载，浙江的花生大多从广东、福建等沿海地区引进。直到清初，沿海地区花生种植已较为普遍，如《广东新语》中就对花生的植物性状有着详细的记载：“落花生，草本蔓生，种者以沙压横枝，则蔓上开花，花吐成丝，然成丝而不能成荚。其荚乃别生根茎间，掘沙取之，壳长寸许皱纹，中有实三四，状蚕豆，味甘以清，微有参气，亦名落花参。”④由此可见在当时已对花生的种植及利用有着相当的认识，这是和花生的广泛种植分不开的。在《滇海虞衡志》中也提到广东的花生，“粤估从海上诸国得其种归种之”，又提到“落花生为南果中第一，……高、雷、廉、琼多之，大牛车运之以上海船，而货于中国”⑤，说明在清代初期花生作为重要的经济作物已有大宗的商品生产。

大粒花生是在19世纪后期传入中国，之前的文献记载都为小粒花生。花生最大的特点是含油量高，除此之外还具有一定的食用价值，因而作为重要的经济作物被广泛栽培。在清光绪年间大粒花生引进前，花生食用价值大于经济价值的。明末方以智的《物理小识》中记载有：“番豆名落花生，土露子，二、三月种之，一畦不过数子，行枝如蕹菜、虎耳藤，横枝取土压之，藤上开花，花丝落土成实，冬后掘土取之，壳有纹，豆黄白色，炒熟甘香似松子味。”《物理小识》和《滇海虞衡志》相同，关注点都在于其味道、形态和种植方面，而到了光

①[明] 杨子器：弘治《常熟县志》卷一《叙地理·土产》。

②[明] 王世懋：《学圃杂疏·蔬疏》，中华书局，1985，第12页。

③[清] 王钺：《星余笔记》不分卷，《世德堂遗书七种二十三卷》。

④[清] 屈大均：《广东新语》卷二七《草语·落花生》，中华书局，1985。

⑤[清] 檀萃：《滇海虞衡志》卷十《志果》。

绪年间，对花生的记录逐渐转向榨油获利方面。吴汝纶在《深州风土记》中就有记载："光绪十年许后，花生之利始兴。其物远行闽粤，外国购之，用机器榨油，转售中国取利……亦颇自榨为油，以便民用，其岁入过种谷。此近年新获之田利，前无古有。"[①]从中可以看出，这一时期记载侧重的改变，正是花生品种带来的。由于海外贸易的刺激，到19世纪中期，花生种植几乎遍及全国，成为一种重要的经济作物。

4. 烟草

烟草（Nicotiana），茄科烟草属作物，原产于中南美洲，由哥伦布船队最早带回西班牙，后经西班牙人和葡萄牙人传至世界各地，传入我国一般称其为"淡巴菰"，还有"淡肉果""担不归""还魂草""金丝"等名。明末名医张介宾的《景岳全书》，就详细提到烟草的种植及传播：

> 烟草自古未闻。近自我国明万历时，始出闽、广之间，自后吴、楚间皆种植之矣。然总不若闽中者色微黄、质细，名为金丝烟，力强气胜为优也。求其习服之始，则向以征滇之后，师旅深入瘴地，无不染病。独一营安然无恙，问其所以，则众皆吸烟。由是遍传。今则西南一方无分老幼，朝夕不能间矣。[②]

可见，至迟在明中叶，烟草就已传入中国并在沿海及滇南地区有一定程度的种植，人民对烟草的习性及功用也有了一定的认识。

我国最早进行烟草研究的是明史专家吴晗，他在1959年撰写的《论烟草》一文提出，烟草传入我国当在明万历后期，最早是由福建水手从吕宋带回。目前根据文献记载，烟草最早见于史籍的是明万历年间姚旅所著的《露书》有载："吕宋国出一草，曰淡巴菰，一名曰'醺'，以火烧一头，以一头向口，烟气从管中入喉，能令人醉，且可避瘴气。有人携漳州种之，今反多于吕宋，载入其国售之。"[③]这也是最主流的观点，认为烟草最早于明万历年间沿着海上丝绸之路传入我国福建沿海的漳、泉一带。最近王思明的研究认为烟草于16世纪中后期和17

①［清］吴汝纶：光绪《深州风土记》卷二一。

②［明］张介宾：《景岳全书》卷四八《本草正》，上海科学技术出版社，1959。

③［明］姚旅：《露书》卷十《错篇》，福建人民出版社，2008。

世纪初经由南、北两线传入中国。其中南线分三路：由菲律宾传入闽广，再入江浙、两湖和西南；吕宋入澳门，经台湾入内地；自南洋或越南传入广东[①]。

《本草备要》中对烟草功效是这样描述的："其气入口，不循常度，顷刻而周一身，令人通体俱快，醒能使醉，醉能使醒，饥能使饱，饱能使饥，令人以之代酒、代茗，终身不厌。"[②]烟草中具有的祛风除湿、消肿解毒、杀虫等功效是显著的。在密林深处、深山老林之中，凡山岚瘴气较多的地方，一天之中吸1至2支烟，可预防瘴疟，在大雾弥漫的天气，吸少量的烟，可避免雾气侵害，防止疾病发生；在阴暗潮湿的地方居住，每天吸1至2支烟，可预防寒湿病症和风湿性关节炎，在寒冷的天气里，吸烟可以暂时御寒。正是如此，烟草传入之初，主要作为药用。如记："淡巴菰，种出东洋，近多莳之者。茎叶皆如牡菊而高大，花如蒲公英，有子如车前子。取叶洒酒阴干之。细切如丝，燃少许置管中，吸其烟，令人微醉，云可辟瘴。"[③]烟草发展迅速，很快传遍大江南北。明末北方市场上烟价很高，"烟叶出自闽中，边土人寒疾，非此不治。关外至以匹马易烟一斤。"[④]但烟草存在成瘾性，甚至于出现"或有穷乏之家，其仆从皆穷乏无衣，犹买烟自用"的社会现状。同时，吸食过量烟草还会"久服则肺焦，诸药多不效，其症忽吐黄水而死"的症状，因此种植烟草获利和禁烟运动始终是明清以来政府关注的重点。

5. 辣椒和番茄

辣椒（Capsicum frutescens L.）原产于中南美洲的热带、亚热带地区，在中国别名番椒、海椒、秦椒、地胡椒和辣茄等。1492年，哥伦布到达美洲后最早发现了辣椒，第二年将之带到西班牙，此后辣椒迅速在欧洲传播开来。据学者推论，辣椒传入中国的路线，最大的可能是通过海路。由西班牙人带到菲律宾，再传至东南亚，并进而传入我国。辣椒传入中国最早的地点并非广东，而应该是浙江、福建沿海[⑤]。

中国虽然以能食辣闻名，但古代中国人并没有辣椒可吃。在辣椒传入中国之前，主要的辛辣调味品是花椒、生姜和茱萸等。目前所见我国最早的辣椒记载见

①王思明：《外来作物如何影响中国人的生活》，《中国农史》2018年第2期，第14页。

②［清］汪昂：《本草备要》卷一，中国医药科技出版社，2018。

③［明］张燮：崇祯《海澄县志》卷十一《物产》。

④［清］姚之骃：《元明事类钞》卷三十四《花草门二》，王逋：《蚓庵锁语》。

⑤郑南：《关于辣椒传入中国的一点思考》，《农业考古》2006年第4期。

于明代杭州人高濂的《遵生八笺》(1591年),"番椒丛生,白花,果俨似秃笔头,味辣,色红,甚可观。"[①]高濂将番椒记入"四时花纪"中,可见当时人们是将辣椒视为观赏植物的一种,且此时钱塘地区已经比较常见该品种了,故推论辣椒传入中国的时间应该是早于1591年。

辣椒传入中国后很长一段时间也是作为观赏植物。后来又作为药物,人们发现它有温胃和脾、化毒解瘴的功效。此后才渐入蔬菜。清初,《山阴县志》载:"辣茄,红色,状如菱,可以代椒。"此时浙江已经将辣椒替代胡椒食用。至18世纪中期以后,辣椒发展尤其迅速,长江中上游及西南、西北的许多省区甚至成为蔬中要品、每食必备。明代中后期,辣椒自美洲传入中国后,最终成为在中国食用最普遍的辣味蔬菜,许多地区嗜之最深,尤其是冬季冷湿少阳环境背景的长江中游地区。

番茄(Lycopersicon Mill),茄科,番茄属,一年生稍近蔓性草本植物。茎叶淡绿或浓绿,表面有细毛和油腺,分泌一种液体,发出臭味。果实为浆果,花为黄色,种子小、形扁、色淡黄、有淡灰色的绒毛。亦称番柿、西红柿,原产南美洲安第斯山一带。我国最早对番茄的记载是明代王象晋的《群芳谱》:"番柿,一名六月柿,茎如篙,高四、五尺,叶如艾,花如榴,一枝结五实或三、四实,一树二、三十实,缚作架,最堪观,火伞火珠,未足为喻。草本也,来自西番,故名。"[②]

番茄大约在明万历年间传入我国,最初也是作为观赏植物,称为西番柿、蕃柿。明代《植品》一书中记载,大约是在明万历(1573—1619)年间西方传教士传入西番柿、番茄、西红柿[③]。番茄引种到我国后,长期作为观赏植物,所以传播速度缓慢且具有一定的间断性。至清代末叶、民国初期也只是在大城市郊区有零星的栽培,后来进入菜园。直到20世纪年代我国东北、华北、华中地区才开始种植[④]。

美洲作物的引进给明代的中国带来了巨大的改变:番薯、玉米作为重要的粮食作物,改变了中国传统的粮食结构,提升了粮食总产量,同时最重要的是开发

①[明]高濂:《遵生八笺校注》,赵立勋,阙再忠等校注,人民卫生出版社,1993,第633页。

②[明]王象晋:《二如亭群芳谱》,《亨部·蔬谱》。

③[明]赵崡:《植品》,万历四十五年(1617)刻本,现存于北京图书馆,转自中国植物学会编《中国植物学史》,科学出版社,1994,第114页。

④刘玉霞:《番茄在中国的传播及其影响研究》,硕士学位论文,南京农业大学,2007,第15页。

了山地和贫瘠土地，使整体土地利用率得到提升。花生、烟草作为重要的经济作物，提高了中国农产品的商品化率，促进了商业的发展，为海上丝绸之路的发展拓宽提供了动力。总之，海上丝绸之路带来的这些新作物，在中国得到了极好的推广引进，并进而推动了中国经济的发展与整个海上丝绸之路的繁荣，对后世影响深远。

三、农民雇工的出现

明中后期，在海上丝绸之路的刺激下，社会经济空前繁荣。但社会阶层继续分化，土地逐渐集中。农民离开土地，经营手工业、商业，充当手工业、农业雇佣工人，非农业人数日益增多。在全国各地都不同程度地出现了“土田不重，操资交接，起落不常”①、“末富居多，本末益少”的情况。同时，农民“多去本就末”，出现了“务本者日消，逐末者日盛”的态势。嘉靖九年（1530年），时人林希元曾对此有番议论，他认为“今天下之民，从事于商贾、技艺、游食者十而五六，农民盖无几也”②。

农民离开土地，脱离农业生产的情况各地不尽相同，有的经营商业转贩各地，“东西洞庭之民，鲜负农耕，多业商贾”。杭州府民“多半商贾”。淮扬二府的民众，多以商贩为业，辰州府民“力厚者贸易江湖，力薄者资生廛市”。许多人弃农经商，充当了商贾或商贩。有的则充当工匠，从事手工生产。苏松之民，有一技之长、“手奇工巧者”多到外地出售其技巧工艺。南昌县民也以“手艺、工技”为生。泰和县民，“多执技艺，四出谋生”。临清州民，“人仰利而食”，从事陶冶、渔盐或铸山开矿。也有的从事海外贸易，以船为家，以海为田，以贩番为命。海澄县民，“走海如适市”，贩运生产，转卖四方。较多的农民是以佣工为业，古田县民，“壮者多佣之四方”，辽州之民，“多佣力他方”。可以看出，农民离开土地后，或流入城镇，或转徙异乡，所从事的生计，也是非常广泛，表明“农民非农化”的渠道很多，途径也是多样的③。

自明代中期开始的社会变革，让农民开始与土地产生分离，农民的去向多元

①［清］顾炎武：《天下郡国利病书》，《徽州府》，上海古籍出版社，2012。

②［明］林希元：《林次崖先生文集》卷二《王政附言疏》，厦门大学出版社，2015。

③吴量恺：《明代集约农业的发展（提要）》，赵毅，林凤萍主编《第七届明史国际学术讨论会论文集》，东北师范大学出版社，1999，第218—219页。

化，不再与土地绑定。社会结构也随之多元化，身份等级不再固定，社会流动加快，阶层变更频繁。农业生产由自给型转向商业型，经济作物面积大幅度增长，出现有一定数量的人身较为“自由”的雇工。因而土地管理经营者不仅有出租地主，还有少量的富裕农民和经营地主，他们以土地经营者身份雇工生产。从自我消费的小农经济开始转向为社会生产谋取利润的商品经济，使用家庭劳动力为主的小农型农业开始出现了以雇工为主的为市场生产的经营型农业。在手工业生产中，手工工场不断增多，出现了雇工与雇主出力与出资、相依相资为生的雇佣关系，农民对地主的人身依附关系逐渐削弱。

第二节　促进手工业生产

明初，百废待兴，手工业领域承袭元制并进行改革，匠户分作轮班、住坐两种。这种做法一定程度上给予了工匠以人身自由，提高了生产者的劳动积极性，对于明代初期经济的稳定和恢复是有好处的。

至明中叶，受到海上丝绸之路贸易的冲击，给社会带来一系列变革。这一时期，农业领域集约化程度显著提高，耕地面积增加，高产农作物引进，经济作物品种增多且种植面积扩大；商业领域贸易往来加速，国内市场一体化趋势加强，外来资本大量流入；社会文化领域逐利思想流行，商人社会地位增强，奢靡享受的风气上升。但这些领域的改变，都离不开手工业的发展与繁荣。由于手工业产品利润高、贩运易、稀缺性强的特点，手工业产品成为对外贸易的支柱，吸收大量外来白银资本，促进其他相关领域繁荣。手工业本身也出现了手工工场规模扩大，生产工具技术改进，分工产业链更加细密等新态势。

一、瓷器

宋元之际，中国的瓷器已经是相当发达，名瓷名窑辈出，各具特色。宋代形成的定窑、钧窑、耀州窑、景德镇窑、越窑、龙泉窑和建窑等八大窑系，以及定、汝、官、哥、钧五大名窑，各具特色，呈现出百花齐放的局面。这些都为明代瓷器的发展打下了坚实的基础，也是明代瓷器“流贩各地”的先决条件。

到了明代，经历了明初几代皇帝的休养生息、鼓励开发的政策，经济逐渐恢复，生产规模也恢复到战乱前水平。此时国内的内部需求重新旺盛，国外海上丝绸之路的庞大需求，让国内外贸易市场不断扩大，陶瓷业在生产和技术革新方面出现了新的动力。

明代的窑厂，有官窑和民窑两种，而起主导作用的是官窑。洪武初年，景德镇有御场一座，官窑20座。到了宣德时期已发展到58座，并且每一座官窑的烧制规模也在不断地扩大。嘉靖时，景德镇“民以陶为业，聚佣五万余人”①。至万历时，“镇上佣工皆聚四方无籍游徒，每日不下数万工。”②相传景德镇的官窑规模已经发展到三百余座，足见其发展之盛。景德镇设立的官窑，专门用来烧造供皇室使用和朝廷对内、对外赏赐的瓷器。官窑里还设置有专门的监管机构，派有督陶官，集中最优秀的瓷匠，不计成本地烧制官方需要的陶瓷产品。也因此，景德镇官窑成为明代陶瓷技术改良与创新的中心，推动整个明代陶瓷技术的进步。

受海上丝绸之路贸易的影响，明代中期以来陶瓷的发展，主要体现在技术领域。从基础制造技术上来看，首先，在元代以前，一直没有镟坯的器具，只以竹刀镟坯，功效较差。明代制瓷业技艺上的创造是用陶车镟刀代替以前的竹刀镟坯，并用铁刀随转随削，既提高了功效，又能增加瓷器内外的光平度。其次，在施釉方法上，宋元多为刷釉蘸釉，刷釉是使用毛笔拓釉，弊在每失于不均；而蘸釉是将瓷坯往釉缸中浸蘸，这样釉汁往往不能到底足，以致一半有釉，一半无釉，而且如果瓷坯形体过大，也易于损坏或失形。明代发明了吹釉法，即以径寸竹管，截长7寸，在筒口蒙似细纱，醮釉汁吹在坯上，这样可使器物里外的釉都上得很均匀，又不致损坏瓷坯，这是施釉技术的新成就。最后，与宋元相比，明代的瓷器窑身加大了，说明掌握火候的技术有所进步。明代以前无法烧制大型瓷器，如大鱼缸“入窑即裂，不能烧成”，屡次试验都未成功。明代工匠则成功地找到了烧制大器的技巧。明代工匠还在做坯和造型上多方探索，创制了薄胎的蛋皮钟杯等许多精巧作品，其他如玲珑、镂空之器在明中叶也大为流行③。

中国瓷器不仅仅成为销售的产品，更成为一种文化符号和象征。到了明中后期，渐渐地，西方人对瓷器的外形、工艺和图案提出了自己的方案，外销瓷开始成为一种独立的陶瓷种类。外销瓷分为两种，一种是具有中国传统元素的造型和

①《明世宗实录》卷二四〇，嘉靖十九年八月戊子，台北“中央研究院”历史语言研究所校印，1962年影印本。

②［清］刘坤一：光绪《江西通志》卷四九《舆地略》。

③王毓铨主编《中国经济通史》，上册，经济日报出版社，2007，第421页。

装饰图案的瓷器，由外国人购买、使用；另一种是西方人定制造型及图案，按照他们所提供的图纸制作出来的瓷器。同时也有一部分是西方人提供装饰元素，由中国工匠进行组合装饰，制作出来的瓷器既有西方人要求的图案，同时也融入了中国传统纹饰做装饰，即是中西文化元素融合的瓷器。

外销瓷规模的扩大始于明代中期，特别是成化、正德至嘉靖时期，民间贸易发达，瓷器输出也随之扩大。当时，既有外国人来华购买瓷器，也有中国商人贩运出国进行贸易的。从现有的实物看，中国为适应西方市场需要而生产的瓷器，大概是在16世纪早期开始的，正值葡萄牙人开始成为西方在远东的主要势力时期。万历年间我国瓷器的输出不仅数量大，而且还按照欧洲的需要专门生产欧洲的餐具等并大量销售到欧洲①。

在亚洲地区特别是东南亚遗留的我国明代外销瓷，不仅有青花瓷，还有釉上红、绿、黑色的三彩瓷器；不仅有景德镇所产的细瓷，也有广东、福建沿海地区所生产的比较粗的日常用瓷器。留在日本的明代外销瓷也很多。在菲律宾发现的明代外销瓷器中，不仅有许多龙泉窑青瓷，也有极细的青花瓷器。

我国明代瓷器在非洲各国亦有发现，如埃及的福斯特遗址、索马里与埃塞俄比亚古城遗址，以及怯尼亚麻林地附近的古城和其他几个遗址，都出土有明代青瓷及青花瓷器。坦噶尼喀除出土景德镇的青花瓷器外，还出土有德化窑的青花瓷器②。

二、纺织业

明代，海上丝绸之路贸易的发展为丝织品提供了广阔的国际市场，从而推动了明代丝织产业的发展。长江三角洲地区的丝织业生产迅速发展，苏杭地区“正嘉以前，南溪仅有纱帕；隆万以来，机杼之家相沿此业，巧变百出。”③苏州是当时江南地区的丝织业中心，城东居民“皆习机业”为生，城中“居民大半工技”，“郡城之东皆习机业”，“绫锦、纻丝、纱罗、绸绢皆出自郡城机房，产兼两邑，而东城为盛。比屋皆工织作，转贸四方”④。据万历二十九年（1601年）的统计，

①李辉炳：《李辉炳陶瓷论集》，故宫出版社，2013，第392页。

②李辉炳：《李辉炳陶瓷论集》，故宫出版社，2013，第392页。

③[清]茅应奎：《东西林汇考》卷四《土产志》。

④[明]杨循吉：嘉靖《吴邑志》卷一四《土产·货物》。

这里的织工、染工将近万人[①]。苏州出现了织机专业化，市面上有大量的绫机、绢机、罗机、纱机、绸机、布机出售，进而织出精美绝伦的丝缎，供给“大部分欧洲之需”，并赢得了世界声誉[②]。嘉兴的王江泾镇，“多织绸，收丝缟之利，居者可七千余家，不务耕绩”[③]。濮院镇，“机杼声札札相闻，日出锦帛千计”[④]。明成化间，湖州的双林镇，“溪左右延袤数十里，俗皆织绢，于是四方之商贾咸集以贸易焉”[⑤]。

当时，广东大量收购长江三角洲苏杭地区的生丝原料，进而纺织粤纱，加上利用国外进口的苏木（又称苏枋）和紫矿（即紫铆）的绛红色和紫色等新式染料进行染印，织出的“粤缎之质密匀，其色鲜华，光辉滑泽”，为“东西二洋所贵”[⑥]。随着丝织业生产规模的不断扩大，苏杭地区出现了专业化分工，“机户出资，机工出力”的资本主义生产方式萌芽。

山西潞安府是当时北方的丝织中心，产品潞绸驰名全国。该地纺织技术很高，“西北之机，潞最工”。最兴盛时，“其登机鸣杼者，奚啻数千家”，机可达九千张，产品早已是优质的贡品，直输京师，还是与国外互市之主要物件。在纺织业中，棉纺织的发展最为迅速。松江府是棉纺织业最发达的地方，纺织已成为该地人的主要职业。“纺织不止乡落，虽城中亦然，里媪晨抱纱入市，易木棉以归，明旦复抱纱以入，无顷刻闲。”[⑦]此地棉布商行集中，“凡数千里外，装重赀而来贩布者曰标嘀，领各商之赀收布者曰庄户，乡人转售于庄，庄转售于标”[⑧]。外地采购商的资本特别雄厚，交易额巨大。尤其是上海所产的标布，对外地商人具有更大的吸引力，“前朝标布盛行，富商巨贾，操重资而来市者，白银动以数万计，多或数十万两，少亦以万计”[⑨]。除此而外，松江所属之风泾、朱泾、朱家角

①《明神宗实录》卷三六一，万历二十九年七月丙申，台北“中央研究院”历史语言研究所校印，1962年影印本。

②黄启臣主编《广东海上丝绸之路史》，广东经济出版社，2014，第358页。

③《明神宗实录》卷三六一，万历二十九年七月丙申，台北“中央研究院”历史语言研究所校印，1962年影印本。

④［明］李培：《濮川所闻记》卷四《翔云观碑记》。

⑤［明］张廉：《重建化成桥碑铭》，民国《双林镇志》卷十二。

⑥［清］屈大均：《广东新语》卷一五《货语》，中华书局，1985。

⑦［清］陈梦雷：《古今图书集成·职方典》卷六九〇《松江府部》，中华书局，1988。

⑧［明］陈眉公：《陈眉公全集》卷五九《布税议》，上海中央书店，1936。

⑨［清］叶梦珠：《阅世编》卷七《食货》，上海古籍出版社，1981。

等市镇，也都以盛产棉布而著称。明朝后期，松江的三梭布，名闻天下，广销全国。松江人还利用本地所产的棉布，开发新产品，生产鞋袜。松江“郡中（昔日）绝无鞋店……万历以来，男人始有制鞋。……遂广开诸肆于郡治东”。松江旧无黄草蒲鞋店，万历以来，“宜兴业履者，率以五六人为群，列肆郡中，几百余家”①。“松江旧无暑袜店……万历以来，用尤墩布为单暑袜，极轻美，远方争来购之。故郡治西郊，广开暑袜店百余家，合郡男妇皆以做袜为生”②。明朝松江的棉制品，已名闻于全国。这一时期，北方的棉纺织生产也有很大的发展。棉布在山东、河南两省几乎是每县都能生产。其中以鄢陵县所织之布尤以为优，“纺织极细者，颇亚于松”③。山东历城县的织布业也十分发达，所产“平机绵线所织，士民皆衣此，……此布大适于用。阔布，亦绵为之，精而长，以解京者。小布以线为之，粗而短，多为边塞所市”④。关中地区也是棉纺织业较为发达的地区，以“咸宁县鸣犊镇所出之布，为最佳名。”⑤其次是华州东关所纺的方纱，三原县北乡屯王、线马二村所出棉线，都很驰名，远销甘肃和山西等地。当时由于北方气候干燥，不适于棉布的纺织，而直隶肃宁县人则克服了这一困难。据记：“（北方）风气高燥，绵毳断续，不得成缕，纵能作布，亦虚疏不堪用耳。”于是，明末“肃宁人乃多穿地窖，深数尺，作屋其上，檐高于平地二尺许，作窗棂以通日光，人居其中，就湿气纺织”⑥。这样布的质量就有显著的提高，其细密几与松江布的中品相类。生产量大增，该地产量约相当于松江十分之一⑦。

三、制糖业

（一）蔗糖海外贸易

中国甘蔗制糖业，自唐宋繁荣昌盛以来，一直持续发展。到了明末，中国古代土法制糖技术又进一步提高，是土法甘蔗制糖的成熟阶段，土法甘蔗制糖的工艺技术基本定型，糖的质量更好，糖的颜色更白，糖中杂质更少。15至16世纪，

①［明］范濂：《云间据目抄》卷二《记风俗》，江苏广陵古籍刻印社，1984。

②［明］范濂：《云间据目抄》卷二《记风俗》，江苏广陵古籍刻印社，1984。

③［明］刘讱：嘉靖《鄢陵县志》卷三《生产》。

④［明］郭永泰等修，刘敕纂《历乘》卷十二《方产表·布帛》，明崇祯六年刻本影印版。

⑤［清］刘于义：雍正《陕西通志》卷三四《物产一》。

⑥［明］徐光启：《农政全书》卷三五《木棉》，岳麓书社，2002。

⑦［明］徐光启：《农政全书》卷三五《木棉》，岳麓书社，2002。

中国的白砂糖居于世界领先地位。明代的白砂糖名闻世界，大量的白砂糖远销国外，在国外有不小的影响。季羡林先生在《中华蔗糖史》中谈到，1585年（万历十三年），西班牙人门多察（Juan Gonsales de Mendoza）印行了《大中华帝国史》一书，其中说道："中国的物产丰富，各地物产不同，从荔枝、白糖、丝绸一直到棉花、洋毛、小麦、稻米等，应有尽有。"①他把白糖与闻名世界的丝绸并列在一起，可知当时的中国白糖在西方人的印象中已有较高的地位。

明代中国的蔗糖行销东、西二洋。在东洋，主要是售到日本。日本人喜爱食糖，消费量不少。可是，17世纪以前，日本的制糖业不是很发达，食糖的供应奇缺。而明代中国糖的产量大、质量好，因此大量输出到日本。万历三十七年（1609年），有中国商船10艘开到日本的萨摩，停泊在鹿儿岛和坊津，船上的许多货物中有白糖、黑糖。当时，日本称中国船为唐船。这是中国与日本有蔗糖贸易的最早记载。自此之后，与日本的蔗糖贸易不断。万历四十一年（1613年），中国有两艘船开到日本长崎，船上载的是糖。长崎是中国与日本长期贸易的重要港口，许多船只都开到这里进行贸易。万历四十三年（1615年），又有漳州商船载着大量的砂糖开到日本纪伊的浦津②。明代，一直有商船开到日本，船上的货物都载有糖。17世纪30年代末，开到日本的中国商船有近百艘。1635年，日本限定中国唐船只能在长崎港进行贸易，尽管如此，糖的贸易量未减少。崇祯十四年（1641年），中国输入日本的糖达500万斤。明末时，台湾郑成功家族与日本有大量贸易，其中糖最为大宗。

明末清初，在与日本的贸易中，糖的利润尤其丰厚。比如，在中国收购的白糖，每百斤为1.5两银，而到日本可卖3至4两银。在中国收购的红糖每百斤为0.5两银，而到日本可卖5两银（日本人喜爱红糖），利当10倍。

至于在东南亚的贸易，15世纪时，马六甲是当时贸易的大港口，尽管明代实行海禁，但是许多商人还是不断犯禁出海贸易。正是"千禁万禁禁不住，艘艘帆船出海来"。中国的帆船开到马六甲港，带来大量的丝绸、糖、瓷器等商品进行贸易③。此外，欧洲殖民者远渡重洋而来也同样买走了大量的食糖，十六七世纪的食糖是作为奢侈品通行于欧洲上流社会的。从明朝末年开始，经荷兰人和英

①季羡林：《文化交流的轨迹——中华蔗糖史》，经济日报出版社，1977。

②季羡林：《文化交流的轨迹——中华蔗糖史》，经济日报出版社，1997，第373页。

③李木田：《中国制糖三千年》，华南理工大学出版社，2016，第226页。

国人的中转运销，欧洲成为中国蔗糖销售的一个重要地区。从荷兰殖民者占领台湾开始，荷兰的东印度公司即以台湾为据点，将台湾、广东、福建沿海的蔗糖收集运销于欧洲[①]。

从16世纪开始，国外的甘蔗糖业开始蓬勃地发展起来，尤其是加勒比海地区，南美、东南亚等地区，古巴、爪哇、夏威夷等地，都大量种植甘蔗和制糖。全世界的甘蔗制糖业，不再以印度和中国为专。在群起竞争的时代，中国的甘蔗制糖业依然保持繁荣昌盛的态势，持续发展，明代中国甘蔗制糖业依然居于世界前列。

（二）制糖技术

明代中叶以来，由于甘蔗制糖手工业的发达，带动了商品糖的贸易，不仅国内的贸易很活跃，国际上的商品糖贸易也十分频繁，出口商品糖数以万吨计，糖在国民经济中的地位越来越高。在制糖的工艺技术上，又有新的突破，最为突出的是利用黄泥浆脱色土法制白糖的技术发明。

土法制糖工艺在明代中期已经十分成熟，并逐渐定型。自明末以至整个清代，制糖技术没有创新与改进，一直使用这套工艺方法。定型了的土法制糖工艺主要由两部分组成，一部分是土法榨蔗取汁工艺，另一部分是清净蔗汁熬糖工艺。

我国土法制糖取汁的方法有多种，最原始的是把甘蔗砍断剉碎、捶、砸、挤压出汁，而后有用杵臼、碓舂，再有笮、迮、榨等。到了宋代有一套碾蔗榨汁的工艺，元明时代有捣蔗取汁法，如明代宋诩撰的《竹屿山房杂部》中有："甘蔗捣浆，入锅慢火煎……遂凝厚为糖。"明代王世懋的《闽部疏》中有："凡饴蔗捣之入釜，经炼为赤糖。"明弘治《兴化府志》中有关于捣蔗取汁的记述："冬月蔗成后，取而断之，入碓捣烂，用大桶装贮，桶底旁侧为窍，每纳蔗一层，以灰薄洒之。皆筑实，及满，用热汤自上淋下，别用大桶自下承之，旋取入釜烹炼。"[②]

明末有牛拉石辘轧蔗取汁法，就是利用牛力（畜力）拉动两个竖立的大石辊，在转动中轧甘蔗取汁。这是一套很简单又非常实用的轧蔗取汁装置。牛拉石辘的装置，在《天工开物》中称为"轧蔗车"，并有非常详细的装置说明。轧蔗车各部件名称、大小、尺寸说明清晰。其中另有一幅《轧蔗取浆图》，它是古代

①周正庆：《中国糖业的发展与社会生活研究》，上海古籍出版社，2006，159—161页。

②［明］周瑛、黄仲韶：弘治《兴化府志》卷一二《货殖志》。

甘蔗制糖中独一无二的图示，是中国古代制糖史上最明确、最清晰的取汁方法。至此，土法制糖的取汁法定型了，明末以至清代以后都采用此法[①]。

四、冶铁业

明代的冶金生产主要是金、银、铜、铁、锡、铅、锌等，产量和规模都比宋元时期有较大的增长。此外，还有白铜、硃砂、水银等产品，以云南、贵州为最多，大小厂矿百余处。明代冶铁生产比元代有很大的发展。元代天历元年（1328年）铁岁课数规定：江浙、江西、湖广、河南、陕西、云南六省共八十八万四千五百斤[②]。明代全国的铁矿产地达到246个州县。明初规定湖广、四川、广东、河南、北平、浙江、江西、陕西、山西、山东、福建等十一省各处炉冶铁一千八百四十七万五千斤[③]。这超过了我国历史上以往任何一代的最高水平，可见明代前期冶铁的发展速度是相当快的。

冶铁的规模也在不断地扩大，据《明史》记载："铁冶所，洪武六年置。江西进贤、新喻、分宜，湖广兴国、黄梅，山东莱芜，广东阳山，陕西巩昌，山西吉州二，太原、泽、潞各一，凡十三所。"[④]以后又增设长沙、茶陵铁冶所一处。永乐时，四川的龙州，湖广的武昌，北直隶的遵化，辽东的三万卫皆设立铁冶所，铁矿的开采及冶炼遍及全国各地。由于技术的改进，生产效率有所提高，如明代遵化铁厂，正德四年（1509年）与正德六年（1511年），虽大鉴炉减少一半，但铁产量不减。

明清采矿、冶铁的迅速发展为铁器制造业提供了充足的原材料，"诸炉之铁冶既成，皆输佛山之埠"。以铁器业生产著名的广州府佛山镇，发展成为全国有名的铸铁中心，尤以铸锅业、炒铁业、制铁线业、制铁钉业和制针业等著称。"故凡佛山之镬贵坚也，石湾之镬贱脆也。鬻于江楚之间人能辨之。"[⑤]佛山铁锅驰名全国各地，而且大批地远销国外，是广州出口货物中的主要商品之一。天启二年（1622年），佛山已有铁锅行、铁灶行、炒铁行、铁锁行、农具行、杂品行、

①李木田：《中国制糖三千年》，华南理工大学出版社，2016，第226页。
②［清］陈梦雷等编《古今图书集成》卷三四三《锡部》，中华书局，1988。
③［清］张廷玉：《明史》卷八一《食货・坑冶》，中华书局，1974。
④［清］张廷玉：《明史》卷八一《食货・坑冶》，中华书局，1974。
⑤［清］屈大均：《广东新语》卷一五《货语・铁》，中华书局，1985。

铁钉行等“炒铸七行”，其铸铁质量和工艺水平居全国之首。

明代的采矿技术，主要是沿用以锤敲击的方法。劳动人民在长期生产实践中，也有一定的改进，创造了烧爆法等新技术。《菽园杂记》记载：“旧取矿携尖铁及铁鎚，……今不用鎚尖，惟烧爆得矿。”[①]从用铁锤一点一点敲击，改用烧爆，在技术上是一个进步。至于烧爆法的内容，尚待进一步研究。据调查，河南西部明清金矿矿洞至今残留着火烧矿体的痕迹，是用“火烧水漓法”开采的，即先用火局部烤热矿床，随后以冷水淋石，利用矿石激烈的热胀冷缩的体积变化，使矿石爆裂。这种采矿方法可能就是上面所说的烧爆法。河北省《唐县志》记载：万历二十四年（1596年），采矿时“或用火爆石裂”使“山灵震列”，“鸟惊兽骇，若蹈汤火”[②]。这表明当时采矿可能已用火药爆破。

在冶铁技术上，把冶炼用的简单木风煽改成活塞式的木风箱。比欧洲18世纪后期才发明的活塞式鼓风器早一个多世纪。这种木制风箱利用活塞的推动和空气压力自动开闭活门，产生比较连续的压缩空气，从而提高了风压和风量，强化了冶炼。明代已用焦炭作为冶铁的燃料。据《物理小识》记载：“煤则各处产之，臭者烧熔而闭之成石，再凿而入炉曰礁，可五日不绝火，煎矿煮石，殊为省力。”[③]这里所说的“礁”，就是焦炭，“臭”煤是指含挥发物较多的炼焦煤。在密闭的条件下把“臭”煤“烧熔”成坚硬的“礁”，用来炼铁，效果很好。另一记载：“北京诸山多石炭，俗称水火炭，可和水而烧之也，……或炼焦炭备冶铸之用。”[④]这些史料说明我国古代劳动人民已经掌握了炼焦技术，并用于冶铁。焦炭的透气性和燃烧性能比煤好，更适宜于冶炼，进一步提高了冶铁的产量和质量。

鼓风设备的改进，焦炭的使用，都使炉温得以提高，产量有较大的增长。遵化的明代大鉴炉，高一丈二尺，一炉可容矿砂二千多斤[⑤]。河北省武安县发掘的明代土高炉，高一丈九尺，内径七尺，外径十尺。明末清初屈大均在《广东新

①[明]陆容：《菽园杂记》卷一四，中华书局，1985。

②[清]陈泳：《唐县志》卷三《田赋》。

③[明]方以智：《物理小识》卷七《撰金石类》，商务印书馆，1937。

④[明]李翊：《戒庵漫笔》，转引周蓝田：《中国古代人民使用煤炭历史的研究》，《北京矿业学报》，1956年第2期。

⑤[明]申时行：《明会典》卷一九四《铸造》，中华书局，1989。

语》里记述的和严如熤《三省边防备览》里记载的高炉炉高均为一丈七八尺。这些都表明炼铁技术有了进一步发展。

铁器制造技术的进步，和其他手工业领域的发展是有着分不开联系的。明代以来的铁器制造业，在质量和数量上都得到了长足的进步。一方面，铁器制造技术的进步，给内销、出口铁制品制造提供原料，促进了社会上铁器贸易的繁荣，更是出现了以铁器制造为核心的商业市镇——佛山镇，足以证明其规模之大和影响之广；另一方面，铁器制造技术的进步，为其他手工业领域的技术改良打下良好基础。

第三节　促进货币经济的发展

明代，随着商品经济的进一步发展，尤其是海上丝绸之路贸易带来大量外来白银进入中国，白银货币化得以实现。明朝成化、弘治年间，白银逐渐才为官方认可，向合法化货币过渡[①]。到嘉靖年间，白银货币化基本上完成，白银成为合法货币在社会中流通。隆庆年间，明穆宗颁令："凡买卖货物，值银一钱以上者，银钱兼使；一钱以下止许用钱。"[②]这说明，明朝已经将白银货币化确立为法令形式，并给予其半固定式的认可。因此，这一条法令也可视为明代银本位确立的关键证明——白银得到官方权威认可并推行。在社会生活领域，白银迅速渗透到社会各个领域，繁荣了社会经济，带来了整个明代社会结构的变迁，其中既有内部的因素，也有外部影响的结果。

随着明代白银货币化的发展，一方面促成了社会经济的进步和发展，推动了中国传统经济向货币经济转变；另一方面引发了改革，使得明朝初年制定的各项制度崩坏，加速了社会分化。正是在白银大量流入中国并定型为主要货币的基础上，张居正才推行"一条鞭法"来解决社会上日益频繁的矛盾与纷争。

一、白银流入

从朝贡贸易体制及私人贸易的角度来看白银资本的流入是具有重要意义的。一方面，朝贡贸易体制中流入的白银数，官方都存有记录且更为详尽具体。考察明代朝贡贸易体制，可以更清楚地探索明代前中期外来白银的使用，探讨在白银

①万明：《明代白银货币化的初步考察》，《中国经济史研究》，2003年第2期，第39—51页。

②［明］胡我琨：《钱通》卷一，《文渊阁四库全书》本。

本位制未实现的前提下朝贡贸易的作用；另一方面，私人贸易导致的白银大量流入，虽然没有详尽记录且数量庞杂，但对于整体社会经济运行是有巨大冲击的。以私人贸易作为切入点，能够使我们更好地理解明代社会白银资本的运行轨迹，探索白银在明代中叶以来给中国社会带来的影响。

日本是明代白银的最初和主要来源，日本白银比较丰富而其他物产贫乏，对中国商品的依赖性很大，“盖日本所需丝、棉、药物、器用之类，悉皆仰给中国，不能缺者”[①]。而且“大抵日本所需，皆产自中国，如室必布席，杭之长安织也；妇女须脂粉，扇、漆诸工须金银箔，悉武林造也。他如饶之磁器，湖之丝绵，漳之纱绢，松之棉布，尤为彼国所重。”[②]因此，明初时，日本来中国朝贡的积极性非常之高，各大名争先恐后，以致后来发生了影响重大的“争贡之役”。而在这种朝贡或勘合贸易中，就有一定数量的白银流入中国。明代前期，朝贡贸易是当时海外贸易的通道，至明代中后期已远不能满足国内对白银的需求。成化、弘治年间，东南沿海地区民间私人海外贸易已经冲破朝贡贸易和海禁的藩篱，以迅猛之势发展起来。在福建漳州，“饶有心计者，视波涛为阡陌，视帆樯为耒耜。盖富家以财，贫人以躯，输中华之产，驰异域之邦，易其方物，利可十倍”[③]。在广东潮州，“居积最者惟绸绢，往往杂以造丝，又稀薄不可衣，而几黠民以此昂其价于诸番”[④]。在浙江舟山，每年盛夏以后，“大舶数百艘，乘风挂帆，蔽大洋而下，而台、温、汀、漳诸处海贾往往相追逐”[⑤]。私人海外贸易将中国的丝绸、瓷器、棉布等商品运销海外，开拓了海外市场，而海外的白银则成为人们冒死蹈海的原动力，它激发了民间私人海外贸易的勃兴。

隆庆以后，白银的大量流入是明代后期对外贸易的一个重要现象。这些白银大多来自马尼拉和日本，一部分经由中国海商运回，还有一部分是通过葡人和西班牙人的国际贸易航线辗转流入。海外白银的大量流入，势必对晚明时期的经济发展产生重要影响，如一条鞭法的实行，货币白银化，东南沿海城市的繁荣、专业城镇的兴起等[⑥]。

---

①［明］郑若曾：《筹海图编》卷一二《经略二》。

②［明］姚士麟：《见只篇》卷上，《丛书集成初编》本，中华书局，1985。

③［清］陈锳：乾隆《海澄县志》卷一五《风土》，引明旧志。

④［明］郭春震：嘉靖《潮州府志》卷二《地理志》。

⑤［明］陈子龙：《明经世文编》卷一四七，张邦奇：《张文定甬川集》之《西亭饯别诗序》，中华书局，1962。

⑥李燕：《古代中国的港口——经济、文化与空间嬗变》，广东经济出版社，2014，第174页。

流入中国的白银主要来自马尼拉和长崎两地。自正德以后，葡萄牙、西班牙和荷兰人陆续来到中国沿海，并占领了一些殖民地。澳门和吕宋成了葡、西两国开展与中国贸易的基地。两国都急于得到中国的丝绸、瓷器等物品。葡、西两国除了少量的毛织品、玻璃、枪炮以外，别的没有多少物品可与中国交换，只好用白银采买。

吕宋距中国较近，往来方便，吕宋岛上的商业中心马尼拉就成了中外海商进行大宗交易的主要场所。因中国商船回航无货可载，所以中国海关只有向他们征收银子，称为“加增饷”。西班牙很早就占领了墨西哥和秘鲁等地，那里盛产白银，这使得西班牙人可以用白银购买中国物品。

美洲的白银经过数条路线运往马尼拉，再由马尼拉流入中国。其中最重要的一条是从墨西哥西海岸的阿卡普尔科起航，横渡太平洋抵达菲律宾群岛。在这里，用白银换取中国的丝、瓷等物品，再将这些物品运往美洲，时称“大帆船贸易”。它实际上就是用中国物品换取美洲白银的贸易。1586年，有人自马尼拉写信向西班牙国内报告：“此处有大量白银及银货交换中国物品，此项银及银货，除一小部分残留本岛外，其余大部分，均由华人运回中国。”[①]1602年，西班牙驻墨西哥殖民当局向马德里报告：“每年从阿卡普尔科运往马尼拉的白银总计有500万比索，1597年高达1200万比索。”另一个人甚至说：“中国皇帝能够用从秘鲁运来的银条建一座宫殿。”[②]有人统计，从隆庆五年（1571年）到崇祯十七（1644年）年，从马尼拉输入中国的白银总共约有5300万比索[③]。与西方人的记载相比，这个数字显然偏低。

另一个主要来源是日本。日本对中国商品的依赖性很大，明廷虽然禁止商人去日本交易，但由于去日本利润高，“贩日之利，倍于吕宋”，所以违禁去日的商人依然很多，有的就长期在日本住了下来。天启年间，一个福建巡抚说：“闻闽、粤、三吴之人，住于倭岛者不知几千百家，与倭婚媾，长子孙……”[④]日本在与中国交易时，也主要使用白银来买中国货。当时，日本的石见、秋田、佐渡等矿山都盛产白银，其主要流向是中国。在此过程中，葡萄牙人和荷兰人起了很

①转自侯镜如：《明清两代外银流入中国考》，《中行月刊》第7卷第6号，1933。

②［英］威廉·S·阿特韦尔：《国际白银的流动与中国经济（1530—1650）》，《中国史研究动态》，1984年第9期。

③王士鹤：《明代中后期中国—马尼拉—墨西哥贸易的发展》，《地理集刊》第7号。

④《明熹宗实录》卷四九八，天启五年四月戊寅，台北“中央研究院”历史语言研究所校印，1962年影印本。

重要的中介作用。他们从长崎把白银运往澳门等地，再将换得的中国商品运往长崎，往来贩运，获利甚丰。研究这个问题的日本权威学者笃小火田认为，“在十七世纪初，由日本人、中国人、葡萄牙人以及荷兰人的船只，从日本载运出口的白银每年可达150000到187500公斤。……最终还是流到中国大陆”①。这个数字似乎太惊人了。照此计算，仅在明王朝进入17世纪的40余年间，至少应有2亿两白银从日本流入中国。这个数字看来偏高。另据侯镜如先生统计，从1601年到1647年间，从日本输出的白银约7480万两，绝大部分是流向中国大陆②。从有关文献来看，这个数字比较接近实际。我国著名历史学家梁方仲先生估算，“由万历元年至崇祯十七年，合计各国输入中国的银元由于贸易关系的至少远超过一万万元以上”③。一般说来，l元折银7钱2分。从有关资料综合估算，在隆庆开放后的七八十年间。通过各种渠道流入中国的白银大约1亿两。这可能还是一个保守的估计。

与明王朝的白银赋入对比一下就可以看出，这个数字是相当巨大的。据《明史》载，在嘉靖时，“天下财赋，岁入太仓库者二百万两有奇”。有的年份则少得多，例如嘉靖三十七年（1558年），“岁入太仓者仅七万”。万历时，由于张居正当国，整顿赋役，故赋入大增。“万历六年，太仓岁入凡四百五十余万两。”这是最多的一年。万历时一般岁入白银400万两左右。显而易见，明后期流入中国的白银数量大增，对中国社会经济不能不产生重大影响④。

二、一条鞭法

明代中后期在全国土地丈量的基础上，张居正于万历九年（1581年）把嘉靖初年已在江浙、福建一带“忽行忽止”的“一条鞭法”在全国范围内推广实施。其内容是：（1）田赋折银征收。田赋中除政府所需要征收的米、麦实物外，其余所有实物均折银征收。（2）徭役折银上纳。（3）赋、役银合并征收。张居正改革，是经济领域进行的一次重大调整，以应对海上丝绸之路带来的经济冲击。改革推行的“一条鞭法”推动了货币白银化改革。《明史·食货志》概括“一条

①［英］威廉·S·阿特韦尔：《国际白银的流动与中国经济（1530—1650）》，《中国史研究动态》，1984年第9期。

②侯镜如：《明清两代外银流入中国考》，《中行月刊》第七卷第6号，1933。

③梁方仲：《明代的国际贸易与银的输出入》，《中国社会经济史集刊》第六卷第2期，1939。

④晁中辰：《明代海外贸易研究》，故宫出版社，2012，第275页。

鞭法”的内容为：

> 一条鞭法者，总括一州县之赋役，量地计丁，丁粮毕输于官。一岁之役，官为佥募。力差，则计其工食之费，量为增减；银差，则计其交纳之费，加以增耗。凡额办、派办，京库岁需与存留，供亿诸费，以及土贡方物，悉并为一条，皆计亩征银，折办于官，故谓之一条鞭。①

张居正清查土地和改革赋役制度的直接结果，使明朝的财政状况有了一定的好转。由于赋、徭折银特别是徭役折银的实现，使赋、役合并征收成为可能。这样，赋税的征收就减少了环节，简化了手续。而徭役在各地不同比例地由田亩承担，减轻了人丁的负担。这是我国赋役制度史上的重大改革。张居正改革，概括性地讲，较为重要的就是两点——赋役合一和实物折银。其中，赋役合一是简化程序与提高效率，而实物折银才是整个货币白银化的关键。“一条鞭法”推行之后，无论是国家税收、军饷官俸、京库岁需还是民间借贷等都是用白银，因此白银货币渗透到社会经济的各个方面。

“一条鞭法”将大部分田赋、徭役和其他杂税折成银两缴纳，取代陈旧而复杂异常的赋税制度。而当时国内的白银开采量不足，只有获得大量的经常性的进口白银，才有可能进行如此大规模的折银纳税。根据“一条鞭法”，户丁只要出钱就可以免除力役，从而使户丁有了一定程度的人身自由，银两代替实物缴纳赋税，扩大了货币流通，有利于商品经济发展。布罗代尔（Fernand Braudel）也在《15至18世纪的物质文明、经济和资本主义》中说：

> 中国南方从福州和厦门到广州一带，海面和陆地犬牙交错，形成一种溺谷型海岸……在这一地带，海上的旅行和冒险推动着中国资本主义的发展。中国资本主义只是在逃脱国内的监视和约束时，才能充分施展其才能。这部分从事对外贸易的中国商人，在1638年日本实行闭关锁国后，同荷兰商人一样，甚至比后者更加有效地参加与日本列岛的丝和绸的贸易，他们在马尼拉接收大帆船从阿卡普尔科运来的白

①［清］张廷玉：《明史》卷七八《食货·赋役》，中华书局，1974。

银，中国始终派人出外经商，中国工匠、商人和货物深入南洋群岛的每个角落。①

白银流入必然也使明朝政府银库收入增加。在16世纪60年代以前，外国白银对明朝中央政府财政的影响似乎很小。隆庆五年（1571年），当银库收入增加很多时，即从隆庆四年（1570年）的230余万两增加到310余万两时，进口白银的作用日益明显，此时是明朝驰海禁4年以后，也是马尼拉中西贸易开始的同一年。到万历五年（1577年），银库收入为4,359,400余两，是嘉靖三十九年（1560年）的2倍，直到明亡，政府每年的收入从来没有低过10万公斤（约371万两）。这种变化固然与其他原因有关，但与白银大量进口显然有直接关系，流入的大量白银，对于明后期的财政危机起到了一定的缓和作用。

明代白银货币化及大量白银的流入，不但刺激了中国的经济，而且对于中国的文化，也产生了推动作用。“在用纸币的时候，知识分子的生活，牢牢地控制在统治者手中，他们过得几乎是一种实物经济的生活。因为官俸是用实物折付，实物比贬值的纸币好，这就使得人们的思想和行为受到很大的束缚。”②白银货币化以后，人们普遍使用白银，而白银作为贵金属，是统治者所不能完全控制的。

明代白银货币化及白银的大量流入，对明代社会产生了诸多积极影响。但正如任何事物都具有两面性，其消极的一面也是不可忽视的。虽然从整体上看，“一条鞭法”解决了明政府的财政危机，也使民间经济获得了繁荣，但在繁荣的背后也存在着新的社会问题。白银的大量使用冲击着原有的社会道德与秩序，官府也在白银货币化浪潮中迅速腐化。“一条鞭法”的推行使税收的控制、管理权力集中于地方政府，权力监管的空缺让官僚集团有机可乘。贪官污吏在一条鞭法之外，巧立名目，给民众摊派各种苛捐杂税和劳役，最著名的就是所谓“火耗”。官吏的腐化较之前的税法危害更大，直接导致了行政效率的低下和社会质朴风气的转变，这也是明代灭亡的一个重要原因。

另一个更为严重的问题是获得白银数量的差距进一步拉大，这种差距不仅体现在各个阶层中，还体现在地区差别上。统一以白银作为纳税货币，让发达地区

①［法］布罗代尔：《15至18世纪的物质文明、经济和资本主义》，生活·读书·新知三联书店，1993，第64页。

②彭信威：《中国货币史》，上海人民出版社，1965，第663页。

的工商业者负担变小，而使内陆白银流通较少地区的农民负担加重。明末清初顾炎武就指出："往在山东，见登莱并海之人多言谷贱，处山僻不得银以输官。今来关中，自鄠以西至于岐下，则岁甚登，谷甚多，而民且相率卖其妻子。至征粮之日，则村民毕出，谓之人市。问其长吏，则曰：一县之鬻于军营而请印者，岁近千人；其逃亡或自尽者，又不知凡几也。何以故？则有谷而无银也。"[①]明代白银大多由海外流入南方沿海地区，再从南方沿海流入北京，从北京流入东北边区，又从东北边区回流到南方。处于白银流动网络边缘的西北、山东等地成了白银紧缺的地区。作为传统的粟麦产区，西北、山东缺乏原棉和生丝之类的经济作物，而中国正是用丝绸和瓷器去换国外的白银。这样西北和山东成了一个白银稀缺之地。换句话讲，便是粮多银少，农民不得不贱卖粮食换回白银来缴纳赋税[②]。商人、放债者和实业家也趁此机会大发其财，奢侈品开支和个人劳务费用也日益增加。同时，白银的广泛流通促使高利贷资本日益活跃，使许多贫苦人民陷入高利贷而难以自拔。当农民被迫以白银缴纳赋税和地租时，他们便丧失了对自己劳动的支配权，陷进"凶荒之年无以为生，丰收之年谷贱民穷"的境地，"天下之银即竭，凶年田之所出不足以上供。丰年田之所出足以上供，折而为银，则仍不足以上供也，无乃使民岁岁皆凶年乎？"[③]

总的来看，"一条鞭法"的实行，并没有改变政府赋税的征收总额。张居正"一条鞭法"的作用，更多的是调整了社会阶层的赋税分配比例，是一种节流而非开源。明末经济主要依靠的是外部市场贸易的刺激而非内部经济协调的繁荣，这也是"一条鞭法"最终未能解决明末财政危机和社会危机的关键原因。

三、货币经济和贸易的发展

白银的货币化，使明朝的商业资本趋于活跃。手中握有大量白银的商人，可以进行全国性的商业活动，这在徽商身上表现得尤为突出，他们的足迹几乎遍布全国各地。此外，还有粤商、闽商、吴越商等商业资本集团，组成商帮，进行大宗的商品贩卖，使明后期的商业资本显得异常活跃。而且，外国商人来华经商者迅速增加，"凡山海宝藏，非中国所有，而远方异域之人，不避间关险阻，而鳞

①［清］顾炎武：《亭林文集》卷一《钱粮论上》。

②吴邦雷、余治国：《金融史海拾贝》，安徽师范大学出版社，2015，第119页。

③［清］黄宗羲：《明夷待访录》卷三《田制》，岳麓书社，2008。

次辐辏，以故畜聚为天下饶”[①]。

白银的大量流入是以商品的大量输出为前提的，必然刺激商品经济的发展。由于出口商品而得到大量的日本、美洲白银，这明显影响了16世纪后期明代社会一些经济部门的增长。丝织品一直是主要的输出商品，所以丝织业在东南地区发展得最快，万历时张瀚曾说："余尝总揽市利，大都东南之利，莫大于罗、绮、绢、纻，而三吴为最。"[②]在关于明代资本主义萌芽的材料中，苏州的丝织业最为典型，这与海外贸易的需要是密切相关的。正如全汉昇所说："中国的丝绸工业具有长期发展的历史，技术比较进步，成本比较低廉，产量比较丰富，所以中国产品能够远渡太平洋，在西属美洲市场上大量廉价出售，连原来独霸该地市场的西班牙丝织品也大受威胁。由此可知，在近代西方工业化成功以前，中国工业的发展，就其使中国产品在国际市场上具有强大竞争力来说，显然曾经有过一页光荣的历史。中国蚕丝生产普遍于各地，而以江苏和浙江之间的太湖区域最为重要……海外市场对中国丝与丝绸需求非常大，因而刺激这个地区蚕丝生产事业的发展，使人民就业机会与货币所得大量增加，当然是一个重要因素。"[③]

弗兰克（Andre Gunder Frank）也认为，有关经济作物、手工业和贸易增长的基本情况，最值得注意的是临近上海的长江中下游地区棉纺织业和丝织业的发展。这两个主要手工业部门和水稻及其他经济作物的发展，创造了明代时期最发达的地区经济。长江中下游的安徽、江西、湖北，尤其是湖南和四川等省份出产的稻米顺流而下运往这个地区，供应当地居民。由于市场的扩展把越来越多的地方联系起来，这些省份的部分地区也开始种植经济作物和发展相关的手工业，如棉花、靛青、药材、陶瓷和纸张。岭南地区，尤其是广东和广西以及福建，呈现了一派蒸蒸日上的景象。外贸，尤其是换取白银的丝绸和瓷器出口刺激了这些省份的经济发展[④]。

白银货币化的刺激作用及其引起的经济扩张在南方尤为显著，"白银流回中国（作为出口的回报）。……到1600年，这种贸易造成每年大约有20万公斤的白

①［明］张瀚：《松窗梦语》卷四《商贾记》，上海古籍出版社，1986。

②［明］张瀚：《松窗梦语》卷四《商贾记》，上海古籍出版社，1986。

③全汉昇：《略论新航路发现后的海上丝绸之路》，载《中国近代史研究通讯》第2期，第30—37页。

④［德］贡德·弗兰克：《白银资本——重视经济全球化中的东方》，刘北成译，中央编译出版社，2008，第160页。

银流入从宁波到广州的华南和东南沿海地区。对丝绸的旺盛需求诱发了土地使用方式的重大变化”[①]。弗兰克引用其他学者的研究说明华南和东南沿海地区土地使用主要有两种方式：一是农民回应国外对棉花的需求而将原来的稻田改种甘蔗或桑树，以此来换取华中和华北的棉花；二是外界对丝绸的需求引发了大规模的拓植垦荒活动[②]。

明朝后期大部分地区的农业生产，都已卷入商品经济之中，主要是农村家庭副业和农产品的商品化。特别是“一条鞭法”的实行，田赋和力役折银征收后，农民必须出卖更多的产品以换取银两。这就大大加速了农业商品化的进程。如江南的无为州，因地接近芜湖，据有长江水路交通之便，所以该地农产品的加工和手工业就迅速发展起来，而且商品种类也增加很快。据乾隆《无为州志》记载：

> 明志云：白土线，郡所出也，畜养缫绎去洲与甚。木棉山乡种艺颇多，民贫不暇自谋，率货之外商。苎麻园种亦夥。红蓝、青蓝、白蜡、黄蜡及白蜜诸品，时亦有焉。酒则有蜜淋离、秋露白豆酒、蜡酒，鏖井浊醪常飧耳。以豆作乳，柔适胜他境。顷来邻江居山三民，类能榨造油、纸，油以芝麻、桕、菜籽为之，纸用楮皮，瘠土为劳，岂直免游食云乎哉。
>
> 按州境民家虽工蚕桑，不为专业，地颇产棉，而南乡善纺织，其布较他郡为佳。种麻者少，市所鬻者多自江来，麦秋时菜子广有，沿江州地所产尤多，油坊亦夥，贩榨饼行丹阳者，颇获利焉。棉料纸张，造自北李家衖者，颇堪适用。[③]

在农产品商品化的过程中，江南地区的平原和山区以及珠江三角洲一带的农民，都种植经济作物、水果等。如广州周围各县的农民多种植荔枝、龙眼、茶、橄榄等，供广州市民消费。长江三角洲的太仓、松江一带，农民普遍种植棉花，给本地纺织业提供原料。在闽、浙、赣、粤、湘、皖南山区，出现了许多种植染

①［德］贡德·弗兰克：《白银资本——重视经济全球化中的东方》，中央编译出版社，2008，第225页。
②［德］贡德·弗兰克：《白银资本——重视经济全球化中的东方》，中央编译出版社，2008，第225页。
③［清］常廷璧：乾隆《无为州志》卷七《物产》，合肥市古旧书店，1960。

料的农户。如江西西南部山区的“蓝户”,“万羊山跨连湖广、福建、广东之地……各省亦常流聚其间，皆以种蓝为业”[①]。福建永福山区的“菁客”,“则漳、泉、延、汀之民，种菁种蔗，伐山采木，其利乃倍于田，久之穷冈邃谷，无非客民”[②]。

总之，海上丝绸之路对明代商品货币经济的影响是巨大的，直接影响了自明中叶至今五六百年的历史，这种联系既潜移默化，又无处不在，深刻地影响了明代以来的方方面面。

第四节　促进城市及市镇的发展

明代的城市是集地区行政、经济、文化、娱乐等多种功能于一体的区域核心。一方面，对城市功能、形态的研究，能探索经济对于社会的冲击与影响程度。同时，对居住在城市中的居民生活的探索，能知悉更深层次的理念、追求、精神状态、人际交往等因素；另一方面，对城市数量的研究，就可以看出中国整体社会上的繁荣程度。社会的稳定、人口的增长必定是和城市、市镇数目相挂钩的。因此，探索海上丝绸之路对城市及市镇的影响是具有其意义的。

与此同时，明代城镇领域出现了另一个特殊现象就是特色市镇的兴起，最出名的就是“朱仙镇”“汉口镇”“景德镇”“佛山镇”，这四者并称为天下四大镇。这也是这一时期商品贸易发展的特色，这四镇兴起的不同原因：朱仙镇（版画、年画)、汉口镇（商业)、佛山镇（手工业)、景德镇（瓷器）更是值得研究和进一步探索。

一、城市内部变化与市民生活变迁

明王朝建立以后，采取了一系列恢复和发展社会经济的措施，并调整了对手工业、商业和商人的政策，以缓解社会矛盾。这样，商品经济获得了比先前较为开明和宽松的发展环境，明代的商贸活动又重新活跃起来。《松窗梦语》言：“夫利者，人情所同欲也。同欲而共趋之，如众流赴壑，来往相续，日夜不休”[③]。正是由于这些人追逐利润的活动，才有山东牟丘之铁器散遍奉天、直隶、山西、河

①[清] 金第、杜绍斌：同治《万载县志》卷七《学校》。

②[明] 唐学仁：万历《永福县志》卷一《风俗》。

③[明] 张瀚：《松窗梦语》卷四《商贾记》，上海古籍出版社，1986。

南及江南数省。福建的大量商品运往“吴越”：“福之绸丝，漳之纱绢，泉之蓝，福延之铁，福漳之桔，福兴之荔枝，泉漳之糖，顺昌之纸，无日不走分水岭及浦城之小关，下吴越如流水。”[①]江南棉花纺织，仰给于山东、河南；广东蚕丝原料，求取于湖州；江宁毛纺织业，因陕西供应羊毛而发达。《嘉定县志》中记述其织造的棉布，颇为自豪地说：“商贾贩鬻，近自杭、歙、清、济，远至蓟、辽、山、陕，其用至广，而利亦至饶。”[②]

明代农业作物和手工业产品的商品化，以及商贾流通贸易的较高程度发展，无疑会刺激和影响城市面貌的改观[③]。高墙市门、鼓钲启关的严格控制，自北宋以降已有改变。墙围门禁制度的撤除，使城市门面铺席，作坊市肆随着兴旺的房屋租赁业日渐获得扩散。一方面是商业网点渗入街坊，在一些较大城市中形成一个个日常生产、生活用品销售的商业区；另一方面则形成像南京夫子庙、苏州玄妙观、上海城隍庙、北京土地庙那样的庙集。各地庙市大同小异，都是定期或不定期的物资交流的初级市场，平地张幕，画界成巷，炫采居奇，百货备悉，给人们推销产品和购买日用品带来不少方便。明中叶以降，城市更为繁华，北京城隍庙集市，由庙东“直摆到刑部街上来卖”[④]。杭州自大街及诸坊巷，大小铺席连门俱是，无虚空之屋，无一家不买卖者。万历年间的临清城，布店就有73家，缎庄有33家。苏州“洋货、皮货、绸缎、衣饰、金玉、珠宝、参药诸铺，戏园、游船、酒肆、茶店，如山如林”[⑤]。同一行业又有众多专业性商店，“南京罗缎铺、苏杭罗缎铺、潞州绸铺，……各行交易，铺沿长四五里许，贾皆争居之”[⑥]。

全国范围的商品流通量增加和市场的扩大，不仅表现在原有城区的扩张及街坊的延伸，商业网的拓展与坐商数量的增长，而且还表现在新兴市镇的崛起。在坐贾发达和交通要冲地带，一些集市出现了简易的建筑和设施，有的地方逐渐发展成固定摊位、店铺，甚至街市；有的地方出现一种地区突破性的商业集镇。总之，明中叶以长江往北，沿运河一线及北京、山西等地；往南如江西、福建、广

①［明］王世懋：《闽部疏》，《丛书集成初编》本。

②［明］韩浚：万历《嘉定县志》卷六《物产》。

③孟彭兴：《明代商品经济的繁荣与市民社会生活的嬗变》，《上海社会科学院学术季刊》，1994年第2期，第166—173页。

④［明］凌濛初：《二刻拍案惊奇》卷三、卷四，岳麓书社，2003。

⑤［清］顾公燮：《消夏闲记摘抄》卷上，沈阳古籍出版社，1990。

⑥［清］陈梦雷编《古今图书集成·职方典》卷一五五，引万历《宣府镇志》。

东等地发展较快。最明显且具典型性的，又莫过长江三角洲一带。成弘年间的黎里镇，已为“居民千百家，百货并集，无异城市”的巨镇，以后“居民更二三倍焉”①，还在发展。

明代商品经济的发展，促进了城市的繁荣，而城市经济的繁荣则吸纳了大量的非农业人口，促使城市及其手工业、商业的进一步发展。剩余劳动力流入城市劳务市场，时间一长，也使进入流通领域的产品种类和数量增加，商品经济使整个社会，特别是城市社会，呈现出相当的活力。

城市经济发达，也吸引了蛰居乡间无所事事而又富裕的地主，他们纷纷迁居城市，过起城里人生活。他们与一些退职官僚一样，在乡有田庄，使用庄头雇工从事粮食或其他经济作物生产，为市场提供农产品以谋取利润。周之夔说：“其田主及有力家城居者，仓廒既设外乡，或设他县，每年不过计家口所食谷几何，量运入城，余尽就庄所变粜。”②四川新都姓杨的乡宦，其外庄之一就是一个经济作物基地：“满地种着红花（中药材），广衍有一千余亩。每年卖那红花，有八九百两出息。”③另有一些为逃避赋役的巨姓也举家向各地城市迁徙，如《海阳纪略》中记载的休宁大族，“挚家藏匿各省，如上元、淮安、维杨、松江，浙江杭州、绍兴，江西饶州、浒湾等处”。

脱离土地束缚，外出谋生的人越来越多，除因为赋徭严重外，也是商品经济发展、城乡差别所造成的结果。然而，并不是所有人都能进入经商从贾行列。一部分投身于显贵富豪之家，导致明代蓄奴之风大盛。从奴仆、仆从、奴、奴蜂、蜂仆、仆者、仆人、家人、家奴、家童、童仆、佣书、厮养、义孙、小奚、小厮、小郎、养娘、丫鬟、丫头、女使、侍儿、侍婢、婆娘、管家婆、门公、园公等称呼可见，当时社会使用奴仆相当普遍，且其社会地位相当低下。明代法律尽管承认他们是人，而事实上进入主家后即是主人的财产和工具。他们以卑幼者身份进入主人家中，以主子为“爹”“娘”，须无条件供其役使。除充任家庭杂役外，还有使用于手工业和商业活动的。奴仆中之层次，因工作位置、主人亲近信任程度、担负任务不同而有差异，生活待遇也有区别。除势要豪奴成为主人的爪牙帮凶有所蜕变外，一般都没有自己的独立经济地位，是被压迫、被奴役者。

①谢国桢编《明代社会经济史料选编》(中册)，福建人民出版社，1980，第114页。

②[明]周之夔：《弃草文集》卷五《广积谷以固闽圉议》。

③[明]凌濛初：《二刻拍案惊奇》卷三、卷四，岳麓书社，2003。

商品经济发达的地方，人们的法律意识要比闭塞的地方较高，这便是史载中的“健讼”。打官司多了，讼师职业在城市中也旺盛起来。他们精通法律，筹计一事，指天画地，势若悬河建瓴，生死阴阳，诪张为幻，百出不穷，往往都是衣冠子弟为之：“最高者名曰‘状元’，最低者曰‘大麦’”，高者藉此“获厚利，成家业”，一般的亦能丰衣足食，“从无有落莫饥饿死者”[①]。此外，城市还聚集着一批市侩帮闲。

明代的手工业者地位不断得到改善，人身也逐渐解放。从住坐与轮班至景泰间延长轮班期，又于成化间改“纳银折代”，嘉靖时废轮班制度，规定一律纳“班匠银”，而官办工场采用雇佣制法，都大大促进了手工技术的发展与产品商品化程度的提高，同时亦利于作坊的发展。《松窗梦语》中张瀚所说“毅庵祖，家道中微，以酤酒为业”，后于成化末年购机一张，获利“增至二十余”张而致“家业大饶”[②]；《醒世恒言》中为人引论的嘉靖间盛泽镇机户的发家，都是这一时代的产物。

与手工业商品生产相呼应的，是商贾在城市经济中的活跃。宋应星在《天工开物》里估计，明万历年间仅徽商的资本总额就有三千万两，年利在九百万两左右。沈思孝《晋录》称平阳、泽、潞豪商大贾甲天下，非数十万不称富。如新安黄钟，数十年便聚敛了家财巨万。《金瓶梅》虽以宋代人物为名，写的却是道地的明代市民生活，西门庆可算是当时富商的一个典型。[③]

明代商品经济的活跃，拓宽了明人的眼界，也改变了城市生活方式。正德《建昌府志》载：“天顺、景泰前，男子窄檐高帽，衣腰中裙幅周身，袖曲肱而已；妇女平髻，衫制古朴，婚会以长衣。成化间男帽已有莲子帽、桃尖帽、平顶帽多种，宽衣大袖，或腰及于膝，或近于胸，咸非中制。近时稍稍复古，而侈妇饰僭拟妃嫔娼优，隶卒之妇，亦有黄金横带者，俗之敝也，斯为甚。”[④]丰富的生活用品，华贵的奢侈品，众多的游乐场所，在城市中争奇斗艳。只要有钱，衣食住行都可改观，“百物皆仰给于贸居”[⑤]，明人对商品市场的依赖性日见加强。这种

①［明］徐复祚：《花当阁丛谈》卷三《朱应举》，中华书局，1991。

②［明］张瀚：《松窗梦语》卷六《异闻记》，上海古籍出版社，1986。

③［明］兰陵笑笑生：《金瓶梅词话》，人民文学出版社，1991。

④［明］夏良胜：正德《建昌府志》风俗。

⑤［明］顾起元：《客座赘语》，上海古籍出版社，2012。

现象的出现，一方面刺激了社会生产的进一步发展，另一方面也激发了时人观念的更新[①]。

嘉靖前期有论及扬州市民社会的生活方式时，就指出“扬俗尚侈，蠹之自商始”[②]。扬州奢风之烈，乃其地沃饶而近盐故。盐商麇集，暴富后心态失衡，竞以崇奉奢丽发泄。凡婚嫁丧葬，居处饮食，衣服舆马，挥霍动辄数十万金，另又交结名人雅士，刊刻收藏书画古器，附庸风雅，积习成风。邓之诚指出，明人的高消费时尚，又随着这些商贾的行踪“传之京师及四方，成为风俗”[③]。不管怎样，商品经济的发展，确实影响到明人生活的各个领域，对当时人的思想、道德、经营、消费等诸多方面所造成的躁动与变异，起着不可低估的作用。

16世纪在商业发展的巨大推动下，社会发生剧变，为传统文人轻视的富商，凭借强大的经济实力，可以买到功名和官职。明代施行的捐纳制度，“凡文武迁擢，不论可否，但衡金之多寡而畀之”[④]，使明人从经商致富、蓄资致仕的通途中展望美好前景。如明代思想家何心隐肯定了商人的地位，突破了传统社会的四民观念和职业分层，将“商”的地位提升于“农”“工”之上，如他所言：“商贾大于农、工，士大于商贾，圣贤大于士。”他并且认为每个人有权利去获取更高的社会地位，“农、工之超而为商贾，商贾之超而为士，人超之矣，人为之矣”[⑤]。

繁荣的城市经济确实丰富了明人的物质生活，拥资则富屋宅，买爵则胜舆服。明人心理都崇尚富侈为荣，追求潮流。如：“隆万以来……纨绔豪奢，又以椐木不足贵，凡床厨几棹，皆用花梨、瘿木、乌木、相思木与黄杨木，极其贵巧，动费万钱，亦俗之一靡也”[⑥]。

社会风尚的变化不仅突出地表现在经济发达的江南等地区，其他地区也不例外。如山西洪洞县在16世纪发生了以“风醇俗厚”到“风靡朴敞”的变化。人们服饰从“老幼多服布衣”，变为士吏共戴忠靖冠、贵贱不分，悉服麟凤绣补妆

① 见孟彭兴：《明代商品经济的繁荣与市民社会生活的嬗变》，《上海社会科学院学术季刊》，1994年第2期，第166—173页。

②［明］朱怀干：嘉靖《惟扬志》卷十一《礼乐志》。

③ 邓之诚：《中华二千年史》卷五下，东方出版社，2013，第442页。

④［明］王守仁：《传习录拾遗》。

⑤［明］何心隐：《何心隐集》卷三《答作主》，中华书局，1960，第53页。

⑥［明］范濂：《云间据目抄》卷二《记风俗》，江苏广陵古籍刻印社，1995，第509页。

花锦服，“珠翠金宝”“五梁金髻”通衢遍戴[①]。明人在衣食住行中改变着自己的思维定式，宣泄着自己的七情六欲，去追寻人生的乐趣，“习俗移人，贤者不免”[②]，显示出有明一代市民的人心价值取向。人们的消费观念和价值取向影响到人们的相互交往。明代中后期传统的等级森严、尊卑分明的社会被撕开了一个巨大的缺口，人们在日常生活的待人接物出现了一些不同以往的新趋向[③]。社会上货币关系的迅速膨胀，使社会风貌产生了很大的变异，读书人放下架子去经商，也愿娶工匠的女儿做老婆；商人要选读书人做女婿，婚嫁之家惟论财势，“有起自奴隶，骤得富贵，无不结姻高门，缔眷华胄者”[④]，也有“细民连姻宗贵，转相仿效”者[⑤]。蔚然成风的风气再也难以逆转了。

从以上的论述可以看到，明代社会商品经济的发展，促进了明代城市的繁荣，同时也使明人观念发生改变，社会风俗发生变迁。这种崇尚奢侈之风在一定程度上破坏了中国传统社会的稳定，对中国社会步入近代文明的价值重构具有先期导向作用[⑥]。

二、城市的繁荣

据《明史·地理志》载："终明之世，为直隶者二：曰京师、曰南京。为布政使司者十三：曰山东、曰山西、曰河南、曰陕西、曰四川、曰湖广、曰浙江、曰江西、曰福建、曰广东、曰广西、曰云南、曰贵州。其统之府百有四十，州百九十有三，县千一百三十有八，羁縻之府十有九，州四十有七，县六。"[⑦]由此可知，明代有府级城市140，州级城市193，县级城市1138，合计为1471个，另还有羁縻府州县。明代大中城市数量比宋代明显增多了。明代的府、州级城市达到333个，而宋代只有284个；其中府级城市宋代只有30个，而明代增至140

①参见常建华：《从“日常生活”看晚明风俗变迁——以山西洪洞县为例》，《安徽大学学报（哲学社会科学版）》2018年第2期。

②[清]顾公燮：《消夏闲记摘抄》上，沈阳古籍出版社，1990。

③陈茂山：《浅淡明代后期南京社会风气的转变》，《民俗研究》，1991年第1期。

④[明]谢肇淛：《五杂俎》卷一四《事部》，上海古籍出版社，1986。

⑤[清]顾炎武：《肇域志·山西》，上海古籍出版社，2012。

⑥孟彭兴：《明代商品经济的繁荣与市民社会生活的嬗变》，《上海社会科学院学术季刊》，1994年第2期，第166—173页。

⑦[清]张廷玉：《明史》卷四十《地理一》，中华书局，1974。

个，是宋代的4.6倍。明代还出现了许多规模甚大、人口众多、工商业繁荣发达的城市，这从明宣德四年（1429年）明令在下列城市中增加课税可以看出，分别是：顺天（北京）、应天（南京）、苏州、松江、镇江、淮安，常州、扬州、仪真，浙江杭州、嘉兴、湖州，福建福州、建宁，湖广武昌、荆州，江西南昌、吉安、临江、清江镇，广东广州，河南开封，山东济南、济宁、德州、临清，广西桂林，山西太原、平阳、蒲州，四川成都、重庆、泸州，共33个[①]。

明代城市类型也比前代增多。大致可以分为四种类型：（1）政治型城市：南京、北京；（2）工商业型城市：上述所列33个城市都在其内，其中尤以杭州、苏州、扬州、淮安、临清、济宁等城市工商业最为发达；（3）对外贸易港口型城市：广州、泉州、宁波、太仓黄渡；（4）边防军事重镇，主要在北方边境地带：即前述的辽东、蓟州、宣府、大同、宁夏（银川）、太原、榆林、固原、甘肃（张掖）等[②]。

由此可见，明代城市、市镇的变化巨大。其中，正是海上丝绸之路贸易的繁荣，推动这一时期工商业城市和对外贸易城市数量的增加。因此，将从工商业城市数目的增长和对外贸城市数量的增加两方面来探究海上丝绸之路对明代社会经济的影响。

（一）工商业型城市

这类城市主要分布在水陆要冲，其中有些可能是省城、府城或州城，这里也有官署和军队，但其最大特色则是工商业非常繁荣。这类城市中最有代表性的有杭州、苏州、扬州、淮安、临清、济宁、武昌、芜湖以及新兴的城市上海等，以下略举其中几个城市为例。

1. 杭州

杭州（今浙江杭州市），旧名钱塘、临安，是我国的六大古都之一。杭州濒临钱塘江入海处，居运河之最南端，物产富饶，交通便利。既是浙江的省城，也是明代著名的工商业城市之一。

杭州城的人口很多。据成化时的统计，共有户9万，口约30万。此后，随着经济的不断发展，人口也逐渐增加。正如万历《杭州府志》所说：“嘉靖初年，

①《明宣宗实录》卷五〇，宣德四年春正月戊申朔。

②庄林德等编著《中国城市发展与建设史》，东南大学出版社，2002，第120页。

市井委巷，有草深尺余者。城东西僻有狐兔为群者。今民居栉比，鸡犬相闻，极为繁庶。”①对此，江山杨魁说：“（杭州）城有四十里之围，居有数百万之众。”②又万历时王士性说：“杭城北湖州市，南浙江驿，咸延袤十里，井屋鳞次，烟火数千万家。”③比王士性稍晚的李鼎也说：“武林生聚繁茂，盖以列郡之期会至者，殊方之懋迁至者，奚啻二三百万，即以百万计之，日食米万石。”④这些记载，可能有夸大之处，但是，连同大量流动人口在内，杭州人口可能达百万左右。这个数字是相当可观的。

杭州的工商业，在宋元较为发展的基础上，到明代更加繁荣。王士性说：“杭州省会，百货所聚。”⑤又万历《杭州府志》说杭州“为水陆要冲，盖中外之走集，而百货所辏会”⑥。手工业产品的门类很多：有麯、酒、醋、丝、绵、银、蜡、纸、革、角、金银锡箔、金条、瓦金、胭脂、铅粉、灰、香、灯、漆、甕缶、砖瓦、刀戟、诸色扇、珐琅器皿、轿、伞、屐、鞋、韡、巾、帽、梳、刷、棕套、纱灯笼、综裙、雨衣、琴、瑟箫、管、铙、鼓、炉、瓶、图画、书籍、古董诸具，真是应有尽有。其中绵麻织品有绵布、带布、麻布、葛布、黄草布、兼丝布等。丝织品有绫、罗、纻丝、纱、绢、绸、縠（俗名约纱），“以上七种，皆有花素二色，然维省城出者为佳”⑦。

这些商品，固然有不少是来自家庭手工业、手工业和小商品生产者，但因经营致富开起较大作坊或手工工场者，也不乏其人。徐一夔《始丰稿》中所说钱塘相安里那个有机抒四五架，织工十余人的手工工场，就是其中之一例。又万历时张瀚所说：“余尝总览市利，大都东南之利，莫大于罗、绮、绢、纻，而三吴为最”，“即余之先世，亦以机杼起”⑧。从成化的一张紬机，在不长的时间内，很快发展为20余张紬机；“后四祖继业，各富至数万金”⑨。在生产锡箔的作坊或工场

①［明］刘伯缙：万历《杭州府志》卷一九《风俗》。

②［明］刘伯缙：万历《杭州府志》卷三三《城池》。

③［明］王士性：《广志绎》卷四《江南诸省》，中华书局，1993。

④［明］李鼎：《李长卿集》卷一九《借著编·早计第一》，万历四十年豫章李氏家刻本。

⑤［明］王士性：《广志绎》卷四《江南诸省》，中华书局，1993。

⑥［明］刘伯缙：万历《杭州府志》卷三四《衢巷市镇》。

⑦［明］刘伯缙：万历《杭州府志》卷三二《土产》。

⑧［明］张瀚：《松窗梦语》卷四《商贾纪》，上海古籍出版社，1986。

⑨［明］张瀚：《松窗梦语》卷六《异闻纪》，上海古籍出版社，1986。

中，“孩儿巷、贡院后及万安桥西一带，造者不下万家。三鼓则万手雷动，远自京师抵列郡，皆取给”[①]。制金银箔者，虽不如做锡箔者之多，然亦有因此而致富者。万历时王同轨说：“黄某，杭人……以金推箔，巨富至今。”[②]他能成为巨富，估计其作坊规模不会太小。杭州的金箔技术，比别的地方要好，因此，有些外地人来杭州做学徒。可见这一行业中，用帮工学徒者也不乏其人。

又杭州之刻印书籍业，早在宋代时就闻名全国。谢肇淛说：“宋时刻本，以杭州为上，蜀本次之，福建最下。”[③]到明代，杭州刻印之书籍，虽不如苏州、常州、南京等地的精美，也不如福建所印之多而且价廉，但在当时人们仍把杭州与苏州、福建并称为明代的三大刻书中心[④]。其他燕、粤、秦、楚等地，虽皆有刻本，但不如三方之盛[⑤]。明代，杭州的图书流通在全国出版业中有举足轻重的地位，和北京、苏州、南京一起是明代四大图书聚散地，胡应麟在《少室山房笔丛》中说：“今海内书，凡聚之地有四，燕市也、金陵也、阊阖也、临安也。”[⑥]

又造酒业，为适应广大城市人口的需要，杭州城内以酿酒为业者颇多。所以田艺衡说：“今杭州酒肆最盛，”[⑦]杭州地处沃野，“民萌繁庶，物产浩穰”[⑧]，而且手工业也很发达，所以这里的商业非常繁荣。张瀚说：“浙江……杭州其都会也。……米资于北，薪资于南”，“桑麻遍野，茧丝緜苧之所出，四方咸取给焉。虽秦、晋、燕、周大贾，不远数千里而求罗绮缯币者，必走浙之东也”[⑨]。“城内外列肆几四十里，无咫尺瓯脱，若穷天罄地，无不有也”[⑩]。来此买卖的商贾，“车毂击，人肩摩”[⑪]，杭州生产的大量商品，尤其是丝织品，远销全国各地。即使是比较僻远的四川马湖府，“苏杭新织种种文绮，吴中贵介未披，而彼处先得……

①［清］陈梦雷：《古今图书集成·职方典》卷九四九《杭州府部》，中华书局，1988。

②［明］王同轨：《耳谈》卷一《黄金箔》，中州古籍出版社，1990。

③［明］谢肇淛：《五杂俎》卷一三《地部》，上海古籍出版社，1986。

④［明］项子京：《蕉窗九录》卷六《书录·刻地》。又参看胡应麟《少室山房笔丛》卷四《经籍会通》。

⑤［明］胡应麟：《少室山房笔丛》卷四《经籍会通》，上海书店出版社，2001。

⑥［明］胡应麟：《少室山房笔丛》卷四《经籍会通》。

⑦［明］田艺蘅：《留青日札》卷二四，上海古籍出版社，1992。

⑧［明］刘伯缙：万历《杭州府志》卷三四《衢巷市镇》。

⑨［明］张瀚：《松窗梦语》卷四《商贾纪》，上海古籍出版社，1986。

⑩［明］聂心汤：万历《钱塘县志》卷一《纪疆》。

⑪［明］刘伯缙：万历《杭州府志》卷三四《衢巷市镇》。

钱神所聚，无胫而至；穷荒成市，砂碛如春，大商缘以忘年，小贩因之度日”[①]。有些则大量输往海外各国。万历三十七年（1609年），浙江查获的通倭案件中，有“闽人杨才甫者，久寓于杭，与杭人张玉宇善，出本贩卖䌷绢等货，同义男张明，觅船户施春凡与商伙陈振松等三十余人，于七月初一日开洋，亦到五岛投牙一官、六官零卖”[②]。其他如杭州所产之布席、脂粉与扇、漆等物所需之金银箔等，也大量输往日本。如史料载：“大抵日本所须，皆产自中国。如室必布席，杭之长安织也。妇女须脂粉，扇、漆诸工须金银箔，悉武林造也。”[③]

2. 苏州

苏州（今江苏苏州市），或称吴会、平江，也是我国的一座历史名城。早在春秋时，吴王阖闾即在此建都修城，设城门八。其后时修时毁，到元末太守高履与张士诚又先后增修。朱元璋平张士诚后，“更加修筑，高广坚致，度越畴昔”。城呈亚字形，周三十四里[④]，设城门六；但据嘉靖时吴县县令曹自守的记载却多于此数，他说：“苏城措五里，纵七里，周环则四十有五里。”[⑤]

苏州地处长江三角洲，濒临太湖，位于大运河与娄江的交会处，城内外水道纵横，湖泊星罗棋布，是名副其实的水乡泽国；而且土地肥沃，物产丰富，是闻名全国的鱼米之乡。

明初数十年间，太祖将苏州大量富户迁徙于凤阳、南京、北京等地；此外，几次大狱的株连和大量的工匠被派服役，苏州也首当其冲。这一切，不能不对苏州的人口与发展，产生重大影响。此后随生产的不断发展，社会分工的日益深入，苏州才逐渐恢复与繁荣起来。成弘间苏州府长洲人王锜（1433—1499年）曾抒写了吴中新景：“吴中素号繁华，自张氏之据，天兵所临，虽不被屠戮，人民迁徙实三都、戍远方者相继，至营籍亦隶教坊。邑里萧然，生计鲜薄，过者增感。正统、天顺间，余尝入城，咸谓稍复其旧，然犹未盛也。迨成化间，余恒三、四年一入，则见其迥若异境。以至于今，愈益繁盛。”[⑥]又成化时的莫旦说：这里

①［明］王士性：《广志绎》卷五《西南诸省》，中华书局，1993。

②［明］王在晋：《越镌》卷二一《通番》，转引自傅崇兰：《论明清时期杭州城市的发展》，《中国史研究》1988年第4期。

③［明］姚士麟：《见只编》卷上，中华书局，1985。

④［明］王鏊：正德《姑苏志》卷一六《城池》。

⑤［清］顾炎武：《天下郡国利病书》，《苏州备录下》，曹自守：《吴县城图说》。

⑥［明］王锜：《寓圃杂记》卷五《吴中近年之盛》，中华书局，1997。

"列巷通衢，华区锦肆，坊市棊列，桥梁栉比……货财所居，珍异所聚"[1]。城市中除土著外，更多的是四方客商。万历时，有的记载说："苏州为江南首郡，财赋奥区，商贩之所走集，货财之所辐辏，游手游食之辈，异言异服之徒，无不托足而潜处焉。名为府，其实一大都会也。"[2]可见，此时苏州人口众多，经济繁荣。

明中叶后，苏州已经以繁华富饶和风景美丽而闻名。利玛窦曾这样地描写：

> 这是中国成语说的"上有天堂，下有苏杭"那两个城市中的一个。它是这个地区的最重要的城市之一，以它的繁华富饶，以它的人口众多和以使一个城市变得壮丽所需的一切事物而闻名。它位于一条平静的清水河上，或者可以更恰当地说是位于一个湖（按：即太湖）上，吹拂着和风。
>
> 这里人们在陆地上和水上来来往往，像威尼斯人那样；但是这里的水是淡水，清澈透明，不像威尼斯的水那样又咸又涩。街市和桥都支撑在深深插入水中的独木柱子上，象欧洲的式样。……从陆路进城只有一个入口，但从水路进城则有好几个入口。城内到处是桥，虽很古老但建筑美丽，横跨狭窄运河上面的桥都是简单的拱形。[3]

苏州是全国有名的丝织业中心，尤其是东城（属长洲县），机户大都集中于此。明末官员朱国桢说："（苏民）多以丝织为生，东北半城，大约机户所居。"[4]丝织业产品不仅品种多，而且质量好。如锦，过去闻名全国的只有四川出产的蜀锦，到明代，苏州所织的海马、云鹤、宝相花、方胜之类，"五色眩耀，工巧殊过，犹胜于古。宣德间，尝织昼锦堂记，如画轴；或织词曲，联为帷幛。又有紫白、落花、流水，充装潢卷册之用"。又细丝则"有素有花，纹有金缕、彩桩，其制不一，皆极精巧"。上品名清水，次帽料，又次倒挽，"四方公私，集办于此"。罗则有素有花，花文者为贵，素次之。别有刀罗、河西罗。纱则素者银条，花纹者名夹织，另外，还有金缕诸品种，"其轻狭而谷文者曰绉纱"。绫则自

①［清］卢腾龙、宁云鹏：康熙《苏州府志》卷二，引［明］莫旦：《苏州赋》。

②［明］姜良栋：《镇吴录》，万历刊本。

③［意］利玛窦、［比］金尼阁：《利玛窦中国札记》，何高济等译，中华书局，2010，第338页。

④［明］朱国桢：《皇明大事记》卷四四《矿税》。

郡城以至各县皆有。绢则“郡中多织生绢，其熟者名熟地，四方皆尚之。花纹者名花绢，又有白生丝织成，缜密如蝉翼，幅广有至四尺余者，名画绢；又有罗底绢，稍厚而密”[①]。䌷即缯绞，线织者曰线绸，捻绵成者曰绵䌷，比丝攒而成者曰丝䌷。

这些“以织造为业者，俗曰机房”[②]，又名机户。据明末的记载说，当时苏州机户有数千之多[③]。很多人拥有场房、织机、原料、资金等。最初，他们大都是靠自己经营，后来有些人因发财致富而不断扩大其生产规模；另有一些人则因经营失利而破产，最后沦为不得不出卖劳动力的雇工。对此，《镇吴录》曾这样写道：“东半城，贫民专靠织机为业，日往富家佣工，抵暮方回。”[④]这种雇人与出雇的现象，当时相当普遍。隆庆、万历间，这里还出现了具有一定规模的劳动力市场。如记：“我吴市民，罔籍田业，大户张机为生，小户趁织为活。每晨起，小户百数人，嗷嗷相聚玄庙口，听大户呼织，日取分金为饔飧计。大户一日之机不织则束手，小户一日不就人织则腹枵，两者相资为生久矣。”[⑤]又万历二十九年（1601年），巡抚曹时聘的奏疏中也谈到苏州城中“机户出资，机工出力，相依为命久矣”。雇工们“得业则生，失业则死”。一旦机房罢织，失业者即有数千人之多[⑥]。

随着丝、棉织造业的发达而来的是大量染坊的出现。万历时，染工即有数千人之多[⑦]；清康熙时则踹坊达三百余户，“踹匠不下万余”[⑧]。可见当时这里染踹业之盛。

由于城市人口的不断增加，农业与手工业的日益发展，大约从15世纪中叶以后，苏州的商业即发展到相当繁荣的地步。史载：“闾檐辐辏，万瓦甃鳞，城隅濠股，亭馆列布，略无隙地……凡上供锦绮，文具、花果、珍馐奇异之物，岁有所增。”[⑨]

①引文皆见［明］王鏊：正德《姑苏志》卷一四《土产》。
②［明］张德夫：隆庆《长洲县志》卷一《地理志·风俗》。
③［清］李铭皖：同治《苏州府志》卷一七《名宦·寇慎传》。
④［明］姜良栋：《镇吴录》，万历刊本。
⑤［明］蒋以化：《西台漫记》卷四《纪回生事》，上海古籍出版社，1994。
⑥《明神宗实录》卷三六一，万历二十九年七月，台北“中央研究院”历史语言研究所校印，1962年影印本。
⑦《明神宗实录》卷三六一，万历二十九年七月丁未，台北“中央研究院”历史语言研究所校印，1962年影印本。
⑧江苏省博物馆编《江苏省明清以来碑刻资料选集》，生活·读书·新知三联书店，1959，第43—48页。
⑨［明］王锜：《寓圃杂记》卷五《吴中近年之盛》，中华书局，1997。

首先是西城（属吴县），这里是商业最繁荣的地区之一。有记载说“城中与长洲东西分治，西较东为喧闹，居民大半工技，金阊一带，比户贸易；负郭则牙侩辏集”。[①]唐寅对阊门的繁盛，曾写下这样的诗句：“世间乐土是吴中，中有阊门又擅雄。翠袖三千楼上下，黄金百万水西东。五更市贾何曾绝，四远方言总不同。若使画师描作画，画师应通画难工。”[②]又《镇吴录》载：“阊门一带，民饶商聚”。每天经虹桥来往于阊门的商旅难以数计。正如牛若麟所说：“虹桥跨濠以通行，旅错趾骈，无问昏旦……城内外从桥而达者日不下亿万。”[③]可见这里商业之繁盛。

其次是阊、胥二门以西，这是苏州商业繁华的又一地区。曹自守说：“自胥（门）及阊（门），迤逦而西，庐舍栉比，殆等城中，此侨客居多。”[④]

再次是由阊门、虹桥而西至枫桥，也是著名的商业区。这里有濒临运河的重要关卡——浒墅，商业繁华，店铺林立。有的记载说：自“吴阊至枫桥，列市二十里”[⑤]，如“枫桥之米豆，南濠之鱼盐、药材，东西汇之木簰，云委山积”[⑥]；又明末吴县人王心一说：“尝出阊市，见错绣连云，肩摩毂击，枫江之舳舻衔尾，南濠之货物如山。”[⑦]贸易多集中于此。嘉靖《吴邑志》载：“豆麦自上江来，皆泊枫桥、上塘等处，其多万户，岁时常然也。”[⑧]

店铺中的商品，主要来自全国各地，另外，还有一些外国商品。因此，凡是人们需要的各种商品，在这里可以说是应有尽有。利玛窦曾这样写道：“经由澳门的大量葡萄牙商品，以及其他国家的商品，都经过这个河港。商人一年到头和国内其他贸易中心在这里进行大量的贸易，结果是在这个市场上样样东西都没有买不到的。”[⑨]

①［明］牛若麟：崇祯《吴县志》卷十。又见《古今图书集成·职方典》卷六七六，苏州府部，中华书局，1988。

②［清］雅尔哈善：乾隆《苏州府志》卷三《城池引》。

③［清］宋如林、罗琦：道光《苏州府志》卷二九《津梁》。

④［清］顾炎武：《天下郡国利病书》，《苏州备录下》，曹自守：《吴县城图说》，上海古籍出版社，2012。

⑤［清］唐敬一：康熙《松江府志》卷五四《遗事下》。

⑥［清］陈梦雷：《古今图书集成·职方典》卷六七六《苏州府部风俗考》，中华书局，1988。

⑦［清］牛若麟：崇祯《吴县志》，《邑人王心一序》。

⑧［明］杨循吉、苏祐：嘉靖《吴邑志》卷一四《物产上》。

⑨［意］利玛窦、［比］金尼阁：《利玛窦中国札记》，中华书局，2010，下册，第338页。

3. 临清

临清（今山东临清县），又名清源，它位于山东西北部，居会通河与卫河交汇处，属东昌府。这里原是一个默默无闻的小县，后来，由于会通河的开凿而渐渐有名。尤其到明永乐后期，由于政治与军事中心的北移，边防需要的军粮需在此囤积，北京需要的粮食与各种手工业品，主要靠运河北运。于是，临清这个由运河通往北京的咽喉要地，也随之很快发展起来。

正统时，吏部尚书王直曾说："临清为南北往来交会咽喉之地……财赋虽出乎四方，而输运以供国者，必休于此而后达；商贾虽周于百货，而贸迁以应时需者，必藏于此而后通，其为要且切也如此。"[①]正因为其地位的重要，所以，从正统十四年（1449年）开始，在会通河北缘以广积仓为基濬濠筑城[②]。城周九里有奇，设城门四。因全部用砖砌成，故人们称之为砖城。但是，砖城地势高亢，距河较远，用水与运输诸多不便；而且官府粮仓占地约四分之一，这一状况表明，这里对储粮有利，而对工商业发展的余地却很小[③]。因此，随工商业人口的日益增多，有越来越多的店铺便向城外濒河的地区发展，尤其在弘治以后更是如此，结果出现了"生聚日繁，城居不能什一"的现象。

正德六年（1511年），刘六、刘七起义爆发后，临清守臣为对抗起义军，遂"掘堑筑土，以卫城外之众"，谓之"边墙"[④]。嘉靖二十一年（1542年），又进一步扩建城垣，将砖城东南与西北伸而广之，延袤二十里，跨汶、卫二河，设城门六，水门三[⑤]，是为新城。新城名玉带城，因其全部用土建成，故又称之为土城。如果把砖城的东、北两面城墙计算在内，城周共有三十里[⑥]。

在明初，临清只有编户六图，后来由于版图扩大及屡迁外地之民至此，渐增为三十六图。后来由于会通河的重修、商业的繁荣，至成化时"游官侨商，日渐繁衍"[⑦]。到弘治时，"薄海内外，舟航之所毕由，达官要人之所递临，而兵民杂集，

---

①［清］于睿明：康熙《临清州志》卷四《艺文》。［明］王直：《临清建城记》。

②［清］于睿明：康熙《临清州志》卷四《艺文》，［明］王玓：《临清州治记》。但在同书卷一《城池》中却说"洪武……建城，正统已巳兵部尚书于谦议临清当城……景泰改元，巡抚洪瑛始卜今城，协二公城之"。据此，临清修城又好像始于景泰元年（1450年），未知谁是，待考。

③杨正泰：《明清临清的盛衰与地理条件的变化》，《历史地理》第三辑。

④［清］于睿明：康熙《临清州志》卷一《地池》。

⑤［清］于睿明：康熙《临清州志》卷一《地池》。

⑥台北"中央研究院"历史语言研究所编辑《明清史料·甲编》第十册，《崇祯十二年总监各路太监高起潜题本》，商务印书馆，第932页。

⑦［清］于睿明：康熙《临清州志》卷二《赋役》。

商贾萃止，骄樯列肆，云蒸雾滃，而其地遂为南北要冲，岿然一重镇矣"[①]。到万历时，这里的城乡人口已增至三万多户[②]。明末，据高起潜的题本说："一城之中，无论南北货财，即绅士商民近百万口。"[③]这个数字，可能有些夸大，但临清城内与近郊居民客商人等以及来往的流动人口，约有数十万人，似乎比较可信。

临清的布局，大体是这样：处于东北方向的原来砖城，主要为宫署与粮仓所在地，间有店铺也不过是粮食、食品以及瓜果蔬菜等小的买卖[④]。新城则主要为商业区。当地的主要商品有：

（一）棉及棉织品：临清位于盛产棉花的地区，有的记载说，"棉花六府皆有之，东昌尤多，商人贸于四方，民赖其利"[⑤]。因此，这里从事棉织业的人相当多，尤其是临清，这里的棉织品不仅品种多，而且质量好。"（临清）帕幔，备极绮丽，转鬻他方，濒河村聚，织薄纬萧为生。"[⑥]根据万历时的统计，这里从事棉布织造与贩卖的店铺，即有73家之多[⑦]。翁笾就是其中远近驰名的大布商之一。康熙《具区志》这样写道："翁笾，字文夫，号少山……少挟资，渡江逾淮，客清源。清源百货之凑，河洛海岱间一都会也。乃治邸四出，临九逵，招徕四方贾人，至者缀属，业蒸蒸起已。察子弟仆有心计强干者，指授方略，以布缕、青靛、棉花，货路往来荆襄、建邺、闽粤间，甚至辽左、江北闻其名，非少山布勿衣勿被。于是南北转毂无算，海内有翁百万之称。"[⑧]另一些布商，则贩运江南松江等地之布北上，经临清而转贩到北京与九边一带。对此，明末陈继儒曾这样写道："其沂淮而北走齐鲁之郊，仰给京师，达于九边，以清源为转毂。"[⑨]

这些布店集中在白布巷中。自成化二年（1466年），"苏州、南翔、信义三会合而为行，隆（庆）、万（历）间寝盛，岁入布百万有奇"[⑩]。可见这里棉布贸易之

①［清］于睿明：康熙《临清州志》卷四《艺文》，［明］王玙：《临清州治记》。

②［清］于睿明：康熙《临清州志》卷二《赋役》。

③台北"中央研究院"历史语言研究所编辑：《明清史料·甲编》第十册，《崇祯十二年总监各路太监高起潜题本》，商务印书馆，第923页。

④［清］张度：乾隆《临清直隶州志》卷二《建置》。

⑤［清］陈梦雷：《古今图书集成·职方典》卷二五五《东昌府部·物产考》，中华书局，1988。

⑥［清］陈梦雷：《古今图书集成·职方典》卷二五五《东昌府部·物产考》，中华书局，1988。

⑦《明神宗实录》卷三七六，万历三十年九月·户部尚书赵世卿疏，台北"中央研究院"历史语言研究所校印，1962年影印本。

⑧［清］翁澍：康熙《具区志》卷十三《人物篇·货殖》。

⑨［明］陈继儒：《陈眉公全集》卷五九《布税议》。

⑩［清］王俊：乾隆《临清州志》卷十一《市廛志》。

盛。当时这里有个名叫“一左元”的布店，每出一银必点一硃，每年需用硃粉二三十斤。可见其营业额之多。如果把当时各店的经营额都统计在内，数字将更加可观。

（二）皮毛制品：据载“羊裘、毡劂出自府城、临清者佳”，“毡出东昌、临清者，精致甲于他处”[①]。

（三）铁器：临清的铁器打造业比较发达，所造农器，销于四方。如北直隶河间府，据万历《河间府志》载：“贩铁者，农器居多，至自临清、泊头，皆驾小车而来。”[②]

这里的货物多数是贩自别处。所以，万历《东昌府志》说“临清为南北都会，萃四方货物，塴鬻其中，率非其地所自出”[③]。早在运河重浚后不久，临清和淮安、济宁、德州等地一样，即出现了“四方百货倍于往时”的现象[④]。到宣德时，临清成了全国33座大商业城市之一，明王朝并在此设置了钞关，既征商税，又收船料。

城中聚集了来自各地的大量商人，其中有坐贾，也有行商。

坐贾开设的各种店铺，充斥于各个街巷之中。万历时，除前述的73家布店外，还有缎店32家，杂货店65家[⑤]。为满足广大客商住歇与堆放货物的要求，这里还开设了很多的塌房与旅店。早在宣德六年（1431年），御史耿定就说过：“临清等处官民之家，多有塌房店舍，居停商货。”[⑥]此后随着商业的发展，塌房旅店的数字也随之不断增加。此外，这里还开有许多的牙行。其数字虽不得而知，但从其包纳的税银数字中可以想见。万历时，每年包纳税银二万余两，相当于当时商税总数的三分之一。此外，这里还有不少的典当、盐店和皇店、官店等[⑦]。

各店铺大都设置在不同的街巷中，而街巷亦因此而命名。除前述之白布巷外，还有果子、琵琶、钉子、故衣、纸马、白纸、竹竿、鞍子、手帕、香、窑

---

①［清］陈梦雷：《古今图书集成·职方典》卷二五五《东昌府部·物产考》，中华书局，1988。

②［明］杜应芳：万历《河间府志》卷四《风土志·风俗》。

③［明］王命爵、王汝训：万历《东昌府志》卷二《物产》。

④《明成祖实录》卷一二五，永乐二十一年春正月癸未，台北“中央研究院”历史语言研究所校印，1962年影印本。

⑤《明神宗实录》卷三七六，万历三十年九月乙亥，台北“中央研究院”历史语言研究所校印，1962年影印本。

⑥《明宣宗实录》卷七六，宣德六年二月辛西。

⑦《明代的官店与皇店》，参见《故宫博物院院刊》，1985年第4期。

冶、毛袄、麺、油篓、皮、弓、豆腐、碾子、马尾、箍桶、粜米、土坯等巷和烧酒、缨子、打挂、羊毛等胡同。有的则因营业性质的需要，分别设立各种类型的货场（厂）。据康熙《临清州志》所载，有席、板、炭、石灰、砖等厂①。

除店铺和货厂贸易外，临清还有一些专供人们日常生活需要的各种集市。有米市、柴市、马市、猪市、牛市、鸡市、鹅市、青碗市、线子市、小市、菜市、锅市等②。

所有这些都表明了临清工商业的繁荣。利玛窦曾说："临清是一个大城市，很少有别的城市在商业上超过它。不仅本省的货物，而且还有大量来自全国的货物，都在这里买卖，因而经常有大量旅客经过这里。"③

商业的繁荣，使商业税收也随之不断增加。弘治时，这里每年所征关税四万金④，后增至八万三千两⑤。这在当时的各钞关中，是首屈一指的。所以，当时人们称"临清马头甲天下"⑥。

4. 武昌

武昌，又名鄂州、江夏，是我国古代的著名城市之一。到明代则为湖广的省城所在地。这里地处全国之中，依山临江，形势险要，交通便利，物产富饶。不仅在经济上占有重要的地位，而且在政治与军事上，也是举足轻重之区。早在东吴时，孙权即在此筑城，并且出现了商市。到唐宋时，这里的商业已相当发达。所谓"沿江数万家，廛闬甚盛，列肆如栉"⑦，"贾船客舫不可胜计，衔尾不绝者数十里"，成为"虽钱唐（杭州）、建康（南京）不能过"⑧的重要商业城市。

可惜，经元末战乱之后，这个盛极一时的城市，受到严重的破坏。明初，朱元璋为拱卫京师，控制西南各省，把这里作为楚王的封地。洪武初，江夏侯周德兴在此修建了砖城，东西长五里，南北长六里，周围长二十里有奇，设城门九。城内有王城，以石砌成；王城之内为王宫。宫广二里，深倍之。王城之外为都、

①［清］于睿明：康熙《临清州志》卷一《城池》。

②［清］于睿明：康熙《临清州志》卷一《城池》。

③［意］利玛窦、［比］金尼阁：《利玛窦中国札记》，中华书局，2010，下册，第338页。

④［清］张度：乾隆《临清直隶州志》卷九。

⑤《明神宗实录》卷三一五，万历二十五年十月，台北"中央研究院"历史语言研究所校印，1962年影印本。

⑥［明］连镳：《连抑武杂记》，《临清外城》条，齐鲁书社，1995。

⑦［宋］范成大：《吴船录》卷下，中华书局，1985。

⑧［宋］陆游：《入蜀记》，《陆放翁全集》，世界书局，1936。

布、按三司与武昌府、江夏县等各级衙署。

经过一段恢复时期，到明中叶以后，这里已发展成为人口众多商业繁荣的城市。据万历时的蒲秉权说："鄂城周遭几十余里，称衢蜿蜒，曲巷逶迤，道上行人，习习如蚁。……每一哄之市而百货罗列。"[①]

5. 芜湖

芜湖，也是长江沿岸历史比较悠久的工商业城市之一。这里经元末战乱之后，仅余人户83家。经过近一百年的恢复之后，大约到景泰时，已完全改观。此处又濒大江而据要冲，交通便利，物产丰饶。所以很快发展成为工商业颇为繁荣的著名城市。景泰时的胡渠说："芜湖濒大江，据要冲，受廛而居者鳞攒星聚，舟车之辐，货贝之富，达官贵人之往来，悉倍他邑。"[②]又康熙《芜湖县志》载"芜之为邑，以水路则为长江上下之冲，以陆路则为南北襟喉之所。以故五方之人杂处，于是而舟车辐辏，百货鳞集"[③]；"烟井不下数万户，甲第云连。"[④]

芜湖的冶铜业远近驰名。故各地来此贩铜的商人很多。明末杨嗣昌的奏疏中说"芜湖铜商辐辏"[⑤]，其中有的是把铜运往南京等地铸钱、铸钟，有的则是用来制成铜丝或铜器外销。长江中上游的四川、湖广、江西等地，盛产粮食、竹、木等货；而芜湖也是著名的产粮区，故这里的粮食、竹、木等货的贸易很盛。距芜湖只有15公里的橹港市，"多砻坊，盖粮食聚贩之所"[⑥]。

6. 上海

上海，是位于吴淞江与黄浦江交汇处和长江入海口的新兴商业城市。早在宋代时，这里还只是华亭县的一个市镇，到元代已是"畦廛贾肆，鳞次栉比"[⑦]，遂由镇而升为县。到明代，则"益禁益茂"[⑧]，当时有"小苏州"之称。

上海盛产木棉，纺织成布，衣被天下。据明末清初人叶梦珠说："棉花布，

---

①［明］蒲秉权：《硕迈园集》卷八《西游记》，转引自皮明庥、欧阳植梁《武汉史稿》，中国文史出版社，1992。

②［清］马汝骁：康熙《芜湖县志》卷一四《艺文记下》，［明］胡渠：《县治记》。

③［清］马汝骁：康熙《芜湖县志》卷二《山川、关津》。

④［清］马汝骁：康熙《芜湖县志》卷一四《艺文记下》，［清］夏冲：《重修神山屋宇记》。

⑤［明］杨嗣昌：《杨文弱集》卷一《处置南京铸钱稿》，岳麓出版社，2008。

⑥［清］马汝骁：康熙《芜湖县志》卷二《市镇》。

⑦［明］郑洛书：嘉靖《上海县志》卷八，［明］唐时措：《上海公署记》。

⑧［明］郑经：弘治《上海县志》，［明］钱福：《后序》。

吾邑所产，已有三等……阔下尖者，曰标布，出于三林塘者为最精，周浦次之，邑城为下，俱走秦晋京边诸路……其较标布稍狭而长者，曰中机，走湖广、江西两广诸路，价与标布等。……更有最狭短者，曰小布。阔不过尺余，长不过十六尺，单行于江西之饶州等处。"①此外还有浆纱布等。这些布或生产于县城，或生产于农村，但大都通过城市的棉布牙行销往外地。这种布牙行，当地称之为"庄户"。陈继儒对"庄户"的作用，曾做过这样的描写："凡数千里外，装重资而来贩布者，曰标商，领各商之资收布者，曰户。乡人转售于庄，庄转售于标。"②当时，上海的这种庄户是很多的，有不少资本雄厚并具有相当的规模。来上海收购棉布的"秦晋布商皆主于家，门下客常数十人，为之设肆收买"③。在明代，来此贩标布的商人极多，他们所带"白银动以数万计，多或数十万两，少亦以万计"，因此，"牙行奉布商如王侯，而争布商如对垒"④。可见当时这里棉布交易之盛。

棉布之外，这里的名贵产品有大绒，或称始绒。每疋长十余丈，价值百金，惟富贵之家用之⑤。又有露香园顾氏绣，海内驰名。为明顾会海妾缪氏开其端，相传其绣法从内院得来。不特翎毛、花卉，巧若生成，而山水、人物，无不逼肖活现。向来价亦甚贵，据叶梦珠说，"尺幅之素，精者值银几两，全幅高大者，不啻数金"⑥。又这里生产的名贵纸张谈笺，也驰名全国。制造者谈仲和，明崇祯时人，其捣染纸张之法，据说系其祖先谈论在天顺朝任侍郎时从宫中得来。所制之纸分为玉版、玉兰、镜面、宫笺等数种。

这里除坐商外，还有很多的游贾。嘉靖时陆揖说："游贾之仰给于邑中者，无虑数十万。"⑦可见这里商业之繁荣。为搬运商货，还有为数众多的脚夫。故上海人口增长很快，在万历时，从城中到近郊，大约共有4万户左右，人口有将近20万之多。对此，利玛窦曾说：

①［清］叶梦珠：《阅世编》卷七《食货五》，上海古籍出版社，1981。
②［明］陈继儒：《陈眉公全集》卷五九《布税议》，上海中央书店，1936。
③［清］褚华：《木棉谱》收入《上海掌故丛书》,《中国方志丛书》，台北成文出版社，1983。
④［清］叶梦珠：《阅世编》卷七《食货五》，上海古籍出版社，1981。
⑤［清］叶梦珠：《阅世编》卷七《食货六》，上海古籍出版社，1981。
⑥［清］叶梦珠：《阅世编》卷七《食货六》，上海古籍出版社，1981。
⑦［明］颜洪范：万历《上海县志》卷一《疆域》。

> 本城的名字是因位置靠海而得，“上海”的意思就是靠近海上。城的四周有两英里长的城墙，郊区的房屋和城内的一样多，共有四万家，通常都以炉灶数来计算。中国人的城市有这么大量的人数，听了不必大惊小怪……城市周围是一片平坦的高地……在这一片外围有两万多户人家，与城市和近郊人口加在一起共达三十多万人。……这一地区盛产米和棉，棉可做各种布，据说此地织工有二十万人。布匹出口到北京皇宫和其他省份。这里的人，特别是城里人，都非常活跃，不大稳定，头脑聪明，出过很多学者文人，因而也出过很多大官，他们从前身居高位，现在退休后都很有钱，居住在富丽堂皇的府邸里。①

这些记载，生动地描绘了上海的繁荣景象。

此外，如南昌，为江西会城，这里“襟江带湖，控荆引越”②，物产富饶，交通便利；故“生齿繁伙，南北士民来寓者，因地利之美，多占籍焉”③，为江西的“一大都会”④。西安，为我国六大古都之一，在明代，是陕西会城。这里地居泾渭平原，水陆通畅，物产丰富：故“生齿繁盛，百货走集，关中大都会也”⑤。又南直隶扬州府之仪真县，“地冲货集，商旅并凑，故其民操赢者服贾，握筹者驵侩”⑥，“多赖四方商贾为生业，鲜力田务本之家”⑦。又苏州府的常熟县，“居江海水陆之会，有湖山膏腴之产，凡鱼鳝米盐布缕之属，羡衍充斥。”⑧汉阳，又称江津、沌阳、污阳，这里不仅是军事重镇，而且也以商业繁荣而著称。早在正德时，它就和武昌一样，“富商大姓颇多”，到明末清初时，从汉阳到汉口一带，“五方杂处，商贾辐辏，俱以贸易为业，不事耕种”⑨。尤其是南纪门外江中的大河

---

①［意］利玛窦、［比］金尼阁：《利玛窦中国札记》，何高济等译，中华书局，2010，下册，第598页。

②［明］范涞：万历《南昌府志》卷二《郡纪》。

③［明］范涞：万历《南昌府志》卷三《风俗》。

④［明］范涞：万历《南昌府志》卷二《郡纪》。

⑤［清］傅维鳞：《明书》卷四十一《方域志》，江苏广陵古籍刻印社，1988。

⑥［清］马玉章：康熙《仪真县志》卷七《疆域志·风俗》。

⑦［清］马玉章：康熙《仪真县志》，《马玉章序》。

⑧［明］程嘉燧：《松园福苍集》卷下《明处士方君墓志铭》。

⑨［清］裴天锡：康熙《汉阳府志》卷一《舆地志·风俗》。

套，“客舟蚁集，两岸贸易，居民相衣（依）为市，民乐其利”[①]。

另外，如松江、镇江、常州、淮安、嘉兴、湖州、福州、建宁、荆州、临江、济南、德州、桂林、平阳、蒲州、重庆、庐州等城市，也都是商贾所集、商业比较繁荣的城市。这里不一一列举。

工商业城市主要分布在经济发达、交通便利的地区，尤其是运河、长江沿岸。但其分布也是很不平衡的。即使是同在一个非常邻近的地区，有的城市因经济发达、交通便利而非常繁荣，有的城市缺乏某些条件而相当冷落。如前述的临清，是一个商贸发达之区，而与它非常邻近的威县，嘉靖时则几乎没有什么店铺贸易，据记载：“而货悉陈于坊门，实应古交市朝市之义。今其俗，遇奇日则为市，以日递迁，周其城之四隅而复始。”[②]可见它与临清的差距是很大的。

另外，各城市又是其所在地区物产的橱窗。各城市之所以各具特色，主要是所在地区物产状况不同的反映。如苏州、杭州等城市，其以丝织业而闻名于世，主要是这一地区蚕桑业比较发达。松江、临清等城市，其以棉织业而著称，也主要是由于其所在地区植棉与纺织业比较发达。

（二）对外贸易港口型城市

对外贸易城市的主要特点，是其产生与发展，都与对外贸易息息相关。当时比较有名的及新兴的对外贸易港口城市主要有广州和澳门，以及福建的海澄和厦门。

1. 广州

广州（今广州市），又名羊城。这里滨海沿河，地处珠江三角洲平原，交通便利，物产富饶。早在秦汉时，这里就以商业繁荣而著称，唐宋时，则已发展成为对外贸易的重要城市。尤其在南濠一带，蕃汉大贾萃集，商业尤为繁盛。

宋熙宁中，为了保证富人商贾们的安全，在旧城之外，修筑了周长十三里的西城。后来由于城南沿江泥沙冲积地不断向南延伸，商业区也随之而向城南的珠江边发展。大约到元末明初时，城南商业区的繁荣，已远远超过原来的商业区。明初，孙蕡所作的《广州歌》中这样写道：“岭南富庶天下闻，四时风气长如春。长城百雉白云里，城下一带春江水。少年行乐随处住，城南南畔更繁华。朱楼十里映杨柳，帘栊上下开户牖。闽姬越女颜如花，蛮歌野曲声咿哑。岢峨大舶映云日，贾客千家万家室。”[③]

①［清］裴天锡：康熙《汉阳府志》卷一《舆地志·城池》。

②［明］胡容：嘉靖《威县志》卷二《地理志·风俗》。

③［明］孙蕡：《西菴集》卷三，中国国家图书馆出版社，2010。

为了掌管海外贸易诸有关事宜，早在洪武三年（1370年），明王朝即在广州设置市舶提举司。当时与中国有贸易关系者有安南、占城、暹罗、真腊、爪哇、满剌加、三佛齐、浡泥、锡兰山、苏门答腊、大坭、急兰丹等，“凡十二国，皆尝来往广东者”[①]。这种贸易自郑和下西洋之后不断发展。到嘉靖时，由于倭寇骚乱，对外贸易也越来越多地集中到广州去进行。因此，广州很快发展到极其繁荣的地步。尤其在城南商业区更是如此。嘉靖时霍与瑕说：“城南门外，东西亘六七里，人烟辐辏，货贿山积，盖会城繁华之所都也。”[②]又吴桂芳说：“广东省城为十郡根本之地，而城南郭外，正诸商贸易之区，生民之凑集如云，财货之积聚满市。真一省丰阜之最，两广通利之源也。”[③]为了防止“海寇倭夷”的骚乱，保卫城南商业区的安全，从嘉靖四十四年（1565年）开始，围绕城南商业区修筑了城墙，全长一千一百多丈，是为外城，又称之为新城。

这里的工商业相当发达。手工业中比较有名的是锡铁器。屈大均说：“锡器以广州所造为良。谚曰：‘苏州样，广州匠’。铁冶亦然。广州之佛山多冶业，冶者必候其工而求之，极其尊奉。有弗得则不敢自专，专亦弗当。故佛山之冶遍天下。”[④]又广州的纱缎等也很有名。屈大均说：“广之线纱与牛郎绸、五丝、八丝、云缎、光缎，皆为岭外京华东西二洋所贵。”[⑤]又绵布，“东粤之绵布，良苦不一，最美者白氎……其布细腻精密，皑如雪，轻如茧纸，幅广至四五尺。”[⑥]此外，如制糖、造纸、造酒、玉雕、角雕、牙雕、漆器、藤器、金饰陶瓷、竹木家具等业，也应有尽有。

工商业店铺的数量很多，原来主要开设在城南的濠畔等街，大约自嘉靖以后，由于新城的修建与大观河的开凿，西关逐渐发展成为新的商业中心[⑦]。

这些工商业店铺的主人，有些是广东土著。但更多的则是来自全国各地的客商。他们在经营中的一个重大特点，就是价格公道、以诚待人。嘉靖四十四年（1565年），来过广州的徽州休宁商人叶权曾这样写道：“广城人家，大小俱有生

---

①［清］屈大均：《广东新语》卷一五《货语·诸番货物》，中华书局，1985。

②［明］霍与瑕：《霍勉斋集》卷二二《吴自湖公生祠碑》。

③［明］陈子龙编《明经世文编》卷三四二，吴桂芳：《议筑广东省会外城疏》，中华书局，1962。

④［清］屈大均：《广东新语》卷一六《器语·锡铁器》，中华书局，1985。

⑤［清］屈大均：《广东新语》卷一五《货语·纱缎》，中华书局，1985。

⑥［清］屈大均：《广东新语》卷一五《货语·绵布》，中华书局，1985。

⑦刘志伟：《明清时期广州城市经济的特色》，《广州研究》，1986，第62—65页。

意，人柔和，物价平，不但土产如铜锡俱去自外江，制为器，若吴中非倍利不鬻者，广城人得一二分息成市矣。以故商贾骤集，兼有夷市，货物堆积，行人肩相击，虽小巷亦喧阗，固不减吴阊门、杭清河坊一带也。"[①]不仅如此，为了使消费者满意，他们对产品质量特别注意。凡不符合规定者，可以退换。对此，叶权曾说："广城货物市与外江人，有弊恶者，五七日持来皆易与之，非若苏杭间转身即不认矣。"[②]

广州商业的另一特点，是对外贸易占了很大的比重。外国输入广州的货物（当时称之为洋货）主要有珠宝、香料、犀角、象牙、水晶、玛瑙、沉香、降香、西洋铁、锡、胡椒、苏木、乌木、琉黄、西洋细布、红印花布、油红棉布、白绵布、乌棉布、园璧花布、织罗丝竹布、织花红丝打布、织杂丝竹布、红花丝手巾、杂色缦、花红边缦铁刀、铜鼓、乳香、设茶等。其中除贡品外，都是随船带来用以贸易的商品，这是明王朝所允许的。这些商品经市舶司"抽分"后"给价收买"，其中部分贵细物品，或解京以供皇帝享用，或为地方高级官员折俸，其余的许令贸易，必须通过官牙来进行。在这一过程中，明朝地方官府可以得到税收，商民也可以从中牟取厚利。所以黄文裕说："往者番舶通时，公私饶给。其贸易旧例。有习择其良者，如价给之；次则资民买卖。故小民持一二钱之货，即得握椒，展转交易，可以自肥。广东旧称富庶，良以此。助国供军既有赖，而在官在民又无不给，是因民之所利而利之者也。"[③]尤其是那些富商巨贾获利更多。对此，屈大均曾说："在昔州全盛时，番舶衔尾而至，其大笼江，望之如蜃楼屭赑，殊蛮穷岛之珍异，浪运风督，以凑郁江之步者，岁不下十余舶。豪商大贾，各以其土所宜，相贸得利不赀，故曰金山珠海，天子南库。"[④]

但是，这种贡舶贸易毕竟有很多限制，贡期或一年、或三五年一次，有的甚至十年一次。贡舶一般不超过三艘，人不超过二百，而且要检验、要抽分。贡船需要带回的，必须是经过官府许可的非违禁商品。很明显，这些规定远不能满足买卖双方的需要。因此，要求突破这些限制的斗争便不时发生。这主要来自两个方面：一是来自外国，即有些国家，对上述限制不满，或冒充入贡，或不按贡

①［明］叶权：《贤博编》附录《游岭南记》，《明史资料丛刊》第一辑，江苏人民出版社，1981，第198页。
②［明］叶权：《贤博编》附录《游岭南记》，《明史资料丛刊》第一辑，江苏人民出版社，1981，第200页。
③［清］屈大均：《广东新语》卷一五《货语·诸番贡物》，引黄文裕语，中华书局，1985。
④［清］屈大均：《广东新语》卷一五《货语·贌货》，中华书局，1985。

期，或托言因遇风漂泊至境，“而有司利其所榷，漫不加禁”[①]，故番舶来者日多。这一状况，正如王圻所说：“不论是（贡）期非（贡）期，是贡（国）非贡（国），则分贡与互市为二，不必俟贡而常可以来互市矣。”[②]二是来自国内，即有些商人私通番舶，每当番舶之来，即将其贵重货物私相交易。如严从简所说：“夷货之至，各有援引之家，先将重价者，私相交易，或去一半，或去六七，而后牙人以货报官……则其所存以为官市者，又几何哉?”[③]另一方面，番商需要的各种商品，包括各种违禁商品，也都由他们为之提供。离广州仅有五里之地的游鱼洲，就是当时番汉商人私相交易的地点之一。对此，明朝政府束手无策，但对中外商人却非常有利。故番舶来者日多。嘉靖末年庞尚鹏说：“每年夏秋间，夷舶乘风而至，往止二三艘而止，近增至二十余艘，或倍增焉。”[④]也就是说，番舶数字比原来增加了近10倍；而且其资本之巨，尤为惊人。据万历二十九年（1601年）王临亨记载说，有三舶各带白银30万两[⑤]。

这一状况，反映在市舶司的税收上也在不断增加，据万历时的统计，每年所征之税即达4万余两。番舶所买的商品，除广州等地的土特产品外，有很多是各地商人贩来的商品。早在嘉靖时，谭纶就曾说过：“浙人诈，窃买丝绵、水银、生铜、药材，一切通番之货，抵广（州）变卖，复易广货归浙……曰‘走广’。”[⑥]因为这种贸易可得厚利，故各地商人，趋之若鹜。除浙商外，还有湖广商和“福（州）、泉（州）、徽商，皆争趋焉”。其中以闽商人数为最多。据嘉靖时郑若曾说：“闽商聚食于粤，以澳为利者”，就有万人之多[⑦]。另外一些商人，尤其是广州商人，他们除把当地商品与部分“洋货”贩往内地外，有的则直接贩往澳门和日本、琉球、暹罗、吕宋等国。屈大均说：“广州望县，人多务贾与时逐。以香、糖、果、箱，铁器、藤、蜡、番椒、苏木、蒲葵诸货，北走豫章、吴、浙，西北走长沙、汉口，其黠者南走澳门，至于红毛、日本、琉求、暹罗斛、吕宋，帆踔

①《明世宗实录》卷二，正德十六年五月庚申。台北“中央研究院”历史语言研究所校印，1962年影印本。

②［明］王圻：《续文献通考》卷三一《市籴考》。

③［明］严从简：《殊域周咨录》卷八《暹罗》，中华书局，1993。

④［明］陈子龙：《明经世文编》卷一五七，庞尚鹏：《题为陈末议以保海隅万世治安事》，中华书局，1962。

⑤［明］王临亨：《粤剑编》卷三《志外夷》：“余驻省时，见有三舟至，舟各赍白金三十万投税司纳税，听其入城与百姓交易。”

⑥［明］郑若曾：《筹海图编》卷一二《经略二》。

⑦［明］郑若曾：《筹海图编》卷一二《经略二》。

二洋，倏忽数千万里，以中国珍丽之物相贸易，获大赢利。”[①]广州商业的繁荣及其在对外贸易中的重要地位由此可见。

2. 澳门

澳门原是一座位于广东省香山县南端的小岛，赖以西江冲积的泥沙，堆积成一道沙堤将这座孤岛与大陆相连，形成一座陆连岛。如记："澳门僻处海岛，北枕青州山，南望十字门，波涛澎湃间，鲸鱼出没，云气往来，实为壮观。”[②]

据《澳门记略》载：

> 出南门不数里为莲花茎，即所谓一径可达者。前山、澳山对峙于海南北，茎以一沙堤亘其间，径十里，广五六丈，茎尽处有山拔起，跗萼连蜷，曰莲花山，茎从山而名也。[③]

澳门位于珠江口西南，包括澳门半岛、氹仔岛和路环岛三部分。东部松山海拔91.07公尺，为全澳最高峰。此外，由东北向西南还有望厦山、西望洋山、妈阁山等。澳门港口分为内港和外港，内港即西部濠江沿岸，以外的海岸为外港。内港和外港水深较浅，需挖泥疏通航道。

从现存史料分析，澳门早期内地移民主要来自福建和广东。宋元时期，闽人大量移居香山，这与宋末元初的朝代更迭有关。南宋末年，政局动荡不安，最后的两个统治者在张世杰、陆秀夫的支持下来到泉州，并雇佣了许多泉州籍水手组成一支大规模船队到达香山、新会一带的沿海，据《广东通志》载："(张氏等人)奉帝幸香山，以马南宝宅为行宫，复驻浅湾。”[④]战败后，南宋移民流散于此，此后定居下来，其中闽籍遗民不少。从现在相传沙梨头“永福古社”土地庙为南宋人所建的资料来看，大约在南宋末年至元代时，澳门已有定居的居民点。

根据清嘉庆间举人赵允菁《重修澳门望厦村普济禅院碑记》云“家自闽宦，改官粤之香山，遂世居澳地。”[⑤]的记载，说明在洪武、永乐年间时已有家族定居望厦。依据《澳门纪略》记载，福建人很早就来到澳门地区。“相传明万历时，

①[清]屈大均：《广东新语》卷一四《食语·谷》，中华书局，1985。

②[清]暴煜：乾隆《香山县志》卷八《濠镜澳》。

③[清]印光任、张汝霖：《澳门记略》卷上《形势篇》，广东高等教育出版社，1988。

④[明]郭棐：万历《广东通志》卷六九《番夷》。

⑤黄汉强、吴志良：《澳门总览》，中国友谊出版社公司，1994，第10页。

闽贾巨舶被飓殆甚，俄见神女立于山侧，一舟遂安，立庙祀天妃，名其地曰娘妈角。娘妈者，闽语天妃也。于庙前石上锈舟形及'利涉大川'四字，以昭神异。"[①]根据有关学者的实地观察调查，那块被称为"洋船石"的摩崖石刻，其石上雕刻的正是闽式的大眼鸡海船，两边船首锚孔绘着圆形的大鸡眼图案[②]，说明福建移民很早就来到澳门，从事海上捕捞及贸易活动。

至迟在南宋香山建县之后，福建人已开始陆续迁入香山地区。《香山县乡土志》就有不少类似的记载:

> 仁良都南湖部族。莲塘始迁祖艺，宋以状元官广州郡。乾道壬子年七月，由福建莆田县徙香山，卜居莲塘……分居城内东里、深巷、厚兴街、基边、张溪、东了、库涌、柏山、沙溪等处，丁口约七千余。
>
> 良都长洲黄族，始迁祖献，字文宪，先世闽之福州人，避乱徙新宁潮境乡，凡八传至献。宋理宗朝宝祐进士。景定三年，官行人，册封安南国王陈日煊。归舟遭风漂泊至香山。复命后，遂卜居长洲。所娶平岚林氏女为继室。生子祐，孙广派，定居良都，析居城北，分支大塾、麻洲、外界涌等处。丁口万余。
>
> 仁都邑城高族，原籍闽之莆田，始祖师曾，官保昌县丞，遂家南雄。子南洲，宋宝祐乡举，初徙香城。孙参军添献粟饷宋军，从端宗至冈州，御敌殉难。遗孤宸英，生子四，曰元生、梁生、洪生、忠生。其后分支城南麻洲马头街，治东节尾，新村、白庙、城西长塘街，隆都豪兔、岐坑、大石兜、青羌、良都、长环、尖涌、寮后北台、磨刀等处，丁口七千余人。徙马澳洪简者，亦成巨族云。[③]

这些福建氏族，自南宋迁入香山后，及至明初，仍陆续有福建人迁至香山地区。如"四部林屋边林族，始迁祖孟七，明初由福建至榄边。分支山洲杭、陂头、窈窕、沙棚下、大岭各乡，丁口三千余。"[④]以上史料反映了福建人很早就来到香

①[清] 印光任、张汝霖:《澳门记略》卷上《形势篇》。

②陈衍德:《澳门妈祖阁考察纪录》，1995年12月13日。

③宣统《香山县乡土志》卷七，中山县地方志办，1988。

④宣统《香山县乡土志》卷七，1988。

山地区。葡萄牙人来到澳门开展贸易活动，也吸引了香山地区的福建人，澳门成为香山闽籍巨族迁移的目标，他们逐渐移居澳门，参与澳门的早期开发，是澳门地区最早的移民之一[①]。

澳门城市的格局是开埠400多年时间里逐步形成的。明嘉靖间，葡萄牙船长索萨（Leonel de Souza）与广东海道副使达成协约，允许各国商人（包括葡商）前往广州及其他地方经商，其中也包括澳门。至1557年以后，葡人开始大兴土木，筑室居住，主要集中在半岛南面海岸一狭长地带。

> 嘉靖三十二年，蕃舶托言舟触风涛，愿借濠镜地暴诸水渍贡物，海道副使汪柏许之。初仅茇舍，商人牟奸利者渐运瓴甓榱桷为屋，佛郎机遂得混入，高栋飞甍，栉比相望，久之遂专为所据。蕃人之入居澳，自汪柏始[②]。

至1568年，唐卡内罗（D. Melchior Carneiro）主教抵达澳门时，他已见到"虽然不太好，却已是一座城市"。

1605年，葡人私筑澳城，经香山知县蔡继善报告总督何士晋后，"下令堕澳城台"[③]。1621年，葡人为防御荷兰人的进攻，大修炮台和堡垒，又筑城墙，随后被海道副使徐如珂遣兵拆毁[④]。1640年前后的明清之交，葡萄牙人再筑起城墙，澳门成为一个有独立防御体系的城市。至清乾隆年间，澳门已经"城固而庳"[⑤]，共有4道城门，即"大门一，曰三巴门；小门三，曰小三巴门、曰沙梨头门、曰花王庙门"[⑥]。"由望厦而西三里为澳门，其地周一千三百八十余丈"[⑦]。黄鸿钊先生认为[⑧]，直到鸦片战争前，澳门城的面积仍没有变化[⑨]。

明代，澳门地区的经济发展，主要依靠的是葡萄牙人进行的转运贸易。在东

①曹改平：《内地移民与澳门早期开发》，硕士学位论文，西南交通大学，2011。

②[清] 印光任、张汝霖：《澳门记略》卷上《官守篇》，广东高等教育出版社，1988。

③[清] 印光任、张汝霖：《澳门记略》卷下《澳蕃篇》，广东高等教育出版社，1988。

④[清] 印光任、张汝霖：《澳门记略》卷下《澳蕃篇》，广东高等教育出版社，1988。

⑤[清] 印光任、张汝霖：《澳门记略》，卷下《澳蕃篇》，广东高等教育出版社，1988。

⑥[清] 印光任、张汝霖：《澳门记略》，卷下《澳蕃篇》，广东高等教育出版社，1988。

⑦[清] 张甄陶：《澳门图说》，《小方壶斋舆地从钞》第9帙第315页，上海著易堂刊印本。

⑧黄鸿钊：《澳门史》，福建人民出版社，1999，第31—33页。

⑨严忠明：《一个双核三社区模式的城市发展史》，博士学位论文，暨南大学，2005。

方，葡萄牙人建立了国际贸易网，转运贸易的重要支点之一是澳门。而澳门国际贸易的支点是中国商品，主要包括中国的生丝和丝绸等产品，可以说，澳门是作为中国商品输出世界的辐射地而兴起和发展起来的，中国的生丝和丝绸等商品从澳门大量出口，经由果阿销往欧洲，通过长崎销往日本，也经马尼拉销往美洲西班牙殖民地，由此，海上丝绸之路得到了空前发展，中国商品对当时正在形成中的世界市场起了重要的推动作用①。

澳门城市产生和发展的总根源在于，在16世纪的世界格局中，东方和西方之间存在巨大的贸易利润落差，这种落差可以用远洋贸易的方式实现。在东西方贸易体系之间，中国的货物以及人工费，从明清时期到现代，一直处在世界市场上较便宜的一方，故而是非常有竞争力的。另一方面，中国人口众多，又有强大的购买能力，这是近代史中最为重要的事实之一。

这种落差可以从贸易产业链连接的两头去看。一方面，十六世纪的全球市场是一个典型的短缺经济的卖方市场，拥有稀缺资源以及奇货可居是所有利润的根源。在东方尤其中国大陆，廉价的人力资源和价廉物美的货物，是整个欧洲社会和东南亚地区都无法比拟的。另一方面，随着明代中国工商业的发展和对外开放的深入，大陆对海外的奇货及白银具有强大的购买能力。这就形成了世界经济舞台上强大的供需利益链条，东西方之间巨大的利益落差是推动相互之间经济交流的动力源，实现这个链条的不断往返的运转，就使得商业运作成为世界上最有利可图的行当。

据《澳门经济四百年》所述，博克塞总结了中国货物的价格，（1600年）从澳门运货到果阿，白丝的价格在广州每担是80两，但运到果阿价格就高达200两，利润率150%。在澳门与长崎的贸易中，广州每担白丝80两，但货物运到长崎每担可卖到140至150两，利润高达75%至87%。各种绸缎广州价格每匹1.1至1.4两银子，但运到长崎可卖到2.5至3两银子，利润率高达111%至127%。大黄在广州价格为每担银2.5两，运到长崎每担银5两，利润高达100%至133%②。正是这样高额的利润推动了整个澳门城市的商业运作。

以白银为例，万历十三年到十九年（1585—1591年），每年从果阿运进澳门

①万明：《明代澳门与海上丝绸之路》，《世界历史》，1999年6月，第2—8页。

②博克塞（Charles Ralph Boxer）：*The Creat Ship from Amacom: Annual of Macao and the Old Japan Trade, 1555—1640*, p.6.

的银子就高达20万两[①]，这些白银大部分是由墨西哥、秘鲁和里斯本运到果阿的。而1585年到1630年，葡萄牙人从长崎输入澳门的银子就高达14899000两，平均每年为1354454两[②]。这无疑为葡萄牙人的商业冒险带来了更丰厚的回报，也大大促进了中国与海外的贸易。

同样，葡萄牙人从海外运进中国的东西一样奇货可居，可以卖到很高的价格。如檀香就是一例，施涅华主教于万历十八年（1590年）曾经谈到，檀香在中国是很受重视的，虽然它的一般价格是每担澳门币20元，但有一段时间，当由帝汶岛开往澳门的商船不足时，它在澳门的售价是澳门币150元，这就意味着檀香在中国的利润高达100%至200%，檀香贸易是明末澳门贸易利润额中最高的货物之一[③]。

其他利润相当高的物品，还有各种军需品、水银、火药、军火、丝绸，等等。崇祯十三年（1640年），一位耶稣会士在谈到中国纺织品贸易的利润时说："所有这些货物是以中国丝货为主，都运到了墨西哥，在那里就地出售，利润非常之大，我不相信世界上还有比这种买卖更令人致富的贸易。"[④]如在马尼拉，当时广州缎子的卖价是每匹5个比索，但是如果运到秘鲁去卖，就能卖到50个比索，利润率高达900%，在棉布类中，买1000比索的中国棉布较之买5000比索的西班牙亚棉布穿得更实用，这就是中国市场的特点。

据统计，万历八年至十八年（1580—1590年），从澳门运往果阿的生丝为3000多担，价值银24万两；崇祯八年（1635年）达到6000担，价值银48万两。葡萄牙商人就是从贩运这些中国货物中获取高额利润的。在十六七世纪之际葡萄牙商人每年经营澳门至长崎的货物价值达到100万两以上，崇祯十年（1637年）增加到2141468两[⑤]，以后超过300万两[⑥]。

另一方面，葡萄牙人把白银贩入澳门，也可以赚取超额利润。万历十三年

---

①博克塞（Charles Ralph Boxer）：*The Creat Ship from Amacom: Annual of Macao and the Old Japan Trade, 1555—1640*, p.6.

②博克塞（Charles Ralph Boxer）：*The Creat Ship from Amacom: Annual of Macao and the Old Japan Trade, 1555—1640*，转引自黄启臣、郑炜明著《澳门经济四百年》，澳门基金会，1994年6月。

③［德］普塔克：《明朝年间澳门的檀香木贸易》，载《文化杂志》1987年第1期。

④全汉昇：《中国经济史论丛》第一册，香港新亚研究所，1972，第467页。

⑤博克塞：*The Creat Ship from Amacom: Annual of Macao and the Old Japan Trade, 1555—1640,* p.191—196.

⑥博克塞：*The Creat Ship from Amacom: Annual of Macao and the Old Japan Trade, 1555—1640,* p.169.

至十九年（1585—1591年），每年从果阿运进澳门的白银约20万两[①]。这些大量的白银也不是果阿和里斯本所产，而是由银的原产地墨西哥（Mexico）、秘鲁（Peru）向葡萄牙购买大量非洲黑奴的交易中经西班牙港口赛维拉（Seville）和里斯本运往果阿，再转运至澳门的。例如万历三十七年（1609年）一位曾经经营东亚贸易达25年之久的马德里（Madrid）商人所说："葡人自里斯本输往果阿的白银，都全部经由澳门流入中国去了。"[②]由此可见，当时澳门对果阿、里斯本的贸易是处于入超的地位[③]。

另外，美国历史学家艾维四指出："在十五世纪后期，欧洲和其它各地视为珍贵的亚洲奢侈品，当中多半是中国生产的生丝、丝织品，产于江西景德镇、江苏宜兴及福建德化的精美的瓷器。"[④]这些数量多、质量好、价格便宜的手工业产品和特产品，就为明末澳门的对外贸易提供了丰富的货物资源。特别是生丝和丝织品，更是外国居民一贯艳羡的目标。例如当时西班牙的官僚贵族，为了追求更奢侈的生活和炫耀其身份地位，十分乐意购买价廉物美的中国丝织品及其他商品；而西属殖民地墨西哥以及中美洲地区的黑人和印第安人，无力购买来自西班牙的昂贵的亚麻织品，更欢迎中国棉布及丝织品。因此，中国的商品便在马尼拉、墨西哥、秘鲁以及欧洲各国不断扩大销售市场。在地理大发现之后，当新大陆的价值还没有完全被发现之前，具有上述丰富商品的中国则被公认为是一个取之不竭的商品宝库[⑤]。而澳门则是这个商品宝库最好的中转港。

3. 海澄

海澄，原名月港，属福建漳州府，是明隆庆后由于海外贸易发展而繁荣起来的一个新兴商业城市。如前所述，明初与海外各国的朝贡贸易，一直处于明王朝的严格控制之下。福建沿海虽设有泉州市舶司（成化时迁于福州），与琉球等国进行贸易，但因限制太多，远不能适应日益发展的商品经济的需要。故明中叶后，要求开放海禁的呼声越来越高，私造海船通番下海者越来越多。如张

①博克塞：*The Creat Ship from Amacom: Annual of Macao and the Old Japan Trade, 1555—1640*, p.7.

②博克塞：*The Creat Ship from Amacom: Annual of Macao and the Old Japan Trade, 1555—1640*, p.182.

③严忠明：《一个双核三社区模式的城市发展史》，博士学位论文，暨南大学，2005年。

④艾维四：《明史与世纪史》，香港中文大学主办《16—18世纪之中国与欧洲》国际学术讨论会论文，1987年3月。

⑤黄启臣、郑炜明：《澳门经济四百年》，澳门基金会，1994年6月，第35页。

燮说："成、弘之际，豪门巨室间有乘巨舰贸易海外者。"[①]又何乔远说："湖海大姓私造舰，岁出诸番市易。"[②]在嘉靖以后，问题越来越严重，所以在《明世宗实录》中，不时提及此事。如嘉靖四年（1525年）八月，浙江巡按御史潘傲上言："漳、泉等府黠猾军民，私造双桅大舡下海，名为商贩，时出剽劫。"[③]嘉靖十二年（1533年），兵部奏报："浙、福并海接壤，先年漳民私造双桅大船，值用军器火药，违禁商贩，因而寇劫。"[④]又嘉靖十三年的记载"直隶、闽、浙并海诸郡奸民，往往冒禁入海，越境回易以规利"，其中林昱等有舟50多艘，"其舟所载皆违禁物"[⑤]。嘉靖十五年（1536年），兵部覆御史白贲条陈备倭事宜中说："（漳州）龙溪、篙屿等处，地险民犷，素以航海通番为生。其间豪右之家，往往藏匿无赖，私造巨舟，接济器食，相倚为利。"[⑥]嘉靖二十六年（1547年）三月，由朝鲜国王遣人解送回国的福建下海通番商民341人，前后共1000人以上[⑦]。

这一状况，迫使明王朝在隆庆时不得不除贩夷之律。自此海外贸易有了显著的发展，海澄就是在这种情况下逐渐发展起来的。这里原系漳州府龙溪县八九都地方。其地外通海潮，内接淡水，其形如月，故旧名为月港。这里"商人贸迁，多以巨舶兴贩番货，获厚利"[⑧]，故"人烟辏集"，为闽南著名的大市镇之一。嘉靖时，朱纨曾说："泉州之安海，漳州之月港，乃闽南之大镇，人货萃聚。"[⑨]嘉靖四十四年（1565年），根据漳州知府唐九德的建议，于此设县，赐名海澄。此后，这里从事海外贸易的人越来越多。正如张燮所说："大率夷人入市中国，中国而商于夷，未有今日之伙者也。"[⑩]嘉靖时福建按察司巡视海道副使柯乔在描述月港的繁荣时曾说："漳州府龙溪县月港地方距府城四十里，负山枕海，民居数万家。

---

①［明］张燮：《东西洋考》卷七《饷税考》，中华书局，1981。
②［明］何乔远：《闽书》卷六四《文莅志·漳州府》，福建人民出版社，1994。
③《明世宗实录》卷五四，嘉靖四年八月甲辰，台北"中央研究院"历史语言研究所校印，1962年影印本。
④《明世宗实录》卷一五四，嘉靖十二年九月辛亥，台北"中央研究院"历史语言研究所校印，1962年影印本。
⑤《明世宗实录》卷一六六，嘉靖十三年八月癸丑，台北"中央研究院"历史语言研究所校印，1962年影印本。
⑥《明世宗实录》卷一八九，嘉靖十五年七月壬午，台北"中央研究院"历史语言研究所校印，1962年影印本。
⑦《明世宗实录》卷三二一，嘉靖二十六年三月，台北"中央研究院"历史语言研究所校印，1962年影印本。
⑧万历《漳州府志》卷三〇《海澄县·舆地志·风俗》。
⑨［明］陈子龙：《明经世文编》卷三〇五，朱纨：《阅视海防事》，中华书局，1962。
⑩［明］张燮：《东西洋考》卷七《饷税考》，中华书局，1981。

方物之珍，家贮户峙。而东连日本，西接暹、球，南通佛郎、彭亨诸国。其民无不曳绣躡珠者。盖闽南一大都会也。”[①]

月港每年税饷总额，隆庆时为三千两，万历三年时（1575年）为六千两；万历四年（1576年），溢额至万两；万历十一年（1583年），累增至二万有余；万历二十二年（1594年），再增至二万九千有奇[②]。即在不到30年的时间，税饷增至原额的9倍以上。可见当时这里海外贸易之发达。可惜的是，月港与腹地的交通极为不便；而当地多山，土地比较贫瘠，可以出洋的货物并不太多；而外来的货物，奢侈品占了不小的比重，明王朝与后来的清王朝又限制很多，因此，没有也不可能长期持续发展下去[③]。

4. 厦门

厦门，在宋代因产嘉禾而出名，称为“嘉禾屿”，是隶属于泉州府同安县的一个海岛。元代，在此设立嘉禾千户所。洪武二十年（1387年），明太祖朱元璋命江夏侯周德兴往福建任官。为防御倭寇，周德兴在厦门建城，移永宁卫中、左千户所官兵戍守此地，是为中左所，隶福建都指挥使司，号为“厦门城”[④]。

厦门位于福建第二大江九龙江的江口，为月港的外港，是进出月港贸易的必经之地，地理位置优越。史载：

> 同安海屿，地大而山高者惟浯洲、嘉禾为最。嘉禾之南，中左之所城也，而洪济为之镇，浯洲东北四巡检之所棋置，而南则金门之所城也，而太武为之镇。嘉禾去邑五十里，一海可通[⑤]。

厦门因地处泉州府和漳州府交界处，是东南海防之要地，据《鹭江志》记载：

> 若夫全岛之胜，则天马、美人对峙于西北；鸿渐、覆釜拥于北东；东则金门、烈屿以补其缺；西则文圃、高浦以壮其观；南则太武，雄镇

①［明］朱纨：《甓余杂集》卷三《增设县治以安地方疏》。

②［明］张燮：《东西洋考》卷七《饷税考》，中华书局，1981。

③韩大成：《明代城市研究》，中国人民大学出版社，1991，第47—126页。

④［清］周凯：《厦门志》卷三《兵制考》。

⑤［明］蔡献臣：《清白堂稿》卷三《浯洲建料罗城及二铳城议》，厦门大学出版社，2011。

海外，以为之蔽；其东南则青屿、大担其所出纳者也，星罗棋布，无所不备。以故人文蔚起，而财赋不穷，洵泉郡之名区、海疆之要地也[①]。

厦门地理位置优越，是开展海外贸易的优良港口。但由于明代厉行海禁，使得厦门成为海上走私贸易繁盛之地。浯屿为地处厦门南边的岛屿，是海澄、同安的门户。洪武间，周德兴在此设立浯屿水寨，防备倭寇。成化年间，因认为浯屿水寨孤悬海外，孤立无援，官府把水寨移到内港中左所地方，原来的浯屿水寨遂发展成为走私贸易中心。

明末，厦门港的崛起和月港贸易密不可分。嘉靖四十五年（1566年），明廷在福建漳州月港设立海澄县，并于隆庆元年（1567年），同意巡抚涂泽民之请，解除“贩夷之律”，漳泉之民“准贩东、西二洋”，部分开放海禁。

月港开放后，允许漳、泉商民出海贸易，通过设置督饷馆，征收税饷、陆饷、加增饷和引税。此一时期，月港的对外贸易空前繁荣。月港位于漳州府城南部，其出海贸易的航道从海澄港口起，沿南港顺流而东，经海门岛，才到九龙江口的圭屿，再经今天的厦门岛出海。由此，位于月港贸易必经之地的厦门，因月港贸易的开禁而逐渐发展起来，史载“其来月港者，多就鹭门宿”[②]。同时，因月港水域面积狭窄，无法停泊过多船只，前来贸易的许多船只都停留在厦门港，这也带动了厦门港的发展。

月港开海后，各地名优货物汇集于此，经由厦门出口到海外各地，其中最主要的当为丝绸与瓷器。厦门出口的丝绸主要来自江浙地区。当时由厦门出口到菲律宾的丝绸不仅种类众多，而且质量上乘。据1596—1598年任马尼拉总督的摩加（Antonio de Morge）列举出来的有：“成捆的生丝、两股的精丝和其他粗丝；绕成一束的优质白丝和各种色丝；大量的天鹅绒，有素色的、有绣着各种人物的、有带颜色的和时髦的，还有用金线刺绣的；织上各种颜色、各种各样的金、银丝的呢绒和花缎；大量绕成束的金、银线；锦缎、缎子、塔夫绸和其他各种颜色的布”[③]。中国的丝绸赢得了很高的赞赏：“在中国人带来的所有丝织品中，没

①［清］薛起凤：《鹭江志》卷一《总论》，鹭江出版社，1998，第28页。

②［明］池显方：《晃岩集》卷二《与补陀坚上人》，厦门大学出版社，2009。

③ William Lytle Sehurz, *The Manila Galleon*, New York, 1959，p.73−74，译文引自李金明：《明代海外贸易史》，中国社会科学出版社，1990，第124页。

有任何东西可比之更白，雪没有它白，在欧洲没有任何丝织品可比得上它。”[①]中国丝绸大量进入拉美市场，对西班牙的丝织业生产带来巨大冲击，西班牙王室甚至不得不掀起限制进口中国丝绸的运动。

瓷器也是厦门出口的大宗产品，这些瓷器大都来自周边的泉州、安溪等地，都是质量较差的日用瓷器，如茶杯、盘子、瓷碗等类，主要是销往欧洲各地。1625年，荷兰东印度公司的“霍兰迪亚”号商船从巴达维亚航行到阿姆斯特丹，其中运载的瓷器量非常大：盘子、瓷碗之类共9790件，价值2225荷兰盾。荷兰东印度公司还派船到厦门购买瓷器。1626年，“希达姆”号从巴达维亚航向到阿姆斯特丹，其运载瓷器12814件，价值1645荷兰盾[②]。由此可见，当时厦门瓷器贸易量之大。

晚明来到中国的西班牙人描述云“(中左所)是一个有3000户人家的市镇”，对厦门港的贸易情况则说道：“那个港口是壮观的，除了大到能容纳大量的船外，它很安全，清洁而且水深，它从入口处分为三股海湾，每股海湾都有很多船扬帆游弋，看来令人惊奇，因为船多到数不清。”[③]据明人何乔远言：

> 嘉禾为屿，山断而海之为襟带。自国初以来，徙丁壮，实民籍，长子育孙，今而冠带郡右，往往辈出，生齿若一县。其地上硗下卤，率不可田，即田不足食民三之一；则土人出船贸粟海上，下至广，上及浙，盖船以三百余[④]。

综上可见，至明末，厦门因月港贸易的带动，已逐渐发展为重要的贸易港口城市。但是，其贸易量还不及漳州月港。

月港的地理位置不如厦门优良。月港是内河港口，其附近港道曲折且水位较浅，吃水深的大船想进入月港，必须用小船拖拽，运输货物极为不便。厦门港自然条件较月港为优，其外港最深水深达34米，港埠所在地一般水深为9米，水面

① William Lytle Sehurz, *The Manila Galleon*, New York, 1959，p.73–74，译文引自李金明：《明代海外贸易史》，中国社会科学出版社，1990，第124页。

②[荷]T·佛克（T. Volker)：《瓷器与荷兰东印度公司》，1954，第35页。

③[葡]伯来拉、克路士等：《南明行纪》，何高济译，中国工人出版社，2000，第252页。

④[明]何乔远：《嘉禾惠民碑》，载沈有容：《闽海赠言》，台湾文献丛刊本，第56种，第1—2页。

面积宽阔，能停靠众多大船；内港水深自7米至25米不等，最深处达40多米，港内风力不大，不淤积，水域面积大，是优良港口。时人鉴于月港不利大船停泊，主张将开海港口由海澄移往厦门。何乔远言："愚见以当请于朝，将海澄之税移在中左所，而我以海防官管之。外则使芝龙发兵巡逻，私贩之人，治以重罪，彼素知其窟穴而习夫风涛，必不至漏网，而昔日海澄之饷，今在中左。"[①]随着泥沙淤积、航道淤塞，月港港口逐渐向外海迁移，终被厦门取代。至清康熙二年（1663年），清廷在厦门设立闽海关，正式取代月港的海外贸易地位。

此外，明末清初厦门港的发展和崛起与郑芝龙、郑成功为首的郑氏家族的经营也密不可分。郑芝龙为泉州南安县人，早年在澳门谋生，为东南沿海海寇头目。天启六年（1626年），郑芝龙在厦门扩充队伍，并在东南沿海劫掠商船、收取"报水"。同年，福建水师卢毓英率部攻打郑芝龙，兵败。郑芝龙遂攻占中左所，随后劫掠广东沿海。崇祯元年（1628年），郑芝龙在厦门接受明朝招抚，被授为福建海防游击，据《崇祯长编》载：

> 崇祯元年六月壬子（二十三日）。初，海寇郑芝龙先从海贼颜枢泉，枢泉死，遂有其众。天启末，乘闽饥，益招致多人，攻广东海丰嵌头村，既得而复弃之，仍入闽中左所。然而不杀不焚，颇有悔罪之意。兴泉道邓良知因遣其乡人李瑞、陈凝、陈瑶往抚之。又命芝龙母舅黄梦龙剖析利害。芝龙遂于正月十八日就中左所受抚，余众渐行解散。[②]

郑芝龙接受招抚后，大力打击其他海寇商人。史载："闽贼李魁奇扬言就抚，而聚兵造船，肆毒无已，由闽及粤，其祸蔓延。福建抚彝守备郑芝龙亲督标兵并新抚船只在中左港合攻，魁奇就擒，其党斩溺无算，海氛肃清。"[③]郑芝龙率兵击败荷兰殖民者对东南沿海的骚扰。同时，利用其海上力量，通过给商人颁发贸易许可证的方式，垄断海外贸易，获取大笔收入，如记"自就抚后，海舶不得郑氏令旗，不能往来。每一舶税三千金，岁入千万计，尤以此居奇为大贾"[④]。

①［明］何乔远：《镜山全集》卷二十四《海上小议》。

②《崇祯长编》卷十，崇祯元年六月壬子条，上海书店，1982。

③《崇祯长编》卷三十一，崇祯三年庚午二月丙子，上海书店，1982。

④［明］林时对：《荷牐丛谈》卷四，转引自徐晓望：《中国福建海上丝绸之路发展史》，九州出版社，2017。

郑芝龙还积极派船到海外进行贸易，获取巨额利润。如1641年，派6艘船到日本贸易，所载生丝一项就有30720斤、丝织品90920匹，相当于当年到达日本的其他中国船载运的生丝总量的三分之一，丝织品总量的三分之二[①]。1642年，荷兰人说“中国人本年自中国输出丝织品及其他价值黄金45吨以上的货品，已出现于卡罗乌拉市场，其中三分之二以上为一官及其盟党所有”[②]，可见当时郑芝龙的富裕程度。

1646年，郑芝龙降清后，其子郑成功利用其留下的资财，在厦门起兵反清。1655年，郑成功将厦门改为“思明州”。1661年，郑成功在台湾去世后，郑经继位。至1683年，清政府统一台湾，厦门作为抗清基地维持30余年。在郑氏家族占据厦门的时期，郑氏积极经营厦门，从而促进了厦门的城市发展。郑氏家族以厦门为基地，掌握了一支庞大的船队发展对外贸易，如在杭州及其附近设立金、木、水、火、土陆五商，在厦门设立仁、义、礼、智、信海五商[③]，分工合作，努力经营，促进厦门海外贸易发展及城市的崛起。

三、市镇的繁荣

明代中叶以后，市镇的发展取得了引人瞩目的成就。尤其是江南三角洲，市镇云集，商品经济发达，如苏州府、松江府、杭州府、嘉兴府、湖州府兴起了大批市镇，成为国家的财赋重地[④]。此一时期，还逐渐兴起了天下四大名镇，即广东的佛山镇、江西的景德镇、湖北的汉口镇、河南的朱仙镇。下文仅以与海上丝绸之路贸易密切相关的广东佛山镇的发展为例来加以分析。

佛山位于珠江三角洲，地处西江、北江干流要冲，“上溯浈水可抵神京，通陕洛以及荆吴诸省”[⑤]，西溯西江可达云贵川。佛山位处广州西面，是西北江进入广州的要道，“考北江抵省故道，初由胥江、芦苞、趋石门，尚未与郁水合。迨芦苞淤塞，下游西门潭趋石门，始会郁水合流；后西南潭口再淤，今由小塘、紫

①[日]山胁悌二郎：《长崎的唐人贸易》，吉川弘文馆，1954，第30页。

②《巴达维亚城日记》，转引自戚嘉林：《台湾史》上册，台北自立晚报社，1986。

③南栖：《台湾郑氏五商之研究》，载《台湾银行季刊》第16卷第2期。

④有关江南三角洲市镇的研究成果极为丰富。代表性的如樊树志：《明清江南市镇探微》，复旦大学出版社，1990；[日]森正夫：《江南三角洲市镇研究》，江苏人民出版社，2018；等等。本书不再赘述。

⑤[清]陈炎宗：乾隆《佛山忠义乡志》卷十《艺文志》。

洞入王借岗、沙口，趋佛山、神安，南往三山入海”[①]，在水路交通占经济发展重要地位的时代，佛山地理位置的优越使其很快发展成为重要的市镇。

元代以前，佛山并无基层行政建制，隶属于广州府南海县。元代末年开始，出现“季华乡”的称谓。明代洪武年间，实行里甲制，并编造黄册，南海县共有六都六十四堡，佛山堡为其中一堡。明代的佛山堡内共开八图，编排十八甲。据明代黄册制规定“以一百一十户为里，推丁粮多者为长。余百户为十甲，甲十户，名全图”[②]。佛山堡的建立，从地域上划定了佛山发展的空间范围[③]。

佛山工商业的兴盛与发达和珠江三角洲商品性农业的发展密不可分。佛山地处肥沃的珠江三角洲，地势平坦，但是西、北江的洪水常常威胁农业生产。北宋时期，南海县即开始修筑桑园围，佛山附近还修筑起罗格围，阻挡洪水冲击，改善了农业生产环境。同时，乡民利用低洼地势开挖鱼塘，在基围上种植果树、桑树，发展出基塘农业模式。根据地方志记载，清代前期南海县池塘面积约占全县土地的十分之九，农民于池中养鱼，在塘基植桑，以“桑鱼为业”[④]，即闻名于世的桑基鱼塘立体农业模式。

基塘农业模式下，乡民开始从单一的稻作种植转向获利更高的果树、桑树种植与养殖业，促进了商品性农业的发展。据吴建新先生的研究，广东商品性农业“爆发”的时间节点为“明万历以后”[⑤]。商品性农业的迅速发展，促使手工业和农业的进一步分离，逐渐产生了脱离农业生产而独立的手工业生产部门，从而推动了佛山手工业的兴起。

明代，佛山镇的繁荣和手工业发展关系重大，以下将以佛山最为著名的冶铁业为中心来加以探讨。清代张心泰言：“盖天产铁之区，莫良于粤，而冶铁之工，莫良于佛山。”[⑥]然而，佛山冶铁业的发展并非偶然，其西北部的石湾黏土资源丰富，适宜制造陶瓷。石湾地区的陶窑业在唐代即开始发展，这为冶铁业的发展提供了良好的铸造模型。

①[清]郭尔戺：康熙《南海县志》卷一《舆地志·山川》。

②梁方仲：《明代黄册考》，载于《梁方仲经济史文集》，中华书局，1987，第268页。

③参见罗一星：《明清佛山经济发展与社会变迁》，广东人民出版社，1994。

④[清]金烈：乾隆《广州府志》卷十《风俗》。

⑤吴建新：《明代南海的对外贸易环境与广东商品性农业爆发的时间》，《中国农史》，2018年第6期。

⑥[清]张心泰：《粤游小识》卷九，清光绪二十六年本。

佛山最早见于记载的冶铁点，是旧佛山八景之一的“孤村铸炼”。“孤村铸炼”在大墟沙塘，位于新涌边[①]。明永乐年间，在大墟至祖庙一带出现新的冶铁点，“时（宣德四年），祖庙门前明堂狭隘，又多建铸造炉房。堪舆家言：玄武神前不宜火炎。慧（梁文慧）遂与里人霍佛儿浼炉户他迁”[②]。当时祖庙附近火光冲天，可见冶铁业较为兴盛。

佛山冶铁业以铸铁为主，其主要产品有铁锅、农具、钟鼎、军器等，而以铁锅的产量最大。时有“佛山商务以锅业为最”的说法。因佛山冶铁业发达，铁制品产量增多，本地出现了一批从事铁器贸易的商人。如明正统年间，冼氏的冼灏通以“贾锅”为业，据载：

> 各省巨商闻公倍谊，咸投其家。公命诸弟诸侄经理其事惟谨。商客人人得以充其货，毋后期也。乃人人又益喜，辄厚谢之。公以故，家饶于财。[③]

佛山铁器因质量较优，在国内很受欢迎。正德时张弼言载：“南货过北者，悉皆盐铁粗重之类……日有数千（驮）。”[④]佛山铁器不仅销往国内市场，还行销海外。明代中叶以后，佛山冶铁业进入兴盛时期。首先是炉户、铁商数量大增。炉户是冶铁业的基本单位，据罗一星先生考证，这一时期从事冶铁业的有鹤园陈氏、细巷李氏、东头冼氏、佛山霍氏、江夏黄氏、纲华陈氏、金鱼堂陈氏、石头霍氏、石湾霍氏等[⑤]。佛山家族势力强大，不少大族以家族为单位，整个家族从事冶铁业。炉户增多，铁商数量也随之增加。嘉靖年间，石湾霍氏从事佛山铁版的买卖，囤积居奇，以图牟利。如其家训称：“凡人家积钱，不如积货。所积亦有其方，难收易坏者不可积，人家用少者不可积。如佛山铁版无坏，石湾之缸瓦，无坏之类者，可积也。”[⑥]

其次，铁器产品种类也大大增多。《广东新语》记载：“大者曰糖围、深七、

①罗红星：《明至清前期佛山冶铁业初探》，《中国社会经济史研究》，1983年第4期。

②［明］梁礼昭：《梁氏家谱》之《诸祖传录·明梅庄公传》。

③［民国］冼宝干：《鹤园冼氏家谱》卷六。

④［明］张弼：《张东海集》文集二《梅岭均利记》。

⑤罗一星：《明清佛山经济发展与社会变迁》，广东人民出版社，1994。

⑥《太原霍氏崇本堂族谱》前后家训卷三。

深六、牛一、牛二，小者曰牛三、牛四、牛五。……无耳者曰牛，魁曰清。”[①]其他诸如铁犁、铁钉、铁锁、铁灶、铁链、铁锚、铁画、钟鼎、土针、煎盆镬和接驳木纺机的铸件，无不齐全。此外，还制作铁炮等军器。佛山铁锅因技艺精湛而质量优良，清初人范端昂说："佛山俗善鼓铸，锅以薄而光滑为上，消炼既精，乃堪久用。"[②]佛山铁锅因独具特色，"鬻于江楚间，人能辨之"[③]。

铁产量增加和冶铁行业出现。明代后期，佛山铁产量逐步上升，这和政府政策和推动也密切相关，史载"通省民间日用必须之铁锅农具，必令归佛山一处炉户铸造，所有铁斤运赴佛山发卖"[④]。不过，佛山冶铁的确切产量并无记载，佛山所铸之铁锅自康熙晚期已经成为广州出口货物中的重要商品。

随着冶铁业的兴盛，冶铁行会也相继出现。明天启二年，佛山就有"炒铸七行"的相关记载。王宏均的研究认为"炒铸七行"是锅行、铁灶行、炒铁行、铁线行、铁锁行、农具杂品行和钉行[⑤]。及至清代，冶铁行业达十余个，出现新钉行、打刀行、打剪行、土针行、铸发行、拆铁行等。

明代佛山冶铁业的发展对市镇繁荣和经济发展都产生巨大影响。农业方面，明代中后期，珠三角处于沙田开发期，佛山冶铁业铸造的铁农具是沙田开发的主要农具。此外，这一时期珠三角甘蔗种植、种桑养蚕等商品农业发展较快，煮糖、煮茧等农业生产都离不开铁锅。佛山冶铁业需要大量铁矿，转而促进广东采矿业发展。据《广东新语》记载：

> 铁莫良于广铁，广中产铁之山，凡有黄水渗流，则知有铁，掘之得大铁矿一枚，其状若牛，是铁牛也。循其脉路，深入掘之，斯得多铁矣……然诸冶惟罗定大塘基炉铁最良，悉是锴铁，光润而柔，可拔之为线。铸镬亦坚好，价贵于诸炉一等，诸炉之铁冶既成，皆输佛山之埠。[⑥]

①[清]屈大均：《广东新语》卷一五《货语·铁》，中华书局，1985。

②[清]范端昂：《粤中见闻》卷二一，广东高等教育出版社，1988。

③[清]屈大均：《广东新语》卷一五《货语·铁》，中华书局，1985。

④[清]阮元：《两广盐法志》卷三五《铁志》。

⑤王宏均等：《广东佛山资本主义萌芽的几点探讨》，《中国历史博物馆馆刊》1980年第2期。

⑥[清]屈大均：《广东新语》卷一五《货语·铁》，中华书局，1985。

佛山冶铁业工人队伍庞大，又带动薪炭、沙泥等行业发展，使佛山镇人口迅速增长[①]，从而推动了佛山镇的经济繁荣。

综上所述，明代海上丝绸之路的发展对社会经济发展起了极大的作用。

明代中外农业交流已经发展到更高的水平，以玉米为代表的美洲粮食、经济作物的引种，使整个农业生产的面目焕然一新，提升了社会整体土地承载力和经济效益，对农业的各个领域都产生了巨大影响。在更广泛的社会层面，海上丝绸之路带来的是整个农业思想的转变，原有的自给自足的农业生产与市场相结合，转变为以市场为导向的商品化农业，经济作物种植成为沿海对外贸易地区土地种植的主流。烟草、棉花、甘蔗等作物种植面积不断增加，区域性农业生产分工逐渐形成，各地农业联系也更为密切。

明代手工业领域出现了和应用了许多重大的技术革新，它使中国手工业的生产力大大提高。明代手工业技术的革新虽然和内部技术千年以来的积累有着分不开的联系，但真正刺激了手工业技术的进步还是海上丝绸之路贸易带来的巨额白银利润，这二者共同推进了明代手工业的繁荣。中国商品在世界上享有相当的声誉，也是因为新技术的应用为中国商品开拓了广大的海外市场。中国出口商品之所以能在1500至1800年的三百年间仍然在世界市场上享有巨大的份额，与手工业技术的革新分不开，而海上丝绸之路的贸易需求恰恰是新技术产生应用的关键。

明代海上丝绸之路对商品经济最大的影响就是白银货币化，海外贸易带来的大量白银资本使社会各阶层卷入市场之中，促进了自然经济的解体和新经济因素的不断涌现；农民和土地开始分离；工场手工业出现，私营手工业繁荣；时人何乔远就说，昔日“人皆食力”“今人皆食人，田野之民聚在市”[②]。《明神宗实录》也记载了“机户出资，织工出力”[③]的近似于自由雇佣的经济关系。另外在土地经营方面永佃权不断扩大，主佃关系向纯经济关系转化，佃农地位提高；出现了经营性的地主，商品化的农业种植日益增多。

以白银货币化为契机，晚明中国全国性市场逐渐形成，市场经济开始萌发。伴随着市场经济的发展和交换的日益扩大，商人群体的影响力也逐渐增强。商

①罗一星：《明清佛山经济发展与社会变迁》，广东人民出版社，1994。

②[明]何乔远：《名山藏·货殖记》，福建人民出版社，2010。

③《明神宗实录》卷三六一，万历二十九年七月丁未，台北“中央研究院”历史语言研究所校印，1962年影印本。

人阶层兴起，出现专业商人群体，资本的积累开始，遂形成了“商帮”这一特殊历史时期的产物。晚明时期工商业阶层的兴起，首先，说明了社会生产力的发展和自然经济的开始解体；其次，体现了社会关系和社会结构的新变化；再次，工商业阶层在兴起的过程中，与士人阶层初步结合，进行了一系列反专制、反经济掠夺的斗争和较量，产生了较大的社会影响，这是晚明时期营商环境发展的一个侧面，是一种积极向上的发展，这些也都是和海上丝绸之路的发展有着分不开的关系。

明代以来，受到海上丝绸之路的影响，沿海地区人口高度集中带来经济的迅速发展，这种趋势加速了一些地区城市化的进程，大批新城镇出现，在沿海、沿江等交通发达或物产丰饶之地兴起了一批经济繁华的市镇，奠定了此后城镇的发展格局。

第七章
海上丝绸之路与明代海外移民

中国是海外移民大国，具有悠久的海外移民历史和传统。明初的海外移民与明王朝的海外政策密切相关①。明初，太祖赐三十六姓移民琉球，是国家主导的海外移民。明中叶以后对外贸易迅速发展，“商旅辐辏，往来不息”。贸易的往来势必联系着人口的流动，这一时期繁荣的商贸活动，刺激大量沿海居民前往海外经商获利，由此海外移民也逐渐增多。大量商人通番贸易，并居留在海外诸国。移民人群包括商人、平民、海盗、官兵等。因出海贸易而移民的商人，主要是为改善生存条件，或追求经济利益而往。海商到东南亚进行贸易，冒着很大的风险，无非认为有利可图，如果在所到的国家，找到职业，生活问题都可以解决，或者解决得比较好，他们就会留下来不回国了。此外，海船成群而来，每次来回需时两年之久，海商往往在海外建筑一些货仓，以便储藏货物，派人驻守，一住多年，这些留守的人，同时可以负担收购土特产和批发舶来品的工作，成为华侨。或有些失去土地的农民和失去职业的手工业者，孑然一身，往往趁搭海舶出洋，到了一个环境宜人，而又容易建立家庭的地方，就会留在当地与居民结婚，养儿育女，成为当地华侨。而海盗群体，则由于明代海禁的森严，为逃避官府剿杀，流亡海外。此外，明末官兵在与清兵作战时，转战两广，部分不愿意投降的官兵逃往海外，并定居下来。闽、粤、浙沿海居民文化基因中蕴含着的开拓进取精神，成为开辟海外的强大动力。而传统文化中的重视宗族、亲戚相互帮扶的观念也让出海谋生具有优势。

① 万明：《乡国之间：明代海外政策与海外移民的类型》，《暨南学报（哲学社会科学版）》，2016年4期，第1页。

从外部而言，西方殖民者东渐及对东南亚的控制，试图与中国进行贸易往来，加上开拓过程中需要更多的廉价劳动力，也刺激了大批国人纷纷走出国门，尤其东南沿海地区的人们纷纷离开家乡，海外谋生，以至出现移民高潮。

第一节　海外移民路线与国家

一、明前期沿海商民流寓海外

明代初期，商人前往东西洋国家，如交趾、爪哇、马来西亚、菲律宾、柬埔寨等，以及在欧洲贸易时短期或长期定居的商业移民者逐渐增加。

洪武年间（1369—1402年），有不少商民移居海外。如爪哇属下的旧港，即渤淋邦（Palembang，又译“巴林冯”，古称三佛齐）。三佛齐灭亡后，华人流寓者起而据之，名之为旧港。旧港“国人多是广东、漳泉州人逃居此地，人甚富饶，地土甚肥。谚云：一季种谷，三季收稻，正此地也”。广东人陈祖义举家迁徙此地，“昔洪武年间，广东人陈祖义等，全家逃于此处，充为头目，甚是豪横，凡有经过客人船艘，辄便劫夺财物”①。永乐三年（1405年），南海县商人梁道明在旧港贸易，不仅自己举家移民，还带动了许多闽广人定居于旧港，并成为头目，“久而情熟，挈家住居，积有年岁，闽广军民弃乡里为商，从之者至数千人。推道明为长”，“雄视一方”②。据《明史》载：

> 有梁道明者，……雄视一方。会指挥孙铉使海外，遇其子，挟与俱来。永乐三年，成祖以行人谭胜受与道明同邑，命偕千户杨信等赍敕招之。道明及其党郑伯可随入朝贡方物，受赐而还。四年，旧港头目陈祖义遣子士良，道明遣从子观政并来朝。祖义亦广东人，虽朝贡而为盗。海上贡使往来者苦之。五年，郑和自西洋还，遣人招谕之，祖义诈降，潜谋邀功，有施进卿者告于和。祖义来袭，被擒，献于朝，伏诛。时进卿适遣婿邱彦诚朝贡，命设旧港宣慰司，以进卿为使，锡诰印及冠带。自是屡入贡，然进卿虽受朝命，犹服属爪哇。其地狭小，

①［明］马欢：《瀛涯胜览校注》,《旧港国》，冯承钧校注，中华书局，1985，第16—17页。

②［明］严从简：《殊域周咨录》卷八《爪哇》，中华书局，1993。

非故时三佛齐比也。二十二年，进卿子济孙告父讣，乞嗣职，许之。洪熙元年，遣使入贡，诉旧印为火毁，帝命重给，其后朝贡渐稀。[①]

从上文来看，梁道明可能是一个私商，长期在旧港做买卖。此地土地肥沃，容易生活，又是一个良好港口，贸易方便，众多广东、福建的海商聚集于此。如上所述，梁道明在永乐三年来朝贡。据学者推测，旧港的大头目是陈祖义。究竟陈祖义有无潜谋邀劫郑和的舰队之事，只有《明史》所载，亦无佐证[②]。但因施进卿向郑和告发，陈祖义被诛。“有施进卿者，祖义乡人也，诉于和。和整兵擒祖义，诛其党五千余人。”最终，陈祖义被械送京师，斩于市。随后，施进卿留旧港为将领、酋长，并派其女婿丘彦诚入贡[③]。“就赐施进卿冠常，归旧港，为大头目，以主其地。本人死，位不传子，是其女施二姐为王，一切赏罪黜陟皆从其制。”[④]

据陈育嵩的考证：施进卿是满者伯夷王委派到旧港管理宗教和行政事务的大臣，号“旧港管事官”。他最少有二女一子。长女俾那智，次女二姐，即施二姐。济孙（Shih Chi sun）可能是独子。施进卿死于永乐十九年（1421年），死后家庭分裂，他的女儿二姐成为旧港大头目。济孙为争权，向明朝请求承认，明朝答应，“二十一年，进卿子济孙袭宣慰司，赐冠带、织金、文绮、袭衣、银印，中使郑和赍往赐之”[⑤]。郑和第六次下西洋，于1424年一月从中国起航，同年八月就返航了。所到的地方只限于旧港，似乎专为解决这件事情。但据马欢所记，他于1431年最后一次下西洋，仍见是施姐当权，济孙默默无闻。俾那智则入爪哇，满伯夷国王任命她为革儿昔的港主[⑥]。据琉球官方文献《历代宝案》记载，宣德、正统间，施二姐曾以旧港“头目娘”（Tan Mu Niang）、宝林邦“本目娘”（Pun Tan Niang）身份治理旧港，与琉球国有外交往来。她成为旧港事实上的统治者。由此可见，广东侨民在旧港建立了雄厚的基业[⑦]。

根据郑和的随员马欢、费信和巩珍的纪录，明前期东南亚的华侨已经聚族而

①［清］张廷玉：《明史》卷三一《三佛齐传》，中华书局，1974。

②王俊编著《中国古代华侨》，中国商业出版社，2017，第56页。

③［明］严从简：《殊域周咨录》卷八《三佛齐》，中华书局，1993。

④［明］马欢：《瀛涯胜览》,《旧港国》，中华书局，1985。

⑤［明］严从简：《殊域周咨录》卷八《三佛齐》，中华书局，1993。

⑥参看陈育嵩：《明代中国迁民和东南亚回化的关系》(英文稿，未公开发表)。

⑦黄启臣主编《广东海上丝绸之路史》，广东经济出版社，2003，第363页。

居了。据马欢记载：

> 爪哇国者古名阇婆国也。其国有四处，皆无城郭。其他国船来，先至一处名杜板，次至一处名新村，又至一处名苏鲁马益，再至一处名满者伯夷，国王居之……杜板番名赌斑，地名也。此处约千余家，以二头目为主。其间多有中国广东及漳州（黄本作漳州，吴本作汀漳，国朝典故本作漳泉）人流居此地，……于杜板投东行半日许，至新村，番曰'革儿昔'，原系沙滩之地，盖因中国之人来此卜居，遂名新村。至今村主广东人也，约有千余家。……自新村投南船行二十余里，到苏鲁马益，番名苏儿把牙（Sura baya），其港口流出淡水，自此大船难进，用小船行二十余里，始至其地，亦有村主，掌管番人千余家，其间亦有中国人。……国有三等人：一等回回人，皆是西番各国为商流落此地，衣食诸事皆清致；一等唐人，皆是广东漳泉等处人窜居此地，食用亦美洁，多有从回回教门受戒持斋者；一等土人……①

爪哇有名杜板，番名赌斑（Tuban），此处约千家，以二头目为主。"其间多有中国广东及漳州人流居此地，鸡羊鱼菜甚贱。"②前文所述施进卿的大女儿即被满伯夷国王委任为这里的港主（Shahbandar），负责沟通国王与外商的联系，征收商舶岸费和货物进出口税，她还是爪哇伊斯兰教九大圣贤之最伟大者拉登·巴固（Raden Paku）的义母，对伊斯兰教传播做出重要贡献。此地伊斯兰教的盛行，华侨亦多信奉。

东南亚地区盛传许多关于郑和的传说。例如印尼三宝垄的华侨，在他们最早的移民故事中就有郑和。据载：约在550年前，明成祖派舰队到南洋搜寻被一头大白象带走的国玺。在三宝太监指挥下，舰队由太平洋群岛到阿拉伯，访问了许多地方，使许多国家归顺明朝。当舰队驶到爪哇北岸，三宝的副手Ong King Hong（王景弘）病得很严重。三宝下令舰队在一个湾下碇，即今三宝垄港，然后用他的座船驶入加隆河，离岸不远，发现山边有一个山岩洞，暂时可以栖身，三宝的随从人员就筑起一小屋给病人疗养。三宝配制一些药物给病人，病情渐有好

①［明］马欢：《瀛涯胜览》,《旧港国》，中华书局，1985，第7—9页。

②［明］马欢：《瀛涯胜览》,《旧港国》，中华书局，1985，第17页。

转。约10日后，三宝决定继续航行，留下一艘船，10名人员和足够的给养品给王景弘。王景弘休养的时候，就指挥随从清理土地，种植庄稼，建筑房屋。后来他身体复原，但不回中国，而用他的船来贸易，来往爪哇北岸。他的部下也和印尼妇女结婚。这个华侨区逐渐繁盛起来，许多印尼人也在他们附近建立农庄，成为华侨区的一部分。

王景弘是一个虔诚的回教徒。他把回教的道德观念教理和宗教仪式，传授给印尼人和中国人，花费了不少精力和时间。此外，又劝他们尊敬三宝的伟大成就和崇高品德。他在岩穴中置三宝的小塑像，按规定时间率众进行礼拜。王景弘于87岁去世，丧葬采用回教仪式。他死后被称为“三宝的可敬的航海家”，按照爪哇历规定的日期，印尼人和中国人共同进行礼拜。三宝亦享有尊号，称为“伟大的三宝”。中国阴历每月初一和十五当地人都前往烧香礼拜。这个地区越来越繁荣了。人们对三宝和王景弘的敬意还是不衰。三宝垄城终于建立起来，人们就把三宝作为保护神来祀奉[①]。

郑和是否到过三宝垄和王景弘是否留在印尼的事，中国史籍没有记载，但我们不能认为没有记载，就完全否定这件事情。三宝垄的华人从不怀疑郑和来过三宝垄，而且在今天岩穴地址附近登陆，于是在此地立庙来纪念他。不论有无其事，但最早在三宝垄建立居留地的就是中国商人。而辛勤开发这个地区的也就是中国人，此点为大家承认的[②]。

二、明代商民移民东亚

（一）日本

日本一直是明代商人的主要贸易国。明宣德年间（1426—1435年）开始，我国东南沿海一带居民许多从事与日本的海上贸易，并有部分移居日本九州地区。

1. 九州

日本的四大岛屿以九州与中国相距最近，也与我国沟通交往最早。到了十六七世纪，九州更成为中日人民友好交流的舞台和日本华侨活动的中心，不少地方都有华侨的聚居地——唐人町。当时九州各地华侨的分布情况大致如下。

①威尔莫特：《三宝垄的华人》(Donald Earl Willmott：*The Chinese of Semarang*) 第1—2页关于三宝太监在三宝垄的这段传说，是作者根据四种有关的印尼文书籍写成的。

②李学民、黄昆章：《印尼华侨史》，广东高等教育出版社，2005，第64页。

（1）博多。古代中日经济文化交流的门户，也是日本主要的对外开放口岸。8世纪初期，就设置了专门负责对外事务的大宰府，其迎宾馆——鸿胪馆便建于博多。唐代中国赴日贸易的商人便有不少在那里居停。到了宋代，形成了一条“大唐街”。因街中建了很多中国式的祠堂，时人称之为“宋人百堂”。日本谣曲《唐船》所描述的宁波人庆官与日女恋爱的故事，便是以这条大唐街为背景创作的。入明以后，博多作为华侨的聚居地仍不稍衰。明人李言恭等编撰的《日本考》一书称：“我国海商聚住花旭塔津（即博多）者多……有一街名大唐街。”[①]在1615至1623年，还有中国商船进入博多港。不久，由于平户的兴起，特别是崇祯八年（1635年）只限长崎一港为对外贸易港以后，在博多的华商才日益减少。

（2）臼杵。臼杵过去曾经是日本与中国文化交流的基地之一。16世纪中叶，在战国群雄之一的大友义镇统治之下，臼杵发展对外贸易，成为一个与国外交往频繁的港口城市。不少中国人也来到这里，如记载：“天文十二年（1543年）八月七日，又有五艘（唐船）驶来……其后永禄年间，又驶来数次。天正三年乙亥（1575年），停泊臼杵之浦。”[②]他们聚族而居，形成了一条经营商业的唐人街。根据1592年日本的《丈量地亩底册》的记录，当年在臼忤的10条街中，以唐人街为最大，房屋达73间[③]。他们除经营商业外，还从事各种职业，如雕刻佛像，教学雅乐，以及充当寺院僧侣和城市行政属吏等，其中见于史籍的有原籍镇江丹阳的陈元明等数人。他们因在丰臣秀吉营建的京都方广寺塑造大佛有功，被免除房地产税和应征劳役。还有与陈元明一道来日本的嘉定人林准，更是担任了义镇的外交顾问之职。这些寓居日本的华侨以其才智和技能，为当地社会的发展做出了贡献。

（3）日向。日向在今之宫崎县都城市，也曾是旅日华侨聚居之地。十六七世纪之交，领主北乡时久把从海路来日本的中国人都集中于一个地方居住，于是便形成了一条唐人街。后来还两次迁移，最后于万历四十三年（1615年）迁到现在的中町，如今一些老住户还有把中町称为唐人町的。当时到日向的中国人有商人、工匠、医生、僧侣等，对当地的经济、文化产生了不少影响。其中最著者有广东潮州人何钦吉，他于1646年与同伴天水二官、江夏生官、清水新左、济阳清官等一起航行到都城管辖的大隅半岛内之浦，并定居于都城的唐人街，加入了日本籍[④]。由于精于医术，他担任了领主北乡久直遗孀春岑的侍医，被赐俸禄20

①［明］李言恭、郝杰：《日本考》，中华书局，1983，第89页。

②［日］木宫泰彦：《日中文化交流史》，胡锡年译，商务印书馆，1980，第616页。

③北京第二外国语学院亚非系日语教研室译：《九州中的中国》，中华人民共和国新闻社，1983。

④北京第二外国语学院亚非系日语教研室译：《九州中的中国》，中华人民共和国新闻社，1983。

石。他还发现了草药“日本人参”（又名鬌人参），并推广中医疗法，编撰医学著述，因而被誉为都城地区的“医学鼻祖”。他于1658年去世。据说，现在都城市的天水、江夏、清水、济阳四姓人家，便是当年来日华侨的子孙。

（4）萨摩。古之萨摩、大隅，即今之鹿儿岛，也曾是古代日本对外的口岸。明茅元仪《武备志》云：“萨摩国坊津、筑前国博多津、伊势国安浓津。……三津惟坊津为总路，各船往返，必由此路而过。”①日本遣唐使曾以此津为始发港，鉴真大师东渡也曾在此上岸。到江户时代，坊津仍是中日民间贸易往来的港口之一，如记：“1609年7月，有明朝商船十艘，舳舻相接开到萨摩，停泊在鹿儿岛和坊津。”②在肝属郡的小根占、串良等地，也曾侨寓着不少中国人，并形成了华人街③。这些中国人和当时在九州各地的华侨一样，大多是商人、医生、儒士等。如嘉靖三十七年（1558年）被倭寇掳至鹿儿岛的黄友贤，便是一介儒士，后来以经学仕于萨摩侯④。原来是“皇明大医官”的漳州人陈冲一，“到日本后先去鹿儿岛，被萨州侯召为侍医，娶日本名将忠臣楠木正成十四代孙隅屋藤九郎雅成之女为妻，生二男”。⑤还有自称为渤海王高观之后的漳州人高寿觉，“最初跟随父亲高赞潮来到日本，侍候萨摩侯。”⑥曾一度回国，后又到长崎，任唐通事。此外，散见于《西州投化记》《萨隅日地理纂考》等书的福建医师许仪俊、朱均旺，写书的南京人邵光道等，也是当时侨寓于萨摩的中国人，他们中有不少成为九州各地华裔大族的始祖。

（5）玉名市。位于今天熊本县北部菊池川河口一带的玉名市，从12世纪末至17世纪，也曾是繁荣一时的对外贸易口岸。特别是在14世纪由肥后的豪族菊池氏统治时期，对中国的贸易尤为兴盛。由于菊池氏与大宰府的关系较密切，因此更便于从事海外贸易以取得经济收益。中国商船往来频繁，在菊池川河口的高濑和伊仓一带，还形成了中国人町⑦。根据小叶田淳博士对唐人町问题的研究，在1617、1618年居住于长崎的朱印船贸易商四官，其根据地就在肥后。在《熊

①［明］茅元仪：《武备志》卷二三一，解放军出版社，1988。
②［日］木宫泰彦：《日中文化交流史》，胡锡年译，商务印书馆，1980，第621页。
③北京第二外国语学院亚非系日语教研室译：《九州中的中国》，中华人民共和国新闻社，1983，第64页。
④北京第二外国语学院亚非系日语教研室译：《九州中的中国》，中华人民共和国新闻社，1983，第64页。
⑤李嘉：《蓬莱谈古说今》，吉林文史出版社，1986，第161页。
⑥［日］木宫泰彦：《日中文化交流史》，胡锡年译，商务印书馆，1980，第701页。
⑦北京第二外国语学院亚非系日语教研室译：《九州中的中国》，中华人民共和国新闻社，1983，第67页。

本县史料·近世篇》中，也有关于当地华侨的记载，如1624至1643年有华侨画家陈二官、陈三官，1644至1647年有华侨医师陈华明、穆门、三作等。在本妙寺和伊仓等地还有福建人陈桂中、郭滨沂等人的墓地。今天那里还留存着唐人町、唐人川等有关地名，以及几座独具特色的唐人墓。

（6）平户。长崎县的平户市，自古以来就是日本遣使出发和对中国贸易的港口。16至17世纪，更成为中国海商集团的活动基地。明嘉靖年间（1522—1566年），最初有徽州海商集团首领王直来到这里。日本《大曲记》载称："道可（平户领主松浦信隆）是福气和武功都很大的人。有个名叫五峰（即王直）的从大唐来到平户津，住在现在的印山邸址修建的中国式房屋。他利用了五峰，于是大唐商船来往不绝。"[①]曾出使日本，到过平户的郑舜功在他所写的《日本一鉴》一书中也说："平户岛昔鲜人居，今居商众。二十年以来为番舶渊薮，中国流逋移家受廛，错综盘固，而今屡众。王直向潜住此岛。"[②]王直在日本居住达15年之久，并"自称为徽王"[③]。此后，泉州人李旦、海澄人颜思齐的海商集团（一说李、颜为同一人）也曾以平户为据点进行活动，并成为当地华商的首领，郑芝龙父子在日本的活动也与平户有密切的关系。

由于这些海商集团的活动，当年的平户便聚居了不少的中国人，并在木引田一带形成了一条唐人町。当年被丰臣秀吉征召前往雕造大佛的著名中国工匠古道便居住在木引田，并享免征房地产赋税。此外，还有经营暹罗贸易的魏官以及李旦的族弟二官等，他们都是寓居平户，从事各种不同职业的华侨。后来，由于江户幕府执行严厉的锁国政策，平户作为对外贸易港的地位不断衰落，侨居于那里的中国人也日渐减少了。

九州华侨活跃的原因有很多，首先，在地理上九州与中国邻近，自古以来就是中日贸易和中国人东渡日本上陆的地方。由于幕府的权势已日益衰落，地方领主的势力便得以增强。九州地区的领主们为了维护其势力和取得经济利益，更热衷于海外贸易，想方设法发展各自的港口。这些港口大多成了各领主的对外贸易港，经常有中国人和中国商船到来。

其次，有明一代对私人出海从事海外贸易，虽有"寸板不许下海"的禁令，

①［日］木宫泰彦：《日中文化交流史》，胡锡年译，商务印书馆，1980，第618页。

②［明］郑舜功：《日本一鉴》卷四《风土》。

③［日］木宫泰彦：《日中文化交流史》，胡锡年译，商务印书馆，1980，第619页。

但这种海禁在实行中也是时紧时松的。尤其是到了明朝末年，海防不修，海禁松弛。这样，东南沿海的私人海上贸易就有了很大的发展，从江浙到闽粤沿海一带，海上贸易十分活跃，不少商人来往于中日两地，从事对日贸易。据木宫泰彦的《日中文化交流史》一书记载："明朝商船驶来日本的很多，有的到周防、越前、伊豆、相模等地……但前往丰后、肥前、萨摩等地的最多。据日人研究：'天文十年（1541年）七月二十七日，唐船开到丰后神宫寺，有明人280人来日本'。"①在萨摩，1607年则有泉州商客许丽寰等前来经营贸易。自1603年德川家康开幕府于江户，初期更是积极促进对明贸易，鼓励明朝商人前来日本。

再次，元末以来，主要在九州武装起来的渔民、农民、商人、武士和浪人集团，亦即史籍中所称的"倭寇"，对中国沿海各地经常进行武装骚扰和抢劫。他们以贸易为名，一遇机会便抢劫粮食货物，掳掠人口。当时中国沿海各地民户深受其害，自北而南，有不少居民被掳至日本，这在《明史》《明实录》，以及一些日本史籍中多有记载。如《明太祖实录》卷九十"洪武七年（1374年）六月"条载："戊午，日本国以所掠濒海民一〇九人来归"。《明英宗实录》卷九二"正统七年（1442年）五月"条载："倭寇二千余徒，犯大嵩城，杀官军百人，虏三百人。"这些被掳的中国沿海边民，在日本大多被卖为奴。据明人郑舜功的《日本一鉴》记载，当时在大隅（今鹿儿岛）的高州地方，民居百余家，有被掳为奴的中国男女二三百人。他们大多是福（州）、兴（化）、泉（州）、漳（州）人，髡发跣足，衣不蔽体，食不果腹。其中一些具有知识技能的，其遭遇稍好一些。如前述的黄友贤，便是被倭寇所虏而侨寓于萨摩，仕于藩主岛津氏。

最后，倭寇之患发展至嘉靖年间（1522—1566年），为祸更烈。不过其构成已发生了变化，除了部分是日本人外，也有不少是我国东南沿海一带的武装海上贸易私商集团，以及沿海破产农民、渔民，甚至有少数名落孙山的落魄书生、失意官吏等。正如当时的闽县知县仇俊卿所指出的，倭寇中"有冤抑难理因忿而流于寇者，有凭藉门户因势而利于寇者，有货殖失计因困而营于寇者，有功名沦落因傲而放于寇者，有佣赁作息因贫而食于寇者，有知识风水因能而诱于寇者，有亲属被拘因爱而牵于寇者，有抢掠人口因壮而役于寇者，诸如此类。"②故《筹海图编》中写道："今之海寇，动计数万，皆托言倭奴，而其实出于日本者不下数

①［日］木宫泰彦：《日中文化交流史》，商务印书馆，胡锡年译，1980，第616页。

②［明］郑若曾：《筹海图编》卷一二《经略三・散贼党》。

千，其余则皆中国之赤子无赖者入而附之耳。大略福之漳郡居其大半，而宁、绍往往亦间有之，夫岂尽倭也。”[①]而《明史·日本传》也说：“大抵真倭十之三，从倭者十之七。”这是因为明代的海禁政策引起从事海外贸易的私商的强烈不满，被迫走上武装走私的道路。一些沿海渔民为了生计，也铤而走险。随着从事海外贸易的私商和海上武装走私集团日益发展，并与倭寇勾结起来。他们互相利用，狼狈为奸，劫掳沿海居民。有的以日本九州为基地，有的本来就出生或成长于日本。前者如王直集团、洪迪珍集团等，后者有毛烈集团、陈东集团等。他们带领或劫掠了不少中国人前往日本，与倭寇一起在中日之间进行海盗式的走私贸易，其中最著者为王直。据万历时人谢杰的《虔台倭纂》所载：“直，歙人，任侠多智……招集亡命，图不轨。其头目则有徐海、陈东、叶明等为之效力，其爪牙则有倭奴门多郎次郎、四助四郎等为之宣威，其心腹则有从子王汝贤、义子王澈等为之密谋。”[②]嘉靖二十七年（1548年），原许氏武装走私集团为浙江巡抚朱纨所击溃。王直继之而起，成为人众船多的武装走私集团首领。为了逃避明朝政府的剿捕，便来到日本平户，以在胜尾山东麓印山寺建造的中国式邸宅作为基地，自称徽王。其手下统率着二千多名中国走私商和其他亡命之徒，并得到日本武士大名的支持，“控制要害，而三十六岛之夷咸受节制”[③]。王直在中国沿海进行亦寇亦商的活动，最后于1557年为胡宗宪诱捕诛杀，其残部则为洪迪珍集团所接收，部分人在日本留居下来[④]。

2. 长崎

长崎自1571年建港辟为商埠后，逐渐取代博多、平户而成为江户时代唯一的对外贸易港。在1609、1610年，德川幕府老中本多正纯、长崎奉行长谷川藤广分别致书福建总督陈子贞，希望恢复断绝已久的勘合贸易。所以，当1610年有两只广东和福建的商船开到长崎时，便给他们发了如下大致相同的“朱印状”（类似贸易许可证）：“广东府商船来到日本，虽任何郡县岛屿，商主均可随意交易。如奸谋之徒，枉行不义，可据商主控诉，立处斩刑，日本人其各周知勿违。

①［明］郑若曾：《筹海图编》卷十一《叙寇原》。

②［明］谢杰：《虔台倭纂》卷上，见《玄览堂丛书续集》，上海古籍出版社，1995。

③［明］谢杰：《虔台倭纂》卷上，见《玄览堂丛书续集》，上海古籍出版社，1995。

④罗晃潮：《日本华侨史》，广东高等教育出版社，1994，第97页。

时广长十五年庚戌孟秋日。”[①]此后，中国商人的对日贸易在明朝政府的默许下，便十分的活跃。当时南京和福建的商船，来到长崎贸易的日渐增多。据日本岩生成一的统计，从1611至1647年，中国赴日贸易商船的情况有如下表：

表7-1 1611—1647年中国赴日贸易商船统计表[②]

年度	船数	年度	船数	年度	船数
1611	70	1631	60	1641	97
1612	30	1632	4	1642	34
1613	20	1634	36	1643	34
1614	60—70	1635	40	1644	54
1621	36	1637	64	1645	76
1622	38	1639	93	1646	54
1623	69	1640	74	1647	30

当时到长崎的中国人，大多是从事贸易的商人。最初他们往往做完交易便随船而返，以后由于贸易发展的需要，便有人留驻下来。随着生意的扩大，商业网点的增加，留驻下来的侨居商人也就越来越多。万历年间人朱国桢在《涌幢小品》中称："有刘凤岐者言：自（万历）三十六年（1608年）至长崎岛，明商不上二十人，今不及十年，且二三千人矣；合诸岛计之，约有二、三万人。"[③]这些华商便是早期的华侨，其中更有些在当地娶妻生子，成为华裔日本人。福州也有大量商人从事与日本之间的海外贸易。如万历年间（1573—1620年），福清商人林清"与长乐船户王厚商造钓槽大船，请郑松、王一为把舵，郑七、林成等为水手，金士山、黄承灿为银匠。李明，习海道者也，为之向导。陈华，谙倭语者也，为之通事。于是招来各贩，满载登舟"[④]。许多人到了长崎港后安居乐业，世代从事中日间的贸易活动。正因如此，在日本江户时代的唐通事家族谱系中，福州人占据了大部分。如福州府长乐县出身的刘一水，在1618年之前就定居长崎；福州府福清县钱林出身的林公琰在1623年定居长崎。以刘一水为始祖的彭城氏家

①[日]木宫泰彦：《日中文化交流史》，商务印书馆，胡锡年译，1980，第624页。
②[日]岩生成一：《近世日中贸易数量的考察》，载《史学杂志》第62编第11号。
③[明]朱国桢：《涌幢小品》卷二，中华书局，1959。
④[明]王在晋：《越镌》之《通番》，《四库禁毁丛书》，集部第104册。

系、以林公琰为始祖的林官梅氏家系世代成为长崎唐通事[①]。

另一方面，明清易代的政治大变动，也促使不少人纷纷避乱东渡，来到长崎。一些不甘仕清的明朝遗臣，作为义民，东逃来日。此外，流落到长崎的还有郑成功的余部。他们都是由于政治原因而东渡日本的中国人。正如《长崎县志》所载："中土兵乱大作，人民逼于困厄，多携仆从数辈，前来长崎，以避危难，此种人民，与一般商人迥不相侔。"[②]这批人大多是作为义士、义民来到长崎。他们有一定的文化知识，民族观念较强，有些还胸怀反清复明的大志。所以，他们也愿意或自觉地为当地中国人的事情出力，其中最著者如朱舜水，以及被视为华侨名流大族的刘宣义、陈冲一等。他们对当地华侨社会的形成与发展起着十分重要的作用。

还在1602年，便有"漳州商人欧阳华宇及张吉泉二人发起，请得日方同意，将长崎稻佐乡净土宗悟真寺改为菩提寺，专为当时华侨崇佛集会之所，同时，并租得附近土地一方，以为华侨墓地。"[③]1604年，长崎奉行又在这些侨居长崎的中国人中选出南京人冯六，委为首任"唐通事"，负责翻译联络、参与对华商的贸易及对"住宅之唐人"的管理。所谓"住宅之唐人"，据日本史籍《通航一览》引当时的《古集记》称："宽永（1624—1643年）之半，唐人得在日本置宅，因之长崎有多数拥有妻子、住宅之唐人。"[④]也就是说在明亡之际来到长崎的中国商人和义民，可以在当地娶妻置业，成为"住宅唐人"。其时江户幕府又实行禁止天主教政策，1612年向全国颁布禁止天主教令，严厉取缔天主教。1622年，在长崎有55名天主教徒被处以火刑和磔刑。为了免受株连，表明华侨的佛教信仰，翌年即1623年，华侨中的江西侨商欧阳云台便捐出土地5094坪，建起长崎华侨的第一间庙宇——兴福寺。接着，又有福建、广东侨胞先后于1628年、1629年和1678年分别兴建了福济寺、崇福寺、圣福寺。这些寺庙不仅是长崎华侨举行宗教活动的场所，而且也是当地侨胞同乡宴集联谊、丧葬祭祀、同济互助、调解

①黄贞争：《郑和下西洋与福州海外移民》，闽都文化研究会编，《海外福州人与海上丝绸之路》，海峡文艺出版社，2017，第86页。

②［日］内田直作：《日本华侨社会研究》，东京都同文馆，昭和24年，第51页。转引自宋越伦：《日本华侨小史》，台北中央文物供应社，1953，第3页。

③［日］内田直作：《日本华侨社会研究》，东京都同文馆，昭和24年，第51页。转引自宋越伦：《日本华侨小史》，台北中央文物供应社，1953，第3页。

④《通航一览》，京都朝阳堂，昭和四十二年复印本，所引《古集记》。

仲裁的地方。可见，到17世纪上半叶，长崎的华侨已自然地以地缘和方言为纽带，以“四福寺”为活动中心，组成了各自的乡帮团体，这表明长崎的华侨社会已成长起来了[①]。

（二）琉球

明廷与琉球的关系十分密切，自明洪武五年（1372年），朱元璋派遣杨载诏谕琉球始，即建立藩属关系后，双方往来不断，贸易也是持续不断，和平友好相处。但是当时琉球毕竟是一个较落后的岛国，“地无货殖”“商贾不通”“缚竹为筏，不驾舟楫”。加上琉球通往中国的海道十分艰险，“浪大如山，波迅如矢，风涛汹涌，极目连天”[②]，增加了交往的难度。明太祖为了便于琉球的朝贡和彼此的贸易往来，决定向琉球派遣中国移民。洪武二十五年（1392年），便赐给这个小国许多艘大海船，并派遣了同船而去的船工、水手。“闽人三十六姓善操舟者，令往来朝贡。”[③]这些姓氏即：梁、郑、金、蔡、毛、陈、林、曾、高、吴、李、阮、沈、魏、田、王、马、钱、翁、穆、韩、宗、昆、尹、查、伍、向、武、吉、英、陶等。这是中国历史上第一次由政府向海外派出移民的创举。

明太祖派遣移民移居海外，有着“用夏变夷”“改变番俗，而致文教同风之盛”的用意。如记：“明洪武年间，赐琉球国闽人十八姓”，福建长乐人郑义才作为十八姓之一，奉旨迁往琉球定居。“至永乐中，又赐闽人十八姓”，“选定蔡茁等十八姓之人，由闽下船，开至琉球，封尚巴志为琉球国中山王，交赐蔡茁等十八姓为大夫等官，配以夷女，各姓传代，子孙世袭。”[④]明廷让善于驾舟航海的福建人迁往琉球，不仅推动了琉球的经济发展也发展了中琉朝贡贸易。

闽人到琉球后，琉球国王大喜过望，“即令三十六姓择土以居之，号其地曰唐营（俗称久米村），亦称营中”[⑤]。即明代迁居琉球的闽人三十六姓最早的居住地。不少移民琉球的福建人，还在琉球国担任重要职务，他们中间“知书者授大夫长史，以为朝贡之司；习海者授通事，总为指南之备”，[⑥]负责琉球国的各项外

①王维：《华侨的社会空间与文化符号：日本中华街研究》，中山大学出版社，2014。

②［明］陈子龙：《明经世文编》卷四六〇，李廷机：《乞罢使琉球疏》，中华书局，1962。

③伊波普猷等编《琉球史料丛书》，转引自谢必震：《论朱元璋的琉球移民政策及其作用》，《安徽史学》1988年第1期，第23页。

④［清］里人何求：《闽都别记》第275回、第276回，福建人民出版社，1987。

⑤谢必震：《论朱元璋的琉球移民政策及其作用》，《安徽史学》，1988年第1期，第23—25页。

⑥［清］周煌：《琉球国志略》卷三《封贡》，中华书局，1985。

交活动和贸易往来。明人茅瑞征言："洪、永所赐三十六姓多闽之河口人。子孙秀者读书南雍，归即为通事，累升为长史大夫。"[①]另据何乔远记："大夫官、长史官、通事官，司贡者也，文臣也，以通中国书及闽三十六姓之后人为之。"[②]明嘉靖间出使琉球的陈侃言："若大夫金良、长史蔡瀚、蔡廷美，都通事郑赋、梁梓、林盛等，凡有姓者皆出自钦赐三十六姓者之后裔焉。"[③]还有一些人担任琉球国相及法司官（最高行政长官）。如早年移居的福建饶州人程复，后来当上琉球的国相。永乐九年（1411年），王茂任琉球国相。最早担任琉球法司官的郑迵，是郑义才后裔。"郑迵，字利山，祖本闽人，赐籍中山，都通事禄次子。嘉靖中入太学读书，归，累官至法司。琉球法司无用三十六姓者，有之自迵始。"[④]万历年间，上述十八姓的蔡茁后裔蔡红亨回到中国，"至闽界长乐地方，船泊梅花道头"后，上岸拜谒祖先。

大量移民到琉球的华人将先进的文化、技术带到琉球，如航海造船技术方面，使"缚竹为筏，不驾舟楫"的琉球成为"以海舶行商为业"的贸易中转国。东南亚各国、朝鲜、日本的特产经琉球而输入中国，中国的丝绸、瓷器等通过琉球进入上述诸国贸易，中国移民在其中担任了重要角色。此外，中国的文学艺术、建筑、陶瓷、染织等手工艺传入琉球，使琉球国逐渐变得"风俗淳美""易而为衣冠礼仪之乡"。终明一世，琉球与明廷的正式朝贡有三百多次，由此可见，明代时中琉关系因移民而十分密切，关系巩固[⑤]。

三、明中后期沿海商人移居东南亚

明代后期，在东亚海域，东来的西欧殖民者为争夺中国商品展开了一场激烈的商业竞争：西班牙殖民者以马尼拉为基地，经大帆船贸易航线，将墨西哥银元载运来以换取中国的生丝和丝织品；荷兰殖民者在无法取得直接对华贸易的情况下，先后在巴达维亚、长崎设立商站，招引中国商人前往贸易；葡萄牙殖民者则利用留居澳门的优势，把中国商品转运到日本、马尼拉等地以牟利。此时在中国

①［明］茅瑞征：《皇明象胥录》卷一《琉球》，明崇祯刻本。

②［明］何乔远：《名山藏》卷一〇三《王享记二，琉球》，福建人民出版社，2010。

③［明］陈侃：《使琉球录》，中华书局，1985，第69页。

④［清］周煌：《琉球国志略》卷一三《人物》，中华书局，1985。

⑤谢必震：《论朱元璋的琉球移民政策及其作用》，《安徽史学》，1988第1期，第23—25页。

国内，正值明朝政府海禁松弛，准许私人申请文引，纳税出海贸易。于是，大量的贸易船只涌向海外，随之亦形成了一股海外移民浪潮。

1. 马六甲

永乐元年（1403年），皇帝遣尹庆出使马来半岛的满剌加（今马六甲），赐以织金、文绮、销金帐幔诸物，其酋拜里迷苏剌（Parames wara）遣使随入朝贡方物，明成祖封满剌加国王，赐诰印，綵巾，袭衣黄盖。郑和于1409年亦访问过满剌加。满剌加于1411年曾率妻子陪臣540余人来中国，回时受赏赐甚厚[①]。那究竟有无华人移民满剌加呢？据嘉靖年间黄衷《海语》卷一关于“满剌加条”说：“俗禁食豕肉，华人流寓或有食者，辄恶之，谓其厌秽也。”[②]这说明当时已有华人寓居于此。又如《明史》满剌加传说：“男女椎髻，身体黝黑，间有白者，唐人种也。”这就是说明华侨有在本地结婚，生儿育女。

在外文资料中，也可以找出有关满剌加华侨的佐证。例如1511年，攻占满剌加的葡将达·阿尔布尔克（D Albuquerque）的《纪事》说，满剌加第二个国王沙肯达尔萨（Xaquendarsa）娶了“中国船长大王”（the King of China's Captain）的女儿。想必是这位船长久居满剌加，和当地妇人结婚，生的女儿长大后嫁与国王。他也许是满剌加的华侨领袖。拥有王者之权，我们知道，没有长期侨居的资格而且有集团势力的人，是不能当上港主这一重要职位的[③]。

16世纪初，满剌加设有四个沙班达尔（Shahbandar），即港长，由中国人、爪哇人、東巴亚人与孟加拉人各一人担任。据1613年伊里狄所绘的满剌加城市图，在满剌加河西北，标有中国村（今吉宁仔街至水仙门一第）、漳州门及中国溪三处地名，即华侨的居留地。城的东北隅有三宝山（或称为中国山Bukit China），高39米，自明末清初已成为华侨公墓。山麓有井，亦名三宝。人们相信为郑和随从所掘，井水清冽，五百年来未尝变味[④]。我们从上述材料看来，十五六世纪满剌加确有华侨存在，甚至建立了华侨区。1641年，马六甲华侨约有三四百人的规模[⑤]。

①［清］张廷玉：《明史》卷三二五《满剌加传》，中华书局，1974。

②［明］黄衷：《海语》卷一《风俗·满剌加》，《岭南丛书》本。

③王俊：《中国古代华侨》，中国商业出版社，2017，第58页。

④张礼千：《怀满剌加》，载《东方杂志》第三十九卷第3号。

⑤［英］巴素：《东南亚的中国人》，《南洋问题资料译丛》，1958年第2—3期。

2. 暹罗

明初就有广东南海人何八观等“流移海岛，遂入暹罗”的记载[①]。明代中暹关系良好，明人张燮称赞暹罗“国人礼华人甚挚，倍于他夷，真慕义之国也。”[②]华人很早就出现在暹罗国都阿瑜陀耶（Ayuthai）。据克路士（Gasparda Cruz）的《中国志》称，有广东人到马六甲、暹罗和北大年等地经商，然后“不再返回中国”，而是居留下来[③]。德国学者弗兰克在《白银资本》中也提到：

> 这个城市（阿瑜陀耶）就一个联系广泛的贸易中心，不仅与日本、澳门、广州，而且与东南亚群岛港口和马来亚半岛东海岸的北大年都有贸易往来。[④]

明代黄衷的《海语》一书，专记满剌加及暹罗之事，因为15世纪末16世纪初，广东人到这两国贸易的很多，回国的华侨海客亦不少，都向黄衷提供一些新的情况，所以《海语》一书自有它的特点，比清人编的《明史》翔实得多。《明史·暹罗传》没有提到华侨，而《海语》就谈到了，如暹罗首都阿瑜陀耶出现了：“有奶街，为华人流寓者之居。”[⑤]这就是说，15世纪末、16世纪初，暹罗已有“华人街”了。根据史籍，移居暹罗的华人以广东的潮汕人和福建的漳泉人为多[⑥]。

晚明时期，阿瑜陀耶日渐成为重要的贸易中心，暹罗皇家的海外贸易都委托华商承包，城市手工业者亦多为华人。

3. 菲律宾群岛

明洪武五年（1372年）至永乐八年（1410年），菲律宾（吕宋）三次遣使来明，明朝也于1405年遣使报聘。之后，与菲律宾往来频繁，不少闽广商民留居菲律宾。西班牙人占领菲律宾后，为获得劳动力和生活用品，希望与明朝开展通商贸易，鼓励中国商民前往马尼拉贸易。一些人之后就留居于菲律宾。对于菲岛

①［明］严从简：《殊域周咨录》卷八《真腊》，中华书局，1993。

②［明］张燮：《东西洋考》卷二《暹罗》，中华书局，1981。

③［英］博克舍编著《十六世纪中国南部行纪》，何高济译，中华书局，1990，第132页。

④［德］弗兰克：《白银资本——重现经济全球化的东方》，刘北成译，中央编译出版社，2000，第146页。

⑤［明］黄衷：《海语》卷一《风俗·暹罗国》，《岭南丛书》本。

⑥朱杰勤：《东南亚华侨史》，高等教育出版社，1990，第28页。

华侨的情况，西班牙人也有些记载。1570年，累加斯皮（M.L.de Legaspi）说："在城（马尼拉）内居住的有40个已经结婚的中国人和20个日本人。"又1571年，有一个佚名的作者说："所有中国人，男女在内，数约150人。"[①]至万历年间，张燮在《东西洋考》中谈到菲律宾华侨的事情说："华人既多诣吕宋，挂往久住不归，名为压冬，聚居涧内为生活，渐至数万；间有削发长子孙者。"[②]另据《名山藏》记载，在菲律宾的华侨在1517年有150人，1588年增加到1万人，1603年已达到3万余人[③]。另据后人载：

> 迨至中叶以后，欧罗巴诸国东来，据各岛口岸建立埔头，流通百货，于是诸岛之物，充溢中华。而闽广之民，造舟涉海，趋之若鹜，或竟有买田娶妇，留而不归者，如吕宋、噶罗巴诸岛，闽广流寓殆不下数万人。[④]

菲律宾华侨人口，由起初的40人到150人，再增加到数万，可谓发展迅速了。后来西班牙人担心华侨人数增加会危害他们安全，于是将华侨集中居住，"在堡垒的大炮下盖起房子来"，称"八连"(Paria)，中国人称之为"涧内"。但是，1603年，西班牙殖民者对马尼拉华侨进行血腥屠杀，死亡2万余人。万历三十二年（1604年），居住在马尼拉并持有居留证的华人1.6万余人。菲律宾检察官在《关于华人许可证的报告》中提到："1638年和1639年，有2.5万或3万华人。"崇祯十二年（1639年），西班牙殖民者发动第二次屠杀华侨事件，此次遇难的华侨人数在2.2万至2.4万人[⑤]。

菲律宾华侨以福建、广东人最多，尤其是福建人，西班牙称之为"常来"(Sangleys)，即来自闽南话"生理"（经商）的谐音。闽人李寓西，年少时即赴粤经商，纤赢薄货，仅为下贾；后转至南澳与外商交易，渐成中贾；至隆庆元年开

---

①罗伯逊和布莱尔（女）合编：《菲律宾群岛》(Robertson and Bjair，*The Philippines Island*）第五卷，第10页，第167页。

②［明］张燮：《东西洋考》卷六《吕宋》，中华书局，1981。

③［明］何乔远：《名山藏》，福建人民出版社，2010。

④［清］徐继畬：《瀛环志略》卷二《南洋群岛》，山西古籍出版社，2004。

⑤黄启臣编《广东海上丝绸之路史》，广东经济出版社，2003，第368页。

海禁后，则往吕宋贸易，遂为上贾[①]。另一位晋江人陈斗岩，“其初斗智，最后争时。行财币如流水，若猛兽鸷鸟之发，人虽与其用事，终不如之矣”。陈斗岩不仅善于抓住时机，而且能及时改善经营方式，终于成为一名成功的商人。他经商遍于国内外，北走齐吴，南走粤；吕宋开洋，又鬻财吕宋。转贩所至，多受人重视[②]。当时移居菲律宾的闽南人在经营上的敏锐是有目共睹的，一位名叫卡里略（Don Hieronimo de Carrillo）的西班牙商船队长，在致西班牙国王的信中就写道：

> 中国商人在商业上是如此精明，如此敏锐，以致于他们知道英国人需要多少商品，荷兰人需要多少，在日本可以卖多少货物。他们是如此准确，以至于一位裁缝一旦见到一个人，就知道这个人做衣服需要多少布。他们就是如此对付我们，当知道每年只有两艘船到新埃斯帕纳（Nueva Espana）时，他们一般在其居留地“八连”（Parian）就会有足够的货物装运这两艘船。[③]

广东商人运载各种商品到菲律宾，再由当地商人分销，回程则带上金银和其他外国商品。据史料记载棉兰老岛沙瑶：“物产甚薄，华人商其地，所携仅瓷器、锅釜之类，重者至布而止。”苏禄群岛，“土人以珠与华人市易，大者利数十倍。商舶将返，辄留数人为质，冀其再来”[④]。

据菲律宾学者阿利普（Eufroriio M.Alip）在《菲律宾政治文化史》一书中分析道：“中国商人从一开始就是这个国家最成功的商人，他们分为两个集团：一个经营市场和商行，售卖纺织品、丝绸、人造丝织物、棉布、毛织品、帽子、雨伞、亚麻布等，有批发商和零售商；另一个是小店主，售卖各种便宜的物品。开始时，西班牙商人还能成功地与华人竞争，但是很快就败给精明、节俭、坚韧不拔的华人。因为华人的生活水平低，他们总是把售价压得比竞争对手低。他们在其他方面，如农业和工业的优势亦很明显。”[⑤]另一位学者利奥（Shubert

①［明］李光缙：《景壁集》卷三，江苏广陵古籍刻印社，1996，第514页。

②［明］李光缙：《景壁集》卷十四，江苏广陵古籍刻印社，1996，第2258页。

③ E.H. Blair & T.A. Robertson，*The Philippine Islands 1493—1898*，Cleveland，1903，p.79.

④［清］张廷玉：《明史》卷三二三《外国四・沙瑶呐哔啴》；《明史》卷三二五《外国六・苏禄》。

⑤ Eufronio M Alip，*Political and Cultural History of the Philippines*，Manila：Alip & Sons Inc，1954，p.298. 转引自李金明：《明代福建的海外移民与海洋文化》，收入《福建海洋文化研究》，海峡文艺出版社，2009，第264—277页。

S.C.Liao）也同样认为，勤劳与坚韧是留居菲律宾的闽南人经商成功的关键。他写道："分散在各地的华人商店，早上开得很早，而晚上关得很迟，他们的工作时间很长而赚得不多。但是，中国商人满足于他们每天的收入，他们来到这个国家的目的纯粹是为了经商，他们具有各种特质，即坚韧、善思考、有同情心、精明、节俭，而与他们竞争的当地土著和西班牙人就缺乏这些特质。"①

移民菲律宾的华人为移居国的经济开发和社会繁荣做出了贡献。如明万历年间的福建巡抚徐学聚在谈到闽人移居菲律宾的情况时说："吕宋本一荒岛，魍魅龙蛇之区。徒以我海邦小民，行货转贩，外通各洋，市易诸夷，十数年来，致成大会。亦由我压冬之民，教其耕艺，治其城舍，遂为澳区，甲诸海国。"②对于这一点，即使是西班牙殖民者也不得不承认，如马尼拉总督摩加（Antonio de Morga）在16世纪末宣称："这个城市如果没有华人确实不能存在，因为他们经营着所有的贸易、商业和工业。"一位当时的目击者胡安·科博神父（Father Juan Cobo）亦公正地说过："来这里贸易的是商人、海员和渔民，他们大多数是劳动者。如果这个岛上没有华人，马尼拉将很悲惨，因为华人为我们的利益工作，他们用石头为我们建造房子，他们勤劳、坚强，在我们之中建起了最高的楼房。"③移居印度尼西亚的华人亦同样为巴达维亚的开发与繁荣做出了贡献。在荷兰东印度公司开始存在的第一世纪里，不仅使用了华人劳力和华人建筑技术建造巴达维亚的城堡，而且把城里的财政开支都转嫁到华人农民的税收上。大凡城市的供应、贸易、房屋建筑，以及巴达维亚城外所有穷乡僻壤的垦荒工作都由华人来承担。因此，英国学者博克瑟（C.R.Boxer）曾说过："假如马尼拉的繁荣应归功于移居那里的华人的优秀品质，那么当时作为荷兰在亚洲总部的巴达维亚的情况也一样。华人劳工大多数负责兴建这座城市，华人农民则负责清除城市周围的村庄并进行种植，华人店主和小商人与马尼拉的同胞一样，拥有零售商的绝大部分。我们实事求是地说，荷兰东印度公司对其首府的迅速兴起应极大地感激这些勤劳、刻苦、守法的中国移民。"④

---

① Shubert S. C. Liao edited, *Chinese Participation in Philippine Culture and Economy*, Manila: S.N, 1964, p.31.

②［明］陈子龙：《明经世文编》卷四三三，徐学聚：《报取回吕宋囚商疏》，中华书局，1962。

③ Manel Ollé, *The Chinese in the Philippine Archipelago: Global Projection of a Local Community*, p.137.

④ 福建省炎黄文化研究会、福州市政协委员会编《福建海洋文化研究》，海峡文艺出版社，2009，第274页。

4. 安南

安南是明朝建立后最先入贡的海外国家之一，且进贡次数比较频繁。在郑和下西洋期间，安南和占城港口成为中国船队的中转之地，并在那里进行贸易，开启了之后成批华人通过海路移民东南亚和世界各国的时代。越南著名华人研究学者曾指出：在近30年的时间里，郑和率领27000名士兵，乘50艘战船曾7次远洋……，到达近30个国家……此次远洋的结果是：郑和开发和拓展了海上交流通道，控制了与东南亚和世界各国的贸易交通要道，为中国对外经贸的发展创造了便利条件，开启了成批华人通过海路南下东南亚海岛地区和前往其他各国的移居时期[①]。

明代时，华人移居越南与其他东南亚国家有所不同的一个现象是：明朝于1407至1427年在越南设交趾布政使司，对越南进行直接统治。1400年，陈朝外戚黎季犛篡权称帝，建立胡朝（1400—1407年），越南陈朝灭亡。黎氏为了消除前朝残余势力，不仅大规模地杀害陈氏宗亲和前朝大臣，还采取惨无人道地压迫手段限制和剥削人民，造成“相识者不敢偶语，行人不许投宿”局面，大大激化了国内矛盾。1407年，明朝以恢复陈朝为名，推翻了胡朝的残暴统治，在陈氏绝后的前提下，设立了行政机构（交趾布政司）来管理安南地区，安南遂进入“属明时期”[②]。此20年被越南人称为“第二次北属时期”。在此期间，有不少中国人到越南参与政务、商务和文化教育事务。1428年，黎利即位称帝，建立“大越”国，宣告明朝在越南的直接统治结束。当时，没有随军撤离而继续留居于当地的移民，成为新一代越南华人[③]。

明成化十三年（1477年），广东南海县民遭风，船只飘至安南。据广东珠池奉御陈彝奏称，这部分人被安南编入军队及被阉禁者超过百人[④]。这些因风飘至安南的广东人，大多数实际上是来安南经营走私贸易的，如《东西洋考》载：“贾舶既到，司关者将币报酋，舶主见酋，行四拜礼。所贡方物，具有成数。酋为商人设食……听民贸易。”[⑤]因广东人来安南经营生意的人较多，至16世纪，位

①［越］朱海（châu Hải）：《越南华人群体》，河内社会科学出版社，1993，第22—23页。

②唐鹏：《重归宗藩——十五世纪初安南国独立诸因素探析》，硕士学位论文，湖南科技大学历史系，2016年。

③钟珊：《17—19世纪越南南方华人与中越文化交流融合》，博士学位论文，北京外国语大学语言系，2017。

④《明宪宗实录》卷一〇六，成化八年七月癸亥，台北“中央研究院”历史语言研究所校印，1962年影印本。

⑤［明］张燮：《东西洋考》卷一《西洋列国考》，中华书局，1981。

于交州城东南的宪港（今越南海兴省兴安）逐渐发展成为一个繁荣的港口，来此经商的广东人主要经营中药、布料、香料、蜂蜜、丝及纺织品等。崇祯十年（1637年），荷兰人在宪港设立商馆，广东、福建商人在其中从事中介业务[①]。

16世纪后期，安南南部阮氏政权允许华商在会安选择一处合适的地方建立城镇，作为市集交易场所。会安因此迅速发展成一座贸易口岸城市，每年有7个月的交易时间。明朝各省商人来此贸易并客居于此，并在当地建立了天妃宫和会馆。

及至清初，受改朝换代的影响，大批明代遗民逃难进入安南。如明末清初，因为“义不事清”，“故明将龙门总兵杨彦迪、副将黄进，高雷廉总兵陈上川、副将陈安平率兵三千余人，战船五十余艘，投思容、沱灢海口”。安南廷议将他们安置在“真腊国东浦地方”，“因彼之力，使僻地以居”[②]。“龙门总兵”的驻地在今广西钦州龙门岛一带，而“高雷廉总兵”的管辖范围包括今天的合浦。“思容、沱壤海口”是今越南顺化附近的两个海港。这些明末清初的移民及其后裔，为越南南部的开发做出了重大的贡献[③]。

5. 占城

元朝初年，右丞唆都曾派兵发动对占城的侵略战争，中占双方一度保持对立。13世纪末以后，元朝对交趾采取睦邻友好态度，与占城也保持友好的往来和经济文化交流。这种友好关系一直保持到明初。明洪武二年（1369年），朱元璋遣使占城颁历法，占城正式纳入明代朝贡贸易体制之内。

占城位于安南之南，是海上丝绸之路贸易的重要枢纽。永乐时郑和下西洋，曾停泊新州（今越南义平省东南岸归仁港）。史称：

> （占城）国之东北百里，有一海口，名新州港，岸有一石塔为记，诸处船只到此舣泊登岸。岸有一寨，番名设比奈，以二码头为主，番人五、六十家居内，以守港口。[④]

明中叶，福建商人往占城经商者众，他们乘坐“大眼鸡”帆船趁东北风南下，运货抵越；翌年春夏，载米乘西南风北归。这种运粮船只名艚船，故华侨商

①黄启臣主编《广东海上丝绸之路史》，广东经济出版社，2003，第365页。

②［越］张登桂等编纂《大南实录》卷五《前编》，庆应义塾大学语言学研究所，1961。

③钟珊：《17—19世纪越南南方华人与中越文化交流融洽》，博士学位论文，北京外国语大学，2017。

④［明］马欢：《瀛涯胜览》,《占城国》，中华书局，1985。

人被称为艚人。

嘉靖年间（1522—1566年），安南屡起事端，侵扰占城，占城不得不把首都从新州迁往鹤顶，由此新州贸易受到打击。福州人陈全之提出徙福建、广东等地海商迁往新州，帮助占城恢复贸易的“足国裕民”计策。他说：

> 凡有闽广水商，久没该国者，尽室起赴新州，分田立宅，就其众中之豪，授以千百夫长之号，内以都护占城，外则大通诸国，运致土产，转相贸易；不出数年，番舶毕集；吴、浙、闽、广水商亦许径至，若遣官往理，起例抽分，足国裕民……①

由此可见，明中叶福建、广东商人不少在占城贸易和定居②。

此外，据《潮州府志》所载：“嘉靖四十五年三月，攻诏安山南厩下等村，都督俞大猷逐之，遁入北港。大兵不敢进，留偏师驻澎湖守之。道乾不乐居北港，遂恣杀土番，取膏血造船，从安平镇二鲲身遁往占城，复回潮州，掳掠如故。”③可见，当时著名海盗林道乾在占城也有据点。据此可以推断，当时应该已有中国人在占城定居生活。

6. 万丹和巴达维亚

位于爪哇岛西部的万丹（Bantam），即是明人张燮所著《东西洋考》中记录的“下港”。16世纪初至17世纪前期，万丹是爪哇最繁盛的贸易港口。自葡萄牙人占领满剌加后，原香料贸易航线发生改变，其中一条即从香料群岛经万丹至北大年，再转亚齐出口印度等地。万丹成为南部香料运输航道的受惠者，并进而有大量华人聚居于此④。据《东西洋考》记载：

> 王立华人四人为财副，番财富二人，各书讫。会人谙夷语者为通使，船各一人贸易。王置两二涧，城外设立铺舍……红毛番来下港者，筑土库在大涧东；佛郎机起土库在大涧西，二夷俱哈板船，年年来贸易用银钱，本夷用铅钱……下港为四通八达之衢，我舟到时，各州府

①［明］陈全之：《蓬窗日录》卷二《寰宇二·西南夷》，上海书店出版社，2009。

②黄启臣主编《广东海上丝绸之路史》，广东经济出版社，2003，第450页。

③［清］周硕勋：乾隆《潮州府志》卷三八《征抚》。

④郑永常：《来自海洋的挑战：明代海贸政策演变研究》，台北稻乡出版社，2003，第383页。

未到商人，但将本货兑换银钱铅钱，迨他国货到，然后以银钱铅钱转买货物。华船开驾有早晚，以延待他国故也。[①]

华人在万丹逐渐形成单独聚落，据欧洲人记录："万丹的华人是独住于另一特区，围着强固的栅栏，外面又由一沼泽保护。那里有市内最好的房屋。"[②]

1619年，荷兰人占领了爪哇的雅加达，并改名为巴达维亚（Batavia），明代华人称为吧城、噶喇叭或咬口留巴。此后，荷兰人不仅控制了香料贸易，而且还以各种方式招徕华人，并引导中国船只到巴达维亚来贸易[③]。在荷兰人的干扰下，万丹逐渐失去了香料贸易市场，巴达维亚也取代了万丹的贸易地位。于是一些华人开始自万丹移居巴达维亚，荷兰人甚至任用华人苏鸣岗担任华人社区的甲必丹，并给予他优惠贷款。于是苏鸣岗带领越来越多的华人自万丹移居而来。为此，万丹甚至下达命令禁止华人离开。据荷兰总督彼得逊·昆（Jan Pieterzoon Coen）说："万丹每日有许多中国人逃亡到我们这里来。人们推测尚有二千名在万丹，他们也将会尽速到我们这里。"[④]据统计，1625年中国移民至吧城的有1580人；1626年有1450人，1627年也有1250人，仅三年之间就移入四千余人[⑤]。保守估计，晚明时期巴达维亚城内外华人不少于五千人。越来越多的华人到来，迅速带动了巴达维亚的繁荣与发展，如荷兰总督彼得逊·昆所言"除了华侨之外，别无其他民族能贡献出更多的力量。"[⑥]

第二节　海外移民对东南亚国家开发的贡献

明代沿海商民移民至东南亚诸国后，主要从事商业、农业、手工业、园艺业、渔业和服务业等，对移居地国的经济开发做出了杰出的贡献。与此同时，人

①［明］张燮：《东西洋考》卷三《下港》，中华书局，1981。

② 曹永和：《明末华人在爪哇万丹的活动》，《中国海洋发展史论文集》第二辑，台北"中央研究院"三民主义研究所，1986，第234—235页。

③ 陈碧笙：《南洋华侨史》，江西人民出版社，1989，第73—75页。

④ 曹永和：《明末华人在爪哇万丹的活动》，《中国海洋发展史论文集》第二辑，台北"中央研究院"三民主义研究所，1986，第234页。

⑤ 陈碧笙：《南洋华侨史》，江西人民出版社，1989，第73—75页。

⑥ 陈碧笙：《南洋华侨史》，江西人民出版社，1989，第70页。

口的迁移，也带来了文化的传播。从这层意义上看，海上丝绸之路不仅是一条贸易经济之路，更是一条文明之路。

一、农业耕作技术的传播

中国沿海地区较先进的农业技术和农作物加工技术，随着海外移民传到海外移居地，尤其在东南亚一带最显突出。华侨开发了移居地的荒山野岭、湖泊沼泽，将荒原变成了沃野。如明代杨彦迪、陈上川带领的移民集团到越南后，当地“利用明人之人力、物力，一面抵抗北方郑主，一面促进南疆之开拓及建设。”[①]在华侨辛勤劳动下，东浦、河仙才“日增繁衍，生民安居耕植，风物繁华”，人称“小广州”[②]。

1. 农业水利技术的南传

农业的发展得益于水利技术的进步和农业工具的改进，明代中国先进的水利技术和农业工具，通过海外移民源源不断地传入东南亚地区，促进了东南亚地区农业的发展。

水车在中国古代是用于排水灌溉的机械，虽然都是依靠轮轴的转动进行工作，但有不同的类型，即筒车、翻车、井车以及刮车。以越南为例，在越南黎朝宪宗年间，水车由中国传入越南。《越史通鉴纲目·正编》卷二十五记载：“景统六年(1503)春正月，旱，敕备水车以卫农。敕谕清化承宣使司参议杨静等：‘朕于农务尤所留心，卿等当尽心民事，思惟善政，旱潦靡常，须当预备堤防，以辰(时)耕稼。朕每遣人往探，或田畴卑湿，或阡陌荒芜，旱未数日，殆甚告干，皆由州县不得其人，卿等宜饬部内，紧行修筑江关水车，小溪大路，亲自检阅，完好者为上考，疏漏者为不称职，具实以闻，定行黜陟。’”水车的传入得到了黎朝统治者的重视，统治者下令在各州县进行推广，并以此作为官员政绩考核的内容，“这是越南王朝推广中国水车之制见于史乘之始”[③]。水车的输出丰富了越南百姓灌溉农田的水利设施。

中国古代农业相当发达，历史上有许多先进的水利工程，并且有着丰富的治水经验，对南洋国家影响深远。后世越南水利学家黄叔会，在分析当地最主要河

①包遵彭：《明史论生之七·明代国际关系》，台湾学生书局，1968，第14页。

②陈俊：《明清前期东南亚华侨研究》，云南师范大学硕士学位论文，2000，第79页。

③朱云影：《中国文化对日韩越的影响》，广西师范大学出版社，2007，第325页。

流红河的自然情况的基础上，结合越南的治水历史和中国的治水经验，写成在越南农业水利史上具有里程碑意义的著作《河堤对策》。

2. 水稻耕作法

15世纪时，东南亚一带地区的农业发展还相对落后，当地土著仍然使用原始的生产方法，处于刀耕火种状态。他们砍伐或焚烧树木，开出一块土地，进行耕作，最多两年之后，又转移到其他地方。其耕作方法只是利用雨季把种子插于田中，在秧苗生长期内既不施肥，亦不除草，稻田里杂草丛生。当地农民以为这些杂草可以支撑稻秆，不致因结穗而倒坠。收割时只将稻穗摘下，并将晒干后的稻秆与杂草烧成灰以为肥，如此轮作保养。这样的原始种稻法，稻米产量自然不高[①]。在割取稻穗后，“摊在竹篾上晒干，继而由妇人用脚踩踏，使谷粒自禾穗中脱出，再晒干数日之后即将其贮藏，待需要的时候，始取出于臼中舂出米粒。”[②]中国移民把较进步的耕作制和先播种苗、插身成行以及除草施肥收割、稻草的利用等技术经验带到南洋地区并传授给当地农民。以犁为例，16世纪中国移民向菲律宾人民介绍了使用中国犁具。西方的史学家有过专门的记载“他们的犁也是中国式的，有一手柄，没有犁头铁后的定型铁，犁嘴的上部是扁平的，在耕地时转向一边。”[③]中国的水稻耕作方法也通过华侨在越南广泛传播。华侨在与当地农民打交道的过程中将祖国先进的农耕技术与播种方法等经验推广至当地乃至东南亚地区，教他们除草、施肥、收割及稻草的方法，使他们摆脱落后的耕种方法，提高了当地的粮食产量，解决了许多人吃饭的问题[④]。沙捞越的华人带去了中国的水稻种子，在当地大面积种植[⑤]。水稻的大面积种植为马来西亚的粮食增产发挥重要的作用。中国人不仅把先进的农业生产技术传授给东南亚人民，而且也有大量华人积极从事稻米的生产。在越南、柬埔寨、菲律宾、印度尼西亚等地，大批中国移民和当地人民一道开荒辟地，消除森林，浚干沼泽。使荒山僻壤变为田园耕植之地，推动了东南亚的粮食生产。

①陈烈甫：《东南亚华侨、华人与华裔》，正中书局，1983，第126页。

②林英强：《马婆土著民俗研究》，东南亚研究所，1971，第10页。

③[英] 布塞尔：《东南亚的中国人》，载《南洋问题资料译丛》，1958年2—3期合刊，第185页。

④周堃：《17—18世纪中国文化在东南亚的传播》，广西民族大学硕士学位论文，2016，第38—39页。

⑤周伟民，唐玲玲：《中国与马来西亚文化交流史》，海南出版社，2008，第457页。

3. 甘蔗种植及其加工技术

东南亚的中国移民主要来自中国华南的广东、福建等地。这一地区有着种蔗制糖的历史传统，当地人都擅长种蔗制糖，当他们到达东南亚后，自然也把这一技术传到了东南亚。

福建是我国的主要产糖区之一，明清时期，福建的蔗糖已十分畅销。宋应星说："凡甘蔗有二种，产繁闽广间，他方合并得其十一而已。"[①]福建的制糖技术和制糖业在那一时期也十分先进和发达。"蜜煎皆自苏闽，糖精、冰糖，漳州府出，福建所制。"[②]据外文记载，中国移民把种植甘蔗以及从甘蔗中取糖的技术介绍到菲律宾，并传授给当地人民榨糖、制糖的方法。他们把用垂直的石碾和铁熬锅的榨糖煎糖技术引进菲律宾，在菲律宾建立了第一家使用这种技术的制糖厂[③]。在印度尼西亚，17世纪以前，印度尼西亚的食用糖多是从桄榔花梗中的甜液制成的棕榈树糖，"虽然当地人也用土法制造蔗糖，但将真正的制糖之工业介绍到爪哇来的却是中国人。因此，巴达维亚开埠后不久，谙于其道的中国人便开始在该地设立了制糖作坊。他们利用牛拖或水力推转石磨来压榨甘蔗。"[④]这项技术将印度尼西亚过去的蔗糖年产量从196担，提升至1653年达到1.2万担[⑤]。杜尔（P. A. Toer）也指出："虽然以往印尼也能以土法产糖，但只有采用了华人先进的制糖工具后，产量才大大地增加，从而促进了当地人民的经济繁荣。这种新的工具就是在中国所普遍采用的水力榨糖机，在没有水力时也可以用畜力来代替……到现在它仍是西爪哇和西苏门答腊制糖加工业的主要工具。"[⑥]爪哇甘蔗制糖业不仅始自中国移民，而且在长达两个多世纪中一直由中国移民经营。

4. 胡椒栽培法

胡椒是16—17世纪东南亚最重要的经济作物。17世纪的前20年，仅万丹每年出口就达2100吨胡椒，而整个东南亚地区的产量接近5000吨[⑦]。16世纪万丹

①［明］宋应星：《天工开物》卷上《甘嗜第四》，巴蜀书社，1989，第278—279页。

②延陵处士：《新镂江湖秘传商贾买卖指南评释》，潭邑余文台梓行本，第39页。

③周一良：《中外文化交流史》，河南人民出版社，1987，第220页。

④［英］巴素：《东南亚之华侨》，正中书局，1974，第683页。

⑤王介南：《中国与东南亚文化交流志》，上海人民出版社，1998，第156页。

⑥ P. A Toer: *Hoe Kiau di Indonesia*, Bintang Press, Djakarta, 1960. p121—122.

⑦［新西兰］尼古拉斯·塔林：《剑桥东南亚史》，贺圣达等译，云南人民出版社，2003，第381页。

的中国移民多从事胡椒种植，他们结合中国先进的园圃技艺，对传统的胡椒种植法进行改良。据当时所记中国移民种植胡椒的方法如下：

> 他们和苏门答腊的习惯不同，不让胡椒蔓茎盘绕在榛栗树上；而是在地上插一根竿子，或是短而坚硬柱子，俾使蔓茎的滋养不致受到剥夺。华侨对蔓茎行列间的空地能保持得十分清洁；我曾看见他们把蔓茎上的叶子摘掉；据说他们这样做是为了让胡椒粒得到更多的阳光。我曾数过每一个根茎上面的胡椒粒，多达70到75个——比苏门答腊者为多。①

正是由于华侨采取了一套完整的先进种植技艺，极大地提高了胡椒产量，使万丹成为世界贸易中心。在加里曼丹岛北部的文莱，自明代起就有不少华侨前往种植胡椒，到18世纪时，加里曼丹华侨还改进了种植胡椒的生产技术，使胡椒增产。福莱斯特（Thomas Forrest）在加里曼丹看到华侨改进种植胡椒的先进生产技术，提升胡椒产量的情况大加赞赏②。利用改良的种植法，既可增加每株胡椒树的产量，还可利于合理密植，在邦加的胡椒园，那些采用先进生产技术的每公顷可栽种2500株；但那些采用旧法的地方，如苏门答腊的楠榜，只有1200株③。中国移民改进胡椒栽培法，极大提高了东南亚国家的胡椒产量。

二、手工制造技艺的传播

中国人移民海外后，不少人从事各种手工行业，如裁缝、织染、刺绣、制皮、制造家具、打铁、打银、制锁、修锁、打铜、打锡、制马具、钉书、制砖瓦、打石、烧石灰、做泥水、制蜡烛、油漆、制鞋修鞋、制帽、制灯笼、编篾、酿酒、榨油、制糖等④。

西班牙人占领菲律宾后，中国沿海一带的工匠，在西班牙人的招徕之下，从16世纪晚期开始，大批奔赴菲律宾群岛谋求生路，顾炎武在书中反映了手工业

①［英］巴素：《东南亚之华侨》，正中书局，1974，第724页。

②《远东季刊》1946年，第五卷第二期，第192页。

③温广益：《印度尼西亚华侨史》，海洋出版社，1985，第75页。

④费慕伦：《红溪惨案本末》，翡翠文化基金会，1961，第119—120页。

者赴菲谋生的这一情景："我人百工技艺有挟一技以往者，虽徒手无不得食，民争趋之。"[①]由于菲律宾群岛上，西班牙人数量稀少，而当地土著又比较懒惰，因此无论在经验和技术上都无法与华人媲美，在菲律宾几乎全部手工业部门都由华侨经营。西班牙人曾记载"我们殖民地里，各种工匠和技师，如裁衣匠、鞋匠、铜铁匠、银匠、锁匠、雕刻匠、油漆匠、泥水匠、纺织匠和各种技艺人员，皆由华人担任。"[②]他们"从事各种服务，既敏捷又迅速，而且又便宜"[③]，马尼拉的手工业行业几乎全被华侨所垄断。菲律宾第一任天主教主教萨拉查曾给西班牙国王写过一封长信，详细描写了当时华侨工匠的在菲活动，盛赞在八连之中"可以找到一个国家所需要的一切行业和手艺的工匠，而每一行都有好几家。他们制造的产品，比西班牙制造的更美丽，而且有时候便宜到我都不好意思。"[④]在经营过程中，华侨表现了极高的模仿加工能力，即使在国内没有的行业，华侨一经学习，便很快能够掌握技术，甚至超过西班牙的师傅。"他们很熟练而且很聪明，只要他们一看到一个西班牙工人的任何制品，他们便能精确地复制。最使我惊奇的便是我抵达的时候，没有一个华人懂得油漆任何东西，但是现在他们对这项艺术已经很精通了，以致使他们应用刷子和凿子，生产了令人惊叹的作品"[⑤]。

中国人在当地经商、开垦农田，还将生产技术传播给了当地人，大大提高当地的生产水平，促进生产力的提高。菲律宾华侨传授给当地人冶炼、制糖等技术，对于当地人的社会生活有着重要的影响。西方学者罗拉在《菲律宾群岛》一书中说："他们(华侨)对于本地人主要是起了文化影响的作用：教导人们许多重要工艺、冶铁、制造蔗糖等"方法。另外，在马尼拉还有很多闽南华侨从事蜡烛制造业。在教授菲人种植水果方面，华侨也做出不少贡献。当时，许多华侨与当地人住在一起，关系密切，教授他们接枝改良水果品种的技术。据菲律宾古籍记载，早在洪武十二年（1379年）就有一位华侨辛榜（Simpang）教菲人制造"土

①[清]顾炎武：《天下郡国利病书》，福建泉州府新志《市舶税》，上海古籍出版社，2012。

②Blair and Robertson: *The Philippine Islands*, 1493—1898; Cleveland: The Arthur H. Clark Co. 1903.Vol.7, p.364.

③[菲]格雷戈里奥·F·赛义德著《菲律宾共和国·历史、政府与文明》，吴世昌、温锡增译，商务印书馆，1979，第512页。

④[菲]陈台民：《中菲关系与菲律宾华侨》，香港朝阳出版社，1985，第249—250页。

⑤Blair and Robertson: *The Philippine Islands*, 1493—1898; Cleveland: The Arthur H. Clark Co. 1903.Vol.7, p.226.

巴酒”的方法，用曲刀割裂树花，把它的汁放进竹筒中酿成，这种酒一直到今天还为农民所乐饮[①]。

华侨还把造纸术传入印度尼西亚。得汉博士在《古巴达维亚》中写道：“十七世纪八十年代，中国人已在巴达维亚（今雅加达）建立造纸厂，从事制造纸张。”而在15世纪初，据跟随郑和下西洋到过爪哇的马欢的记载，爪哇尚“无纸笔，用茭蕈叶以尖刀刻之”[②]，可见造纸术的传入，当在15世纪中后期至17世纪之间。华侨还把印刷术传入了菲律宾。菲律宾于1593年（明万历二十一年）最早出版的《基督教义》是华侨印刷和装订的。该书印刷兼装订者是龚容（Keng Yong）。据多明基斯神父考证，龚容是一位华侨，居住在当时的马尼拉王城东北边的涧内。他由中国来菲，后受天主教洗礼，为菲律宾印刷业的创始者[③]。此书的出版地点是在当时华侨聚居的中心——马尼拉唐人街（即Parian巴连市场）[④]。天主教为菲律宾第一大宗教。菲律宾作为天主教的传播中心，17世纪华侨将教义印刷成中文，不仅传播至菲律宾国内，而且也随着华侨传到了中国，这对于天主教在中国的传播又起到了极大的促进作用。造纸术与印刷术的传入也为东南亚地区的文化发展提供了先进的记录载体与记录方式，推动了当地文化发展的进程。

中国移民也将制瓷技术带入了南洋。越南的北宁是著名的制造陶瓷的地方，即由中国陶工于公元1465年首建起来。越南另一个于16世纪前半期成立起来的制瓷中心“藩朗”，其制瓷技术也是采用中国陶瓷中心景德镇的技术，有人把它称作为“越南的景德镇”[⑤]。泰国亦受中国制瓷技术的影响很深。早在14世纪中期，中国的龙泉花瓷器就输入暹罗，深为暹罗人喜爱，遂派使团到中国邀请龙泉工匠，中国工匠挟技术而来，定居于此，推动了暹罗的青瓷生产[⑥]。闻名于世的素可泰王朝时期泰国“宋加洛瓷器”就是在华侨工匠的指导下生产出来的，并行销于东南亚各国和地区，成为当时泰国重要的出口商品。这些流传后世的瓷器无论在色彩、花纹、图饰、文字等方面都有明显的中华文明特征，并且进一步影响

①刘芝田：《中菲关系史》，正中书局，1979，第347页。

②［明］马欢：《瀛涯胜览》，中华书局，1985，第14页。

③刘芝田：《菲律宾华侨史话》，台北海外文库出版社，1958，第27页。

④刘芝田：《中菲关系史》，正中书局，1979，第451页。

⑤《暹罗学会会刊》，曼谷：暹罗学会，1976年第1期，第26页。

⑥朱杰勤：《中外关系史论文集》，河南人民出版社，1980，第9页。

到该地区的日常用品，陈设装饰甚至是丧葬仪式、宗教崇拜等方面，可见影响深远之程度。

三、航海与造船技术的传播

中国在历史上曾经是个造船与航海事业相当发达的国家。明代造船航海技术向海外的传播，促进东亚、东南亚诸国造船航海技术水平的提高，也加强了东南沿海诸国与我国的往来。同时对自身造船航海技艺的发展也大有益处。

明代，大批掌握造船和航海技术的能工巧匠由于种种因素，移居海外，他们成为向所住国传播中国先进的造船及航海技术的友好使者。在这方面，移居琉球的闽人36姓及其后裔颇具代表性。明洪武二十五年（1392），朱元璋鉴于琉球造船航海业十分落后，难以与明朝保持密切的朝贡贸易关系，除赐海舟给琉球外，另赐琉球“闽人三十六姓善操舟者，令往来朝贡”①，赐闽人36姓移居海外，不仅是明以前历史上绝无仅有的由政府主持的大规模中国人移居海外的活动，而且也是明朝统治者对其他国家不曾有过的特殊政策。琉球对闽人36姓极为重视。闽人36姓及其后裔成为福建先进的造船航海技术向琉球传播的重要使者，因为他们来自精通此技的福建东南沿海。这些习操舟、善航海之民抵达琉球，直接从事朝贡贸易活动，大大推动琉球造船航海业的发展。除此之外，中国造船航海技术向海外传播渠道还很多，如《明世宗实录》卷261记载，嘉靖二十一年(1542年)五月，“漳州人陈贵等私驾大舡下海通番，至琉球”，说明福建沿海私人贸易商也是传播渠道之一。

据史料记载，郑和下西洋活动也引发了大量福建人移居海外。如婆罗（文莱），位于加里曼丹岛北部，北临南海，唐代就与我国有了交往。“永乐三年（1405）十月遣使者赍玺书、彩币抚谕其王。四年十二月，其国东西二王并遣使奉表朝贡。明年又贡……万历时，为王者闽人也。或言郑和使婆罗，有闽人从之，因留居其地，其后人竟据其国而王之。”②徐继畬在《瀛寰志略》中也记载道：“中国之南洋、万岛环列，星罗棋布……遣太监等航海招致之，来者益众……而闽广之民，造舟涉海，趋之若鹜，或竟有买田娶妇，留而不归者，如吕宋、噶罗

①［清］龙文彬：《明会要》卷七十七，中华书局，1956。

②［清］张廷玉：《明史》卷三二三《婆罗传》，中华书局，1974，第8378页。

巴诸岛，闽广流寓，殆不下数十万人”[①]。这些福建华侨把种茶、制糖、造纸、酿酒等福建传统工艺传播给居住国人民，同时也带去了先进的造船航海技术，为中国与东亚、东南亚诸国的经济、文化交流作出了重大贡献。

中国先进的造船航海技术向海外传播，极大促进了东亚、东南亚诸国造船航海技艺的提高。另据《筹海重编》记载，日本海船原先多系平底船，“布帆悬于桅之正中”、“桅机常活”，若遇无风、逆风，“皆倒桅荡橹，不能转戗”，过洋“非月余不可”。明代，日本船在福建工匠指导下加以改进，“其船底尖，能破浪，不畏横风、门时风，行驶便易，数日仰至也。”[②]

四、建筑技术的传播

前往东南亚国家的中国移民中，有一部分从事着建筑行业。他们之中多是石匠、木匠和泥瓦匠。这批人对东南亚国家的建设起到了不可或缺的作用。

西班牙人到达马尼拉时，马尼拉只是一个较为热闹的村镇而已，所有的建筑只是一些用茅草和棕榈叶搭制的木房，在驻菲几任总督尤其是达斯马利纳斯总督的经营下，马尼拉开始以砖石房取代竹木房的城市建造工程。在华侨的参与营建下，16世纪晚期，马尼拉一跃取代印度的果阿，成为当时东南亚商业的中心，人口也从西班牙占领之前的2000人激增到3.4万人（1591年）[③]。这一显著变化，在当时明朝地方官员的记载中也得到了证实：“吕宋本一荒岛，魑魅龙蛇之区。徒以我海邦小民行货转贩、外通各洋、市易诸夷，十数年来，致成大会。亦由我压冬之民，教其耕艺，治其城舍，遂为陬区，甲诸海国。”[④]

在这一过程中，来自中国的能工巧匠因地制宜，发明了用海边的白珊瑚和牡砺壳烧制石灰，以解决菲律宾石灰不足的问题，充分显示了中国人的智慧。“起初，石灰如同在西班牙一样是用石块制成的；但是现在生理人应用一种叫做“白珊瑚”的小圆石，这是他们在这里的海岸边找到的；同时也应用大蠔的介壳，这是可以大量取得的。在开始的时候，这些石灰的质看来并不好；但是从该时起所

①［清］徐继畬：《瀛环志略》卷二《南洋群岛》，上海书店出版社，2001。

②［明］邓钟：《筹海重编》，《四库全书存目丛书》史部第二二七册，齐鲁书社，1996，第143页。

③金应熙，刘迪辉：《菲律宾史》，河南大学出版社，1990，第153页。

④［明］陈子龙：《明经世文编》卷四三三，徐学聚：《报取回吕宋囚商疏》。

生产的，却是极佳的，并使本市不再应用他种的石灰。”[①]到了16—17世纪之际，马尼拉城房屋约600余间，其中总督府、高等法院、马尼拉大教堂、八连等，其竹木结构都已经由石制材料取代[②]。“靠着生理人的勤劳和精明，我们能够用斫成的石块，廉价地建筑很优美的房屋，而且是在很短的时间内；一个人在一年内，便能完成一座全部可供居住的房屋。看到迅速在建筑中的许多华美的房屋、教院、修道院、医院和一座炮台，是令人惊叹的。”[③]因此，在菲律宾各地都可以找到许多具有中国独特风格的建筑物，“在古老的教堂和裂碎的石砌大建筑物里，可以看到中国建筑的遗迹。黎萨尔省的莫朗和塔奈的多层教堂的塔形塔楼；南伊科斯圣玛丽亚的巨石楼梯和教堂；内湖纳卡兰的天主教公墓用瓦片装饰的铁花格的围墙；和怡朗卡巴瑞教堂的伞形圆屋顶，都是菲律宾受中国建筑影响的不朽的体现。”[④]

五、戏曲戏剧的传播

明中叶以后，随着大量华人移民海外，中国文化对移居地诸国产生了深远的影响。华侨在传播中国物质文化的同时，也传播了精神文化。华侨每逢传统的节日庆典也依旧像在祖籍地一样庆祝和纪念，在宗教和风俗传入当地后，人们也会将酬神的戏曲一并带入。以悠久、丰富和灿烂见称于世的中国文化在东南亚及欧洲国家的传播和影响源远流长。

明末清初，去往东南亚的福建漳州籍移民人数激增。漳州的木偶戏、纸影戏等先后传入台湾，并随移民至东南亚的人，一同带去了当地。当时，大批闽籍艺人曾到东南亚进行演出。泰国的王族也会在招待国外使节或来访人员时请这些戏班演出。在暹罗王城，经常可见福建的戏班在宫廷演出，当地人都十分爱看其表演[⑤]。由此可见，当时广东和福建的地方戏剧已经在泰国十分流行，连当地人也参与表演。逢年过节，他们会在华人庙宇前搭筑戏台，表演戏剧、请神像等酬谢

①陈台民：《中菲关系与菲律宾华侨》,《一封大主教的信》，朝阳出版社，1985，第252页。

②王刘波：《明代隆庆开放后的旅菲华侨研究》，山东大学硕士学位论文，2011，第38页。

③陈台民：《中菲关系与菲律宾华侨》,《一封大主教的信》，朝阳出版社，1985，第251页。

④ Eufronio M.Alip：*Ten Centuries of Philippine–Chinese Relations*，Manila，1959，p.103—104.

⑤蔡丽红：《明清时期中国与邻国乐舞文化交流述略——以海陆丝绸之路的文化线路为例》,《福建师范大学学报》(哲学社会科学版)，2011年第6期，第157—160页。

神灵；或在春秋祭祖，做牙祭拜财神、大伯公等年俗节日时，请来戏班演戏，继续将家乡的习俗发扬下去①。

南音，又称南曲、南管、弦管，是福建南部和台湾最具代表性的民间音乐。南曲曲调古典悠扬，流行于福建省闽南地区、台湾以及东南亚各地，是一种来自家乡的音乐，寄托着远在他乡、胼手胝足的华侨对故里的思念和寄托。今天，在菲律宾、印尼、新加坡、马来西亚、泰国与缅甸等地闽南华侨密集的城镇，都有南曲会社的组织和活动。明代中后期，由于福津泉州安海港以及漳州月港的发展，闽南籍的商人、水手以及破产的手工业者和农民大量流向东南亚各地谋生。明代末期，在菲律宾的马尼拉，聚集着大批闽南华侨，他们当中多人会唱家乡的歌曲，南曲就开始在当地传播。据林金枝教授的推测，清初，由于南音得到康熙帝嘉赏，其艺人被封为“御前清客”，使许多旅居海外的闽南籍华侨引以为荣，于是学唱学弹南曲的人也就骤增。大约在明代后期至清初（即17世纪—18世纪），南曲可能已经传至菲律宾②。

泰国的歌舞和戏剧有着悠久的历史，融合了印度及本国宗教的元素。中泰两国很早就有乐舞的交流③。中国的戏剧也深深影响着泰国戏剧，《拉马金》是泰国有名的舞剧，深受当地人喜爱。这部作品在阿瑜耶陀王朝时就受到关注，它的一大特色是演员戴着色彩鲜艳、独特的面具表演，类似中国少数民族祭祀时所戴的面具。它是吸收印度作品和中国的《封神榜》、《西游记》等古典小说而创造出来的民族舞剧④。

早在17世纪，福建的布袋戏就已流行于西爪哇万丹和巴达维亚等地，即是由闽南移民带入的。印尼的布袋戏有的用闽南方言表演，有的则用马来语演唱⑤。这种布袋戏不仅为华人所爱，当地人也十分喜欢⑥。在巴达维亚庙会或节日集会时，许多华侨会请来布袋戏的戏班表演。

---

①周堃：《17—18世纪中国文化在东南亚的传播》，广西民族大学硕士学位论文，2016，第38—39页。

②林金枝：《福建文化在东南亚的传播及其影响》，《福建论坛》（文史哲版）1989年第6期，第40—44页。

③赖伯疆：《东南亚华文戏剧概观》，中国戏剧出版社，1993，第198页。

④赖伯疆：《东南亚华文戏剧概观》，中国戏剧出版社，1993，第18页。

⑤孔远志：《中国印度尼西亚文化交流》，北京大学出版社，1999，第214页。

⑥孔远志：《中国印度尼西亚文化交流》，北京大学出版社，1999，第216页。

第三节　海外移民与海洋文化

一、海外移民对明代海洋观念的影响

自洪武初年，明太祖就宣布海禁，实施从海洋退缩的基本国策，对后世海洋观的发展产生了巨大而深远的影响。正如有学者所说的那样："一直到元朝为止，中国政府对于海外贸易大致都持开放和鼓励的态度；这种态度到了1368年朱元璋建立明政权时发生了全面的逆转，政府对于海贸改采否定和禁绝的政策。"[①]明初禁海政策的实施，在15至16世纪世界性海洋时代到来的前夕，无疑严重地羁绊了中国人迈向海洋时代的步伐。

直至明代中后期，随着私人海上贸易的迅速发展，海洋移民日渐增多，给社会带来了一些观念上的变化，尤其是移居台澎地区的郑氏武装海商集团所具有的"通洋裕国"的观念，更是明代海洋观一个引人瞩目的演变。

第一是民间观念的转变。与官方控制垄断的朝贡贸易不同，私人海上贸易没有"怀柔远人""羁縻四夷"的政治目的，而完全是"惟利是视，走死地如鹜"[②]的经济需求。例如，"中国湖丝百斤，值银百两者，至彼（东南亚一带）得价二倍。而江西瓷器、福建糖品、果品诸物，皆（彼国）所嗜好"[③]。而且，东南亚一带所产苏木、胡椒、犀角、象牙等物品，"是皆中国所需"，"中国人若往贩大西洋，则以其产物相抵"[④]，从事海上贸易无不获利数倍。特别是明王朝部分开放海禁后，仍然规定"不得往日本倭国"，结果造成对日走私贸易获利更丰。如丝在日本"每百斤值银五六百两，取去者其价十倍"；铁锅在日本"大者至为难得，每一锅价银一两"[⑤]。许多沿海地区居民在高额商业利润的诱导下，无视明廷禁令，继续东渡日本，从事走私贸易，甚至留居日本。

据史料记载，福建"同安、海澄、龙溪、漳浦、诏安等处奸徒，每年于四、五月间，告给文引，驾驶乌船，称往福宁，卸载北港捕鱼及贩鸡笼、淡水者，往

---

①张彬村：《十六——十八世纪中国海贸思想的演进》，《中国海洋发展史论文集》第二辑，台北中研院，1987，第39页。

②［清］顾炎武：《天下郡国利病书》，《福建备录》，上海古籍出版社，2012。

③［清］顾炎武：《天下郡国利病书》，《福建备录》，上海古籍出版社，2012。

④［清］顾炎武：《天下郡国利病书》，《福建备录》，上海古籍出版社，2012。

⑤［明］郑若曾：《郑开阳杂著》卷四《日本图纂》，康熙31年刊本影印版。

往私装铅硝等货，潜去倭国”[①]。有些则“藉言潮、惠、广、高等处籴买粮食，径从大洋入倭，无贩番之名，有通倭之实”[②]。从事海上走私贸易往往致富，形成实力雄厚的海商集团，这些海商集团以国外为据点进行走私贸易，如前述的王直，“凡五、六年间，致富不赀，夷人信服，皆称‘五峰舡主。’”[③]洪迪珍自“嘉靖三十四、五年载日本富夷泊南澳得利，自是岁率一至，致富巨万”[④]；李旦“商贩日本，积累巨万。”[⑤]尤其是郑芝龙海商集团，“每舶例入二千金，岁入以千万计，以此富敌国”[⑥]。

上述这种情况逐渐在沿海地区形成一种“海中以富为尊”[⑦]的社会风气，“饶心计者视波涛为阡陌，视帆樯为耒耜。盖富家以财，贫人以躯，输中华之产，驰异域之邦，易其方物，利可十倍”[⑧]。沿海一带人民以海为田，贩海兴利观念的形成，虽然限制在民间的层次，但已对固有的重农抑商、重陆轻海的传统意识产生局部的冲击。正如时人所说："异时贩西洋，悉恶少无赖不事生业，今虽富家子及良民靡不奔走。异时维漳缘海居民习奸阑出物，虽往仅什二三得返，犹几幸少利；今虽山居谷汲，闻风争至，田亩之夫，辍耒不耕，赍贷子母钱，往市者握筹而算，可坐致富也。”[⑨]

更值得注意的是，这种社会风气还孕育了海权思想的萌芽。嘉靖十六年（1537年）刊刻的、福建诏安人吴朴编纂的《渡海方程》，便提出了在海外设立都护府以保护海上贸易的主张。此书现已失传，据董穀的《碧里杂存》所载："余于癸丑岁见有《渡海方程》，嘉靖十六年，福建漳州府诏安县人吴朴著也。其书上卷述海中诸国道里之数，南自太仓刘家河，开洋至某山若干里，皆以山为标准。海中山甚多，皆名，并图其形，山下可泊舟，或不可泊，皆详备。每至一国则云：此国与中国某地方相对，可于此置都护府以制之。直至云南之外，忽鲁谟

①［明］陈子龙：《明经世文编》卷四〇〇，［明］许孚远：《敬和堂集》《疏通海禁疏》。

②［明］陈子龙：《明经世文编》卷四〇〇，［明］许孚远：《敬和堂集》《疏通海禁疏》。

③［明］万表：《玩鹿亭稿》卷五，齐鲁书社，1997。

④［清］陈锳、王作霖：乾隆《海澄县志》卷二四《丛谈》。

⑤［清］沈云：《台湾郑氏始末》，上海古籍出版社，1996。

⑥连横：《台湾通史》卷二九《颜思齐、郑芝龙列传》，广西人民出版社，2005。

⑦［清］彭孙贻：《靖海志》卷一，上海古籍出版社，1996。

⑧［清］陈锳、王作霖：乾隆《海澄县志》卷一五《风土》。

⑨［明］洪朝选：《洪芳洲先生摘稿》卷四《瓶台谭侯平寇碑》。

斯国而止，凡四万余里。……北亦从刘家河开洋，亦以山纪之，所对之国亦设都护府以制之，直至朵颜三卫鸭绿江尽处而止，亦四万余里云。下卷言二事：其一言蛮夷之情，与之交则喜悦，拒之严反怨怒。请于灵山、成山二处，各开市舶司以通有无，中国之利也。……其言如此，虽未知可用与否，亦有志之士也。”[①]吴朴的生平事迹已不可详考，但他留心海上交通，提出以江苏太仓刘家河为起点，南至忽鲁谟斯国，北至朵颜三卫鸭绿江的尽处，在此8万余里的航线上择要地设都护府以控制海上交通，并主张在灵山、成山（今越南）设市舶司管理海上贸易。吴朴把这种做法看成是国家的利益所在，的确是一种远见卓识，包含了某些海权思想的因素[②]。董穀称其为“有志之士”，实际上也反映了当时社会风气对此种主张的认同。

第二是地方官府态度的转变。日益发展的私人海外贸易，沿海居民往来东亚、东南亚等地，在观念意识上对闽粤浙沿海地区的地方官员也有所冲击，对明朝中央推行严厉的禁海政策做了新的思考。例如，嘉靖“倭寇”严重时，负责闽浙海防事务的王忬在考察滨海民情之后，向明廷汇报说：“臣近查闽浙地方，少有遗利在民，惟渔船纳税，公私两便。何则？国初立法，寸板片帆，不许下海。百八十年以来，海滨之民，生齿蕃息，全靠渔樵为活，每遇捕黄鱼之月，巨艘数千，俱属犯禁。议者每欲绝之，而势有难行，情亦不忍也。与其绝之为难，孰若资之为用。”[③]他认为应当改变禁制，让滨海之民下海捕鱼，官府依例纳税，对纾解民生、充实国家财政都有好处。王忬虽然没有直接提出开放海外贸易，但他却看到了海洋与滨海之民生活的密切关系。

福建巡抚谭纶认为，福建“滨海而居者，不知其凡几也，大抵非为生于海则不得食。”如果严厉禁海，民生无所依托，必得“相率而引为盗也”。不如开放近海通商，“即使为贼者半，为商者半；或为商者十之七，为贼者十之三，则彼之分数既减，而我之致力亦易，不尤愈于相率而共为盗乎？”[④]

后来的几任福建巡抚都不同程度地有类似主张。例如，隆庆元年（1567年）部分开放海禁，就是在福建巡抚涂泽民的力争下得到的批准。此后，万历年间因日本进攻朝鲜，明朝出兵援朝，东南沿海形势紧张，禁海政策再度被提及时，时

①[明]董穀：《碧里杂存》下卷《盐邑志林·卷三九》，中华书局，1985，第8—10页。

②周学锋：《中国海岛法律制度》，海洋出版社，2018，第172页。

③[明]陈子龙：《明经世文编》卷二八三，[明]王忬：《王司马奏疏·条处海防事宜仰祈速赐施行疏》。

④[明]谭纶：《谭襄敏公奏议》卷二《条陈善后未尽事宜以备远略以图治安疏》。

任福建巡抚的许孚远细察民情，上奏说："据海澄县番商李福等连名呈称，本县僻处海滨，田受咸水，多荒少熟，民业全在舟贩，赋役俯仰是资。往年海禁严绝，人民倡乱，幸蒙院道题请建县通商，数十年来，饷足民安。近因倭寇朝鲜，庙堂防闲奸人接济硝黄，通行各省禁绝商贩，贻祸澄商，引船百余只，货物亿万计，生路阻塞，商者倾家荡产，佣者束手断餐，阖地呻嗟，坐以待毙。"种种惨状，均因厉行禁海，断了人民生路而起，因此，"防一日本，而并弃诸国，绝商贾之利，启寇盗之端，臣窃以为之过矣"①。

此外，曾任两广总督的张瀚、给事中傅元初等人也主张开海贸易，认为这既利民生，又弭寇患，对国家财政税收也有裨益。应当说，大部分的沿海地方官员主张开海贸易绝不是一种偶然的现象，它是明代商品经济发展、私人海上往来活跃对封建统治阶级海洋观所带来的巨大冲击。这种地方官府层面海洋观念的变化趋势，同样会对传统重农抑商、重陆轻海的观念产生深远的影响。

值得注意的是，一些沿海地方官员还认为开海通商有利于了解海外情况，做到有备无患，对海疆防御也有裨益。陈子贞明确指出："洋船往来，习闻动静，可为我侦探之助。舳舻柁梢，风浪惯熟，可供我调遣之役。额饷二万，计岁取盈，又可充我军实之需。是其利不独在民，而且在官也。"②徐光启也主张只有开放海外贸易，才能有效地靖倭、知倭、制倭和谋倭，即"惟市而后可以靖倭，惟市而后可以知倭，惟市而后可以制倭，惟市而后可以谋倭"③。这种通过海外贸易往来了解敌国夷情以制敌的思想主张，应当说对后世也有积极的启迪作用④。

二、海外移民与海洋神明信仰

在中国海外移民的精神生活中，宗教信仰也占有极为重要的地位。中国沿海社会流行道教、佛教、伊斯兰教等宗教，以及各种不同的区域性民间信仰。这些宗教、信仰随着移民的漂洋过海，也成了他们在异国他乡的精神寄托。据载，伊斯兰教在印尼、爪哇岛的大量传播，早在15世纪初郑和下西洋时即已开始。郑

①［明］陈子龙：《明经世文编》卷四〇〇，［明］许孚远：《疏通海禁疏》。

②《明神宗实录》卷二六二，万历二十一年七月乙亥，台北"中央研究院"历史语言研究所校印，1962年影印本。

③［明］陈子龙：《明经世文编》卷四九一，［明］徐光启：《海防迂说》。

④黄顺力：《中国近代思想文化史探论》，岳麓书社，2005，第319页。

和可能是首位访问爪哇的有地位的伊斯兰教徒，自他第一次下西洋后，永乐五年（1407年）在苏门答腊的旧港，中国移民伊斯兰教徒社区就产生了。接着，永乐九年（1411年），郑和第三次下西洋回航时，东爪哇的杜板、锦石、惹班，西爪哇的雅加达、井里汶等地也都纷纷建立起伊斯兰教堂。宣德五年（1430年），在杜板、井石、井里汶，中国移民伊斯兰教徒社区都已产生了[①]。马欢《瀛涯胜览》也记载了满者伯夷王国境内的中国移民“多有从回回教门、受戒持斋者”[②]。

另一为海外移民社会普遍尊奉的妈祖（天妃、天后、天上圣母），本是宋代产生于福建沿海的地方神，因渔民、海商、水手的信奉而成海神。明代以后，随着海洋贸易的拓展，传播于日本、朝鲜、琉球和东西洋各国，并经葡萄牙人、西班牙人为中介，传到美洲和欧洲。此外，从不同沿海地区迁往海外的移民，崇拜不同的地方神。如新、马地区福建人的地方神有保生大帝、清水祖师、广泽尊王、圣侯恩主、开漳圣王、大使爷等；广东的地方神是三山国王、玄天上帝，海南人的地方神是水尾圣娘，等等。

海洋移民们到达目的地后，都要把与自己风波浪里一路相伴的神灵的香火或神像供奉起来，当然其供奉的方式并不是单一的。将携带的神像或香火供奉在移民栖身的茅屋中是最常见的做法。据研究，渡海去台湾的移民登岸后把从故乡随身携带的“妈祖香火、香符、神像等供奉于草寮、茅屋中”[③]。而往南洋群岛的移民当其登岸后，通常要搭建“亚答屋”以供栖息，同时也把从家乡携带去的“妈祖像”[④]供奉在屋内[⑤]，或供奉其他神像如观音、关帝、大伯公等。有的移民登岸后则设立神龛、神坛供奉所携带的神像。

海洋移民群体中正规庙宇的建造必须是有一定的神灵信仰覆盖面与经济能力。随着移居地移民人数的不断增多与移民开发事业的发展，经济能力的增强，海洋移民群体开始在聚居地集资建造正规的神庙。如移居琉球的闽人大多建天妃庙，祭祀妈祖。琉球是与明王朝交往密切的朝贡国，闽人“善操舟”。为了承担

①李炯才：《印尼——神话与现实》，香港明报出版部，1982，第133—134页。

②[明]马欢：《瀛涯胜览》，《爪哇国》，中华书局，1985。

③张文绮：《从匾联碑记看台湾官民的妈祖信仰》，林文豪主编《海内外学人论妈祖》，中国社会科学出版社，1992，第249页。

④闽人称妈祖<ma-Tsu>，粤人称婆祖<Po-Tsu>。

⑤黄炳元：《泉州——妈祖信仰传播的发祥地》，曲金良主编《中国海洋文化研究》第一卷，第83页。

中琉朝贡关系中航海和翻译任务，明朝初年闽人三十六姓移居琉球[①]，将海神妈祖等信仰传到琉球。据记载，琉球久米村的天妃宫“宫在曲巷中，门南向，神堂东向，门旁亦有石神二。进门，上甬道。左右宽数亩。缭垣周环。正为天妃神堂，右一楹为关帝神堂，左为僧寮。阶下，钟一所，大门左有神堂，上飨供龙神”[②]。久米村的天妃宫是移居琉球的闽人共同创建的，作为当地闽人移民社会“祈福”的信仰场所。20世纪末，日本人真荣城安子女士到福建泉州寻根认祖时说，她的家谱记载，她家本姓金，是明太祖时受赐到冲绳岛帮助开发的福建沿海三十六姓之一，其先祖移居在那坝区久米村，创建天妃宫，拜妈祖。此庙目前还在，仍受崇拜。她一踏入泉州天妃殿，随即跪扑在地上数分钟，激动得流泪。她说，自己找到了真正的祖地，感到无比欢喜[③]。

继移居琉球的闽人社区中出现妈祖庙之后，明末清初，日本长崎的中国海洋移民社会创建了几所佛寺、神庙一体的庙宇。据西川如见的《长崎夜草话》记载，明嘉靖四十一年（永禄五年，1562年）就有装载瓷器、棉布、食品等货物的中国船只来到长崎港入口处的户町海岸[④]。此后至清初，我国沿海海商前往长崎从事海洋贸易者日增。其中有为数不少的人留居长崎而成了移民，同时还有一批流亡日本避难的明朝遗民，从而形成了移民社会。从明末至清初在长崎的海外移民社会中相继出现了一批寺院。天启三年（1623年），东明山创建“兴福寺”；崇祯元年（1628年），分紫山创建“福济寺”；崇祯二年（1629年），圣寿山创建“崇福寺”；康熙十七年（1678年），万寿山创建“圣福寺”。前三寺合称“唐三寺”，再加上圣福寺，又合称“唐四寺”。这些寺院大都供奉民间俗神，其情况为：兴福寺设有妈祖堂，正中主祀天后圣母，左右配祀关帝及大道公（三官大帝）；福济寺设有青莲堂，正中主祀天后圣母，旁祀关帝和观音大士；崇福寺设有妈祖堂，正中主祀天后圣母，旁祀三官大帝，而在护法堂内祀关帝与观音[⑤]。可见，是以妈祖、关帝为主，还有观音与三官大帝。日本学者内田直作教授说，

①杨国桢：《唐荣诸姓宗族的整合与中华文化在琉球的流播》，《亚太地方文献研究论文集》第119页，香港大学亚洲研究中心，1991。

②徐光葆：《中山传信录》，转引自谢必震：《中国与琉球》，厦门大学出版社，1996，第116页。

③黄炳元：《泉州——妈祖信仰传播的发祥地》，曲金良主编《中国海洋文化研究》第一卷，第82—83页。

④郭梁：《长崎华侨史迹若干考察》，《华侨华人历史研究》，1990年第1期。

⑤童家洲：《日本华侨的妈祖信仰及其与新、马的比较研究》，《华侨华人历史研究》，1990年第4期。

唐三寺当初是以妈祖堂、关帝庙为主体的[①]。

当然东南亚的中国人移民社会中最初出现的神庙应是神坛与小庙。土地公是神界的“基层干部”，庇佑一方水土，是我国民间诸神中广为民众信仰的小神，但也是贴近民众生活的神灵。海洋渔民、海洋商人都信奉土地公[②]。

①［日］内田直作：《日本华侨社会的研究》，1949年东京出版。

②王荣国：《海洋神灵：中国海神信仰与社会经济》，江西高校出版社，2003，第184页。

第八章
海上丝绸之路与明代中西文化交流

随着明代海上丝绸之路的大发展，国与国之间有了更多的交流，从而使中西文化发生了更大规模的接触与碰撞。明代中叶，罗马教廷配合欧洲殖民势力向世界扩展，在葡萄牙的支持下，通过澳门派出成批的传教士，进入中国内地。在来华各派教士中，耶稣会传教士显得人才济济、实力雄厚，很多人拥有先进的科学知识，在早期并能注意学习中国语言文字和经籍，努力了解并顺应中国社会，以求得天主教义和中国传统儒教思想的统一，藉以培植天主教在中国植根的土壤。明政府也利用西方来华的人才，吸收西方科学知识，同时适当地容许传教士正常的教务活动。在这样的合作下，中西文化得以在新的历史背景和新的规模下，相互了解、相互切磋、相互吸收。

第一节　西方文明的传入

西方的传教士来华的主观目的是传教，客观上却传播了西方的科学，促进了中西文化的交流。他们把介绍西方自然科学作为传教手段，开阔了中国人的视野，为中国文化焕发青春注入了积极因素。

一、军事技术

明代中后期开始的火器引进和传播是中国主动向西方学习的开端，具有非凡的历史意义。中国是火药的故乡，火药发明于中唐以前的伏火法，与西方相比，早了近5个世纪。火器技术也最早在中国使用，经历宋、元两朝及明代前期的发展。但明正统之后，明政府“恐传习漏泄”[①]，对火器的传播技术进行封锁，如明

①［清］张廷玉：《明史》卷九二《兵志四》，中华书局，1974年。

宣德五年（1430年），敕宣府总兵官谭广："神铳，国家所重，在边墩堡，量给以壮军威，勿轻给。正统六年，边将黄真、杨洪立神铳局于宣府独石。帝以火器外造，恐传习漏泄，敕止之。"[①]此后火器发展基本呈现停滞状态。直至明正德以后，随着佛郎机和鸟铳的传入，我国在吸收二种外来火器的基础上，创制和仿制出多种新式火器，开启我国火绳枪炮的历史。同时西式火器配件广泛应用，火器射程和命中率等技术指标得到提升，并出现多种火器技术文献。这一时期，还出现对西方火器技术和中国传统火器技术朝廷总结性的火器技术文献，但随着明朝灭亡，西方火器技术引进的高潮暂告一段落[②]。

1. 西方火器的传入与技术引进

从明代中期开始，西方的鸟铳、佛郎机等火器陆续传入中国，并在明清的战争中发挥了重要影响。

鸟铳是中国明朝后期对火绳枪和燧发枪的统称。鸟铳具体的传入时间有不同的说法。林文照等认为鸟铳（西洋铳）最早传入中国在明正德末年或嘉靖初年，倭铳与噜密铳则在嘉靖初期或中期以后传入。刘旭认为鸟铳最早传入则在嘉靖二十七年（1548年）。在此前后，噜密铳也传入中国[③]。王兆春认则为鸟铳是从日本和葡萄牙共同传入，时间在嘉靖二十七年[④]。

戚继光的《纪效新书》是明代兵书中最早记录鸟铳形制造法的文献，"造鸟铳之法：后门有螺丝转者，此铳腹长。铳长三小尺，内口约容半斤铅子，药在粗腹不可过铅子，送至腹口方好，即如此，平卧地下，随其远近加垫头高，并不用木马等类。"[⑤]嘉靖前的中国火器，多半是采用铅子为发射物，每一门火铳发射时，都是类似发射霰弹的方式，并不特别要求射击的精确。明初火铳为了确保气密，装填时往往必须筑土，并用木马子，来保持发射时施于铅子膛压的稳定。而鸟铳则采用单铅子作为发射物，以精度较高的锻造技术来制造高倍径的枪管，并仔细的研磨铅子，使枪管壁与铅子间的游隙十分细小，就免去了木马子的设计，同时，细长的枪管使得铅子在枪管中运动的时间较长，弹道较为低伸，直射的射

①[清]张廷玉：《明史》卷九十二《兵志四》，中华书局，1974。

②王大文：《明清火器技术理论化研究》，苏州大学硕士学位论文，2011，第10页。

③王兆春：《中国火器史》，军事科学出版社，1991，第136页。

④刘旭：《中国古代火药火器史》，大象出版社，2004，第255页。

⑤[明]戚继光：《纪效新书》卷十五，中华书局，1996。

击精度较高[①]。此即史籍所载："鸟铳之准在于腹长而直。"[②]比较明代前期使用的手持火铳，此种鸟铳身管较长，口径较小，发射与口径相同大小的铅制圆弹的射程较远，侵彻力也非之前的火器所能比；鸟铳还新增设了准星和照门，利用枪机自动发火，改变了过去依靠手动点发火的历史；枪柄由插在火铳尾銎内的直形木把改为托住铳管的曲形木托，持枪射击时由两手后握改为一手前托枪身、一手后握枪柄。当时的鸟铳铳管用精铁制作，此种精铁要用十斤粗铁才能炼出一斤，用这样的精铁制成的铳管坚固耐用，射击时才不会炸裂的危险[③]。

嘉靖以后，明军装备的轻型手铳被鸟铳所取代。赵士桢《神器谱》中记载："得西洋铳于游击将军陈寅，又得噜密番铳于锦衣卫指挥朵思麻"[④]，详细说明了噜密铳、西洋铳的形制。噜密铳和西洋铳都是鸟铳的一种。欧洲火绳枪炮的研制与使用技术传入中国后，中国的火器研制者又在仿制的过程中，不断创新与发展，制成适合本国军队使用的多种火绳枪炮，此后中国的火器便开始向火绳枪炮的方向发展。

佛郎机随其大小在欧洲各国有不同的称法，在中国文献中则有佛郎机、佛朗机、佛狼机、伏狼机、狼机等称法。明朝中后期，中葡海战中明军收缴了一批葡萄牙较为先进的武器，其中就有著名的"佛郎机"[⑤]。佛郎机大炮是一种铁制后装滑膛加农炮，整炮由三部分组成：炮管、炮腹、子炮。佛郎机同当时明军装备的火铳相比，在构造上带有根本性的改变，具有下列优越性：采用了母镜和子统的结构；装弹室较大；管壁厚；安装了瞄准具和炮耳[⑥]。佛郎机是明代从西方引进的一种重要火器，在明代火器技术发展中长期占据主导地位，并通过改进和应用逐步实现了本土化，成为明代对内对外战争中非常倚重的"长技"。

明代军事技术家在对佛郎机技术要素深入认识的基础上，开始了对佛郎机技术的改进，掺入了明代火器技术的本土化元素，造成更适应于明军实战需要的本土化佛郎机。如郑若曾说："中国之人更运巧思而变化之。扩而大之，以为发矿。发矿

①刘轶丹：《16至18世纪耶稣会士对中国火器的影响》，国防科学技术大学博士学位论文，2014，第43页。
②［明］郑若曾：《筹海图编》卷十三《鸟铳图说》。
③刘轶丹：《16至18世纪耶稣会士对中国火器的影响》，国防科学技术大学博士学位论文，2014，第43页。
④［明］赵士桢：《神器谱》,《玄览堂丛书》18册，上海社会科学院出版社，2006，第201—206页。
⑤康志杰：《耶稣会士与火器传入》,《江汉论坛》，1997年第10期，第62页。
⑥王兆春：《中国火器史》，军事科学出版社，1991，第130页。

者乃大佛郎机也；约而精之，以为铅锡铳。铅锡铳者乃小佛郎机也。”①此说基本上概括了军器局和兵仗局所仿制的大中小各型佛郎机，大者成为各种火炮，小者成为单兵用枪。本土化佛郎机在战争中广泛应用于陆战和海战，成为装备明代军队最多的火器品种，完全取代了传统火器的主流地位，实现了明代火器技术的变革。

佛郎机炮

此图采自(明)郑若曾《筹海图编》,《中国兵书集成》第15册，辽沈出版社，1990年，第1261页。

明万历时期，明军开始对荷兰（明人称之为“红毛夷”）新型火炮的仿制和应用。据《明史》载：

（万历年间）大西洋船至，复得巨炮，曰红夷。长二丈余，重者至三千斤，能洞裂石城，震数十里。天启中，赐以大将军号，遣官祀之。②

红夷大炮（或称红衣大炮）的威力较之佛郎机炮更胜一筹，性能也更稳定，引起了明朝士大夫乃至朝廷的仿制兴趣，每铸一炮，都被封为“某某大将军”。天启年间引进了英国加农炮，但红夷大炮并未因而停止仿造和使用，“天启二年四月……两广抚督进红夷火炮。”③直到天启七年（1627年），车营都司李春华指挥“红夷”大炮，击溃了皇太极在东山坡的大本营。

明天启以后，明朝又引进了英国更先进的加农炮。泰昌元年（1620年）至天启初年间，徐光启等人先后在澳门附近搁浅的英国船上购买得到30门大炮。

①［明］郑若曾：《筹海图编》卷十三《兵器》。

②［清］张廷玉：《明史》卷九二《兵志四》，中华书局，1974。

③转引自谢贵安：《明代西器东传探研》，田澍、王玉祥、杜常顺主编，《第十一届明史国际学术讨论会论文集》，天津古籍出版社，2007，第595页。

这些大炮属当时最新改造于英国的加农大炮，为前装滑膛炮，管长3米，口径1325毫米，火门位于炮管后部。据炮身图徽可知为英国东印度公司之物。该炮弹筒低伸，命中率高，射程远，杀伤力极大，可调整发射角度，为当时欧洲击杀密集进攻最锐利之器，其先进程度远胜佛郎机炮①。

徐光启在引进加农炮的同时，就奏请委任深悉西洋火炮的李之藻、沈棨等“鸠集工匠，多备材料，星炉鼓铸”②。兵部尚书董汉儒在“阅其火器”后，证实“其大铳尤称猛烈神器”，遂奏请“仿其式样精做”，明熹宗许之③。这些炮经过在京试验后，交付袁崇焕使用。在天启五年正月、七年五月的两次宁远保守战中发挥了巨大威力。宁远大捷后，明熹宗下旨：“西洋炮即如法多制，以资防御。”④

2. 火器著作

明代，在仿制西方火器和吸收西方火器优点创制新式火器的基础上，当时的一些火器专家，满怀一腔爱国热情，还从军事科学的理论入手，结合我国传统的火器理论技术，深入开展对西方火器理论的学习和研究。由此出现了一批系统总结和介绍西方火器技术的军事科学理论专著。明代赵士桢的《神器谱》，徐光启的《兵机要略》与《火攻要略》，韩霖的《守圉全书》与《慎守要录》，茅元仪《武备志》等等，影响较大的是《西法神机》和《火攻挈要》。

《西法神机》，明末孙元化撰，是现存的能够代表明末火器技术的重要理论成果，这本著作写成于崇祯五年(1632年)，主要介绍了利玛窦等传教士带入中国的西方十六世纪火器技术知识，并掺入了孙元化在军事实践中对于中西方火器技术的认识。该书与焦勖的《火攻挈要》被学术界公认为现存最重要的反映西方传华火器技术内容的著作，代表了明末火器技术水平。

《西法神机》与《火攻挈要》内容较为相似，成书时间也相近，有很多可以互补和对照的火器技术内容。但《火攻挈要》早就著称于世，清朝潘仕成编的《海山仙馆丛书》收录过(1847年)，民国初年商务印书馆编《丛书集成》时又进行过影印(1935年)，受众较多，传播较广，受到的关注和研究也较多⑤。但是，

①周铮：《天启二年红夷铁炮》，《中国历史博物馆馆刊》，文物出版社，1983，第106页。

②[明]徐光启：《徐光启集》，《谨申一得以保万全疏》，上海古籍出版社，1984。

③《明熹宗实录》卷三三，天启三年四月庚申，台北“中央研究院”历史语言研究所校刊，1962。

④《明熹宗实录》卷六八，天启六年二月壬寅，台北“中央研究院”历史语言研究所校刊，1962。

⑤冯震宇：《明末西方传华火器技术研究》，山西经济出版社，2016，第100页。

《西法神机》却较少为人所知。

《西法神机》全书约三万余字，分上、下两卷。上卷重点论述战攻守铳的倍径技术及造铜铳技术、造铳车技术和造铳台技术，下卷对造铳弹技术、火药技术、点放大小铳操作技术进行了详细的解读，更具操作性。书中附图34幅，均为西洋火器形制，显示此书的西方知识背景。对《西法神机》中的核心技术要素进行归类，主要有火器倍径技术、火器弹道技术、造弹制药技术、战车技术、敌台技术、铸造技术。

《火攻挈要》，又名《则克录》，焦勖撰写于明崇祯十六年（1643年），全书三卷，附《火攻挈要诸器图》一卷，一本作《火攻挈要》二卷、《火攻秘要》一卷。上卷主要是阐述制造火器的原则，介绍火铳的种类和具体制造工艺，以及狼机、鸟枪、火箭、喷筒、火罐、地雷等火器的制造和使用方法。中卷主要介绍火药的种类、配方、制造工艺、性能、贮藏，以及火铳的安装、搬运、试验和教练等。下卷主要介绍火器弹药制造及有关工序的注意事项、火铳鸟枪的修理、火攻战术等[①]。明崇祯年间，辽东局势十分紧张。焦勖面对这种日益紧张的危急局势，感愤积弱，苦心钻研军事技术，"博访于奇人，就教于西师，更潜度彼己之情形，事机之利弊"，"朝夕讲究，再四研求"。因此，他成了一名精通西方火器科学技术的杰出火器专家。全书配制有数十幅火器图，书前有焦勖的自序，《火攻挈要》是明代继《西法神机》之后的又一部重要火器专著，是明代火器科学技术的集大成者，对我国古代火器的发展产生过重大的积极影响，在我国火器发展史上占有重要位置[②]。

二、数学

中国古代数学经过先秦、两汉至隋唐的持续发展，在宋元时期达到了顶峰，并在相当长的时期内居于世界领先的地位，而到了明代则逐渐衰落了。与此同时，西方经过中世纪漫长的黑夜之后，资本主义生产获得蓬勃发展，科学技术也以意想不到的速度发展起来。在数学方面，16世纪时笛卡儿创立解析几何学，

①许保林：《中国兵书通览》，解放军出版社，1990，第244页。

②刘旭：《点滴斋文稿选集》，湘潭大学出版社，2015，第141页。

此后，牛顿和莱布尼茨创立微积分学，从而完成了由常量数学到变量数学，由初等数学到高等数学，由古典数学到近代数学的转变，西方数学走到了中国数学的前面[①]。在这种情况下，西方数学的引进使中国数学的研究方向和内容都发生了一些新的变化。

1. 传统数学研究的衰落

至明初，中国数学研究已衰落，甚至连《九章算术》这样的数学经典著作都几乎失传。大量古代数学名著失传，至明万历年间汇刻古书《秘册汇函》和《津逮秘书》时，其中涉及数学的著作只余《周髀算经》与《数术记遗》两种[②]。明代数学家对一些古典数学名著缺乏深入的研究，明代数学的总体水平并不高。例如宋元时所取得的诸如天元术、四元术、招差术、垛积术、大衍求一术、增乘开方法等重大数学成就，至明代几乎无人理解，数学没有能够得到很好的继承和发展。明代数学家程大位（著有《算法统宗》）看到开方作法本源图，说是“注释不明”，“不云如何作用”。顾应祥（著有《勾股算术》《弧矢算术》《测圆算术》、《测圆海镜分类释术》）看到《测圆海镜》里的天元术，说是“反复合之，无下手之处”，感到“茫然无门路可入”，只好在《测圆海镜分类释术》中舍弃了原著有关天元术的内容。数学史学家们形象地总结明代数学发展之衰落：“增乘开方法无人知晓；天元术无人理解；四元术不复存在；一次同余式问题无进展；否定割圆术，满足于周三径一；不用唐宋已广泛应用的小数方法。”[③]这种情况反映了当时中国传统数学后继乏人和数学研究几乎停滞不前的严重程度。现在所说的明代数学的衰落也主要是指这一方面而言的。

2. 西方数学东传

16世纪以来，以利玛窦（Matteo Ricci）为代表的西方传教士在中国传教时，陆续将一些先进的数学知识带到中国内地，试图以此博得世人的关注和支持，这在客观上极大促进了西学的传入，给传统的中国科学思想注入了新的文化元素。

①王毓铨主编《中国通史》下册，上海人民出版社，2015，第1740页。

②康宇：《论明代数学发展之衰落及其出路的选择》，《自然辩证法研究》，2016年第4期，第79—84页。

③梅荣照：《明清数学史论文集》，江苏教育出版社，1990，第3页。

利玛窦与徐光启翻译《几何原本》的场景

在西方数学的传入过程中，《几何原本》的翻译是一件标志性的事件。《几何原本》是古希腊数学演绎系统的经典，它通过简明的公理和严格的推理方式，将古希腊数学知识体系串联起来，突显出数学文化严谨证明的特征。明末徐光启与利玛窦共同翻译了欧几里得的《几何原本》前六卷，并于1607年刊行。从此，徐光启翻译的“几何”一词开始在我国传播。

《几何原本》的传播，引发了国内的西学热，大批西方数学著作被引入并译成中文。在明末翻译和学习西方数学的典型人物还有李之藻。李之藻与利玛窦合译了《圜容较义》一书，该书主要论述了十八个定理，补充介绍了《几何原本》未译出的后9卷的部分内容。该书多次在“解”或“论”时都明确指出所依据的是《几何原本》某卷某则，可以看出李之藻已经可以理解并运用《几何原本》的知识[①]，如《圜容较义》序中指出：“昔从利公研究天体，因论圜容，拈出一义，次为五界十八题。借平面以推立圆，设角形以征深体”[②]。李之藻还翻译了《同文算指》一书，该书主要介绍了当时西方数学中的算术知识。在明末，翻译的西方数学有影响的著作还有《测量法义》《测量异同》《句股义》等。

①郑强：《明代中后期至清中叶中西数学文化会通思想初探》，《东岳论丛》，2014年第6期，第50—54页。

②徐宗泽：《明清间耶稣会士译著提要》，中华书局，1989，第276页。

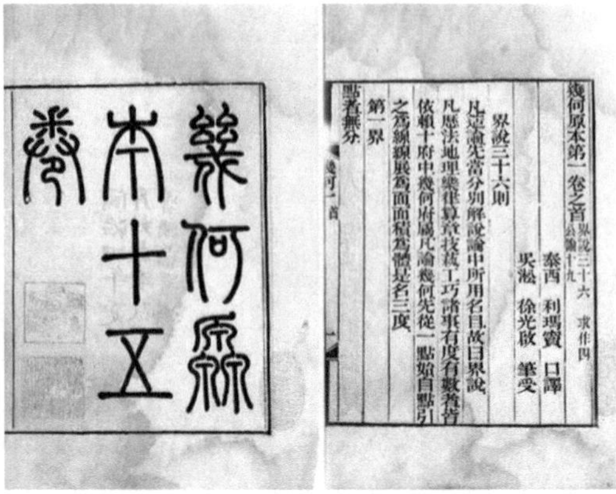

《几何原本》

三、物理学

明末，中国人称西方传入的力学知识为“重学”，因为“其术能以小力运大重，故名曰重学，又谓之力艺。大旨谓天地生物有数，有度，有重。数为算法，度为测量，重则即此力艺之学，皆相资而成。”[①]这一时期传入的力学知识主要集中在《远西奇器图说录最》中。

《远西奇器图说录最》(简称《奇器图说》)，由瑞士耶稣会传教士邓玉函(Johann Terrenz，1576—1630)口授、中国学者王征(1571—1644)译绘。全书共三卷，刊刻于1627年。《奇器图说》是最早系统介绍西方力学知识的中文著作，在中国力学史上具有里程碑的意义。其中的力学知识多出自圭多巴尔多的《论力学》、斯蒂文的《数学札记》等1600年前后出版的静力学著作[②]。该书详细介绍了杠杆滑轮、螺栓等简单机械的力学原理，其结合中国古代典籍以“力”“重心”“比重”等指代的西方力学术语已沿用至今。

光学在明末清初时期被来华传教士译为“视学”。1621年邓玉函的《泰西人身概说》出现了“视学”这一名称：“水晶球乃眼睛第一器具，其详论自有眼科及几何、视学专书，亦与望远镜各玻璃之用相同。”[③]之后，邓玉函在《远西奇器

①[英]艾约瑟口译、李善兰笔述：《重学·序》，光绪丙申年(1896年)，上海积山局石印本。

②张柏春，田淼，马深孟：《传播与会通：〈奇器图说〉研究与校注：上》，江苏科学技术出版社，2008，第94页。

③黄兴涛、王国荣：《明清之际西学文本》，中华书局，2013，第1071页。

图说录最》的凡例中也使用了“视学”一词。

西方光学知识的传入，以汤若望（Johann Adam Schall von Bell，1591—1666）的《远镜说》为肇始之作。该书首刊于明代天启六年（1626年），全书约4500字，有插图16幅，介绍了望远镜的结构、功用、光学原理、制造方法和用法等，是中国最早专门论述望远镜的著作。望远镜在战争中得到大量应用，明末战争中火炮瞄准主要依靠望远镜。另外，由汤若望和徐光启组织编写的《西洋新法历书》在介绍西方天文学知识的同时，也介绍了一些光学内容。如其中说：“一曰，有光之体，自发光，必以直线射光，至所照之物。二曰，有光之多体同照，光复者必深，而各体之本光不乱。三日，有大光体，中有暗体，分光体为二，即一光体为有光之两体。四曰，光体射光．过小圆孔，若所照不远，则光仍如本光体之形。五曰，两光体各射光，过小孔，反照之，上体之光在下，下体之光在上，右在左，左在右。”①这里说明了光的直线传播、光传播的独立件、本影与半影、小孔成像等现象。该书还描述了小孔成像在日食观测中的应用等。

不过这一时期传入的物理学知识内容较为零散，水平不高，多为应用或实用知识。这与当时西方物理学正处于建立过程中、理论性和系统性不强有关，同时也与传教士的知识水平及其来华的目的有关。传教士来华的目的是传播宗教文化，而不是传播科学知识，他们不可能全面系统的将西方的物理学发展及时地传播到中国。而他们自己的物理学知识水平也有限。

四、天文学和历学

明朝前期虽然进行了一些天文学书籍的翻译，但要历数整个明代的天文学成就，可用乏善可陈来总结。明朝建立以后，不仅仿效前代禁止民间学习和传授天文，更将其禁令扩展到整个天文学领域，尤其是禁止私习历法。研制新历，改革旧历，历来是推动中国古代天文学向前发展的一个动力，而全面禁学天文的做法，则断绝了天文人才的广大来源，毁弃了天文学发展的群众基础，从而导致中国天文学发展出现低谷。禁令发布以后，天文工作集中到司天监，但无研制历法任务，其日常工作就是按章编算每年的民用历书，监视天空有无入占的天象。这是一种维持性的常规工作，人们不敢冒着生命危险图求进取，所以官方天文工作

①［明］徐光启、［明］李天经等：《西洋新法历书》卷九十六，文渊阁四库全书本。

也墨守成规，毫无生气[①]。直到明朝末年，才兴起了一股大量译介西方天文学的高潮。整件事情与来华传教的基督教耶稣会士有关。

利玛窦和中国学者合作翻译有关欧洲天文学的书籍。1605年（万历三十三年），利玛窦著《乾坤体义》，该书介绍了亚里士多德—托勒密体系，提出“言地与海合为一球，居天球之中”的新观点[②]。书共分上、中、下三卷，绘有图表，详尽介绍了日、地、月三球大小及距离，这是西方天文学传入中国的第一书。除此之外，还有利玛窦口授，李之藻笔录，共同完成的《圜容较义》《浑盖通宪图说》这两部天文学著作。《圜容较义》刻于万历四十二年。《浑盖通宪图说》分上、下两卷，后被收入《四库全书》。1611年（万历三十九年），由熊三拔（Sabbatino deUrsis，1575—1620）所著，徐光启作序的《简平仪说》刊行。该书详细说明了简平仪的使用方法。1614年（万历四十二年），由熊三拔口授，中国学者周子愚、卓尔庚笔录，完成《表度说》一书。这本书根据天文学原理，说明立表测日影来定时的方法。1615年（万历四十三年），传教士阳玛诺（Emmanuel Diaz）所著《天问略》刊刻，该书对1610年伽利略制成的新式望远镜做了介绍。

明末西方天文学在中国传播的最重要成果就是《崇祯历书》的纂修。该书从1629年徐光启大量翻译西方天文学书籍开始，其间耶稣会士邓玉函、龙华民(Niccolo Longobardi，1559—1654）、汤若望、罗雅谷（Giacomo Rho，有一说为Jacques Rho，1593—1638）等应朝廷旨意“诏立两局推验。累年校测，新法独密”[③]，共同参与修历工作，至1634年编修完毕，共137卷。后来，清政府委派汤若望整理和刊刻《崇祯历书》。他将137卷压缩简化为100卷，加上他本人补写《历法西传》《筹算》《新法历引》，共103卷，于1645年（清顺治二年）刻印，更名为《西洋新法历书》[④]。

在传教士输入的90种西学(不包括神学著作)图籍中，天文历法方面的著作达43种，其中有21种收入《崇祯历书》，因此，《崇祯历书》基本上代表了传教士输入的西方天文历法的水平。而与中国传统历法相比，《崇祯历书》有明显进步，

①王毓铨主编《中国通史》，下册，上海人民出版社，2015，第1749页。

②柳诒征：《中国文化史》下，吉林出版集团股份有限公司，2016，第884页。

③[清] 张廷玉：《明史》卷三一《志第七・历一》，中华书局，1974。

④张新志：《明末清初西方科技文献在中国的传播》，郑州大学硕士学位论文，2011，第17页。

如明确指出七曜与地球距离不等，并且提供了七曜距地的具体数值。中国古代虽然也曾有人提出过七曜距地远近不同的思想，但更多的人则认为七曜附着在距地相等的天球上。提供了蒙气差的改正数值，中国古代虽有蒙气差的认识，但从未作过具体计算。以定气注历，显然隋朝的刘焯已提出定气概念，但民用节气仍用平气。提出日月有高卑行度，即日月的近地点和远地点的位置并非一成不变，中国古时却将太阳的近地点固定在冬至。采用了一套与中国古代天文学度量制度完全不同的制度，包括分圆周为360°、一日96刻，60进位制，改变了我国的圆周365.25°，一象限91.3度的古度。至今，我国的天文历法，仍遵循新度量制度①。

五、地理学

明代传教士入华，带来了世界地图，翻译并撰写地理著作，首次向中国人介绍世界地理知识，打破了国人"中国为天下之中"的盲目优越感。刘献廷说"如地图之说，直到利氏东来而始知之。"②在来华的外国人中，以利玛窦对传播西方地理学知识方面的表现最为重要。

万历九年（1581年），意大利传教士利玛窦到达广州；万历二十九年（1601年）他到达北京，"与中朝士大夫游，而其徒来者益众。其论天下形势，则著有《万国全图》，言天下有五大洲：一曰亚细亚洲，中凡百余国，而中国居其一；二曰欧罗巴洲，中凡七十余国，而意大里亚居其一；三曰利未亚洲，亦百余国；四曰亚墨利加州，地更大，以境土相连，分为南北二洲；最后得墨瓦腊尼加洲为第五，而域中大地尽矣。……"③利玛窦传入的《万国全图》对当时中国传统的地理观念的冲击较大，引起了一定的反响。

明清以来中国一些开明知识分子在西方地理学的传入和学习中也发挥了非常重要的作用，对带动中西方地理学融合等方面的作用显得尤为重要。明末的徐光启堪称当时中国先进开明的知识分子之代表，尽管他所关注的更多的是天文历法、数学、农学等方面，但对西方地理学的学习了解使得他的视野更加开阔，对西方先进科技知识的认识也更加深入④。他在同利玛窦的交往中，接受了西方经

①冯天瑜，何晓明，周积明：《中华文化史》，上海人民出版社，2005，第630页。

②［清］刘献廷：《广阳杂记》卷二，中华书局，1957，第104页。

③［清］夏燮：《中西纪事》卷一，岳麓书社，1988，第11页。

④赵艳梅：《明清时期西方地理学在中国的传播》，郑州大学硕士学位论文，2009，第16页。

纬度的概念和测量方法，并将其与我国古代对纬度的认识和测量联系起来，这在他的一些论著中有所反映。如在《题万国二圜图序》中一开始就说："西泰子(即利玛窦)之言天地圜体也，犹二五之为十也"[①]。亦即肯定了天地都是球形的，可如何证明大地是球形？他在该序文的"正论"中说："古法北极出地三十六度，此自中州言耳。唐人云南北相去每三百五十一里八十步而差一度，宋人云自交南至于岳台六千里而差十五度，此定说也"[②]。其所以产生这样的差度，正由于大地是球形的。否则，如果大地是平面的，"即南北相去百亿万里，其北极出地之度宜恒为三十六，不能差毫末也。"[③]徐光启在这里肯定了大地是球形的，同时，也说明了他对纬度的认识。尔后，他在《礼部为奉旨修改历法开列事宜乞裁疏》中说："今二陪臣(按指庞迪峨、熊三拔)虽故，尚有同事龙华民、邓若翰（按指邓玉函）偕其徒侣（在），……（请）令与钦命诸臣对译其书。依其成法，测验推步。……古历止有天之经度，至回回历乃有天之纬度，……唐以来始知有地之纬度。……若地之经度，惟利玛窦诸陪臣始言之，亦惟彼能测验施用之。故交食时刻，非用此度，则不能必合"[④]。在《月食起复方位具图呈览疏》中又说："上天下地各有经度纬度，测天则经度易，纬度难；测地则经度难，纬度易。"[⑤]这些都说明他对经纬度及其测量有一定程度的认识。明清之际中国的测绘技术在西方的影响下得到很大的发展，它使中国人有了系统的经纬度概念和测量制图方法，并绘制出高水平的经纬度地图，从而使中国测绘学的发展在当时居于世界前列。

此外，意大利传教士艾儒略（Giulio Aleni，1582年—1649年）完成的《职方外纪》，又经杨廷筠修改润色，于天启三年（1623年）刊印。该书共五卷，介绍五大洲各国风土、民俗、气候、名胜。卷首有万国舆图、南北半球图，各卷另有分图，是第一部系统介绍五大洲的地理专书，开拓了明人对西方社会风貌的了解。

六、生物学和医学

欧洲医学传入中国，先重理论，后趋实用。初期医学理论大都只是传教士宣

①[明]徐光启著，王重民辑校，《徐光启集》上册，《题万国二圜图序》，上海古籍出版社，1984，第63页。
②[明]徐光启：《徐光启全集 测量法议》，李天纲点校，上海古籍出版社，2011，第278页。
③[明]徐光启著，王重民辑校，《徐光启集》，卷二《序跋》，上海古籍出版社，1984，第63-64页。
④梁家勉编，李天纲增补《增补徐光启年谱》，上海古籍出版社，2011，第292页。
⑤[明]徐光启，[明]李天经撰，《治历缘起》，湖南科学技术出版社，2017，第170页。

教时附带论及。艾儒略著《性学觕述》，尽管是天主教义著作，但该书有人体构造方面知识的介绍。1629年，汤若望著作《主制群征》得到刻印。它是阐述天主教理的著作，其中也有对人体解剖学的介绍，这部著作论述与中国传统医学理论很多不同，引起普遍关注。另有龙华民《灵魂道体说》、毕方济（P.Francois Sambiasi，1582—1649）《灵言蠡勺》、高一志（A.Vagnoni）《修身西学》、卫匡国（Martino Martini，1614—1661）《真主灵性理证》，这些著作都或多或少涉及人体骨骼、神经和生理功能。专门著作又以邓玉函《泰西人身说概》二卷为最早，为西方的解剖生理学书籍。

《泰西人身说概》，题邓玉函撰，毕拱辰译。毕拱辰字星伯，山东人，万历四十四年进士。1634年他在北京见到汤若望，汤若望出示《西洋人身图》，从当时解剖学角度展示人体生理，其中有关骨骼分布、肌肉、神经，以及人脑是记忆器官的知识，对当时的国人来说都还是很陌生的。后来汤若望又以邓玉函《人身说》二卷交付拱辰，加以文字上的修订。1643年后始完成该书的整理，是最早传入的解剖生理学论著①。

在西方生理解剖知识传入的同时，西药的介绍也有了专书。熊三拔著有《药露说》一卷（1618年），一九三五年发现抄本，附在《泰西人身说概》书末，并有蒸馏及制造药炉等仪器的图说，名医吴金寿写有按语，是最早讲解西药制造技术的专书。万历时，中国人就已能用西法提炼药露，所以沈德符说："今中国人能伪为之"②。刘侗《帝京景物略》、纳兰容若《深水亭杂识》、石天基《传家宝》等书中都有药露法③。

除了医学知识外，艾儒略的《西方答问》对西方医疗制度也有介绍。熊三拔的《泰西水法》中涉及西方药物及药房的情况。西方医学知识、医疗制度和设施等与中国传统中医有很大区别，尽管西方医学的传入还只是处于初始阶段。但是这些知识的传入对于中国知识分子来说还是很新鲜的。

明末清初之际的西学东渐，是东西方两种异质文化首次大规模、实质性接触与交流的实践，其结果是接受与排斥并存。当时的译书活动，翻译的多属欧洲文艺复兴初期的科技知识，加之西学输入者（传教士）认为科学传播应该服务于

①沈福伟：《中西文化交流史》，上海人民出版社，2017，第397页。

②[明]沈德符：《野获编补遗》卷八《药露》。

③方豪：《中西交通史》，上海人民出版社，2008，第565页。

宗教，不作为首当职责，所以，基于宗教的目的性、知识传播渠道单一、接受面小等特点，致使明清之际的西学传播，没有形成大规模学习西方科技知识的风潮[①]。

第二节　中国文明的西传

明中叶以后，耶稣会士为了达到传教的目的，特别注意学习中国语言文字和古典经籍，努力了解中国的传统文化。明代嘉靖时“大礼议之争”，使他们重视研究中国儒家哲理思想，对中国的经籍进行翻译和诠释，并向他们自己的祖国传播。他们在欧洲掀起研究汉学（Sinology）的热潮，使中国传统文化在欧洲各国广为传播，产生了强烈而深远的影响。

一、中国古典经籍的西传和影响

随着葡萄牙人在16世纪初踏上东亚的陆地，开辟了欧洲与中国之间的航路，欧人在与华民、华侨的接触中，逐渐对中国文化有了一种全新的深层认识。同时，欧人带回或寄回国内的报告、信札以及中国文献，还有买来的中国奴仆，也为欧洲的学者研究、翻译中国文献提供了方便。

最早对中国文献进行翻译并加以利用的，是葡萄牙历史学家乔安·巴洛斯（Joao de Barros，1496—1570）。他编写了《每十年史》(Terceira decade)。一方面，他利用了葡人寄回国内的材料；另一方面，而且是最重要的方面，他利用了中国有关文献。文献的翻译者是巴洛斯买来的中国奴仆。这位中国奴仆姓名、籍贯已不可考，但可以肯定他具有较高的文化修养，除懂中文外，还知晓葡萄牙文和计算，这在当时的华奴中确为罕见。

巴洛斯在《每十年史》中描述亚洲地理时说：“我现在画出了一种航海家所不知道的海岸和中国庞大领土的内部地图，插入我所著的地理书中，这都是从中国舆地书中录下的，中国的全部情况，均以游记体裁加以详载，此书由中国带回。因此，我专门请了一名华人担任翻译。”“我买来翻译文献的奴仆，对于我国的文字能读能写，亦善算阿拉伯数字。”万里长城在欧人书中第一次被提到，这也要归功

①朱国仁：《西学东渐与中国高等教育近代化》，厦门大学出版社，1996，第15页。

于中国文献和华籍译员。巴洛斯也说："万里长城见于中国地图上，(该图）绘有山河城镇，还附有中国文字的注释。我特将此图带回国内，请一名华人为我译之及翻译其他我得到的中文书籍。"此外，巴洛斯在书中介绍中国海岸线、沿海省份和内陆省份以及各省省情、赋税情况时，都利用了华仆所翻译的中文文献[①]。在此应先提上一句，这可能是最早流向西方的中国人绘制的中国地图。

欧洲人自身翻译中文文献者最早的是西班牙的奥斯定会会士拉达（Martin de Rada)。拉达在福建获得一批中国文献，内容涉及政治、科技、法律、医术、神怪、竞技、剑术、算术及星占学、观相术、手相术等。美国历史学家拉赫(D.F. Lach）于1950年访问马德里国家博物馆时，看到了不少保存良好的16世纪版的中国文献，又根据伯希和（P. Pelliot）和方豪先生的论述，在他所撰写的《欧洲形成之时的亚洲》一书中，列出了以下拉达带回欧洲的中国文献：(1)《资治通鉴节要》，宋司马光著，20卷共4册，1541年刻；(2)《类编历法通书大全》，16世纪版，不全，计有第10至第19卷；(3)《通书》，仅第10卷；(4)《徐氏针灸》，徐凤廷著，1531年版；(5)《耀目冠场擢奇风月锦囊正杂两科全集》，是一部戏曲与散曲的选集，明刻本，收录宋元及明初的34种南戏，如《苏秦》《拜月亭》《昭君冷宫（出）塞记》《岳飞东窗记》《苏武牧羊记》等；(6)《新刊按鉴汉谱三国志传绘像大全》，明嘉靖（1522—1566）版；(7)《新刊补订源流总汇对类大全》，该书类似中国历史百科全书，介绍了中国的宫殿、建筑、乐器、用具、鸟兽等[②]。以上资料，拉达曾取部分进行了翻译。西班牙历史学家门多萨著《大中华帝国史》时，便利用了拉达的报告和译文。

然而，令人遗憾的是，无论是巴洛斯的译文还是拉达的译文，都已不存于世。现存的第一本中国文献的欧洲语言译本，在西班牙马德里国家博物馆，是卡斯蒂利亚语的《明心宝鉴》。《明心宝鉴》共有673句格言或警句，取材于中国110种文献，汇集了孔子、孟子、荀子、庄子、朱子等人言论，是专讲修养的，编者姓名为范立本，译者是西班牙多明我会士科波（J. Cobo)，16世纪末期之人。

欧洲人大规模地翻译中国文献，尤其是翻译儒家经典，约在耶稣会士来华之后，以16世纪末为开端，到十七八世纪进入鼎盛时期。耶稣会士大力研、译中

① C. R. 博克瑟：《明末清初华人出洋考》，《中外关系史译丛》，海洋出版社，1984；严绍璗：《日本中国学史》，江西人民出版社，1991，第196页。

② Donald F.Lach，*Asia in the Making of Europe*，The University of Chicago Press，1968，p.779—780.

国文献，当然是出于在华传教的根本目的。他们深知要在中国这样一个具有悠久文明的国家里推广天主教，不可不与中国文化相融合，而中国的风俗文化、典章制度，均出自中国文献。要“借儒排佛”“借儒宣教”，研究、翻译中国文献是必不可少的入门之径。另外的一个原因，那就是罗马教会因对中国仪礼问题的不同看法而形成的“礼仪之争”。两派人士都要在中国文献中引经据典，展开辩论，难诘对方，从而刺激了欧洲人对中国文献的研究和翻译。

利玛窦在1595年11月4日写给罗马的报告中，他说：“我们曾从他们的经中找到不少和我们的教义相吻合的地方，……如一位天主、灵魂不死不灭、天堂不朽等思想全都有。”在以中文撰写的神学大全《天主实义》中，他说：“余尝博览儒书。”而若细阅《天主实义》，发现“博览儒书”并非利玛窦的自美之辞。例如，为了证职天主教中的“天主”就是中国文献早已叙述过的“上帝”，利玛窦在上卷第2篇中写道：“吾天主乃古经书所称上帝也。《中庸》引孔子曰：‘郊社之礼，所以事上帝也。’……《周颂》曰：‘执兢武王，无兢维烈，不显成康，上帝是皇。’……《商颂》云：‘圣敬日跻，昭假迟迟，上帝是祗。’《雅》云：‘维此文王，小心翼翼，昭事上帝。’《易》曰：‘帝出乎震。’”仅数百文字，却广泛引证了《中庸》第19章、《诗·周颂》《商颂》《大雅》《易·说卦传》等中国经典，“西儒”之名果不虚传。像这种对中国文献娴熟运用的地方，在《天主实义》的其余章节也可见到。在利玛窦所著的《畸人十篇》(1608年，万历三十六年)中亦有反映。

利玛窦不仅对中国文献悉加研究，而且还试图将之翻译。他的同胞会友艾儒略在利氏的传记中写道：“利子此时尝将中国四书译以西文，寄回本国，国人读而悦之，以为中邦经书，其能识大原不迷其主者乎？至今孔孟之训，远播遐方者，皆利子力也。”时为1593年（明万历二十一年)，惜稿未印行，今亦不存[①]。

以往中外学术界的传统看法是，利玛窦试译《四书》是西人译中国经籍之始。而根据现在新发现的材料，最早将中国儒家经典译为拉丁语的而且还将译文印行的，是意籍会士罗明坚（Michele Ruggieri，1543—1607)。罗明坚于1579年抵达澳门，1583年在肇庆得到利玛窦的帮助，1588年返欧述职。在华期间，遵照巡视员范礼安的要求研读中文，据他在1581年写给耶稣会总长的信中所称，他已经认识了15000个中国字！他在这封信中还寄去了中文复本和一册中国文献的译文。经近人考证，发现这一译件是《大学》的第一章。此外，罗明坚还翻译

①方豪：《拉丁文传入中国考》，《六十自定稿》，上册，台湾学生书局，1969。

了《孟子》，是欧洲语言中《孟子》的最早译件，比1711年在布拉格出现的《孟子》要早百余年。不过，除了《大学》的一小段外，罗明坚的《四书》拉丁译文都没有刊行，稿本今存罗马意大利国家图书馆。《大学》的那一小段文字的译文，作为一小节，刊登在1593年在罗马发行的《百科精选》中[①]。

罗明坚的译文虽然在1593年就已在欧洲发行，而且在1603年、1608年还再次出版，但影响还相当有限。当时吸引欧洲汉学界的，还是门多萨的《大中华帝国史》。欧洲人真正从文化根源上来了解中国的儒家经典，是在利玛窦、曾德昭（Alvare de Semedo）、安文思、卫匡国等人的著作发行之后。

葡萄牙耶稣会士曾德昭著《大中国志》时，多次提到中国孔子及其著述，但只是详论"经"，对于"书"则评略过简，只是提到了孔子除著《五经》外，还写有其他书。有意思的是，曾德昭还从孔子的著作中，发现了当时的反孔思想。他引用了一个故事说明，讲的是孔子率弟子某日乘车出游，但被一条河挡住去路，便派一个弟子前去问人，请教如何渡河。有一位农夫嘲笑着说，如此博学的大哲学家，怎么连条小河也渡不过去。这段故事出自《论语·微子》。此外，葡籍会士安文思（Gabriel de Magalhaes）在《中国新述》中论及中国语言文字，他以《大学》的一段文字为结束，为的是让欧洲人进一步理解中国语言之优美。他将《大学》开卷一段"大学之道，在明明德，在亲民，在止于至善"译为："伟人做学问的准则有三，第一是启发理性，第二是使人民得到更新，第三是坚持最高的德行。"当今的译法是："《大学》的主旨，在于使人们的美德得以显明，在于鼓励天下的人革除自己身上的旧习，在于使人们达到善的最高境界。"两相比较，安文思的译文相当准确。

在译文之后，安文思还附有对《大学》的注释。他还着重解释了"至善"，那就是"至高无上的、无所不包、无所不知的德行"。这种德行从何而来呢？他说只有上帝才能指明。这样，安文思巧妙地将《大学》和西教附会到一起，反映了耶稣会士研、译中国文献的最终用意。

对《五经》研究最早者，是利玛窦，从其《天主实义》来看，他至少研读了《诗》《书》《易》《礼》。但他只是研读，并未将经籍西译。第一个将中国经籍译为拉丁语的，是比利时耶稣会士金尼阁，他在1626年（明天启六年）于杭州刊印

① K. Lundbaek：*The First Translation from a Confucian Classic in Europe（1550—1800）*，China Mission StudiesBulletin，No.1，1979.

拉丁文《五经》译文一册，称为《中国第一部神圣之书》[①]。意会士卫匡国1658年在慕尼黑出版拉丁文《中国历史初编十卷》，介绍了《六经》之首的《易经》。关于《易经》西传之始，中国学者过去认为："最早向西方介绍《易经》的应推柏应理（Philippe Couplet，1623—1693）。柏应理，字信末，是比利时耶稣会士。……他曾和其他在华耶稣会士恩理格、殷铎铎等翻译《西文四书直解》，拉丁文书名作《中国哲学家孔子》，……书中附有《周易》64卦和64卦之意义。这本书1687年在巴黎出版，西方得知《易经》从此开始。"[②]而实际上，除了曾德昭在此之前介绍过《易经》外，卫匡国也在1658年的慕尼黑版《中国历史初编十卷》中介绍了《易经》及其卦图，比柏应理早29年[③]。

金尼阁

①方豪：《十七八世纪来华西人对中国经籍之研究》，上册，《六十自定稿》，台湾学生书局，1969。

②林金水：《易经传入西方考略》，《文史》，中华书局，1988年第29辑。

③马雍的文章认为《中国历史初编十卷》"最初在1659年出版于阿姆斯特丹"，实际上初版应为1658年慕尼黑版。马雍的文章亦未提及卦图之事。见马雍：《近代欧洲汉学家的先驱马尔蒂尼》，《历史研究》，1980年第6期。

在《中国历史初编十卷》中，卫匡国根据中国“河图洛书”的传说，介绍说伏羲是第一个看到龙负卦图出于水的人，因而作出了易卦。卫匡国认为，既然伏羲是中国的第一位皇帝，所以中国的第一门科学就是数学，因为易卦是反映天人之间的一种数学模式。卦图中最基本的符号是“阴”和“阳”，“阴”代表隐蔽的、不完全的事物；“阳”代表公开的、完全的事物，两者相生相灭，可以组成8种卦图，分别代表着天、地、水、火、雷、山、泽、风8种自然现象。为了让西方对八卦及由八卦而演衍成的64卦有一个直观具体的认识，卫匡国还在书中附上了一幅64卦图的完整图形，该卦图自右至左按照乾、巽、离、艮、兑、坎、震、坤次序排列，乾卦这一行，8个卦的下经均为乾，其余行亦可类推，图下之拉丁文字指出，此易卦（YEKING dictum）为伏羲所作。此图至今仍在[①]。

明季欧人对中国文献的西译及对中国思想文化的介绍，把孔夫子等介绍到了欧洲。向西方展示了中国文化的核心内涵及魅力，这不仅填补了以往中西文化交流史上的空白，而且为后来者的翻译、介绍奠定了基础[②]。

二、西方对中国科举考试制度的认知

中国通过科举考试来举拔人才、选拔官吏的制度，形成始于隋朝，唐宋有所发展，至明清时，制度更臻于完密。无论在学术考试制度方面，还是在文官考试制度方面以及在考试形式——笔试的应用方面，中国都与西方大不相同。

中西方在学术考试和文官考试制度上的这些巨大差异，本来早就应该引起稍具文化眼光的欧洲人的注意。然而，由于制度文化是一种较深层次的文化，其对外交流，除了在物质文化交流之后，还有赖于其载体——介绍者的素质。在中西交往受到很大限制的古代，当丝绸等物质产品扮演文化交流大使的角色时，欧洲人不可能对中国的考试、科举、教育制度有什么兴趣。同样，在中世纪那些到过中国的欧洲传教士、旅行家的笔下，除了对物产的介绍之外，不外乎是增加了对某些宗教派别和某些社会风俗的介绍，中国的制度文化仍是这些欧洲人视野中的盲点。当然，也有人对马可·波罗未在自己的游记中记载中国科举考试提出了解释。例如美国学者邓嗣禹（Teng Ssuyu）在1943年撰文说：“在马可·波罗

① David E. Mungello, *Curious Land: Jesuit Accommodation and the Origins of Sinology*, Stuttgart, 1985, p.128—129, p.322.

②吴孟雪、曾丽雅：《明代欧洲汉学史》，东方出版社，2000，第141页。

的游记中（该书的拉丁文译本于1320年首次出版），不曾提到中国的科举制。这是由于中国蒙古人统治的元代（1280—1367年）科举制中断了50多年（1257—1315年），而马可·波罗正是在这一时期（1271—1295年）留居中国。大概这就是他的著作未记载中国科举制的原因。"[①]

明代以后，随着海上丝绸之路的大发展，使原本对中国知之甚少的欧洲人，通过亲身经历、信札报告、域外采风，"发现"了中国的辽阔幅员、人口众多、悠久历史、古老文明。如果说，这其中有些"发现"尚能在《马可·波罗游记》中觅知一二外，那么中国的科举教育，对他们而言，简直是闻所未闻。于是，中国的"文官"考试、中国的"公费学校"，相继成为众多欧洲人的话题，甚至对欧洲的官员选拔制度、考试制度产生了一定的影响。

欧洲人中，谁最早提到了中国的科举制？据邓嗣禹文，"关于中国科举制的最早记载见于加斯帕德·达·克鲁兹的著述"。其实，尚在克鲁兹之前，至少就有两位欧洲人或多或少地提到了中国的科举取士。而这两位欧洲人，竟然都是中国的囚犯，一为维埃拉，另一个是加列奥特，他们都是葡萄牙人。

维埃拉是葡萄牙首次赴华外交使团成员，1517年到广州，在粤停留3年后赴京，1521年9月回到广州，被拘捕，1524年在狱中偷寄信件回国。他在信中就中国的外交、社会关系、吏制等发表了不少看法。其中有句话是：中国的法官都是来自文人学士，"获得一种学位的每位文人学士，起初做做小官，以后再升任到高级职务上"[②]。

加列奥特在中国期间，看到了许多养尊处优的"老爷"（Loutea），从而产生了探究这批"老爷"如何产生的兴趣，最终发现这批"老爷"是通过考试"考"上来的。有趣的是，当这位葡萄牙囚犯知道了中国考生是在严密监视的条件下进行考试时，也谑称中国应试者为"囚犯"，将他们等待金榜题名的人生得意之际，谑称为"等待判决"。而且，他还发现同牢的中国"难友"中，竟有因考试落榜而蹲监狱者。加列奥特在回忆录中是这样写的：

我利用这个机会说一说一些被称为老爷的君子。首先，我想指出

①邓嗣禹：《中国科举制在西方的影响》，《中外关系史译丛》第四辑，上海译文出版社，1988。

② Donald F.Lach，*Asia in the Making of Europe*，The University of Chicago Press，1968，Vo1.1，p.736.

这个词的含义是什么。老爷如我们语言中的“先生”，当任何一个老爷呼唤他的仆人时，他（仆人）就应声答道：“老爷”，如同我们说“先生”……在他们之中，无论是在名称上，还是在职权上，地位等级都是不同的。

在所有的城市中，不仅仅是在各郡的首府，而且还包括其他城市，都有办法观察到老爷是怎样产生的。他们之间的许多人靠自费学习，岁末就集中在审查官（chacims，可能是指明代的监察御史，其职责之一是“监临乡、会试及武举”）所在的省城，正如别人所说的那样，将学位授予那些等待判决的囚犯。

审查官年年巡视，但这些人三年一次地被选了来担任高官，他们被指定在某些大厅里进行考试，要向他们问到许多问题，如其回答正确，有资格获得其学位，审查官就亲自向他们授予学位。但是，标志着他们是老爷的那种帽子和腰带，则要等到皇帝批准后才能戴上。他们考完和经过评审后，就要举行盛大的庆典来向其颁发学位，通常是连日不断地宴请（按照中国人的方式，就是用吃喝尽兴）。根据各人的才识，量才录用在皇帝手下的官职上。其他不合格的考生则回老家继续攻读。（如果）他们的无知是由于疏忽大意或临场脱逃，则要受到鞭笞，有时还会被投入监狱，我们当年坐牢的时候，就看到许多受到这种惩罚的人，我们询问他们（坐牢的）原因，他们答道是因为他们不知道如何回答向他们提出的某些事情。①

1569年，葡萄牙出版了克鲁兹的《中国情况记》。这本书的资料来源，据作者自称有三：一是他在广州的亲眼所见；二是葡囚加列奥特的回忆录；三是值得信赖的人们向他提供的信息。在书中，克鲁兹就中国的科举、学校向欧洲做出了更详细的介绍：“在中国，担任任何官职的每个人……都被称为老爷（Louthea），如同我们所称呼的先生（Sir）。”那么，他们是如何获得这一头衔的呢？“中国的每一省都有1000名老爷，而据别人说，有3000名老爷，那些居住在朝廷的还不包括在内……在他们步入深宫大院之前，他们常去的地方是学校，以便学好王国

① C.R.Boxer，*South China in the Sixteenth Century*，London，1953，p.10，p.12—13.

的法律。”克鲁兹这里讲的法律，就是中国的儒家经典。

谈到中国人的学校及其教学内容，克鲁兹认为：

> 中国人确实研究自然哲学，但又确实没有研究其他学科，既无大学，又没有私立学校，只有研究王国法律的皇家学校。的确有些人掌握了天体运行的知识，他们知道日食和月食。但这些人是根据他们之间流传的书本知识学到的，他们私下向个别人或多人传授，但绝没有这方面的学校。

16世纪能对中国科举、教育做出最详细介绍的欧洲人著作，应推西班牙人门多萨（CJ. G. de Mendoza）的《大中华帝国史》了。这部1585年出版的早期西方汉学代表作，对中国的这一制度文化进行了绘声绘色的描述，仿佛这位从未亲临中国的西班牙人曾经来华目睹一般。他既利用了克鲁兹等人的资料或带回欧洲的中国书籍，也不乏他的天才想象和“神来之笔”。门多萨对中国的“国立”学校及巡视、管理、奖惩制度很为欣赏。他说：

> 皇帝用自己的经费在各城市建立了学院和学校，在这些学校里，他们学习写字、读书和计算，研究自然哲学或道德哲学、占星术、国家法律，或者其他任何古怪的科学。在这些学校里教书的先生，都是在各方面有所造诣的人。这些人可能别无所长，但精通书法和阅读。虽然他并不太穷，但决没有人不学写字和阅读的，因为在他们之间，如果不能写和读，那会被人看成是丢脸的事。大量的学生追求更高级的学习，尽可能从中获得利益，因为这对获得老爷的头衔，或获得绅士、显贵的身份来说，是最好、最可靠的途径。
>
> 关于学院，无论是大是小，皇帝每年都要派巡视员来视察，以便了解学生的学业如何，校长管理是否得当。在他们视察时，他们对所发现的能力强的人们进行口头表扬，鼓励他们持之以恒。但对那些有能力却未能受到教育的，则将之投入监狱并加以惩罚。对一无所长、又不愿学习者，则将其革出校门，以便用贤者接替。[①]

①吴孟雪、曾丽雅：《明代欧洲汉学史》，东方出版社，2000，第101页。

直到门多萨为止，欧洲人都不知道中国人是笔试，他们以为中国人像他们一样，都是采取口试的方式。后来才知道中国的考试内容就是检查学子对儒家经典的掌握，而且是采用笔试。意大利的马菲是欧洲人中第一个清楚地指明中国考试是笔试的。他根据赴华耶稣会士提供的材料，于1588年在佛罗伦萨出版了他的《印度史》。这本书虽然主要是描述葡萄牙人在东方活动史的，但其中的第6册却有大部分是介绍中国。在教育方面，他认为中国的学校和学院是由皇室资助的，几乎各个城市都有。在这些学校和学院中，有前途的青年可以获得国家支持的深造。马菲对科举入仕大加赞扬，认为中国无世袭的贵族，每个人都是自己命运的"奠基者"，任何称号、官职都不会合法地从上一代传到下一代[①]。

16世纪末，耶稣会士开始东来。由于他们习华文华语，对中国社会文化、历史人文有较深的了解，加之多与中国士大夫周旋，故对中国的科举、教育的介绍，比前期欧洲人的介绍不仅内容多、叙述详，而且更准确。1590年，耶稣会士范礼安、孟三德根据利玛窦及其他入华会士提供的资料，以拉丁文在澳门印行了一本书，1592年，有人将此书带回欧洲。该书描述并赞扬了中国的科举制，一切文职官员都是从"科举及第者当中选拔的"。"正是由于官秩井然有序，因此，只要有真才实学，不论门第高下，都有可能获得高位显职。"[②]

16世纪末，能对中国科举制做出最准确介绍的，是意大利耶稣会士利玛窦。他的《书信集》中，有不少关于科考的记载。例如在1597年9月9日的一封长信中，利玛窦应一位神父的要求，介绍了当月在南昌举行的乡试情况。他说：

> 现在我就开始介绍中国科举，也希望您把这种制度介绍给您目前服务的公侯，要他们知道这在中国与意大利各邦所推行的有多大的区别！在管理、政治与秩序等方面，中国的确超过其他民族。[③]

利玛窦观察到"四书五经"是士子们必考经典，他发现了科举制的弊端。一是没有人会愿意费劲去钻研数学或医学，理由是这种钻研并不受到人们尊敬，也不像死背"四书五经"那样受到荣誉的鼓励；二是所有考试中，无论是军事科学

---

① Donald F.Lath，*Asia in the Making of Europe*，The University of Chicago Press，1968，p.804—808.

② Donald F. Lath，*Asia in the Making of Europe*，The University of Chicago Press，1968，p.812—813.

③《利玛窦书信集》上，台湾光启、辅仁大学出版社，1986，第242—247页。

或数学或医学的考试，主考或监考都总是从只擅长科举考试的元老中举出，从不增加一位军事专家或数学家或医生，这就妨碍了他们对学术问题的正确判断。科举考试严重束缚了中国人的聪明才智和中国科技事业的进步，这一点，可以从利玛窦的评论中得到反映①。

曾德昭像利玛窦一样，也指出了“四书五经”及对它们的注、释，是科举考试的基础。他说，想考秀才的人仅考《四书》，而想考举人的则须考《四书》加《五经》。要通过这些考试需要进行严格的训练，考生们任何有助于记忆的东西，都严禁带入考场②。

综上所述，中国的科举考试制度至迟在16世纪中叶开始被介绍到欧洲，经过一个世纪之后，即明朝崩溃之际，欧洲人对中国这种考试制的形式、内容、时间、等级、措施、场面、意义及弊端都有了较大程度的了解。随着这种了解的不断加深，欧洲乃至西方的文官考试制度的改革，有了一个东方型的样板③。

三、中国语言文字的西传

15世纪末葡萄牙人开辟新航路之后，中欧文化交流也随之进入一个新时期。当西方的使者、教士、商人在黄金、香料、殖民、宣教的驱动下来到中国时，首先就碰到了语言不同、文字相异的问题。他们写回国内的报告、文件以及从中国带回欧洲的书籍，刺激了欧洲人对中国语言文字的研究兴趣。16世纪后，这种兴趣促使这一研究成了早期欧洲汉学的重要部分。当然，从中国人的观点来看，这种研究存在不少错谬、附会之处，但毕竟是那个时代的“泰西之人”研究中国语言文字，开风气之先，功不可没。

葡萄牙多明我会士克鲁兹在介绍中国语言文字时说：“中国人在书写方面没有固定的字母，他们用字来写一切，他们用这些字来组成单词，他们有数量极多的文字，用文字来标明每件事物；因而只用一个字便可以标明‘天’或‘地’或‘人’，以及其他的东西。”克鲁兹接着说，中国有许多方言，因而一个人不明白另一个人在说什么，但如果用书面文字，彼此间就能沟通，例如“天”字，写法

①［意］利玛窦、［比］金尼阁：《利玛窦中国札记》上册，中华书局，1983，第34—43页。

② David E. Mungello，Curious land，*Jesuit Accommodation and the Origins of Sinology*，1985.p.8l—82；曾德昭：《大中国志》，上海古籍出版社，1998，第45—47页。

③吴孟雪、曾丽雅：《明代欧洲汉学史》，东方出版社，2000，第142页。

一样，读音却各异。他曾要求中国人写出所有简单的汉字，但知道这将有“五千多字”后，就知道这种要求太不现实了。他通过观察，知道中国字不像别国文字那样横着写，而是自上而下书写①。

1575年夏出使福建的西班牙人拉达，也在报告中说：“(中国人的字)是迄今所知的最原始、最难学的字，因为它们是字而不是字母。每个词、每件物都有不同的字，因此即使一个人认得一万个字，他也不能读懂一切。认字认得最多的人，就是他们中最聪明的人。”②

1558年，耶稣会远东教务视察员范礼安巡视澳门后，他写信给耶稣会总会长，认为进入中国这样一个历史悠久、文明完善的大国传教，首先应当会读、会写、会说中国的语言文字③。范礼安说，中国人特别擅长书法和官话，这是需要花费很长时间的学习才能掌握的。官话对他们来讲，就像拉丁语对于我们(欧洲人)一样。

在澳门的罗明坚遵照范礼安的指示，刻苦学习中文。据罗明坚在1581年11月12日的信中称：“目前我已认识1.5万中国字。”以其来华时间之短，其认字之快实难令人置信④。但事实却证明，他是最早将中国儒家经典译为拉丁语并将译文印行的欧洲人，也是西方传教士中用中文撰写教理书的第一人。可见他的确是下了一番功夫来学习中文、汉语的。

西班牙多明我会士科波(J.Cobo)，曾在菲律宾华人社区任职，他对中国语言也进行了认真的研究。在其死后遗留的文件中，至少发现有6本手抄件，证明他在汉学方面进行了探讨，其中是将中国书籍译为卡斯蒂利亚语。卡斯蒂利亚语的译题是“Beng Sim PoCam”，这是根据旅菲华人所讲的方言音译而成，译成普通话应是《明心宝鉴》。这本书的内容是从中国110种不同书籍中摘录的637句格言和警句。这是目前仅存的首本中国书籍的欧洲语言译件，它的复制品今由马德里国家图书馆保存。

第一部中外合璧的字典，是拉达根据泉州土音(闽南话)用西班牙文编著的《华语韵编》。这是西方编纂中西字典的首次尝试⑤。拉达从中国官员那儿得到几部

① C.R.Boxer，*South China in The Sixreenth Century*，London，1953，p.161—162

② C.R.Boxer，*South China in The Sixreenth Century*，London，1953，p.295.

③万明：《从八封信简看耶稣会士入华的最初历程》,《文献》，1993年第3期。

④《利玛窦书信集》下册，台湾光启、辅仁大学出版社，1986，第431、446页。

⑤沈福伟：《中西文化交流史》，上海人民出版社，1985，第425页。

中国书籍，也学过中文，翻译了一些关于中国的材料，但都不存于世。

到16世纪末，用中文著书立说已成为西士的一种风尚。他们的目的固然是为了宣教的便利，但也反映出了此时欧洲人对中国语言文字的最高了解水平。这自然是克鲁兹、门多萨、阿科斯塔诸辈所望尘莫及的。开此风尚之先的，为利玛窦。以其来华之早、经历之长、著述之丰、影响之大，可视为基督教于明末重返中国第一人。他牢记范礼安的要求，苦心学习中文，终于从一个中文“文盲”而变为一位杰出的“西儒”，对中国文字达到了娴熟而随手拈来的程度。

1583年2月13日，刚到中国不久的利玛窦在一封信中说：

> 你要知道中国语文较希腊文和德文都难；在发音上有很多同音而义异之字，许多话有近千个意义，除掉无数的发音外，尚有平上去入四声；在中国人之间，有时还须借笔写以表达他们的思想，但文字在他们之间并无区别。不过中国文字的构造实难以形容，除非亲眼见、亲手去写，就如我们今天正学习的，真不知从何说起。有多少话、多少事，便有多少字，好像7万左右，彼此都不一样，非常复杂；……他们的书法几乎等于绘画，因此他们用刷子写字，正如我们用它画画一样。……中文没有冠词、性别、单复数、时间的区别；不过他们用副词作补救，表达得十分清楚。在中国谁识字越多便是最有学问的人，只有这些人才能担任官职，在社会中才有地位。这就是为什么科学在中国不发达的原因。因为他们的看法，凡念所有书籍的人，便知书中所有的学问。①

到了1595年，利玛窦的中文写作便有了很大长进。当年，他以中文著《友道》献南昌建安王。1596年6月，他又把他的第二本中文著作《西国记法》献给江西巡抚陆万垓，介绍了西方学人是怎样提高记忆技能的。到1596年年底，利氏又一本中文著作《天主实义》在南昌问世。在这本反映他的神学观点的著作中，也反映了他对中国文化的理解水平。

利玛窦不仅对汉字颇有造诣，对中国语言也很精通。在不可能有翻译陪同的

①《利玛窦书信集》，上册，台湾光启、辅仁大学出版社，1986，第31—32页。

情况下，他在赣逗留期间，却能周旋于赣抚陆万垓、南昌知府王佐、明皇宗室建安王、乐安王、文学家李日华、理学家章潢等人之中，足见其中文交际能力在这个时期已非一般。

利玛窦与郭居静（Lazare Cattaneo）合编的《西文拼音华语字典》，是按照拉丁字母和中文读音编排的字典，但仅是稿本。利玛窦又曾和罗明坚合编过《葡华字典》，中文题名《平常问答致意》，编成于1584—1588年，中国纸书写，计189页，附拉丁拼音。此书于1934年在罗马耶稣会档案室发现，可惜并未完成①。

总之，从16世纪欧洲人对中国语言文字所作的介绍和研究成果来看，较之新航路开辟之前，毫无疑问是有了长足的进步。欧洲人在新航路开辟后的一个世纪，除了知道中国有一种官话和文字可以用作口头与文字交流的媒介外，还知道了中国字的书写法及形状，欧洲书籍中也开始初露汉字端倪。欧洲人进行了中西字典编纂的首次尝试，并且能够将中文译成欧洲文字，同时也将欧洲语言译成汉语（利玛窦的《西国记法》实际上是译著，他还将欧洲地图上的地名译成汉字，有些沿用至今，如罗马、古巴、赤道及各大洲洲名），甚至还能以中文著书宣教，这些都是前所未有之事，开创了欧人研究汉文汉字的一代之风，并为后人的更高层次的研究铺平了道路。

17世纪后，对中国语言文字的研究，不再是葡萄牙人、西班牙人“一统天下”了，意大利、英国、德国、法国等后来居上，这与当时的历史背景有关。一是大量耶稣会士来华，据费赖之《入华耶稣会士列传》统计，16世纪来华欧籍会士仅18人，而17世纪却猛增到196人。这些会士急需掌握中国的语言文字，以达到推广天主教的目的。这一目标刺激了欧人对中国语言文字的学习。二是欧洲开始的“礼仪之争”，各派都需要在中国经书中引经据典，阐述自己的立场。入华耶稣会士及其他会士寄回欧洲的书信、报告，也刺激了欧洲本土对中国语言文字诸方面的研究。第三，当时的欧洲，首先是英国，正在酝酿资产阶级革命，反对罗马天主教的风气日益上升，因此，为天主教所使用的拉丁语也成了上升的资产阶级必欲取代的目标。反映了这种社会思潮的语言学家，企图找到或建立一种“人类最先使用的”共同语言，或发明一种简明易学的、以数学原理为基础的“哲学语言”。因此，有着悠久历史的中国语言文字引起了这些学者的兴趣。

①沈福伟：《中西文化交流史》，上海人民出版社，1985，第425页。

17世纪初，对中国语言文字研究最深的，是前文提到过的“尽通中国语言文字”的意大利人利玛窦。以他的回忆录为基础，由比利时会士金尼阁增补、翻译的《基督教远征中国记》，曾在17世纪20年代轰动欧洲，书中关于中国语言文字的描述亦随之在更大范围内被介绍到欧洲。而且，由于利玛窦在华经历之长，他对汉语汉字的领悟之深，自然也是门多萨诸辈无法比拟的，故其介绍也更为深刻。

利玛窦还刊有《西字奇迹》一卷，1605年在北京印行，这是第一部刊印的拉丁拼音的语文书，从此拉丁字母及拼音法在基督教信徒中受到注意。利玛窦的《西字奇迹》，把汉字译成拉丁字母，虽然是为了自己学习中国文字的方便，但也介绍到了中国学者。明末书法大家程大约，其《墨苑》中便有利玛窦所作的拉丁字注音4篇。《中国音韵学史》的作者张世禄先生认为这大概就是利玛窦的《西字奇迹》[①]。

《西字奇迹》作者落款

前面曾提及的比利时耶稣会士金尼阁，在中西文化交流史上也是一个重要人物。他于1610年来华，后又返欧，在欧洲宣传中国文化。1620年携西书7000余

①张世禄：《中国音韵学史》，下册，影印本，上海书店，1984，第331页。

部再度入华。他对中国音韵学极有研究，著中文《西儒耳目资》，1626年刊于杭州，中国学者参与了此书的诠订、校梓并提供了出版资助。书名《西儒耳目资》，意为西人攻读华文之便，耳以听字之音韵，目以视字之拼合，拼合即以西人字母拼成字之声。金尼阁在书中自序道："幸至中华，朝夕讲求，欲以言字通相同之理。但初闻新言耳鼓则不聪；观新字目镜则不明，恐不能触理动之内意，欲救聋瞽，舍此药法其道无由；故表之曰耳目资也。"①

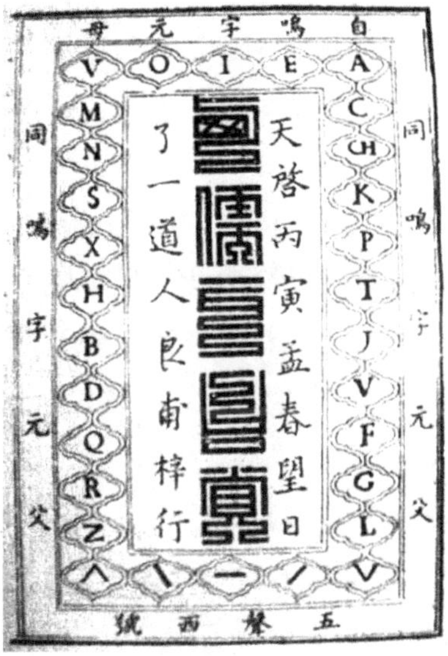

《西儒耳目资》

该书共3册，共29个字母，其中元音5个，辅音20个，外加他国用而汉语不用的辅音4个。以前25个字母拼读汉字音。第1册从文字学述及编译原则；第2册列音韵谱，按照音韵，排列汉字；第3册列边正谱，按字边画排列汉字，用拉丁文拼音，便于西人学习中文。书中中国文字的读音，采用《洪武正韵》和《韵会小补》，又用西方语文研究法来研究中国文字，"为西洋人认识汉字之捷诀。"②

四、中国风俗习惯的西传

17世纪初，尼德兰革命胜利之后，新建立的荷兰共和国把发展目标转移到

①徐宗泽：《明清间耶稣会士译著提要》，中华书局，1958，第322页。

②《陈垣学术论文集》第一集，中华书局，1980，第132—133页。

了国际市场，大力发展舰队进行海外贸易和殖民，荷兰经济发展空前高涨，几乎控制了欧洲的大部分对外贸易。茶叶就是荷兰人最早把它带到欧洲。第一支贩购绿茶的荷兰船队是在明神宗万历三十五年（1607年）取道爪哇到达澳门的，3年后也就是1610年，才历经磨难将茶叶转运至欧洲，此举开创欧洲来华贩卖茶叶的先河。此后，茶便成为荷兰上流社会的高级饮料，价格极其昂贵，大多在药房销售，主要作用是把它当成一种保健药品来销售。随着贸易量的增加以及对中国茶文化的深入了解，茶开始在食品店销售，饮茶成为荷兰全国的时尚，荷兰人效仿中国饮茶方式，一些富人还大量地建造了类似中国茶馆或者中国达官贵人家庭内茶室的建筑，饮茶礼仪也十分趋向中国，迎客、入座、敬茶、品茶、寒暄、辞别等步骤都很讲究。

当时荷兰莱顿大学教授邦特库博士（Dr：Cornelius bontekoe）著文宣传，饮茶不仅有益个人健康，而且有利社会风化。他说喝白水是有害的，喝酒又太容易滋生是非。只有茶才是最理想的饮料，它可以暖胃、提神，加强记忆力，提高智慧与修养，使人气明神清，轻松愉快，尤其是使学生不至于一学习就打瞌睡。他甚至建议，初学喝茶者，一天可以喝12杯，喝习惯了每天的定量应该是200杯左右。当时普遍认为这种昂贵的饮料是治病的良药。饮茶很快就在荷兰成为一种时尚，一种流行，甚至成了一种到今天都让人无法理解的偏执[①]。

在这种情况之下，饮茶之风也从荷兰传入了葡萄牙以及英伦三岛、欧洲诸国。英伦三岛的王室贵族正式开始饮茶并形成一种奢侈贵族风气，是由1662年下嫁英王查理二世的葡萄牙公主凯瑟琳所引导的[②]。凯瑟琳（1638—1705年）原是葡萄牙公主，姿色出众，体态轻盈，嗜饮中国红茶。

1662年5月13日，14艘英国军舰驶入朴次茅斯海港。船上最尊贵的乘客、葡萄牙国王胡安四世的女儿凯瑟琳·布拉甘扎下船后，给她的未婚夫查理二世写了一封信，宣布她即将到达伦敦。凯瑟琳的嫁妆中包括221磅红茶及各种精美的中国茶具。

结婚后，这位皇后总是在自己的后宫饮一种琥珀色的饮品，甚至在一些宫廷宴会上，当人们向她敬酒的时候，她也总是举起自己那特用的杯子，款款喝上一

①马斌：《明清时期中国对西方的瓷器外销》，《收藏拍卖》，2005年第10期。

②杜大干：《明清时期茶文化海外传播初探》，山东师范大学历史系，硕士学位论文，2010。

口这种琥珀色的饮料。最为令人费解的是，这种饮料似乎不像酒那样会让人醉，而是让人更加容光焕发。于是，饮茶风尚首先在英国王室传播开来。为满足皇后的嗜好，宫廷中开设了气派豪华的茶室。有时皇后雅兴所致，邀请一些公爵夫人到宫中饮茶，成为上流社会的一个社交项目。由于皇后的推崇，贵族妇女也兴起了饮茶风尚。一些富贵之家的主妇，群起效仿，在家中特辟茶室，以示高雅、阔绰、时髦，中国茶叶由此成为英国豪门贵族修身养性的灵丹妙药而风行，因此，凯瑟琳也就被称为英国历史上第一位“饮茶皇后”。

1663年，凯瑟琳25岁生日，也是她结婚周年纪念日上，英国诗人埃德蒙·沃尔特作了一首赞美诗《饮茶皇后之歌》献给她，以表祝贺：

花神宠秋色，嫦娥矜月桂。
月桂与秋色，美难与茶比。
一为后中英，一为群芳最。
物阜称东土，携来感勇士。
助我清明思，湛然志烦累。
欣逢后筵辰，祝寿介以此。

这首优美的《饮茶皇后之歌》作为国外的第一首中国红茶诗，在西方茶文化中享有一定的地位[①]。虽然这诗经过译者的加工，加上了不少中国味，但大意基本如此，说明英国人把茶与最美好的事物联系到了一起。直到今天，英国仍是一个十分讲究饮茶的国家。英国人爱喝午后茶，请客人喝午茶更是一种礼仪。英国人不仅爱中国的茶，也很喜爱中国的茶具。1851年，英国海德公园大型国际展览会上曾展出了一个英国女王维多利亚时代使用过的中国大茶壶。此壶现藏于伦敦川宁茶叶公司茶叶博物馆，高约1米，重27千克，容量为57.3千克，可泡23千克茶叶，能斟出1200百杯茶，是目前世界上少见的巨型茶壶。这个大茶壶如何传到英国已无法可考，但从其釉彩和画里面中国人种茶、采茶、烤茶及海路运茶出口图画来分析，可能是随同茶叶出口专门制造的茶壶。虽然中国人爱饮茶，但还比不上英国人的平均用量。据统计，世界上饮茶最多的是爱尔兰人，每人平

①潘城，姚国坤：《一千零一叶·故事里的茶文化》，上海文化出版社，2017，第179页。

均每年饮茶都在10千克以上。英国人爱喝红茶，饮茶方式也比欧洲其他国家讲究。红茶有冷热之分。热饮加奶，冷饮加冰或放入冰柜。冰茶须浓酽，才能味香可口。茶具尽量模仿中国，讲究用上釉的陶器或瓷茶具，不喜欢金属茶具。煮茶也颇有讲究。水要生水现烧，不能用落滚水再烧泡茶。冲泡先以水烫壶，再投入茶叶，每人一茶匙，冲泡时间又有细茶、粗茶之分。

五、中草药知识的西传

传统中医术的西传也是中华文明西传的重要组成部分。在地理大发现之前，西方对于自然草木药性的认识十分匮乏。大多数植物、水果和本草他们并不认识，更不明晰药草的用法及疗效。他们唯一接触较多的，是自遥远东方飘洋过海而来的香料。文艺复兴之后，西方开始主动获取中医药的相关知识，如拉什德、卜弥格等主动翻译和著述中医药相关书籍，传教士皮列士等人也开始将中国传统的利用草木药性的习惯传入西方。

地理大发现的商业目的之一是去东方寻找香料，对草本植物拥有专业辨识技能的药剂师往往会获得航海家和殖民者的青睐，邀请他们陪同前往。1575年，西班牙人奥古斯丁修会士马丁·德·拉达（Mardin de Rada）进入福建地区探访，收集大量学术书籍，其中涉及占星术、天文学、手相术、算学、律法、医学、剑术和经学等多领域，他唯一肯定的中国学术是医学："他们像草本学家一样从经验知道草药的本性，并像我们在《迪斯科里德》(Droscorides）书里那样对草药加以描述"，并认为"所有别的方面都不值一顾"[①]。他收藏的医药和本草书籍中有古代和那个时代的作品，涉及中医辩证论治理论和预防等内容。直至18世纪，世界著名博物学家林奈（Carlvon Linne）还鼓励学生彼得·奥斯贝克带着科学眼光去中国考察自然世界，为其编写《植物种志》在世界范围内收集植物的信息。奥斯贝克自瑞典哥德堡启程时说："我非常渴望了解中国药草的知识，以及各种草药所对应的疾病信息，……我希望征询那些能在这方面给予我指导的人，并获得一定答案。"[②]

西方药剂师和博物学家还习惯性地收集采撷异域的新奇花果与药草，寄回国

①[英]博克舍编《十六世纪中国南部行纪》，何高济译，中华书局，1990，第210页。

②彼得·奥斯贝克：《中国和印度群岛旅行记》，倪文君译，广西师范大学出版社，2006，第89页。

内。1658年波兰籍耶稣会传教士卜弥格（Michal Boym）在写给意大利托斯卡纳大公爵的信中说："给您寄去两种在寒冷气候中也能结果的树的种子，信中还有关于这两种树的说明。"[①]16世纪地理大发现之后，西方探险家在东方和中国的博物学"发现之旅"，可视为东西方学者对话与交流的学术互动。在这场知识交流的过程中，中国本草学知识或博物学成就及医疗体系，通过传教士、医生药剂师和外交官的书信、日记和游记，以及他们邮包中捎带上的花种或树种，传向西方世界，开花结果。

麝香，在17世纪欧洲的知名度和市场需求量较大，如莎士比亚的戏剧《李尔王》中说："好药剂师，给我一盎司麝香，让我除去想象中的臭味道。"它主要由东方进口。另一种从东方大量进口的药材是大黄。利玛窦发现麝香和大黄最初由西方引进的，现在由中国高价返销至欧洲，获取巨额利润："在这里买一磅大黄只要一角钱，而在欧洲却要花六七倍之多的金块。"大黄可攻积导滞、泻火解毒，主治便秘、腹痛胀满、痢疾、黄疸、目赤口疮、痈肿等症，外敷可治烫伤，因此广受欧洲人的喜爱。

此外，茯苓也广受欧洲人的喜爱。利玛窦在《利玛窦札记》中提到"这里还可以找到葡萄牙人叫作中国木，而别人则唤作圣木的那种能治多种疾病的著名药。它不用栽种，野生在荒地上，只要花点采撷它所必需的人工钱就能买到，但却以高价出口"[②]。1535年，葡萄牙人将此树根介绍至欧洲。关于"中国木"的记录还出现在1585年罗马出版的西班牙人门多萨编著的《中华大帝国史》[③]中。17世纪欧洲人都将这种树根称为"中国"，当作治疗梅毒的良药。"中国木"究竟是何种草药？卜弥格在《中国植物志》(FloraSinenaia）给出了答案：茯苓(FoLim)。作者解说："葡萄牙人称中国根为Pao de Cina，欧洲人称它为China。它大量生长在云南、广西和广东省，……中国人将它和肉放在一起，用来做汤。它也做药用，能治病。如它能治梅毒，消除血栓，防治中风，也可以治其他各种各样的病，消除骨头和全身的疼痛。……这种根中国人叫白茯苓。"《中国植物志》中还记录了另一种被唤作"中国"的香料，欧洲商人将桂皮树译作"Cina"

①[波兰]卜弥格：《卜弥格文集》，张振辉译，华东师范大学出版社，2013，295页。

②[意]利玛窦、[比]金尼阁：《利玛窦中国札记》，何高济、王遵仲、李申译，中华书局，1983，第16页。

③[西]门多萨：《中华大帝国史》，何高济译，中华书局，1998，第12页。

和“momun”——“又香又甜的中国的树”[①]。

中国传统医术中利用草药习惯的西传给西方医学注入了新鲜血液，并引起西方社会对中医的研究浪潮。据统计，明清之际西方人译注的中医书籍达70余种，涵盖医学的各个领域。随着当代中西方文化理解的加深，中医也逐渐为西方社会所认可。在现代科技的不断突破中，西医所固有的“头痛医头、脚痛医脚”方式的局限性也越来越突出，对中医理论体系和方法的吸收结合也有益于西医的发展。

①高晞：《十五世纪以来中医在西方的传播与研究》,《中医药文化》，2015，第15—24页。